온 가족을 위한
엄마의 기도 365

온가족을 위한
엄마의 기도 365

Copyright ⓒ 도서출판 목양 2019

초판 1쇄 인쇄 2019년 4월 5일
초판 1쇄 발행 2019년 4월 10일

지은이 김경수
펴낸이 정성준
펴낸곳 도서출판 목양

      등록 2008년 3월 27일 제 2008호-04호
      주소 경기도 용인시 처인구 양지면 양지리 38-2
      전화 070-7561-5247 팩스 0505-009-9585
      홈페이지 www.mokyangbook.com
      이메일 mokyang-book@hanmail.net

ISBN 979-11-86018-73-6 (03230)

* 본 저작물은 신 저작권법에 의하여 한국 내에서 보호받는 저작물이므로
  무단전재와 복제를 엄격히 금합니다.
* 책 값은 뒤표지에 있습니다.
* 잘못된 책은 교환하여 드립니다.

온 가족을 위한

엄마의 기도 365

김경수 지음

온 가족이 꽃이 되기 위한 엄마의 기도서

목양

들어가는 말

가정의 뿌리를 강하게 하라

우리는 언제나 바른 길을 간다고 생각하지만 지나고 보면 구불구불한 길을 걸어가고 있다. 마치 흙투성이 감자처럼 울퉁불퉁 살아온 사람의 뒤에도 보면 위대한 엄마의 기도가 있었던 것을 볼 수가 있다. 비록 오늘의 현실 때문에 현재의 상황이 흙투성이처럼 되었다고 할지라도 내게 묻은 흙을 덜어 낼 수 있는 힘이 어머니의 기도이다.

지금도 가정에서, 교회 안에서, 기도원에서, 엄마의 기도는 계속 되고 있다. 엄마의 기도를 들으면 흙투성이 된 자식들이 돌아오기를, 성공하기를, 건강하기를, 믿음으로 성장하기를, 부르짖고 있는 것이다. 이런 기도가 있었기에 링컨(어머니 행크스), 어거스틴(모니카), 존 웨슬레(수산나) 록펠러 … 등등. 있었다. 한 마디로 엄마의 기도는 자식들을 오뚝이처럼 일어나게 하는 기도인 것이다.

우리는 오뚝기를 눕혀 놓은 숫자를 8자로 표현한다. 또 그것을 눕혀 놓은 기호를 무한대 상징인 ∞로 표시한다. 즉 무한데 같은 세상에 살면서 넘어졌어도 다시 일어설 수 있는 비결은 바닥짐(ballast) 같은 엄마의 기도가 있기 때문이다. 엄마의 기도는 자식들을 날아오르게 하는 힘이다. 하나님은 이러한 기도를 통해서 다시 뛰어 오르게 하는 공처럼 되게 하신다. 한 마디로 엄마의 기도는 가정의 뿌리를 든든하게 하는 에너지이다.

이 책의 구성은 감사와 간구, 그리고 하나님의 인도하심으로 조직되었으며 가정과 직장에서 또는 직장생활, 사회활동의 모임, 힘들고 어려운 날의 기도 등을 기도서에 녹여 놓았다. 하루에 5분만 기도의 시간을 투자하면 바쁜 일상 속에서 기도의 뿌리를 강하게 하도록 구성되어 있다. 결국 우리의 힘은 뿌리에서 나온다. 믿음으로 뿌리를 강하게 하는 복된 하루가 되기를 바란다.

이 책의 활용법

기도의 타이밍

기도는 타이밍이다.

엘리야가 비가 오지 않기를 기도하니까 비가오지 않았고, 그가 비가 오기를 기도하니까 다시 비가 내렸다. 만약 이런 타이밍이 맞지 않을 때, 많은 비를 홍수라고 부른다. 그러나 매일 가족이 기도하면 타이밍이 맞는다. 365일 기도하면 하나님께서 주시는 은혜에 타이밍이 맞는다. 타이밍을 위해서 이 책을 이렇게 활용하기 바란다.

1. 가족과 자신을 위해 기도하고 싶을 때 언제나 사용하라.

2. 자신이 제일 좋은 시간에 사용하라

3. 성경 말씀과 함께 읽으면 더 효과가 있다

4. 이 기도 외에도 일상생활의 기도를 자유롭게 첨가하기 바란다.

5. 이 기도에는 자연스럽게 자녀, 가정, 부모, 직장, 교회, 병문안, 애경사, 위로가 포함되어 있기에 필요한 기도를 적용 활수 있다

7. 기도의 명언을 읽고 기도의 유익을 발견하기 바란다

차 례

들어가는 말 · 5

이 책을 활용법 · 6

- 1월 내 마음을 깨끗하게 하옵소서 · 9
- 2월 내 마음에 꿈이 싹트게 하옵소서 · 41
- 3월 내 마음에 믿음이 찾아오게 하옵소서 · 71
- 4월 내 마음이 성실의 의미를 알게 하옵소서 · 103
- 5월 내 마음이 사랑으로 설레게 하옵소서 · 135
- 6월 내 마음이 겸손하게 하옵소서 · 167
- 7월 내 마음이 인내의 가치를 알게 하옵소서 · 199
- 8월 내 마음에 쉼을 주옵소서 · 231
- 9월 내 마음이 평화를 느끼게 하옵소서 · 263
- 10월 내 마음이 은혜를 알게 하옵소서 · 295
- 11월 내 마음이 욕심을 버리게 하옵소서 · 327
- 12월 내 마음에 감사가 일어나게 하옵소서 · 359

1월

내 마음을 깨끗하게 하옵소서
기도일기 (이해인)

당신 앞엔
많은 말이 필요없겠지요 하나님

그래도 기쁠 때엔
말이 좀 더 많아지고
슬플 때엔 말이 적어집니다

어쩌다 한 번씩
마음의 문 크게 열고
큰 소리로 웃어 보는 것

가슴 밑바닥까지
강물이 넘치도록
울어 보는 것

이 또한
아름다운 기도라고
생각합니다

그렇게 믿어도 괜찮겠지요?

1월 1일   복 받은 사람이 되게 하옵소서

복 있는 사람은 악인들의 꾀를 따르지 아니하며 죄인들의 길에 서지 아니하며 오만한 자들의 자리에 앉지 아니하고 오직 여호와의 율법을 즐거워하여 그의 율법을 주야로 묵상하는도다 (시편 1:1-2)

사랑의 하나님,
하나님의 은혜로 새로운 한 해를 시작하게 하시고, 새 마음, 새 생각으로 출발하게 하시니 감사합니다. 저희가 새해를 맞이하여 한 자리에 모여서 신년을 계획하게 하시고, 출발하게 하시니 감사합니다. 새해에는 저희들이 복 있는 사람들이 되어서 악인의 꾀를 좇지 않게 하시고, 언제나 하나님의 말씀을 묵상하여서, 주님의 도우심을 받게 하여 주옵소서. 새해에는 저희가 세상에서 병든 심령을 일으켜 세우며, 죽어가는 영혼들을 살아나게 하는 복음의 증인들이 되게 하여 주옵소서. 또한 이 나라, 이 민족이, 가정과 윤리가 회복하게 하시어서 하나님의 주권을 인정하는 나라와 민족이 되게 하옵소서. 또한 한국교회에 부흥의 불길이 다시 타오르게 하여 주시옵소서. 간절히 바라기는 저희들의 가정이 예배로 승리하게 하시고, 말씀에 순종하게 하시며, 기도에 응답받는 복된 은혜를 주옵소서. 새해에는 허물로 인한 회개기도 보다는 승리에 대한 감사의 기도가 넘치게 하여 주옵소서. 그리하여 하나님의 은혜를 사모하게 하시고 사명에 충성하여, 열매를 맺는 복된 은혜를 허락하여 주옵소서. 새해에 우리의 발걸음을 인도하시는 분은 하나님이시오니 저희들의 길을 형통하게 인도하여 주옵소서. 우리가 사는 이 사회는 정치, 경제, 사회, 문화 모든 분야에 평화와 번영이 있게 하시고, 특히 저희 가정에 복을 주시고, 지상명령을 실천하는 선지자적인 사명과, 제사장적 사명을 잘 감당 할 수 있도록 축복하여 주옵소서.
복의 근원이신 예수님의 이름으로 축복하며 기도드립니다. 아멘.

> 기도는 아침의 열쇠요 저녁의 자물쇠이다. _빌리 그레이엄

1월 2일   형통한 사람이 되게 하옵소서

네 시작은 미약하였으나 네 나중은 심히 창대하리라 (욥기 8:7)

기쁨의 근원이신 하나님,

오늘 하루도, 주님 안에서 행복하게 살 수 있도록 인도하시니 감사를 드립니다. 매 순간 마다 저희들을 주님 안에서 새롭게 하시고, 복 받은 사람이 되게 하여 주옵소서.

오늘은 새해의 둘째 날입니다. 저희에게 큰 비전을 주시고, 앞에 있는 푯대를 향하여 나갈 수 있도록 담력과 긍정적이며, 창조적인 마음으로 전진 할 수 있게 하여 주옵소서.

이 시간 간구하기는, 저희들에게, 은혜를 주시어서 믿음 안에서 시냇가의 나무처럼 시절을 좇아서 열매를 맺게 하시며, 풍성한 삶을 살아갈 수 있도록 축복하여 주옵소서. 또한 자녀들에게 큰 믿음을 허락하여 주시어서, 어느 곳에 있던지 인정받게 하여 주시고, 믿음으로 생각하고, 믿음으로 말하고, 믿음으로 행하는 복된 자녀들이 되게 하여 주옵소서.

사랑의 주님, 이 시간 저희들을 축복하여 주시고, 주님 안에서 하나님을 기쁘시게 해드리는 사람으로 살게 하시며, 형통함을 누리는 생활이 되게 하여 주옵소서. 또한 저희 가정에도 복을 주시어서 범사가 잘되게 하여 주옵소서.

사랑이 많으신 예수님의 이름으로 감사기도 드립니다. 아멘.

기도의 실패자는 생활의 실패자이다. _이 엠 바운즈

1월 3일 가정과 자녀를 축복하여 주옵소서

이스라엘을 그들 중에서 인도하여 내신 이에게 감사하라 그 인자하심이 영원함이로다 이스라엘을 그 가운데로 통과하게 하신 이에게 감사하라 그 인자하심이 영원함이로다 (시편 136:11, 14)

우주만물을 주관하시는 하나님,
저희들에게 생명을 주시고 건강을 주시니 감사를 드립니다. 간구하기는 이 시간 저희들에게 찾아오시어서 마음을 정결하게 하시고, 온전히 주님을 의지하며 살게 하여 주옵소서. 무엇보다도 새로운 해에는, 새로운 도전과 능력을 요구하고 있는데, 새 출발하오니 맡겨진 일을 잘 감당하게 하시고 좋은 결과를 거두게 하여 주옵소서. 사랑의 주님, 새로운 한해가 시작되었사오니 저희, 가정과 자녀들, 경제도 책임져 주시고, 기도한 것 마다 이루어져 하나님께 영광을 돌리게 하여 주옵소서.
사랑으로 저희를 돌보시고 인도하시는 섭리를 감사드립니다. 저희들 하나님의 사랑으로 하나님의 자녀의 혜택을 누리며 살고 있습니다. 그러나 이제는 저희가 더 감사하며 살게 하시고, 온전히 주님을 의지하면서 바르게 살게 하여 주옵소서.
하나님께서 고통에 빠진 사람들을 외면하지 아니하셨듯이 저희도 주변에 힘들고 어려운 사람들을 외면하지 않게 하시고, 선한 사마리아인처럼 어려운 사람들에게 긍휼을 베풀 수 있는 넓은 마음을 주옵소서. 또한 저희 가정에도 복을 주시고 자녀들에게도 은혜를 주시어서 그리스도의 향기가 드러나게 하여 주옵소서.
사랑이 많으신 예수님의 이름으로 기도합니다. 아멘.

기도하지 않고 성공했다면 성공한 그것 때문에 망한다. _스펄전

1월 4일 — 복에 복을 더하여 주옵소서

내 아들아 내 말에 주의하며 내가 말하는 것에 네 귀를 기울이라 그것을 네 눈에서 떠나게 하지 말며 네 마음속에 지키라 그것은 얻는 자에게 생명이 되며 그의 온 육체의 건강이 됨이니라 (잠언 4:20-22)

온 우주에 주인이신 하나님,
새날을 저희들에게 허락하시고, 신년을 맞이하게 하신 하나님께 감사를 드립니다. 저희 자녀들이, 지난해 겪었던 절망을 모두 잊어버리고, 새로운 해를 맞이하여 다시 시작 할 수 있게 하시니 감사를 드립니다.

지난날, 모든 과거는 잊어버리고 새해에는 날마다 주님의 은혜로 인하여 계획성 있게 살게 하여 주옵소서. 먼저, 저희 입술에 감사가 끊이지 않도록 마음을 붙잡아 주시고, 혹시라도 불평이 앞서, 주님의 마음을 아프게 해드리는 날이 되지 않게 하여 주옵소서.

언제나 주님이 베풀어 주시는 은혜로 말미암아 신앙생활이 감사가 넘치게 하시고, 그리하여 그 나라와 의를 구하며, 더욱 주님께 헌신하며 더 가까이 나아갈 수 있도록 축복하여 주옵소서.

이 새해에는 성령의 뜻을 좇아 주의 일을 행할 때 주의 나라가 이 땅위에 확장되게 하시고, 신앙이 성장하여 믿음이 좋아지게 하여 주옵소서. 주님께서 저희 가정을 축복하여 주시어서 원하는 것을 순조롭게 얻을 수 있는 한해가 되게 하여 주옵소서.

사랑이 많으신 예수님의 이름으로 기도합니다. 아멘.

마른 눈 가지고는 천국에 못 들어간다. _스펄전

1월 5일

산 소망을 주옵소서

> 내 영혼아 네가 어찌하여 낙심하며 어찌하여 내 속에서 불안해하는 가 너는 하나님께 소망을 두라 나는 그가 나타나 도우심으로 말미암아 내 하나님을 여전히 찬송하리로다 (시편 42:6)

사랑이 많으신 하나님,
오늘 하루도 새로운 마음으로 새 소망과 기쁨으로 출발하게 하시니 감사를 드립니다. 저희들, 죄와 허물로 죽었다가 주의 은혜로 새로운 피조물이 되었사오니, 저희들에게 주의 능력을 주시어서 늘 감사하며 살게 하여 주옵소서. 저희들이 주님의 은혜를 힘입었사오니, 하나님의 은혜에 보답하며 살게 하여 주옵소서. 과거를 다 잊어버리고, 사랑으로 살게 하여 주옵소서. 용서하며 살게 하여 주옵소서. 성결하게 살게 하여 주옵소서. 감사하며 살게 하여 주옵소서. 주님께서 저희들을 위해서 채찍에 맞으시고 십자가에서 고난당하신 예수님, 양손과 양발에 못이 박혀 고통당하신 것은 저희의 죄악을 인함이었습니다. 허리에 창에 찔리시어서 죽음을 청산하시고 영원한 천국의 소망을 주시기 위해서, 채찍에 맞으신 것은 저희의 질병을 인함입니다. 주님의 희생을 알고, 주님의 뜻에 순종하는 사람이 되어서 주를 위하여 충성된 사람이 되게 하여 주옵소서. 사랑의 주님, 저희들, 주님 때문에 산 소망을 얻었사오니, 오늘도 주님만 바라보며 살게 하여 주옵소서. 그리하여 시냇가에 심은 나무처럼 때를 따라서 열매를 맺는 일군이 되게 하여 주옵소서. 예수님의 은혜를 언제나 감사하며 사는 주의 일군이 되게 하여 주옵소서. 이 시간 간구하기는 자녀들을 축복하시고, 자녀들이 범사가 잘 되게 하시고 형통하게 하여 주옵소서.
사랑이 많으신 예수님의 이름으로 기도합니다. 아멘.

성자를 만들어 내는 것은 기도의 힘이다. _이 엠 바운즈

1월 6일   주님의 뜻을 이루게 하옵소서

고넬료가 주목하여 보고 두려워 이르되 주여 무슨 일이니이까 천사가 이르되 네 기도와 구제가 하나님 앞에 상달되어 기억하신 바가 되었으니 (사도행전 10:4)

연약한 사를 도우시는 하나님,
오늘 하루도 직장에 출근하여 기도하게 하시니 감사를 드립니다. 저희들, 날마다 믿음으로 산다고 하지만 의지가 약하여 넘어질 때가 많습니다. 넘어지지 않도록 큰 믿음을 주시고, 강한 팔로 붙들어 주옵소서. 저희들이 하나님의 은혜를 구하지만 현실에 부딪치다 보면 내가 그리스도인 라는 것을 잊어버리고 살 때 너무나 많습니다. 의심하고, 불신하며, 믿음이 없는 자처럼 살아가는 저희들을 긍휼히 여겨 주옵소서. 부족한 저희를 용서하여 주시고, 하나님의 은혜로 새 힘을 얻고 담대하게 살게 하여 주옵소서. 이 시간 간구합니다. 저희에게 평안을 주시고, 저희 모든 허물들을 십자가 보혈로 씻어 주옵소서. 그리하여 이제 이웃을 용서하며 살기 원합니다. 그러나 저희 힘으로는 부족하오니, 용서할 수 있는 힘을 주옵소서. 그리고 하나님의 뜻을 생활 속에 실천하게 하여 주옵소서. 사랑의 주님, 저희들은 지금까지 하나님의 은혜로 지내왔습니다. 때로는 많은 시련으로 인하여, 거친 들을 지나고 광야에서 고통당하기도 했습니다. 때로는 원망하면서 살아왔습니다. 너무 고통스러웠기에 남에게 관대하지 못했습니다. 이런 저희들을 긍휼히 여기시고, 주님이 주신 은혜와 용기를 가지고 주의 말씀에 순종하는 일군이 되게 하여 주옵소서. 이 시간 간구하오니 저희, 가정과 자녀들을 기억하여 주시사 복을 받게 하시고, 고넬료처럼 복음의 능력이 임하게 하여 주옵소서.
사랑이 많으신 예수님의 이름으로 기도합니다. 아멘.

> 기도의 실패자는 생활의 실패자이다. _이 엠 바운즈

1월 7일 - 우리에게 희망을 주옵소서

그의 노염은 잠깐이요 그의 은총은 평생이로다 저녁에는 울음이 깃들일지라도 아침에는 기쁨이 오리로다 (시편 30:5)

사랑과 긍휼이 많으신 하나님,
오늘 하루도 직장에 출근하여 하나님께 감사기도를 드립니다. 저희들이 매일 직장생활을 하지만 희망이 보이지 않을 때 많습니다. 어느 때는 희망이 없는 것 같아 비정하게 느껴지기도 합니다. 그러나 하나님의 말씀으로 다시 용기를 얻었사오니 저희들에게 소망과 믿음을 주옵소서. 저녁에는 울음이 깃들일지라도 아침에는 기쁨이 오리라고 말씀하셨사오니 이 말씀을 붙들고 나갈 때마다, 희망이 생기게 하시고 주님의 평안이 찾아오게 하여 주옵소서.

사랑의 주님, 새로운 아침입니다. 먼저 부족한 종이 회개할 것은 회개하고, 벗어던질 것은 벗어던지고, 말씀에 의지하여 담대히 살게 하여 주옵소서. 네 짐을 여호와께 맡겨 버리라 너를 붙드시고 의인이 요동함을 영영히 허락지 아니하겠다고 말씀하셨으니 이 말씀을 믿고 어떤 상황에서도 두려워하지 않게 하여 주옵소서. 또한 저희의 무거운 짐도 주님 앞에 맡깁니다. 수고하고 무거운 짐 진 자들아 다 내게로 오라 내가 너희를 쉬게 하리라고 주님께서 말씀하신 대로 이 짐을 내려놓습니다. 이 무거운 짐들을 맡아 주시고, 평안과 용기를 부어 주옵소서. 내일의 희망을 가지고 든든히 서서 주님의 뜻을 드러내게 하시고. 저희 가정과 직장과, 자녀들에게도 하늘의 복과 땅의 복을 허락하여 주옵소서.

사랑이 많으신 예수님의 이름으로 기도합니다. 아멘.

잘 기도한 자는 잘 배운 자요 많이 기도한 자는 많이 운자이다. _마틴 루터

1월 8일 — 은혜와 평강을 주옵소서

네게 축복하는 자는 복을 받기를 원하노라 (창세기 27:29)

알파와 오메가 되시는 하나님,
새해를 맞이하여 기쁨으로 살아갈 수 있도록 인도하시니 감사합니다. 이 한해에는 저희들의 생각, 관심, 목표가 주님께로 향하여, 모든 생활의 중심축이 주님을 향한 삶이 되게 하여 주옵소서. 저희들이 성삼위 하나님을 기쁘시게 해드리며, 영광을 드러내게 하시고, 하나님의 기뻐하심을 입은 사람들이 되게 하여 주옵소서.
사랑의 주님, 이 한 해도 우리가 주님을 잘 모시고 사는 가정이 되게 하여 주시고 임마누엘의 은혜를 누리게 하여 주옵소서. 또한 저희들의 마음을 지켜주시고, 행함을 주시어서, 맡겨주신 사명을 잘 감당하게 하여 주옵소서.
사랑의 주님, 이 시간 저희들이 하나님의 임재를 사모하오니, 기도할 때 마다, 생활 속에서 주님을 만나게 하시고, 기도가 응답 받게 하여 주옵소서. 간구하기는 저희 자녀들에게 복을 주시어서 영혼이 잘되게 하시고 범사가 잘되며, 강건하게 하여 주옵소서. 사랑의 주님, 우리 자녀들이 주안에서 은혜를 입게 하시고, 기도하는 것 마다 응답 받게 하여 주옵소서. 그리하여 하나님을 마음껏, 찬양하면서 복되게 살게 하여 주옵소서. 이 한해에는 하나님의 뜻이 이루어지는 섭리가 있게 하여 주옵소서.
우리를 축복하시는 예수님의 이름으로 감사 기도드립니다. 아멘.

> 어려운 환경에서 기도하고 싶은 마음마저 없다면 우리는 짐승만도 못한 사람들이 아닐 수 없다. _존 칼뱅

1월 9일   우리에게 희망을 주옵소서

주 여호와여 주는 나의 소망이시요 내가 어릴 때부터 신뢰한 이시라 나는 항상 소망을 품고 주를 더욱더욱 찬송하리이다 (시편 71:5, 14)

사랑과 은혜가 풍성하신 하나님,
너희가 세상에서 환난을 당하나 담대하라고 하신 것처럼 오늘도 어려움 속에서 기도를 시작합니다. 이 시간 찾아오시어서 저희들의 기도를 들어 주옵소서. 때로는 앞이 보이지 않아서 낙심될 때 많습니다. 마음속에서 불안이 엄습할 때 기도하지만 믿음이 부족하여 흔들리고 방황을 합니다. 믿음 없는 저희들을 지켜 주옵소서. 저희들이 연약 할 때 찬송을 하지만 그래도 불안 합니다. 이 시간 저희들에게 찾아오시어서 장래 일을 보여 주옵소서.
사랑의 주님, 이스라엘 백성을 낮에는 구름 기둥으로, 밤에는 불기둥으로 인도하신 것처럼 강 한 팔로 붙잡아 주옵소서. 또한, 저희에게 산 소망을 주옵소서. 어렵고 힘들지만 소망을 잃지 않게 하여 주시고, 고통이 밀려와도 좌절하지 않게 하시며, 굳건히 주님을 의지하고 앞으로 전진 할 수 있게 하여 주옵소서.
사랑의 주님, 오늘도 저희들에게 참된 평안과, 때를 따라 많은 열매를 맺도록 축복하여 주옵소서. 그리하여 어떤 상황에서도 온전히 주님만을 믿고 의자하게 하여 주옵소서. 이 시간 간구하기는, 저희 가정을 위하여 기도합니다. 온 가정이 하나님의 축복 속에 믿음으로 승리하도록 인도하여 주옵소서.
사랑이 많으신 예수님의 이름으로 기도합니다. 아멘.

싸움터에 나갈 때는 한번 기도하라. 바다에 나갈 때는 두번 기도하라. 그리고 결혼할 때는 3번 기도하라. _러시아 격언

1월 10일 · 질병을 치유하여 주옵소서

이르시되 너희가 너희 하나님 나 여호와의 말을 들어 순종하고 내가 보기에 의를 행하며 내 계명에 귀를 기울이며 내 모든 규례를 지키면 내가 애굽 사람에게 내린 모든 질병 중 하나도 너희에게 내리지 아니하리니 나는 너희를 치료하는 여호와임이라 (출애굽기 15:26)

우리에게 소망을 주시는 하나님,
주님이 우리를 위해 십자가에 내어주신 사랑에 감사드립니다. 저희들 연약하여 질병으로 기도합니다. 감기 몸살로 인하여 오늘도 힘들지만 직장에 출근하였습니다. 온 몸은 쑤시고 힘이 없사오니 이 시간 연약한 육체를 치유하여 주옵소서. 저의 병약함으로 동료들에게 업무적으로 불편함을 끼치지 않게 하시고, 피해가 가지 않도록 치유의 은혜를 허락하여 주옵소서.
치료하시는 주님, 사람의 능력에는 한계가 있습니다. 생명의 주관자는 오직 주님뿐이오니, 저희 죄를 용서하시고 연약함을 치료하여 주옵소서. 또한 저희 가족의 질병을 위해서도 기도합니다. 감기 몸살로 인하여 온 가정이 힘들어 하고 있사오니 질병의 고통에서 벗어나 영과 육이 강건하게 하여 주옵소서. 이 시간 저희 가족을 긍휼히 여기시고 오직 주님만 바라보고 나갈 수 있도록 강인한 믿음과 큰 은혜를 주시어서 성령 충만하게 하여 주옵소서.
저희들이 예수 그리스도의 복음의 진리를 온전히 믿고 좌로나 우로나 흔들리지 않게 하시고, 말씀으로 무장된 사람이 되게 하여 주옵소서. 저희 가족들이 육체의 질병으로 인하여 신음하고 있습니다. 가족들이 하나님의 사랑과 은혜를 체험하게 하여 주시어서 건강하도록 치유의 은혜를 부어 주옵소서.
사랑이 많으신 예수님의 이름으로 기도합니다. 아멘.

> 하나님의 자녀는 기도로 모든 것을 정복할 수 있다. 사탄이 교인들에게서 이 무기를 빼앗거나 그것의 사용을 제지하려고 최선을 다하는 것은 이상한 일이 아니다. _앤드류 머레이

1월 11일

성령을 부어 주옵소서

이와 같이 성령도 우리의 연약함을 도우시나니 우리는 마땅히 기도할 바를 알지 못하나 오직 성령이 말할 수 없는 탄식으로 우리를 위하여 친히 간구하시느니라 (로마서 8:26)

약한 자를 긍휼하게 여기시는 하나님,
때때로, 저희가 심히 약해져 잠을 이루지 못할 때가 많습니다. 치열한 경쟁 사회에서, 또는 인간관계에서 오는 고통도 있습니다. 마음의 병도 있고 심지어 화병도 있습니다. 마음에 두고 있는 원수로 인해 잠을 설치기도 합니다. 이 시간 부족한 종에게 평안한 마음을 주시어서 잠을 잘 이루게 하여 주옵소서. 사랑의 주님, 저희에게 찾아오시어서 탐욕과 고통을 다스려 주시고,
사랑하는 자에게 잠을 주신다고 하셨으니 불면의 고통이 사라지게 하여 주옵소서. 저희들 때로는 용기 잃고 지친 엘리야처럼 낙담 할 때가 많습니다. 그때마다 찾아오시어서 소망을 주옵소서. 또 낙담하여 낙향하는 엠마오의 두 제자처럼 소망을 잃을 때, 저희들에게 찾아오시어서 산 소망을 주시고, 성령으로 충만하게 하여 주옵소서.
이 시간 저에게 성령을 부어 주옵소서. 하나님의 영으로 충만하게 하여 주옵소서. 세상이 줄 수 없는 영적인 양식과 용기를 주옵소서. 그래서 우리가 소망을 얻고, 다시 회복되어서 하나님을 기쁘시게 해드리는 믿음의 사람이 되게 하여 주옵소서.
또한 저희 가정에도 복을 주시고, 자녀들에게도 복을 주시며, 직장에도 복을 주시어서 범사가 형통하게 하여 주옵소서. 간구하기는, 언제나 저희 가정이 주는 자 되게 하시고, 아브라함처럼 복의 근원이 되게 하여 주옵소서.
사랑이 많으신 예수님 이름으로 기도합니다. 아멘.

기도는 영혼의 피이다. _죠지 허비트

1월 12일 선하신 뜻을 이루어 주옵소서

이는 나 여호와 너의 하나님이 네 오른손을 붙들고 네게 이르기를 두려워하지 말라 내가 너를 도우리라 할 것임이니라 (이사야 41:13)

우리의 즐거움이 되시는 하나님,
오늘도 우리를 붙드시고, 우리의 삶을 하나님의 선하신 뜻 가운데서 가야할 길을 가며, 해야 할 일을 하도록 인도하시는 주님께 감사를 드립니다. 때때로 우리 길에 장애물도 있었으나, 하나님께서 거두어 주시거나 능히 넘을 수 있게 하시니 감사합니다. 방해가 있고, 도전해 오는 세력이 많아도, 다시 일어나게 하시고, 오히려 막힘으로 길이 열리고, 얽히므로 문제가 풀리도록 인도하여 주옵소서.
사랑의 주님, 이 시간 저희들의 눈을 밝혀 주시어서 새로운 비전을 발견하게 하시고, 자신의 꿈을 이룰 수가 있는 명철함도 주옵소서. 사랑의 주님, 우리의 인격과 영혼을 새롭게 하시사, 주님을 뵈기에 부끄럽지 않도록 도와주옵소서. 저희들은 세속에 빠져서 양심을 속이기도 했습니다. 하나님보다 세상 눈치를 보기도 했습니다. 이런 저희들을 붙들어 주시고, 우리의 마음과 생각을 새롭게 하심으로 의에 주리고 목마른 사슴처럼 하나님의 의를 사모하게 하여 주옵소서. 오늘도 믿음으로 승리하는 하루가 되게 하시고 영혼이 잘 됨같이 범사가 잘 되고, 강건한 하루가 되게 하여 주옵소서. 오늘도 저희 가정에 복을 주시어서 자녀들이 하는 일마다 주님이 동행하시므로 형통하게 하시고, 시냇가에 심은 나무처럼 시절을 좇아서 열매를 맺게 하여 주옵소서. 오직 하나님의 말씀으로 자녀들이 복을 받게 하여 주옵소서.
사랑이 많으신 예수님의 이름으로 기도합니다. 아멘.

아무도 기도가 없이는 하루 혹은 한 시간도 안전하지 못하다 _엘렌지 화잇

1월 13일 — 두려움을 이기게 하옵소서

주여 이제 내가 무엇을 바라리요 나의 소망은 주께 있나이다 (시편 39:7)

은혜가 풍성하신 하나님,
이 세상에서 주님과 함께 동행하게 하시니 감사합니다. 오늘도 귀한 꿈을 주시어서 소망 가운데 살게 하시고 건강하게 살게 하시니 감사를 드립니다. 꿈이 없는 백성은 망한다고 하였사오니, 주님이 주신 꿈을 가지고 그 꿈을 이루는 저희들이 되게 하여 주옵소서. 저희들이 주님의 능력을 가지고 지혜롭게 살 수 있는 힘과 능력을 주시어서 걱정과 두려움을 물리 칠 수 있는 믿음을 주옵소서. 무엇보다도 장래에 대한 불안과 걱정이 많사오니 매일 매일 두려움과 걱정을 물리치고 믿음으로 승리하게 하여 주옵소서.
사랑의 주님, 저희들은 걱정과 근심이 많습니다. 이 시간 불안이 사라지게 하시고, 마음에 평안이 찾아올 수 있도록 안정도 주옵소서. 주님께서 높아지려고 하면 낮아지겠고, 낮아지려고 하면 높아진다고 하였사오니 저희들이 언제나 낮아지게 하시고 자신을 비워서 겸손한 사람이 되게 하여 주옵소서. 이 시간 저에게 영육간의 복을 충만하게 주시어서 성숙한 믿음의 사람으로 살게 하시고 주님이 사용하시는 도구가 되게 하여 주옵소서. 또한 저에게 찾아오는 풍랑을 잠재워 주시고 두려워말라고 하였사오니 그 두려움을 말씀으로 이기고 승리하게 하여 주옵소서. 그리하여 하나님이 주신 그 은혜를 간증하게 하여 주옵소서.
사랑이 많으신 예수님의 이름으로 감사하며 기도합니다. 아멘.

무릎을 꿇은 그리스도인은 발돋움을 한 천문학자 보다 더 멀리 본다. _토플레디

1월 14일 이 시대를 이기게 하옵소서

> 그러므로 형제들아 내가 하나님의 모든 자비하심으로 너희를 권하노니 너희 몸을 하나님이 기뻐하시는 거룩한 산 제물로 드리라 이는 너희가 드릴 영적 예배니라 (로마서 12:1)

언제나 우리를 새롭게 하시는 하나님,
너희는 이 세대를 본받지 말고 마음을 새롭게 함으로써 변화를 받아 하나님의 선하시고 기뻐하시고 온전하신 뜻이 무엇인지 분별하라고 하셨사오니 저희들의 생각이 언제나 새로워지게 하여 주옵소서.
저희들이 언제나 창조적이고 긍정적인 생각을 갖게 하시고 내일이 오늘보다 나을 것이라는 생각을 갖게 하시어서, 다른 사람을 볼 때도 부정적인 면보다는 긍정적인 면을 더 볼 수 있게 하여 주옵소서.
사랑의 주님, 아브라함은 갈 바를 알지 못했으나 예비하심을 믿고 믿음으로 갈대아 우르를 떠났습니다. 광야에서 방황하던 다윗도 하나님의 예비하심을 믿고 찬양했으며, 요셉도 감옥에 있을 때 하나님의 예비하심을 믿고 믿음으로 살았습니다. 그 하나님의 역사를 체험한 믿음의 사람들을 본받게 하여 주옵소서. 그리하여, 저희도 앞날을 두려워하지 않고 믿음으로 행진할 때 하나님께서 동행하여 주옵소서.
고난이 변하여 축복이 된다는 것을 알게 하시고, 항상 기뻐하면서 쉬지 않고 기도하면서 주님의 뜻을 이루는 생활이 되게 하여 주옵소서.
사랑이 많으신 예수님의 이름으로 기도합니다. 아멘.

> 믿음의 기도는 전능하신 여호와가 통치하시는 우주 속에서 유일한 능력이다. 기도야 말로 최상의 영약이요, 치료제이다. _로버트 홀

1월 15일 걱정과 근심을 이기게 하옵소서

> 너희는 그들을 두려워하지 말라 너희의 하나님 여호와께서 친히 너희를 위하여 싸우시리라 하였노라 (신명기 3:22)

복에 근원이 되시는 하나님,
오늘도 새로운 날을 맞이하여 직장에 출근하게 하시니 감사를 드립니다. 오늘도 직장에서 일 할 때에 강하고 담대하게 하시고, 두려워하지 않도록 붙들어 주옵소서. 사랑의 주님, 저희에게 권능을 부어주시어서 직장에서 예측할 수 없는 문제를 만날 때에 잘 극복할 수 있는 힘을 주시기 원합니다. 이 시간 저희들에게, 큰 믿음을 주시어서 어떤 상황, 어떤 문제 앞에서도 담대하게 믿음의 주요 온전케 하시는 주님을 바라보면서 승리하게 하여 주옵소서. 이 시간 저희들의 모든 문제를 맡기오니 붙들어 주시고, 의심이나 불신을 갖지 않게 하여 주옵소서. 항상 하나님의 예비하심을 믿고 감사하며 살게 하여 주옵소서. 사람을 두려워할 것이 아니라 하나님을 두려워하게 하시고 새로운 믿음을 갖게 하여 주옵소서. 주님께서는 선한 목자가 되셔서 모세를 광야에서 도우시고, 요셉을 도우시고, 다윗을 도우셨듯이 저희들도 매 순간 붙들어주시어서 직장에서 일 할 때에 흔들리지 않고 직장생활하게 하여 주옵소서.
저희들은 때로 자기일이 풀리지 않을 때, 주님의 은혜를 잊고 원망하고 불평할 때가 있었습니다. 이 시간 회개하오나 용서하여 주시고 믿음의 눈을 떠서 앞날을 보게 하여 주옵소서. 주님의 사랑에 감사하면서 살게 하여 주옵소서.
사랑이 많으신 예수님의 이름으로 기도합니다. 아멘.

결국 하나님께서 명하신 것이 무엇이든 간에 기도한다는 것은 위대한 일이다. 오, 주여, 나로 하여금 기도의 사람이 되게 하여 주옵소서. _헨리 마틴

1월 16일 — 주여, 은혜를 주옵소서

여호와께 기도하여 이르되 여호와여 내가 고국에 있을 때에 이러하겠다고 말씀하지 아니하였나이까 그러므로 내가 빨리 다시스로 도망하였사오니 주께서는 은혜로우시며 자비로우시며 노하기를 더디 하시며 인애가 크시사 뜻을 돌이켜 재앙을 내리지 아니하시는 하나님이신 줄을 내가 알았음이니이다 (요나 4:2)

전능하신 하나님,
오늘 하루도 하나님의 은혜로 살아갑니다. 힘들고 어렵지 않게 하시고 바른 길로 인도하여 주옵소서. 저희들, 힘들고 어려웠을 때 그때그때 마다 은혜주시고 힘주심을 감사드립니다.

고통 중에서 바르게 살려고 할 때, 힘들 때가 많이 있습니다. 그때에도 신앙을 지키게 하여 주시어서 잘 극복하게 하여 주옵소서. 이 시간 부족한 종에게 은혜를 베풀어주시고, 주님을 위해 헌신하다가 핍박이나 어려움을 만나도 두려워하지 않게 하여 주옵소서. 하나님의 영광을 바라보며 고통을 참게 하여 주옵소서.

저희가 선을 행하되 낙심하지 말게 하여 주옵소서. 정의가 승리한다는 것을 믿고 다시 힘을 얻어 주를 바라보게 하여 주옵소서. 오직 주님만을 바라보며 믿음으로 승리하게 하여 주옵소서.

간구하기는 오늘도 좋은 일만 일어나게 하시고 악한 마귀가 틈타지 못하도록 지켜 주옵소서. 저희 가정이 주님의 복을 받아서 들어와도 복을 받고 나가도 복을 받는 가정이 되게 하여 주옵소서.

사랑이 많으신 예수님의 이름으로 기도합니다. 아멘.

> 기도는 끊임없이 쏟아져 나오는 끊임없는 사랑의 응답이며, 모든 영혼을 인도하시는 하나님과 사귀는 길이다. _스티어

1월 17일

인내로 승리하게 하옵소서

무엇이든지 전에 기록된 바는 우리의 교훈을 위하여 기록된 것이니 우리로 하여금 인내로 또는 성경의 위로로 소망을 가지게 함이니라 (로마서 15:4)

 거룩하신 하나님,
언제나 우리를 눈동자처럼 지켜 주시고 보호해 주시는 하나님께 감사를 드립니다. 저희는 늘 부족하여서 하나님의 은혜를 사모합니다. 내가 산을 향하여 눈을 들어 도움이 어디서 올까 하고 하늘을 바라 볼 때마다 모든 도움은 천지를 지으신 하나님께로부터 온다고 하였사오니 주님의 도움을 체험하기 원합니다. 이 시간 찾아오시어서 믿음 없는 저희들을 불쌍히 여겨 주옵소서. 저희들이 연약하오니 강하게 하시고 늘 담대하게 살 수 있도록 용기를 주옵소서. 저희들, 선을 행하되 낙심치 않게 하여 주시고, 좌로나 우로나 치우치지 않는 믿음을 주옵소서.
사랑의 주님, 저희들이 하나님의 긍휼을 의지하고 주님께 나아가오니 더욱 정결하고, 순전한 영과 마음을 허락하여 주옵소서. 예수님의 의로 말미암아 내 자신이 정결하게 하여서 순결한 신부처럼 주님이 주신 사명을 잘 감당하게 하여 주옵소서. 지금은 기도할때라고 말씀하셨사오니 날마다 깨어 있어서 주님의 주신 사명을 잘 감당하게 하여 주옵소서. 그리하여, 어떤 어려움이 있어도 인내 할 수 있도록 큰 믿음도 주옵소서. 흔들리지 않는 믿음을 주옵소서.
연약한 저희들을 축복하여 주시어서 범사가 잘되게 하여 주옵소서. 또한 강한 믿음으로 붙드셔서 일마다 때마다 주님이 동해하여 주옵소서. 우리 구주 예수님의 이름으로 기도합니다. 아멘.

아버지와 같이 있기를 바라는 것 이외의 것을 바라지 않는 것이 기도의 가장 기본적인 의식이다. _랙스데일

1월 18일 　주여, 사랑을 부어 주옵소서

나의 힘이시여 내가 주께 찬송하오리니 하나님은 나의 요새이시며 나를 긍휼히 여기시는 하나님이심이니이다 (시편 59:17)

은혜가 풍성하신 하나님,
저희들의 삶에 동행해 주시며, 때로는 지혜롭게 하시고, 때로는 담대하게 하신 주님을 찬양합니다. 사랑의 주님, 이 시간 저희들에게 오셔서, 고달플 때는 쉬게 하시고, 헤맬 때는 길을 열어 주셔서 항상 여호와를 앙망하며 살게 하여 주옵소서. 우리를 지켜주시는 하나님, 오늘 성령님의 충만하신 임재로 저희 가정이 주님의 보호를 받게 하여 주옵소서. 이 시간 간구하기는 저희들에게 새 힘을 주시고, 어느 곳에서든지 신앙으로 살아가게 하시며, 주님께 충성하는 생활을 하게 하여 주옵소서. 또한 저희들에게 복을 주시어서 축복받은 삶을 살도록 은혜를 내려 주옵소서. 그 복으로 인하여 유혹이 역사하지 않게 하시고, 하나님께서 주시는 평안을 잃어버리지 않게 하여 주옵소서.
여호와의 은혜로 재물을 얻을 때, 헛되이 살지 않게 하여 주시고, 늘 감사하면서 하나님을 기쁘시게 하는 믿음의 종이 되게 하여 주옵소서. 사랑의 주님. 오늘도 저희들의 삶이 여호와의 은혜로 풍성하게 하시고, 아침부터 저녁까지 하나님의 은혜를 찬송하게 하여 주옵소서. 그리하여 저희들, 역시 기쁘게 일하게 하여 주옵소서. 저희가 살아가는 날 속에서 긍정적이고 적극적인 사고를 가지고 다른 사람들에게 희망을 주는 직장인이 되게 하여 주옵소서. 또한 저희 가정에도 복을 주시어서 범사가 잘되게 하여 주옵소서.
사랑이 많으신 예수님의 이름으로 기도합니다. 아멘.

기도는 신자의 유일한 무기이다. _톰슨

1월 19일 — 예수님을 닮게 하옵소서

> 주는 나의 하나님이시니 나를 가르쳐 주의 뜻을 행하게 하소서 주의 영은 선하시니 나를 공평한 땅에 인도하소서 (시편 143:10)

사랑과 은혜가 풍성하신 하나님,
저희들에게 하루, 하루 살아 갈수 있도록 인도하여 주시니 감사를 드립니다. 오늘 허락받은 하루를 어떻게 살아갈 것인지 생각해봅니다. 저희들, 주님을 닮기 원합니다. 그래서 나를 위하기보다는 남을 섬기는 삶을 살기를 원합니다. 저의 생활이 창조적인 생활이 되게 하시고, 언어가 긍정적이게 하시고, 더러운 말에 억매이지 않도록, 붙잡아 주옵소서. 저희들 하나님을 위해 산다고 하였으나, 내 생각대로 살았음을 고백합니다. 주님을 기쁘시게 한다고 했으나, 결과는 자신들의 기쁨을 위해서 살았사오니 용서하여 주옵소서. 이제는 이기적인 것에 억매이지 않게 하시고, 지혜로운 삶을 살도록 붙잡아 주옵소서. 또한 믿음으로 겸손해지게 하시고 내 중심으로 말하기보다 타인의 입장에서 말 할 수 있는 언어의 능력도 주옵소서. 저의 유익을 구하기보다 주님의 나라와 의를 찾게 하시고, 복음의 향기를 드러낼 수 있는 큰 믿음을 주옵소서. 간구하오니, 저에게 용기를 주시고 좋은 성품을 주시어서 남을 먼저 배려하는 마음을 주옵소서. 그리하여 사랑과 인내와 관용과 성결한 마음으로 든든히 서게 하여 주옵소서. 말에는 신중함이 있게 해주시고, 주님의 사랑에 대한 지식으로 밝아진 심령을 주옵소서. 오직 주님의 이름에 누를 끼치지 않는 하루 되게 하옵소서. 연조에 가졌던 각오가 후회함으로 주저앉지 않게 하시고 다시 한 번 결심하여 새롭게 하여 주시옵소서.
예수님의 이름으로 감사하며 기도드립니다. 아멘.

> 하나님의 기도는 하나님의 심정에 이르게 하는 것이다. _테일러

1월 20일 성령의 능력을 체험하게 하옵소서

부와 귀가 주께로 말미암고 또 주는 만물의 주재가 되사 손에 권세와 능력이 있사오니 모든 사람을 크게 하심과 강하게 하심이 주의 손에 있나이다 (역대상 29:12)

자비로우신 하나님.
오늘도 새로운 날을 맞이하여 살게 하시니 감사합니다. 이번 한 주간도 저희들의 생명을 주관하시고, 복된 길로 인도하여 주옵소서.
사랑의 주님, 저희가 세상 살면서 환경만 바라보다가 실족치 않게 하시고, 주님을 바라봄으로 날마다 구원을 체험하게 하여 주옵소서.
작은 바람이 불어와도 이리저리 흔들리지 않게 하시고, 믿음의 주요 온전케하시는 이인 예수만을 바라보게 하여 주옵소서. 저희들이 온전히 주님을 믿고 따르는 사람들이 되어서 세상 속에서 주님의 명령을 지킬 수 있는 복을 허락하여 주옵소서. 그리하여 날마다 주님과 영적인 교제를 나누게 하시고 이생의 안목과 정욕으로 이끌려 좌초하는 사람으로 사는 것이 아니라, 주님의 능력으로 복된 인생들이 되게 하여 주옵소서.
내 자신을 복되게 하시고 주님의 영광을 드러내기에 부족함이 없는 사람이 되게 하여 주옵소서. 항상 충성과 봉사가 넘쳐나게 하여 주옵소서.
이 시간 주님의 살아 계신 말씀의 능력을 체험할 수 있도록 축복해 주옵소서.
사랑이 많으신 예수님의 이름으로 기도합니다. 아멘.

하나님께서 우리에게 말씀하실 것은 우리가 하나님께 말씀드려야 할 것보다 더욱 중요한 것이다. _마클라 쉴란

1월 21일 — 좋은 일군이 되게 하옵소서

여호와는 나의 힘과 나의 방패이시니 내 마음이 그를 의지하여 도움을 얻었도다 그러므로 내 마음이 크게 기뻐하며 내 노래로 그를 찬송하리로다 (시편 28:7)

오늘도 살아계셔서 역사하시는 하나님,
저희들을 세상의 빛과 소금으로 살게 하시니 감사합니다. 어둠 속에서 헤매던 저희들이, 주님의 이름을 영접하여 새 생명을 찾았사오니 그 은혜를 또한 감사드립니다.
지난 한 주간은 세상에 살면서 저희들의 생각을 앞세우고 입술과 행위로 주님의 영광을 가릴 때가 많았습니다. 이런 저희들을 불쌍히 여기시고, 거룩하신 성령의 능력으로 저희들의 마음을 붙잡아 주옵소서.
이 시간 부족한 저에게 성령의 충만한 은혜를 허락하시고, 소망 중에 그리스도에 대한 믿음이 참된 능력임을 깨닫고, 믿음의 사람으로 살게 하여 주옵소서. 또한 주님을 사랑하되, 마음을 다하여 사랑하게 하시고, 성품을 다하여 봉사하며, 힘을 다하여 충성함으로써, 주님의 뜻을 온전히 이루어 가는 충성스러운 일꾼들이 되게 하여 주옵소서.
사랑의 주님, 오늘도 저희 가정에 복을 주시며 자녀들이 하는 일마다 형통하게 하시고 시냇가에 심은 나무처럼 시절을 좇아서 열매를 맺게 하여 주옵소서. 오직 하나님의 말씀으로 복을 받게 하여 주옵소서. 또한 저희에게 소망을 주시고 날마다 능력으로 붙들어 주시어서 승리하게 하여 주옵소서.
거룩하신 예수님의 이름으로 기도합니다. 아멘.

사람이 자기의 의견과 소원을 초월하여 자기의 마음을 향상시키고 자기의 주의를 하나님께 집중시키는 것이 기도의 제일 중요한 일이다. _티틀

1월 22일　복 있는 자녀가 되게 하옵소서

성읍에서도 복을 받고 들에서도 복을 받을 것이며 네 몸의 소생과 네 토지의 소산과 네 짐승의 새끼와 우양의 새끼가 복을 받을 것이며 네 광주리와 떡 반죽 그릇이 복을 받을 것이며 네가 들어와도 복을 받고 나가도 복을 받을 것이니라 (신명기 28:3-6)

우리를 소망으로 인도하시는 하나님,
거룩하신 주님 앞에 나의 자녀를 위하여 기도합니다. 저희의 자녀가 아브라함처럼, 믿음의 소유자가 되기를 원합니다. 하나님이 미워하시는 것은 미워하게 하시고, 좋아하는 것은 따르며 순종하는 사람으로 성장하기를 원합니다. 자녀들이 성장 할수록 좋은 믿음을 가지게 하시고 위선과, 더러운 것들을 멀리하게 하시며 어떤 문제를 만나든지 기도하면서 문제를 풀어가는 자녀가 되게 하여 주옵소서.
사랑의 주님, 저희 자녀들이 이 세상 살아갈 때 죄악의 길이 유혹하지만, 피할 길을 열어주시고, 자신을 지키게 하여 주옵소서. 주님의 자녀들이 세속에 물들지 않게 하여 주옵소서. 저희 자녀들이 하나님은 사랑이라는 것을 알게 하여 주옵소서. 앞으로 성장하여 재물이 많아서 하나님을 모른다고 말하지 않게 하시고, 또한 가난하다고 하여 유혹에 물들지 않도록 지켜 주시어서, 궁핍과 부요에도 자족하면서 사는 은혜를 주옵소서. 오늘 하루도, 주님께서 돌보아 주신다는 것을 알게 하시고 믿음으로 승리하는 삶을 살게 하여 주옵소서. 저희 자녀들이 하나님의 보호하심으로 이제까지 살아왔듯이, 날마다 하나님의 보호아래서 살게 하여 주옵소서. 그리하여 자녀들이 자신의 소유를 가지고 어렵고 가난한 사람들을 도울 수 있는 넉넉한 마음도 주옵소서.
사랑이 많으신 예수님의 이름으로 기도합니다. 아멘.

기도는 영적 생명의 맥박이다. _앤드류 머레이

1월 23일 — 가족을 축복하여 주옵소서

> 사랑은 오래 참고 사랑은 온유하며 시기하지 아니하며 사랑은 자랑하지 아니하며 교만하지 아니하며 … (고린도전서 13:4)

사랑의 주님,
하나님께서 저를 사랑하셔서 귀한 동역자인 아내(남편)를 허락하신 것을 감사합니다. 이것은 우연한 일이 아니고 하나님의 특별하신 섭리 가운데서 이루어진 것을 믿고 감사를 드립니다.

사랑의 주님, 아내(남편)에게 풍성한 은혜를 베풀어 주시어서, 육신의 건강도 더해 주시고 지혜와 총명, 인내와 덕을 더하셔서 사회 생활하는데 부족함 없도록 축복하여 주옵소서. 이 시간 간구하오니, 아내(남편)에게 크신 은혜를 베푸셔서 원하는 소원을 이루어 주시고 저에게도, 사랑을 주시어서 남편(아내)으로서 아내(남편)를 더 사랑하게 하여 주옵소서.

이 어려운 세상에 저희 부부가 살아갈 때, 저희 두 사람이 함께 손을 맞잡고, 서로 사랑하며, 서로 도우며, 우리에게 맡겨 주신 사명을 잘 감당하도록 복을 주옵소서.

사랑의 주님, 하나님께서 저희 가정에 상급으로 주신 자녀들을 축복하여 주옵소서. 자녀들이 하나님의 기업이오니, 그들에게 성령을 충만하게 부어주시고, 공부도 잘하게 하시고, 건강도 주시고, 친구들과의 관계도 균형을 잡아서 대인간계가 좋아지게 하여 주옵소서. 간구하기는 저희 가정이 주님의 복을 받아서 들어와도 복을 받고 나가도 복을 받는 가정이 되게 하여 주옵소서.

우리 가정에 주인이 되신 예수님의 이름으로 기도합니다. 아멘.

나는 어려울 때마다 무릎을 꿇고 기도한다. _에이브러험 링컨

1월 24일　나라와 민족을 축복하여 주옵소서

> 그런즉 너희는 먼저 그의 나라와 그의 의를 구하라 그리하면 이 모든 것을 너희에게 더하시리라 (마태복음 6:33)

자비로우신 하나님.
여호와의 한결 같으신 사랑으로 지금까지 인도하여 주시니 감사합니다. 특별히 이 나라와 민족을 위해서 간구하오니, 이 민족의 악한 세력을 물리쳐 주시고, 부강한 나라가 되게 하여 주옵소서. 남과 북이 복음으로 하나 되는 통일을 주시어서, 통일 대한민국이 예수 그리스도의 복음을 온 세상에 전파 할 수 있도록 축복하여 주옵소서.
이 민족에게 사치와 향락이 있습니다. 이런 악한 풍습은 사라지게 하시고, 검소한 생활로 부강하게 하여 주옵소서.
사랑의 주님, 이 세상은 갈수록 각박해지고, 서로 인내하지 못하며, 분노가 폭발하여 서로를 향한 이해타산으로 갈등을 격고 있습니다. 이런 이기주의적인 생각을 치유하여 주시어서, 서로 반목하지 않게 하시고, 먼저 국가를 생각하게 하시고, 국민을 생각하는 정치인들이 많아지게 하여 주옵소서. 서민들은 살기가 더 어려워졌다고 아우성 거립니다. 특별히 사업하시는 분들에게, 어려운 경제를 잘 헤쳐 나갈 수 있도록 지혜를 주시고, 위기를 기회로 만들 수 있도록 솔로몬의 지혜를 주옵소서. 특별히, 이 나라는 남과 북으로 갈라져서 이산의 아픔과 함께 국방의 위기가 있습니다. 이 나라를 지키는 군인들을 보호해 주시고, 불철주야 수고하는 경찰들과 공무원들을 축복하여 주옵소서.
사랑과 은혜가 많으신 예수님의 이름으로 기도합니다. 아멘.

> 나는 오늘 해야 할 일이 많기 때문에 기도하는 시간을 갖기 위해서 한 시간 더 일찍 일어난다. _마틴 루터

1월 25일 질병을 치료하여 주옵소서

하늘이여 노래하라 땅이여 기뻐하라 산들이여 즐거이 노래하라 여호와께서 그의 백성을 위로하셨은 즉 그의 고난당한 자를 긍휼히 여기실 것임이라 (이사야 49:13)

사랑과 긍휼이 풍성하신 하나님,
수고하고 무거운 짐 진 자들아 다 내게로 오라 내가 너를 쉬게 하리라 고 말씀하신 주님께 감사를 드립니다. 이 시간 질병으로 힘들어 하는 환우들을 기억하여 주시사 더러운 질병이 깨끗하게 치유되게 하여 주옵소서. 악한 질병으로 부정적인 생각을 갖게 하는, 어둠의 세력을 물리치게 하시고, 몸과 마음이 건강하게 하여 주옵소서. 그리하여, 평안한 마음을 주셔서 삶의 의욕이 생겨나게 하여 주옵소서. 또한 상한 마음을 회복시켜 주옵소서.
하나님만이 우리 기쁨이요, 소망입니다. 이 시간 우리 마음을 하늘의 기쁨으로 채워 주시어서, 주님이 주시는 평안으로 자유 함을 얻게 하여 주옵소서. 사랑의 주님, 주님께서 절망 가운데 있던 엘리야를 어루만지시며, 먹을 것을 주시고, 일어나게 하셨던 것처럼, 저희들도 지치고 힘들 때, 찾아오시어서 어루만져 주시고, 새 힘을 허락하여 주옵소서.
이 시간 저희 자녀들을 위하여 간구합니다. 자녀들에게 지혜를 주시어서 이 땅에 살아가는 동안 복을 받게 하여 주옵소서. 하나님께서 자녀들의 삶에 대한 계획과 비전을 알고 계시오니 그 뜻대로 이루어지게 하여 주옵소서. 또한 자녀들이 자라는 동안에 좋은 성품을 가지게 하시고, 건강하게 성장하여서 성품이 좋은 자녀들이 되게 하여 주옵소서.
사랑이 많으신 예수님 이름으로 기도합니다. 아멘.

> 처음에 기도는 말하는 것이라 생각했다. 그러나 마음이 점점 고요해지자 결국 기도는 듣는 것이라는 사실을 깨달았다. _키에르케고르

1월 26일 — 연약함을 이기게 하옵소서

이는 선지자 이사야를 통하여 하신 말씀에 우리의 연약한 것을 친히 담당하시고 병을 짊어지셨도다 함을 이루려 하심이더라 (마태복음 8:17)

복을 주시는 하나님,
여호와의 은혜로 저희 가족이 날마다 믿음으로 승리하게 하시니 감사합니다. 또한 저희에게 행하신 기이한 일을 인하여 찬송과 영광을 돌립니다. 주를 사모하는 자를 만족케 하시며 주린 영혼에게 좋은 것으로 채워주시는 그 크신 사랑에 감사를 드립니다. 저희들을 축복하여 주시고, 자녀들의 삶이 영화롭게 되기를 간구합니다. 그들이 세상에서 사는 동안에, 뛰어난 인물이 되어서, 하나님을 영화롭게 하는 자녀들이 되게 하여 주옵소서.

자녀들이 지혜로운 자녀로 성장하여 하나님의 일꾼으로 쓰임을 받게 하여 주옵소서. 사랑의 주님, 저희 자녀들에게, 학문의 지혜를 더하여 주셔서 지식의 부요함을 누리게 하시고, 우상 앞에 굴복하지 않았던 단니엘처럼 흔들림이 없는 믿음도 주옵소서. 그리하여 여호와의 인도하심에 따라 세상을 이기는 믿음을 주옵소서.

간구하기는, 저희 자녀들이 믿음의 주요, 또 온전케하시는 예수만 바라보고 살아가게 하시고, 달음박질하여도 곤비치 아니하고 걸어가도 피곤함을 모르는 자녀들이 되게 하여 주옵소서. 자녀들이 진리를 따르는 도구가 되어서 하나님의 영광을 드러내게 하여 주옵소서.

사랑이 많으신 예수님의 이름으로 기도합니다. 아멘.

기도는 영혼의 방패요, 사단을 향한 채찍이다. _존 번연

1월 27일 — 형통의 은혜를 주옵소서

그러므로 형제들아 내가 하나님의 모든 자비하심으로 너희를 권하노니 너희 몸을 하나님이 기뻐하시는 거룩한 산 제물로 드리라 이는 너희가 드릴 영적 예배니라 (로마서 12:1)

사랑이 많으신 하나님,
저희들에게 죄와 유혹을 물리치는 힘을 주시니 감사드립니다. 오늘도, 저희들이 직장에 출근하여 기도하오니 축복하여 주옵소서. 이 시간 수많은 업무를 대할 때에 잘 하게 하시고, 어리석어서 맡겨진 일에 우선순위를 놓치지 않도록 지혜를 주옵소서. 점심시간을 맞이하여 신유회 예배를 드릴 때에도 살아계신 하나님의 은혜를 체험하게 하여 주옵소서. 입을 열어 주님을 찬미할 때, 기쁨의 노래가 되게 하시고, 열납되는 예배가 되게 하여 주옵소서. 오늘 드려지는 신유회 예배를 축복하여 주옵소서.

예배 중에 인도하시는 주님, 이 세상에서 상한 심령들이 예배를 통하여 구원의 감격을 얻게 하시고, 하나님의 살아 계심과 동행을 깨달을 수 있도록 풍성한 은혜를 허락하여 주옵소서. 사랑의 주님, 저희들이 주 앞에 복종하게 하시고, 저희 생각으로 살지 않도록, 주의 지팡이와 막대기로 지켜 주옵소서.

우리는 다 양 같기에 그릇 행하다가 왔습니다. 각기 제 길로 가다가 왔습니다. 하나님의 주권을 인정하지 못하는 불신앙을 용서하여 주옵소서. 예배를 통해서 주님과 친밀하게 하시고, 주님을 가까이 히는 저희가 되게 하여 주옵소서. 사랑과 은혜가 많으신 예수님의 이름으로 기도합니다. 아멘.

> 진정한 기도는 입술의 말이 아니라 마음 자세에 있다. _어니스트 티틀

1월 28일

나를 성장시켜 주옵소서

우리가 다 하나님의 아들을 믿는 것과 아는 일에 하나가 되어 온전한 사람을 이루어 그리스도의 장성한 분량이 충만한 데까지 이르리니 이는 우리가 이제부터 어린 아이가 되지 아니하여 사람의 속임수와 간사한 유혹에 빠져 온갖 교훈의 풍조에 밀려 요동하지 않게 하려 함이라 (에베소서 4:13-14)

은혜로우신 하나님,
저희에게 베푸신 그 크신 사랑과 은혜를 감사드립니다. 성부 하나님의 사랑하심과 성령의 도우심과 예수 그리스도의 흘리신 피로, 저희를 구속하시고 주의 능력을 힘입어 살아가게 하심을 감사합니다. 값진 피로 저희 죄를 사하사, 천하보다 귀한 영혼을 축복하여 주옵소서.
저희들 심령 안에 하나님의 형상을 회복하여 주시어서, 그리스도의 장성한 분량까지 성장하도록 인도하여 주옵소서. 저희는 복음의 능력을 깨닫지 못하여 세상의 유혹을 쫓아 방황하던 허물을 용서하여 주옵소서. 복음만이 저희의 유일한 기쁨이요 소망이 되게 하시며, 원망과 좌절, 죄의식으로 가득차 있는 마음이 예수 그리스도의 보혈의 능력을 힘입어 감사와 자유함으로 가득하게 하여 주옵소서.
오늘도 저희 마음에 함께 하사 복되게 하시고 직장에서 일 할 때에 지혜와 능력을 주시어서 맡겨진 일들을 잘 감당하게 하여 주옵소서. 사랑의 하나님, 주님께서 저희 자녀들에게 하늘의 복을 주시어서, 하나님을 경외하는데 열심을 다하며 살게 하여 주옵소서. 오늘도 믿음으로 승리하게 하여 주옵소서.
사랑이 많으신 예수님의 이름으로 기도합니다. 아멘.

어떤 이는 재산 목록 1호가 돈이다. 어떤 이는 자가용이다. 기도야말로 나의 재산 목록 1호다. _패트릭

1월 29일 모든 어려움을 이기게 하옵소서

내 영혼이 여호와를 자랑하리니 곤고한 자들이 이를 듣고 기뻐하리로다 이 곤고한 자가 부르짖으매 여호와께서 들으시고 그의 모든 환난에서 구원하셨도다 (시편 34:2, 6)

 은혜로우신 하나님,
저희들을 우는 사자같이 두루 다니며 삼킬 자를 찾는 사탄의 공격에서 지켜주신 은혜에 감사드립니다. 저희들이 주님의 은혜로 든든히 세워져 가고 있사오니, 오늘도 풍성한 은혜를 주옵소서. 저희 가정에도 복을 주시고, 직장과 일터에 임마누엘의 기쁨을 누리게 하여 주옵소서. 기도를 들으시는 주님, 사랑하는 자녀들의 인생을 축복하여 주옵소서. 자녀들에게 다가오는 모든 일들이 축복이 되게 하여 주옵소서.
사랑의 주님, 오늘도 저희들이 주님의 은혜 안에 살면서도 늘 감사하지 못하고 교만할 때가 많습니다. 이런 나쁜 습관을 불쌍히 여기시고 긍휼히 여겨 주옵소서. 인간의 몸을 입으시고 이 땅에 오셔서 십자가에 달려 죽으시기까지 하나님의 영광을 나타내셨던 것처럼, 저희들도 주님의 영광을 위하여 겸손한 삶을 살게 하여 주옵소서.
약한 자를 섬길 수 있는 마음을 주시고, 슬픔과 괴로움 속에서 한숨짓는 자들을 보면서 정성을 다하여 섬길 수 있게 하여 주옵소서. 오늘도 직장에서 일 할 때 지혜가 부족하지 않게 하시고 모든 사람에게 덕을 세우고 위로하고 격려하는 하루가 되게 하여 주옵소서.
사랑이 많으신 예수님의 이름으로 축복하며 기도합니다. 아멘.

> 기도는 하나님의 은혜와 능력이 가득 쌓여 있는 창고 문을 여는 열쇠다. _R. A. 토리

1월 30일 — 우리 가정이 형통하게 하옵소서

> 마른 떡 한 조각만 있고도 화목하는 것이 제육이 집에 가득하고도 다투는 것보다 나으니라 (잠언 17:1)

은혜로우신 하나님,
사탄의 공격에서 지켜주신 은혜에 감사드립니다. 땅의 것만을 바라보고 살아온 저희들에게, 하나님이 계심을 믿게 하시고 날마다 하나님의 품을 사모하며 살게 하여 주시니 감사합니다. 더욱이 간구하기는, 하루하루의 생활들이 원망이나 불평이 없게 하시고, 매일 긍정적인 마음으로 전진하며 살게 하여 주옵소서. 너희는 모든 일을 원망과 불평으로 하지 말라고 하였사오니 범사에 감사하면서 살게 하여 주옵소서.

사랑의 주님, 저희들이 하나님의 자녀로서 해야 할 일들이 너무나 많습니다. 그러나 믿음이 연약하여 변명으로 일삼으면서 하루하루 지나 갈 때가 많습니다. 한 집안의 가장으로서 하나님을 온전히 섬기며, 경외하게 하시고 부모님과 자녀들을 위해서 매일 기도하는 부모가 되게 하여 주옵소서.

일터에서나, 가정에서나 한결 같은 마음으로 사람들을 대하며 불의와 타협하지 않게 하시고, 오직 말씀으로 승리하게 하여 주옵소서. 저희들이 하나님 앞에 복된 사람으로 살아가게 하시고, 형통한 삶을 살게 하여 주옵소서. 찬양을 받으시기에 합당하신 주님, 저희 가정이 복되게 하시고, 자녀들이 범사에 형통하게 하여 주옵소서.

사랑이 많으신 예수님의 이름으로 기도합니다. 아멘.

> 할 수 없을 만큼이 아니라 할 수 있는 만큼 기도하라. _돔 채프만

1월 31일 좋은 일군이 되게 하옵소서

> 너는 진리의 말씀을 옳게 분별하며 부끄러울 것이 없는 일꾼으로 인정된 자로 자신을 하나님 앞에 드리기를 힘쓰라 (디모데후서 2:15)

사랑이 많으신 하나님,

우리를 다스리시기 위하여 이 땅에 임하시고 하나님 나라가 이루어 감을 생각할 때 감사를 드립니다. 저희들의 아집과 고집이 깨어지고, 우리 속에 온전한 하나님 나라가 이루어지게 하여 주옵소서. 오늘도 저희가 십자가의 진리로 무장하여서 직장생활이 즐겁게 하시고, 회사의 업무가 딱딱하지만 즐겁게 할 수 있도록 유머를 주옵소서. 동료들과 함께 일 할 때에 융통성이 있게 하시며, 서로 소통하면서 모든 일들이 잘 진행되게 하여 주옵소서.

저희들이 사람들과 대화를 할 때에도, 감사하며 일하게 하시고, 덕을 세우며, 위로하며, 서로 세워주는 직장생활이 되게 하여 주옵소서. 오늘 하루도 주님을 본받아 복음을 전하는 그리스도의 용사가 되게 하시고, 복음의 진리를 전하는 직장인이 되게 하여 주옵소서.

이 시간 직장의 동료들을 위하여 기도합니다. 하나님 나라의 확장을 위하여 복음을 전할 수 있는 입술을 주시고 복음 전하는 전도자가 되게 하여 주옵소서. 그리하여 내 자신이 말씀의 반석위에 굳건히 서서 어느 곳에 있든지 주의 복음을 전파하도록 축복하여 주옵소서.

사랑이 많으신 예수님의 이름으로 기도합니다. 아멘.

기도는 하나님의 심정에 이르게 하는 것이다. _제레미 테일러

2월

내 마음에 꿈이 싹트게 하옵소서
나는 소망합니다 (헨리 나우웬)

나는 소망합니다.
내가 누구를 대하든 그 사람에게 꼭 필요한 존재가 되기를

나는 소망합니다.
내 마음에 드는 사람들에 대한 사랑 때문에
마음에 들지 않는 사람들에 대한 사랑이 줄어들지 않기를

나는 소망합니다.
상대가 나에게 베푸는 사랑이
내가 그에게 베푸는 사랑의 기준이 되지 않기를

나는 소망합니다.
언제나 남들에게 용서를 구하며 살기를
그러나 그들의 삶에는 나에게 용서를 구할 일이 없기를

2월 1일

부족함을 이기게 하옵소서

여호와는 나의 목자시니 내게 부족함이 없으리로다 그가 나를 푸른 풀밭에 누이시며 쉴 만한 물 가로 인도하시는도다 내 영혼을 소생시키시고 자기 이름을 위하여 의의 길로 인도하시는도다 (시편 23:1-3)

거룩하신 하나님,

날마다 저희들을 인도하여 주시니 감사를 드립니다. 부족한 종이 날마다 직장에서 전도하는 일군이 되고 싶습니다. 그러나 이것이 쉽지 않습니다. 어떻게 전도해야 되는지 잘 모르오니 지혜를 주셔서 복음을 전파 할 수 있는 능력을 주옵소서. 또한 저희 가정생활을 축복하셔서 물질의 풍요로움을 허락하시고, 물질에 부족함을 느끼지 않도록 축복하여 주옵소서. 하나님의 은혜 안에서 저희들이 더 강해지게 하여 주옵소서. 일하는 동안에도 지혜로 성숙하게 하시고 일마다 때마다 하는 일에 복을 누리게 하여 주옵소서. 더욱더 하나님과 동행하는 삶으로 인도하여 주옵소서. 사랑의 주님, 저희들이 인생의 한계를 만날 때마다 주님 앞에 기도하오니, 홍해를 가르신 하나님께서 저희들의 앞길을 열어 주옵소서. 이 시간 자신을 위하여 간구합니다. 부족한 종이 하나님의 크신 뜻과 의를 이룰 수 있도록 지혜를 주옵소서. 또한 복음 전파 할 수 있도록 물질도 주옵소서. 그리하여 주신 지혜로 사명을 감당하게 하여 주옵소서. 부족한 종이 생활하는 직장에도 은혜를 주시어서 윗사람을 대 할 때나, 아랫사람을 대 할 때에, 너그럽게 하시고 그리스도 예수의 덕을 세우는 직장인이 되게 하여 주옵소서. 오늘도 저희 자녀들에게 예비된 복을 내려 주옵소서. 주님의 이름으로 자녀들을 축복합니다. 자녀들이 부모의 기도와 사랑으로 아름답게 하시고, 하나님 앞에서 행복한 인생을 살도록 축복하여 주옵소서.

사랑이 많으신 예수님의 이름으로 기도 합니다. 아멘.

> 처음 기도는 말하는 것이라 생각했다. 그러나 마음이 점점 고요해지자 결국, 기도는 듣는 것이라는 사실을 깨달았다. _키에르케고르

2월 2일 — 직장에 은혜를 주옵소서

남편들아 이와 같이 지식을 따라 너희 아내와 동거하고 그를 더 연약한 그릇이요 또 생명의 은혜를 함께 이어받을 자로 알아 귀히 여기라 이는 너희 기도가 막히지 아니하게 하려 함이라 (베드로전서 3:7)

우리의 생활을 축복하시는 하나님,
이 시간도, 직장에 출근하게 하시고 일하게 하시니 감사합니다. 오늘도 직장에서 동료 직원들과 함께 일 할 때 잘 짜인 시스템 속에서, 좋은 사람들을 만나게 하시니 감사합니다. 좋이 부족하지만 오늘 하루도 직장에서 일 할 때 감사한 마음으로 일하게 하시고, 서로 좋은 관계 속에서 맡겨진 일들을 잘 감당하게 하여 주옵소서.
이 시간 성령님께 구하오니 우리 회사 안에 어려움을 만난 직원들을 위로하여 주시고, 그리하여 어떤 어려움에도 낙심하지 않고, 용기를 얻어 다시 일어나게 하여 주옵소서. 또한 저희들이 직장 안에서 직원들과 끊임없이 사랑의 교제를 누리기 원합니다.
바라기는, 저희 일터가 이 지역 사회에 구원의 방주가 되게 하시고 복음을 전하는 직원들이 많아지게 하시며, 주님의 기쁜 소식을 전하는 일군이 되게 하여 주옵소서. 이러한 사명을 잘 감당 할 수 있도록 새 힘을 주시고 부르심에 합당한 삶을 살도록 은혜를 베풀어 주옵소서. 저희 가정에 은혜를 주시어서 이 땅에서 살아가는데 필요한 것들도 공급해 주옵소서. 비록 생활은 고단하지만 때를 따라 위로해 주시며, 범사가 형통케하여 주옵소서.
우리를 축복하시는 예수님의 이름으로 기도 합니다. 아멘.

기도하지 않으면 기도 응답도 없다. _폴 마이어

2월 3일 — 직장에 복을 주옵소서

성읍에서도 복을 받고 들에서도 복을 받을 것이며 네 몸의 자녀와 네 토지의 소산과 네 짐승의 새끼와 소와 양의 새끼가 복을 받을 것이며 네 광주리와 떡 반죽 그릇이 복을 받을 것이며 네가 들어와도 복을 받고 나가도 복을 받을 것이니라 (신명기 28:3-6)

우리들의 소망이 되시는 하나님,
오늘도 직장에 출근하게 하시니 감사합니다. 주님께서는 부족한 저희들을 택하여 주시고, 보호하시고, 지켜주셨지만 저희들은 주님의 뜻을 깨닫지 못하고 죄악 가운데 살았습니다. 저희들은 넘어지기 쉽고 주님의 뜻을 저버리고 살기 쉬우니 붙잡아 주시고, 불쌍히 여기셔서 어려운 시련 가운데서도 용기를 잃지 않고, 더욱더 주님께 충성된 삶을 살게 하여 주옵소서. 부족한 종을 기억하여 주시사, 일터에서 인정받는 사람이 되게 하시고 서로 협력하며, 서로 사랑하며, 아끼며, 반목과 갈등이 없도록 인도하여 주옵소서. 각 부서마다 사원들이, 서로 사랑하며 업무를 할 때에도 유기적인 조화 속에서 서로 협력하여 좋은 실적을 올릴 수가 있도록 축복하여 주옵소서. 각 부서들이 사랑의 밧줄로 묶어져서 하나 되게 하여 주옵소서. 그리하여 우리 회사가 성장하도록 도와주시고, 또한 직장 생활하는 동안 맡겨진 사명을 잘 감당하게 하여 주옵소서.
추수 할 것은 많은데 일군이 부족하다고 말씀하신 것처럼 좋은 일군, 훈련된 일군이 되어서 주님 나라에 쓰임 받는 일군이 되게 하여 주옵소서. 사랑의 주님, 오늘 하루도, 저희 가정에서 높임을 받으시고, 집안 곳곳에서 하나님의 은혜를 드러내게 하시고, 자녀들이 어려서부터 부모님께로부터 물려받은 믿음을 귀하게 어기고, 하니님을 경외하게 하여 주옵소서.
사랑이 많으신 예수님 이름으로 기도합니다. 아멘.

기도하는 사람은 기도하지 않는 한 민족보다 강하다. _존 낙스

2월 4일 — 어려움 당한 사람들을 도와주옵소서

> 그러므로 우리는 기회 있는 대로 모든 이에게 착한 일을 하되 더욱 믿음의 가정들에게 할지니라 (갈라디아서 6:10)

사랑과 은혜가 풍성하신 하나님,
어려움을 당하여 염려 가운데 있는 부족한 종을 붙들어 주시기 원합니다. 저는 약점 많고, 실수가 많은 사람입니다. 주님은 약점 투성인 제자들을 다듬어 복음을 전하는 귀한 도구로 사용하셨듯이, 소극적인 저희를 예수님의 제자들처럼 주의 영광을 위해서 귀하게 쓰임 받을 수 있도록 은혜를 베풀어 주옵소서. 저희들은, 은혜 받을 자격도 없지만 하나님의 긍휼과 사랑으로 용서해 주시고 우리를 지켜주시니 감사를 드립니다. 소극적인 내 마음을 적극적이게 하시고, 복음에 게으른 나 자신을 부지런함과 열정을 주시어 더욱더 열정적인 삶을 살게 하여 주옵소서.
지난 날 '나는 할 수 없다'는 부정적인 생각에 얽매이면서 살았으나 이제는 긍정적이고 적극적인 사람이 되게 하여 주옵소서. 또한 주님이 주신 직분을 잘 감당할 수 있도록 성령 충만을 주옵소서. 맡은 자에게 구할 것은 충성이라고 하였사오니 맡은 것을 잘 감당 할 수 있도록 새 힘을 허락하여 주옵소서. 주님이 주시는 새 힘으로 하나님의 영광을 드러내게 하여 주옵소서. 사랑의 주님, 저희들이 믿음으로 소망하는 것들이 있습니다. 저희 가정이 복을 누리게 하시고, 부모님과 자녀들이 영과 육이 잘되는 복을 주옵소서. 그리하여 하나님께 영광이 되게 하옵소서.
우리를 죄에서 구원하신 예수님 이름으로 기도 합니다. 아멘.

기도하지 않아도 될 만큼 작은 문제는 없다. 그리고 기도가 필요 없을 만큼 큰 문제도 없다.
_패트릭

2월 5일 약한 자들을 붙들어 주옵소서

우리가 약할 때에 너희가 강한 것을 기뻐하고 또 이것을 위하여 구하니 곧 너희가 온전하게 되는 것이라 (고린도후서 13:9)

인자와 성실이 풍성하신 하나님,
저희 가정에 구원의 복음이 임하게 하시고, 죄에서 구원을 받게 하시니 감사합니다. 오늘도 주님의 이름으로 세상을 이기는 하루가 되게 하여 주옵소서. 이 시간 저희 가정을 축복하시어서 가족들이 건강한 믿음으로 살아갈 수 있게 하시고, 범사가 잘되게 하여 주옵소서. 또한 우리 가정이 염려와 근심과 걱정에서 해방되어, 기쁨 속에서 복되게 살아가게 하여 주옵소서.
이 시간 간절히 간구하오니, 저희 가정에 복에 복을 더하여 주옵소서. 또한 어려움이 없도록 붙들어 주옵소서. 또한 무엇이든지 구하면 이루어지는 복을 허락하여 주옵소서. 오늘도 새롭게 시작하오니, 반복되는 업무 속에서 짜증을 내지 않게 하시고 감사한 마음으로 일 할 수 있도록 창조적인 에너지를 주옵소서.
저희들 지혜가 부족하오니 솔로몬 왕에게 주신 지혜를 주옵소서. 오늘 하루도 보람되게 하여 주옵소서. 사랑의 주님, 저희 가정에 찾아오시어서 자녀들에게 복을 주옵소서. 저희가 두 손 들고 기도 할 때에 하늘 문을 열어 주시고, 형통하게 하여 주옵소서.
우리를 죄에서 구원해 주시는 예수님의 이름으로 기도합니다. 아멘.

기도는 영혼의 방패요, 사단을 향한 채찍이다. _존 번연

2월 6일   부모님을 축복하여 주옵소서

자녀들아 주 안에서 너희 부모에게 순종하라 이것이 옳으니라 네 아버지와 어머니를 공경하라 이것은 약속이 있는 첫 계명이니 이로써 네가 잘되고 땅에서 장수하리라 (에베소서 6:1-3)

자비로우신 하나님,
생명수 샘물의 은혜로 목마름이 없는 삶을 살아오게 하시니 감사합니다. 주님이 주신 은혜로 직장에 출근하여, 일 할 수 있는 기쁨을 주시니 감사합니다. 오늘 하루도 힘을 다하여 하나님을 사랑하는 저희 가족들이 되게 하여 주옵소서. 저희 가족들이 성령으로 충만하게 하여 주시고, 주님의 인도함으로 주의 뜻을 이루어 드리는 가정이 되게 하여 주옵소서.
간절히 구하기는, 저희 부모님을 위하여 기도하오니 성령으로 충만하게 하여 주시고. 은혜와 사랑으로 부요한 삶을 살게 하여 주옵소서. 저희 부모님이 하나님에 대한 지식을 많이 알게 하시고, 성령이 충만하여서 은혜가 넘치게 하시며, 경제적으로 어렵지 않도록 축복하여 주옵소서. 그리하여 이웃에게 나누어 주는 삶이 되게 하여 주옵소서.
사랑의 주님, 저희 가정의 자녀들에게도 은혜를 주시어서 하나님을 기쁘시게 해드리는 믿음의 자녀가 되게 하여 주옵소서. 행하는 일들이 주의 이름으로 행하는 것들이 되게 하시며, 천국의 창고에 열매를 많이 쌓게 하여 주옵소서. 사랑의 주님, 저희들이 여호와의 은혜를 넘치게 받음으로, 받은 은혜로 이웃을 섬기게 하시고, 나누어주는 생활이 되게 하여 주옵소서. 하나님께 거저 받은 것을 거저 주는 생활이 되게 하여 주옵소서.
거룩하신 예수님의 이름으로 기도합니다. 아멘.

> 기도는 하늘의 권능을 땅으로 가져오는 통로다. _오 할레스비

2월 7일 — 말씀의 사람이 되게 하옵소서

> 너희가 성경에서 영생을 얻는 줄 생각하고 성경을 연구하거니와 이 성경이 곧 내게 대하여 증언하는 것이니라 (요한복음 5:39)

우주만물을 주관하시는 하나님,
여호와의 은혜가 자녀들에게 부족함이 없는 삶이 되게 하심을 감사드립니다. 하나님께서 저희에게 생명을 주시고, 그 말씀으로 살게하시고, 날마다 엎드려 기도하게 하시니 감사합니다. 우리의 마음이 깨끗해져서 주님을 볼 수 있는 영안을 열어 주옵소서. 그리하여 우리의 말과 행위가 삶으로 나타나서 하나님의 나라를 세우는 일군이 되게 하여 주옵소서.

저희에게 선물로 주신 자녀들이 하나님을 경외하며 자라는 것을 보게 하시니 감사합니다. 사랑하는 자녀들이 하나님의 뜻을 바로 알게 하여 주시고, 요셉과 같이 형통한 자 되게 하시고, 유다처럼 찬송하는 백성이 되게 하여 주옵소서.

이 시간 간구하기는, 저희 자녀들이 하나님과 친밀한 교제를 누리게 하시고, 여호와의 뜻을 깨달아 그대로 행함으로써 하나님의 마음에 합한 자가 되게 하옵소서. 저희들이 자녀로서 마땅히 부모님을 잘 섬기게 하시고, 사랑하면서 존경하게 하게 하시며, 복된 사람으로 살아가게 하여 주옵소서. 그리하여 형통한 은혜를 누리는 가족이 되게 하시고, 주의 이름을 찬송하게 하여 주옵소서. 저희 가정에서 부모님과 자녀가 복되게 하시고 형통하게 해주시어서 하나님의 이름을 송축하게 하여 주옵소서.

사랑이 많으신 예수님의 이름으로 기도 드립니다. 아멘.

기도는 세계를 움직이는 손을 움직이게 한다. _왓슨

2월 8일

하나님과 동행하는 사람이 되게 하옵소서

여호와께서 요셉과 함께 하시므로 그가 형통한 자가 되어 … 여호와께서 요셉을 위하여 그 애굽 사람의 집에 을 내리시므로 여호와의 복이 그의 집과 밭에 있는 모든 소유에 미친지라 (창세기 39:2-5)

사랑이 많으신 하나님,
저희들이 살아오는 동안에 죄와 유혹이 많지만 거룩한 삶을 살게 하시니 감사합니다. 하나님의 은혜를 생각 할 때 마다 찬송하며 송축하게 하시니 감사를 드립니다. 이 시간 저희 자녀들을 위하여 기도합니다. 자녀들이 물댄 동산처럼 생명수가 흐르게 하시고 복이 있는 삶을 살도록 은혜를 베풀어 주옵소서. 또한 자녀들이 하나님 앞에서 믿음의 사람, 사무엘처럼 성장하게 하여 주옵소서. 자녀들이 어려서부터 하나님을 경외하고, 그 경외함을 통해서 인간의 질서도 배우게 하셨음에 감사드립니다. 성경에 기록된 요셉의 생애를 통해서, 우리를 인도하시는 하나님의 섭리를 보게 하시고, 하나님의 크신 사랑과 은혜를 알게 하여 주옵소서.
요셉이 형들의 모함으로 팔리어서 수많은 일들을 겪었지만, 모든 것을 합력하여 선을 이루시는 하나님의 기이한 역사와 손길을 알게 하신 것처럼 저희들도 하나님이 인도하여 주심으로 주님과 동행하는 사람이 되게 하여 주옵소서. 자신을 판 형들에게 복수를 한다 해도 사람들은 인과응보라고 당연시 했겠으나 요셉은 오히려 하나님께서 형님들을 통해 나를 이곳으로 파송하신 것이라고 받아들여 용서하고 사랑한 것처럼, 오늘 우리들도 만나는 사건, 만나는 사람들을 통하여, 하나님의 선하고 인자하신 뜻을 실천하는 믿음을 주옵소서.
사랑이 많으신 예수님의 이름으로 감사 기도드립니다. 아멘.

> 기도는 인간이 발휘할 수 있는 최고도의 정력을 필요로 한다. _콜러리지

2월 9일 — 사랑으로 하나 되게 하옵소서

여호와가 너를 항상 인도하여 메마른 곳에서도 네 영혼을 만족하게 하며 네 뼈를 견고하게 하리니 너는 물 댄 동산 같겠고 물이 끊어지지 아니하는 샘 같을 것이라 (이사야 58:11)

사랑이 많으신 하나님,
저희 가정형편이 조금은 궁핍할지라도 자녀들이 주안에서 건강하게 자라게 하심을 감사드립니다. 오늘 하루도 새롭게 출발 하오니 직장에서 즐겁게 일하게 하시고 상사와 동료들에게, 부하직원들에게도 부드럽고 너그러운 사람이 되게 하여 주옵소서. 많은 업무를 처리하다보면 짜증 날 때 많습니다. 너무 지칠 때도 많습니다. 그때마다 넉넉함을 주시고 넓은 마음을 주시어서 맡겨진 업무를 잘 감당하게 하여주옵소서.

사랑의 주님, 때때로 직장에서 외롭고 힘들 때가 많습니다. 때로는 나로 인하여 어려움을 겪을 때도 있습니다. 그때마다 좋은 아이디어를 주시어서 어려운 문제를 쉽게 해결 할 수 있는 능력도 주옵소서.

이 시간 저희 가정을 위하여 기도합니다. 우리 가정의 어려운 문제가 있습니다. 모든 문제가 다 나로 인하여 빚어져서, 마음이 쓰리고 아프며, 마음의 분노가 일어날 때가 많습니다. 부족한 저를 긍휼히 여겨주시고 지혜와 사랑으로 나를 품으시고 축복하여 주옵소서.

사랑의 주님, 이 연약한 심령을 붙잡아 주시고, 내 안의 잘못된 자아상을 아름답게 회복할 수 있게 하여 주옵소서.

사랑이 많으신 예수님의 이름으로 기도합니다. 아멘.

무릎을 꿇은 그리스도인은 발돋움을 한 천문학자 보다 더 멀리 본다. _토플레디

2월 10일 세미한 음성을 듣게 하옵소서

또 지진 후에 불이 있으나 불 가운데에도 여호와께서 계시지 아니하더니 불후에 세미한 소리가 있는지라 (열왕기상 19:12)

우리의 소망이 되시는 하나님,
마음의 상실감을 느끼며 소망 없이 살아가는 부족한 종에게 이 시간 믿음과 용기를 주옵소서. 갱년기로 인하여 내 자신의 삶이 흔들리지 않도록 지켜 주시기를 원합니다. 하나님께서 엘리야를 위로하여 주신 것처럼, 이 부족한 종을 위로하여 주시고 회복시켜 주옵소서. 주님의 세미한 음성이 내 안에 들려지기를 원합니다. 성령께서 주님의 음성을 들을 수 있도록 우울한 마음을 새롭게 하여 주옵소서. 참을 수 없는 분노의 마음을 다스려 주시고, 주님 앞에서 모든 감정을 쏟아 놓고 울 수 있도록 통회함도 주옵소서.
사람을 창조하실 때에 생기를 불어 넣어주었듯이, 마른 뼈에 생기가 들어가듯이, 이 부족한 종에게 성령의 새 바람과 생기를 불어넣어 주옵소서. 우울한 마음을 성령의 새바람으로 바꾸어 주시고 소망으로 가득 차게 하여 주시옵소서. 사랑의 주님, 저에게 새로운 마음을 주옵소서. 주님의 돌보시는 손길 가운데 우울함이 치료되게 하여 주옵소서. 예수님의 능력으로 연약한 육체가 강하게 하여 주옵소서. 주님, 앞에서 존귀한자 되어서 하나님의 은총을 깨닫게 하시고, 여호와 앞에서 복 된 인생이 되게 하여 주옵소서. 자녀들에게도 복을 주시어서 건강하게 하시고 학교에서, 직장에서 일 할 때에 주님이 돌봐 주옵소서. 사랑이 많으신 예수님의 이름으로 기도합니다. 아멘.

정신을 집중할 수 있을 때에만 기도하라.

2월 11일 — 마음을 새롭게 하옵소서

> 좋은 것으로 네 소원을 만족하게 하사 네 청춘을 독수리 같이 새롭게 하시는도다 (시편 103:5)

사랑이 풍성하신 하나님,
부족한 종을 항상 지켜 주시고 우리에게 소망이 되어 주심을 감사드립니다. 주님께서 열 두 해를 혈루 병으로 고생한 여인을 긍휼히 여기시고 고쳐 주셔서 그의 모든 삶이 회복되게 하신 것처럼 이 시간 찾아오셔서 삶의 의욕을 잃고 힘들어하는 저에게 성령의 능력을 부어 주시어서 몸과 마음이 새로워지게 하여 주옵소서. 이 시간 저의 마음속에 근심과 걱정이 사라지게 하시고 주님이 주시는 평강으로 기쁨이 넘치게 하여 주옵소서. 기뻐하며 춤추며 하나님을 찬양하라고 하신 말씀과 같이, 내 마음에 기쁨을 주셔서 하나님을 마음 것 찬양하게 하시고, 주님을 향하신 계획과 뜻이 이루어지게 하여 주옵소서. 내 생각보다 하나님의 뜻이 이루어지게 하여 주옵소서.

오늘도 새롭게 시작한 하루를 축복하여 주시고 직장에서 동료들과 상사들에게 인정받는 사람으로 쓰임 받는 사람이 되게 하여 주옵소서. 오늘도 많은 일들이 기다려지고 있습니다. 사람들을 만날 때도 지혜를 주시고 그리스도 예수 사랑으로 좋은 결과를 만들게 하여 주옵소서. 사랑의 주님, 부모님에게 건강을 주시고, 자녀들에게도 복을 주시어서 믿음의 길을 가도록 도와주옵소서. 그리하여 저희 가정이 단단한 반석 위에 세워지고, 저희들도 견고해져서 하나님을 마음 것 찬양하게 하옵소서.

사랑이 많으신 예수님의 이름으로 기도합니다. 아멘.

늙어 갈수록 기도를 더 많이 하라. 그러해야 신령한 일에 냉랭해 지지 않는다. _조지 물러

2월 12일　직장생활을 아름답게 하옵소서

여호와가 너를 항상 인도하여 메마른 곳에서도 네 영혼을 만족하게 하며 네 **뼈를 견고하게** 하리니 너는 물 댄 동산 같겠고 물이 끊어지지 아니하는 샘 같을 것이라 (이사야 58:11)

사랑과 은혜가 풍성하신 하나님,
오늘도 직장에 출근하여 일 할 수 있게 하시니 감사를 드립니다. 이 시간 직장을 위해 기도합니다. 매일 출근하는 일터가 선교지는 아니지만 주님께서 허락해주신 선교지 임을 알고 예수 믿는 사람으로서 빛과 소금의 역할을 잘 감당하는 평신도가 되게 하여 주옵소서. 무슨 일을 하든지 마음을 다하여, 주께 하듯 하게 하시고, 직장에서 최선을 다하여 성실하게 일 할 수 있는 체력과 지혜를 주옵소서.
사랑의 주님, 제가 몸담고 있는 직장에서 빛과 소금의 역할을 감당하는 사람이 되게 하시고, 인정받는 사람으로서 쓰임 받게 하여 주옵소서. 어떤 일을 하던지 좌우로 치우치지 않고 균형을 잡게 하시고, 인간관계나, 업무적인 일에나, 서로 소통하면서 일 할 수 있도록 넉넉한 마음을 주옵소서. 또한 일을 할 때 실수가 많사오니 주님이 주시는 지혜와 명철로써 맡겨진 모든 일들을 잘 감당하여 좋은 결과 있도록 축복하여 주옵소서.
사랑의 주님, 직장동료들과 좋은 분위기 속에서 일할 수 있게 하시고, 유혹되기 쉬운 일을 따르지 않게 하시며 오직 성령을 좇아 주의 율례를 행하게 하여 주옵소서.
사랑이 많으신 예수님의 이름으로 기도합니다. 아멘.

기도란 그리스도의 능력을 붙잡는 손이다.

2월 13일   부모님을 기억하여 주옵소서

자녀들아 모든 일에 부모에게 순종하라 이는 주 안에서 기쁘게 하는 것이니라 (골로새서 3:20)

우리를 인도하시는 하나님,

지금까지 저희 부모님을 인도하여 주시니 감사를 드립니다. 주님께서 연로하신 부모님을 기억하시고 축복해 주셔서 날마다 강건하게 몸과 마음도 지켜 주심을 감사드립니다. 지금까지 저희들을 위해서 많은 고생을 하였사오니 이제 마음의 걱정을 내려놓게 하시고, 손주들과 함께 기뻐하며, 자녀들과 행복하게 살아가는 부모님이 되게 하여 주옵소서.

저희들은 부모님을 통해서 많은 은혜를 입고 자라 왔사오니 그 은혜를 잊지 않게 하시고, 날마다 주님을 통해서 부모님의 삶이 복을 받게 하여 주옵소서. 사랑의 주님, 저희 부모님의 건강을 지켜주시고, 자식들이 날마다 부모님을 더 사랑하고 존경하며 효도하게 하여 주옵소서.

부모님의 건강이 좋아지게 하시고, 활동 할 때마다, 건강과 지혜를 주시어서 덕 있는 생활을 하도록 축복하여 주옵소서. 또한 노년에 부모님의 영혼이 잘되고 범사가 잘되고 강건하게 하여 주옵소서. 날마다 은혜 안에서 하나님과 동행하는 부모님이 되게 하여 주옵소서.

능력이 많으신 예수님의 이름으로 축복하며 기도합니다. 아멘.

> 어려운 환경에서 기도하고 싶은 마음마저 없다면 우리는 짐승만도 못한 사람들이 아닐 수 없다. _존 칼뱅

2월 14일 — 부모님을 축복하여 주옵소서

이르시되 너희가 너희 하나님 나 여호와의 말을 들어 순종하고 내가 보기에 의를 행하며 내 계명에 귀를 기울이며 내 모든 규례를 지키면 내가 애굽 사람에게 내린 모든 질병 중 하나도 너희에게 내리지 아니하리니 나는 너희를 치료하는 여호와임이라 (출애굽기 15:26)

사랑과 능력이 많으신 하나님,
오늘까지 저의 부모님을 지켜 주시고, 인도해 주신 것을 감사드립니다. 일찍이 예수 그리스도를 구주로 영접하여, 하나님의 자녀가 되는 특권을 허락해 주시고, 믿음 안에서 복된 생활하게 하신 것을 감사드립니다. 그 동안 육신적으로도 별 어려움이 없이 지내게 하시니 감사를 드립니다. 또한 마음에 평안을 허락하셔서 하나님의 은혜 안에서 감사한 생활을 하게 하시니 감사합니다.
이 시간 저희 부모님의 건강을 위해서 기도드립니다. 그 동안 원치 않는 병으로 인해서 어려움 가운데 있었지만 주님의 치유의 손길로 병에서 건져 주시기를 간절히 기도합니다. 주님께서 하시고자 하시면 능치 못하실 일이 없으신 것을 믿습니다. 육체의 질병을 나사렛 예수님의 이름으로 명령하노니 더러운 병마는 떠나고, 연약한 육체가 깨끗하게 낫게 하여 주옵소서. 그리하여 늙어도 결실하는 나무같이, 믿음 안에서 많은 열매를 맺게 하시고, 진액이 풍족한 나무같이 성령이 충만하여 사랑과 기쁨이 넘치게 하시며, 잎이 청청한 나무처럼 육신의 건강이 좋아지게 하여 주옵소서.
사랑의 주님, 저희 부모님이 건강하여서 자녀들과 교회를 위해서 기도하는 사람들이 되게 하여 주옵소서. 우리 부모님을 치료하여 주시어서 몸과 마음이 자유하게 하여 주시고 강건하게 하여 주옵소서. 자녀들도 건강하여 더러운 질병이 없게 하여 주옵소서.
사랑과 은혜가 많으신 예수님의 이름으로 기도 합니다. 아멘.

> 잘 기도한 자는 잘 배운 자요 많이 기도한 자는 많이 운 자이다. _루터

2월 15일 일터에서 승리하게 하옵소서

> 내 아들아, 내 말에 주의하며 나의 이르는 것에 네 귀를 기울이라 그것을 네 눈에서 떠나게 말며 네 마음속에 지키라 그것은 얻는 자에게 생명이 되며 그 온 육체의 건강이 됨이라 (잠언 4:20-22)

영광과 찬송을 받으시기에 합당하신 하나님,
하나님은, 죽은 자의 하나님이 아니시고, 산자의 하나님이심을 믿습니다. 죄로 인해 영원히 멸망 받고 죽을 수밖에 없는 우리를 그리스도의 보혈로 눈보다 희게, 죄 없다 하시고 하나님의 거룩한 자녀로 삼아 주신 것을 감사드립니다. "나는 부활이요 생명이니 나를 믿는 자는 죽어도 살겠고 무릇 살아서 나를 믿는 자는 영원히 죽지 아니하리라"고 말씀하신 예수님. 그리스도 예수 안에 있는 저희들에게 영생을 누리게 하시니 감사를 드립니다.
이 시간 간구하기는 직장에서 사랑하는 가족을 잃고 깊은 슬픔가운데 있는 OOO성도가 있습니다. 위로하여 주시고 평강을 주시기를 원합니다. 저들의 슬픔을 누가 위로할 수 있겠습니까? 하나님께서 친히 위로하시고 슬픔 가운데서도 하나님의 사랑을 귀히 여기는 가족들이 되게 하여 주옵소서.
저들에게 용기를 주시어서, 슬픔과 어려움 속에서 다시 일어나게 하시고, 하나님의 사랑으로 서로를 격려하는 가족들이 되게 하여 주옵소서. 잠시 지나가는 이 세상에서, 연약함에 기분이 흔들리지 않게 하시고 거룩한 성도의 삶을 살아서 흔들리지 않고 반석위에 서서 하나님의 은혜로 승리하게 하여 주옵소서.
사랑이 많으신 예수님의 이름으로 기도합니다. 아멘.

옷을 만드는 것은 재단사의 일이고 구두를 수선하는 것은 구두장이의 일이고 기도하는 것은 그리스도인의 일이다.

2월 16일 직장생활을 형통하게 하옵소서

그들에게 이르시되 기록된바 내 집은 기도하는 집이라 일컬음을 받으리라 하였거늘 너희는 강도의 소굴을 만드는도다 하시니라 너희가 기도할 때에 무엇이든지 믿고 구하는 것은 다 받으리라 하시니라 (마태복음 21:13, 22)

인생의 도움이신 하나님,
우리를 날마다 사랑으로 인도하여 주시는 하나님께 감사를 드립니다. 저희들은 연약하여 주님을 청종하며 말씀을 행하기를 소원하였으나, 입술을 제어하지 못하며, 범죄 할 때가 많습니다. 죄로 말미암아 쓰러진 저희들을 붙들어 주시고, 주님의 은혜로 용서함 받고 다시 일어나게 하여 주옵소서. 오늘 직장에서 신유회 예배를 드릴 때 하나님의 은혜가 충만하게 하여 주옵소서. 오늘 드려지는 예배를 통해서 예수 그리스도를 닮아가게 하여 주옵소서. 주안에서 믿음과 인격이 날마다 성장하도록 도와주옵소서.
이 시간 설교하시는 목사님을 위해서 기도합니다. 영력과 지력과 체력을 더하시며 가정마다 레위인의 분깃을 허락하시어 궁핍함을 당하지 않게 하시고, 은혜와 평강을 더하여 주옵소서. 특별히 말씀의 능력을 더하여 주셔서 베드로의 설교를 통하여 수천 명이 회개하고 돌이킨 것같이, 직장 신유회 예배 속에서도 이런 역사가 나타나게 하여 주옵소서.
사랑의 주님, 오늘도 힘을 다하여 하나님을 사랑하는 저희 가족들을 기억하여 주시고, 모든 가족들이 성령의 충만하심을 통하여 믿음과 하나님에 대한 지식, 세상에서의 재물이 넘치게 하여 주옵소서. 하나님의 충만하심이 임하여서 흔들어, 누르고, 차고, 넘치게 하여 주시옵소서.
사랑과 은혜가 많으신 예수님의 이름으로 기도합니다. 아멘.

성자를 만들어 내는 것은 기도의 힘이다. _이 엠 바운즈

2월 17일 성경공부 모임을 축복하옵소서

또 어려서부터 성경을 알았나니 성경은 능히 너로 하여금 그리스도 예수 안에 있는 믿음으로 말미암아 구원에 이르는 지혜가 있게 하느니라 (디모데후서 3:15)

한 사람의 영혼을 천하보다도 귀히 여기시는 하나님,
너무도 연약하고 부족한 저희들을 택하여 주시니 감사를 드립니다. 우리에게 주님을 향한 열정과 사랑을 더하여 주시사, 하나님의 말씀을 잘 배우게 하시고 주님을 잘 섬기게 하여 주옵소서. 오늘 직장에서 일과가 다 끝난 이후에 성경 공부하는 사람들과 함께 모여서 하나님의 말씀을 공부하오니, 이 시간 오셔서 저희들에게 믿음이 날로 성장하게 하여 주옵소서. 저희들이 모이는 성경 공부 모임이 초대교회처럼 성령과 은혜가 충만한 모임이 되게 하여 주시고, 배우고 실천하는 믿음을 주옵소서. 여기서 배운 말씀을 가지고 일터에서 빛과 소금의 역할을 감당하게 하시고 배운 것을 실천 할 수 있는 능력도 주옵소서.
특별히 구하는 것은 성경 공부하는 형제(자매)가 건강이 좋지 않아서 어려움을 당하고 있습니다. 이 시간 주님이 찾아오셔서 치유하여 주시고 고쳐주옵소서. 모든 병을 고쳐 주시는 예수님, 이 시간 감기 몸살로 힘들어하는 우리 멤버들을 치유하여 주시고 회복시켜 주옵소서. 특별히 어려움 당한 형제(자매)들에게 주님이 함께하셔서 믿음으로 잘 극복하게 하시고, 믿음이 더해짐으로 은혜가 넘쳐나게 해주옵소서. 오늘도 저희 가족이 누릴 수 있는 하늘의 은혜를 더하여 주옵소서. 여호와를 경외함으로 말미암아 온 가족이 풍성한 삶이 되게 하여 주옵소서.
사랑이 많으신 예수님 이름으로 기도합니다. 아멘.

늙어 갈수록 기도를 더 많이 하라. 그리해야 신령한 일에 냉랭해 지지 않는다. _죠지 뮬러

2월 18일

일터에서 두려움을 이기게 하옵소서

너희 안에서 착한 일을 시작하신 이가 그리스도 예수의 날까지 이루실 줄을 우리는 확신하노라 (빌립보서 1:6)

생명을 아끼시는 하나님,
저희들에게 오늘도 어두운 죄악의 길에서 피할 길을 열어주시고, 자신을 지키게 하여 주심을 감사드립니다. 저희들, 아침 일찍이 직장에 출근을 하여 아침에 기도 할 수 있는 시간을 허락하여 주시니 감사합니다. 저희들 직장생활 속에서 지치고, 피곤 할 때가 많습니다. 그때마다 지혜와 용기를 주시고, 어떤 어려움도 이겨 낼 수 있는 용기를 허락하여 주옵소서. 때때로 저희들 낙심되고 어려울 때마다 큰 믿음을 주셔서 용기를 잃어버리지 않게 하시고, 주님께서 주시는 힘과 능력으로 하나님을 바라보게 하여 주옵소서. 두려워하지 말라, 내가 너와 함께 하시겠다고 말씀하신 하나님의 약속을 믿습니다. 날 개치며 오르는 독수리처럼 하나님을 의지하고 새 힘을 얻어서 올라가는 신앙생활이 되게 하여 주옵소서.
저희들 때로는 좌절과 염려로 인하여 방황 할 때가 많습니다. 오셔서 권능의 팔로 붙잡아 주시고, 어떤 어려움도 이기며 믿음으로 승리 할 수 있도록 도와 주옵소서. 우리 앞에 다가오는 난관들을 이기게 하시고, 낙망하지 않고, 믿음 위에 든든히 서서 하나님을 찬양하며 승리하게 하옵소서. 이 시간 소외당한 사람들에게 위로와 산 소망을 주시고 믿음으로 승리하게 하여 주옵소서. 저희 가정에도 하나님께서 힘이 되어 주시고, 믿음으로 승리하게 하시고 범사가 잘 되어서 하나님의 영광을 드러내게 하여 주옵소서.
사랑이 많으신 예수님의 이름으로 기도합니다. 아멘.

> 그대가 무릎을 꿇고 기도한다면 비틀거릴 수 없을 것이다.

2월 19일   일터에서 새 힘을 주옵소서

너희가 이같이 어리석으냐 성령으로 시작하였다가 이제는 육체로 마치겠느냐 (갈라디아서 3:3)

소망으로 인도하시는 하나님,
여호와께 은총을 입은 자녀들이 오늘까지 복을 누리게 하셨음을 감사드립니다. 저희들이 세상에서 살아가는 동안에, 하늘에 속한 마음을 품게 하시고, 하나님의 말씀을 생명처럼 여기게 하여 주시니 감사를 드립니다.
이 시간 저희들에게 희망을 주시어서 낙심가운데 다시 일어나게 하시고, 산 소망을 가지고 전진하게 하여 주옵소서. 이 민족에게 하나님의 긍휼이 필요합니다. 하나님께서 주시는 긍휼의 힘으로 서로가 서로를 불쌍히 여기게 하시며 서로 사랑하게 하여 주옵소서.
이 나라가 긍휼이 없어 비극적인 일들이 속출하고 있습니다. 서로 긍휼히 여긴다면 얼마나 좋은 공동체가 되겠습니까. 저희들을 도와주시고 용기와 힘을 주옵소서. 그리하여 하나님의 용서를 받은 저희들이, 이제는 이웃을 용서하고 사랑할 수 있는 관용의 힘을 주옵소서. 증오의 사슬에서 해방되게 하시고, 이웃을 용서하며, 원수라도 사랑할 수 있는 힘을 주옵소서. 잃었던 행복과 기쁨을 다시 찾게 하여 주옵소서. 사랑의 주님, 저희 가정에도 하나님께서 힘이 되어 주셔서, 믿음으로 승리하게 하시고 범사가 잘되어서 주님의 영광을 드러내게 하여 주옵소서.
사랑과 은혜가 많으신 예수님의 이름으로 기도합니다. 아멘.

무릎을 꿇은 그리스도인은 발돋움을 한 천문학자 보다 더 멀리 본다. _토플레디

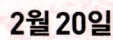

2월 20일 — 불안을 물리치게 하옵소서

> 내 영혼아 네가 어찌하여 낙심하며 어찌하여 내 속에서 불안해하는가 너는 하나님께 소망을 두라 그가 나타나심으로 말미암아 내가 여전히 찬송하리로다. 내 영혼아 네가 어찌하여 낙심하며 어찌하여 내 속에서 불안해하는가 너는 하나님께 소망을 두라 나는 그가 나타나 도우심으로 말미암아 내 하나님을 여전히 찬송하리로다 (시편 42:5, 11)

사랑과 은혜가 풍성하신 하나님,

저희 가족이 여호와의 도우심으로 근심이나 걱정이 없이 살아오게 하신 은혜를 감사합니다. 이 시간 저희의 삶을 긍휼히 여겨 주옵소서. 정수리부터 발끝까지 상하지 않은 곳이 없사오니 저희를 회복시켜 주옵소서.

지난날, 저희들이 고난을 당하면서 생각해 보니, 잘 못 살아 온 게 많사오니 용서하여 주시고 다시 일으켜 주옵소서. 하나님의 권능만을 의지하오니, 다시 마음을 열어주시어서 젖과 꿀이 흐르는 물댄 동산으로 인도하여 주옵소서. 저희 모두에게 할 수 있다는 믿음과 희망을 주옵소서. 마음에서부터 오는 불안, 좌절감이 사라지게 하여 주시어서, 과거에 집착하지 않게 하시고, 미래를 위해서 전진하게 하여 주옵소서. 예수 그리스도를 온전히 믿게 하시고, 주님과 함께하는 생활을 통해서 산 소망을 가지고 주님의 뜻을 이루게 하여 주옵소서.

사랑의 주님, 이 시간 간구하오니, 저희 가정에 은혜를 주셔서 경제적으로 어렵지 않게 하시고, 자녀들이 주안에서 건강하게 성장하도록 축복하여 주옵소서. 오늘 하루도 부모님이 하나님 앞에서 행복하시기를 간구합니다. 하나님의 은혜로 저희 가정에 부족한 것이 없게 하여 주옵소서.

사랑이 많으신 예수님의 이름으로 기도합니다. 아멘.

> 기도는 조용히 문을 열고서 하나님께서 계시는 곳으로 들어가는 것이다.

2월 21일 — 영적 성숙을 부어주옵소서

> 그러므로 나는 할 수 있는 대로 로마에 있는 너희에게도 복음 전하기를 원하노라 (로마서 1:15)

생명의 근원이신 하나님,
오늘도 믿음으로 승리하게 하시니 감사합니다.
이 시간 영적으로 혼미한 저희들에게 찾아오셔서 강한 팔로 붙들어 주옵소서. 나의 육신과 나의 마음이 성령의 지배를 받기를 원합니다. 저희들이 매일 성령의 지배를 받아서 하루 종일 성령의 음성을 듣고 순종하며 살아 갈수 있도록 인도하여 주옵소서.
성령이 역사 할 때, 더러운 사탄의 유혹들을 미리 막아주시고 특별히 내 생각과 마음과 입술에 주님의 보혈로 붙들어 주시어서, 십자가의 보혈로 승리하게 하여 주옵소서. 사랑의 주님, 우리 가정을 축복하여 주시어서 주님의 능력이 흐르게 하시고 영적전투에서 대장 되신 예수님만 따르는 믿음의 가정이 되게 하여 주옵소서. 오늘 하루도 악한 세력들이 침투하지 못하게 하시고, 악한 세속적인 생각이나 세력들이 생각과 마음에 영향을 끼치지 못하도록 지켜 주옵소서.
저희 자녀들에게도 지혜와 복을 주시어서 형통한 자녀들이 되게 하여 주옵소서. 오늘도 공부하는 자녀들에게 건강과 명철을 주시고 부모님과 아내(남편)에게도 건강의 복을 주옵소서.
사랑과 능력이 많으신 예수님의 이름으로 기도합니다. 아멘.

기도는 하나님의 전능을 배우는 기념품이다

2월 22일 — 직장생활에 어려움이 없게 하옵소서

그리스도께서 나를 보내심은 세례를 베풀게 하려 하심이 아니요 오직 복음을 전하게 하려 하심이로되 말의 지혜로 하지 아니함은 그리스도의 십자가가 헛되지 않게 하려 함이라 (고린도전서 1:17)

생명의 주인이 되시는 하나님,
저희 가정을 보호해 주시고 인도하여 주시니 감사합니다.
이 시간 연약한 저희들을 붙잡아 주시어서, 오늘도 직장에서 일 할 때에 맡겨진 일들을 잘 감당하게 하여 주옵소서. 함께 일하는 동료들을 위해서 기도합니다. 함께 일할 때에 현장에서 땀 흘리는 노력이 헛되지 않도록 지켜 주옵소서. 구조 악으로 인해 어려움을 당하지 않도록 보호하시고, 노동의 열매가 풍성하게 맺게 하여 주옵소서. 어렵고 힘든 일이 있어도 내일을 바라보며 용기와 희망을 잃지 않게 하시며, 하나님께서 주시는 믿음을 가지고, 성실하게 일할 때에 풍성한 열매를 맺게 하여 주옵소서. 농부가 인내를 갖고 기다리는 것처럼, 현재의 어려움을 잘 극복하면서 일하게 하여 주옵소서. 끝까지 인내하는 믿음도 주시고, 지혜도 주셔서 맡겨진 일을 잘 감당하여서 인정받는 직장인으로 사용하여 주옵소서.
오늘 저희에게 건강을 주시어서 강건하게 하시고, 활동 할 때, 몸이 불편하지 않도록 지켜 주옵소서. 사랑의 주님, 저희 자녀들이 부모를 공경하게 하시고, 부모인 저희들이 부모님을 공경 할 때에 그 태도를 자녀들이 그대로 배우고 따르도록 덕이 되게하여 주옵소서.
사랑과 은혜가 많으신 예수님의 이름으로 기도합니다. 아멘.

> 기도는 사랑하는 두 사람의 대화이다.

2월 23일 직장생활을 인도하여 주옵소서

이는 이방인들이 복음으로 말미암아 그리스도 예수 안에서 함께 상속자가 되고 함께 지체가 되고 함께 약속에 참여하는 자라 이 복음을 위하여 그의 능력이 역사하시는 대로 내게 주신 하나님의 은혜의 선물을 따라 내가 일꾼이 되었노라 (에베소서 3:6-7)

우리를 인도하신 하나님,
부족한 종이 직장에 출근하여 일하게 하여 주심을 감사드립니다. 오늘도 저희 기도를 들으시고, 응답하시며, 말씀을 선물로 주셔서 인간의 언어로 주님의 뜻과 계획을 알려주시니 감사합니다.
분주하고 정신없는 일상과 수많은 과제들이 아우성치는 현장 속에서, 주님의 세미한 음성을 들으며, 주님의 뜻과 계획안에서 주님이 베푸시는 은혜로 살기를 원합니다. 주님께서 저희의 소원을 이루어 주옵소서.
사랑의 주님, 보냄 받은 현장 속에서 동행하는 친구들과 하나 되게 하여 주옵소서. 마음과 마음으로 함께할 수 있도록 우리를 붙들어 주옵소서. 깨어지고 부서진 세상 속에서 주님과 동행함으로 놀라운 하나님 나라를 누리고, 살 수 있게 하여 주옵소서.
서로 격려하며, 위로하며, 축복하며, 살게 하여 주옵소서.
바라기는 저희 자녀들이 하나님을 섬김으로써, 윗사람을 존경하고 아랫사람을 생각하는 은혜를 받게 하여 주옵소서.
우리를 사랑하시는 예수님의 이름으로 기도합니다. 아멘.

기도는 주님의 현존을 체험하는 것이다.

2월 24일

자녀들을 형통케 하옵소서

그는 곤고한 자의 곤고를 멸시하거나 싫어하지 아니하시며 그의 얼굴을 그에게서 숨기지 아니하시고 그가 울부짖을 때에 들으셨도다 (시편 22:24)

소망으로 인도하시는 하나님,
저희 사랑하는 자녀들을 축복하여 주시니 감사합니다. 긍휼을 더하시는 주님, 저희들의 삶에 질서를 주시고 그 질서를 통해서 복을 받게 하셨음에 감사드립니다. 우리 주님께서, 하나님을 공경하고 뜻에 순종하는 삶을 사셨듯이, 저희들이 그렇게 살기를 원합니다. 오늘도 저희 자녀들을 축복하여 주시고, 주님의 품에서 지내게 하셨음에 감사드립니다. 산 소망으로 하루를 시작하게 하였사오니, 주님의 영광을 구합니다. 그 영광이 자신의 육신을 위한 것이 아니라, 마땅히 하나님의 자녀로서의 삶에 대한 소망이 되게 하여 주옵소서.
하나님께서 자녀들에게 소원을 주셨으니, 그 소원을 이루기 위해서 열심을 다하게 하시고, 그들에게 주신 소망을 실현할 수 있도록 은혜를 주옵소서. 하나님의 은혜로 소망이 이루어져서, 복된 인생이 되게 하시고, 그 소원이 이루어져서 복을 받게 하여 주옵소서. 사랑의 주님. 저희들이 일터에서 지친 마음을 어루만져 주옵소서. 쉼과 안식이 있는 일터가 될 수 있도록 하시고, 일 할 때 보람과 기쁨을 누리게 하여 주옵소서. 이 시간 오늘도 피로함 가운데 기도합니다. 우리의 무력함을 온전히 고백합니다. 오셔서 축복하여 주시고, 새 힘을 얻어서 독수리처럼 날아오르게 하여 주옵소서.
사랑과 은혜가 많으신 예수님의 이름으로 기도합니다. 아멘.

기도는 회개한 마음에서 피어나는 달콤한 향기다.

2월 25일 하루의 일과를 지켜주옵소서

그것이 네가 다닐 때에 너를 인도하며 네가 잘 때에 너를 보호하며 네가 깰 때에 너와 더불어 말하리니 대저 명령은 등불이요 법은 빛이요 훈계의 책망은 곧 생명의 길이라 (잠언 6:22-23)

영광을 받으시기에 합당하신 하나님,
오늘도 지켜주시고 동행하여 주시니 감사를 드립니다. 저희들, 하나님의 은혜로 행실을 깨끗하게 하여 주옵소서.
또한 저희들의 생활이 거룩한 열매를 맺게 하여 주옵소서. 저희 자녀들에게 의의 열매를 맺도록 지혜를 주시고, 재능을 주시고, 자신이 소원하는 것을 이룰 수 있도록 재능과 능력, 비전을 주옵소서. 그리하여 성령의 감동으로 복 있는 삶을 살게 하여 주옵소서.
사랑의 주님, 이 시간 간구합니다. 저희들이 직장에서 성실하게 살게 하여 주시고, 말과 행실이 덕이 되게 하시며, 다른 사람을 잘 섬기어서 과연 예수 믿는 사람들은 다르다고 하는 평판을 듣게 하여 주옵소서.
이 시간 우리를 부르시고 일하게 하였사오니, 보냄 받은 일터에서 주님을 묵상하오니 성령과 함께하는 시간이 되게 하여 주옵소서. 사랑의 주님, 자녀들을 축복하셔서, 주어진 일에 최선을 다하게 하시고 그들이 말과 행실에서 부모를 공경하게 하옵소서. 이로써 자식으로서 거룩한 의무를 다하게 하옵소서.
사랑과 은혜가 많으신 예수님의 이름으로 기도합니다. 아멘.

기도는 천국을 향한 영혼의 가장 간절한 소망이다.

2월 26일   직장생활에 열매를 주옵소서

다니엘이 이 조서에 왕의 도장이 찍힌 것을 알고도 자기 집에 돌아가서는 윗방에 올라가 예루살렘으로 향한 창문을 열고 전에 하던 대로 하루 세 번씩 무릎을 꿇고 기도하며 그의 하나님께 감사하였더라 (다니엘 6:10)

사랑이 많으신 하나님.

우리를 부르시고 일터로 보내주시니 감사를 드립니다. 오늘도 직장에서 일 할 수 있도록 은혜 주심을 감사합니다. 하지만 직장생활이 너무 많은 업무로 인하여 회의감이 들며 짜증스러울 때가 많습니다. 범사에 감사하라고 하였는데, 마음속에 원망과 불평이 들 때가 많습니다. 부족한 종을 긍휼히 여기시고 마음과 생각을 새롭게 하여 주옵소서. 직장생활을 기쁨으로 할 수 있도록 에너지도 주시고, 감사가 마음속에 흐르게 하여 주옵소서.

부족한 종은 너무 많은 업무와 스트레스로 인하여 고통과 괴로움도 고백하지 않을 수 없습니다. 과도한 업무와 반복적이고 무의미해 보이는 일들, 그리고 끝임 없이 계속되는 업무로 인하여 지치고 나약 할 때 새 힘을 주옵소서. 독수리처럼 날개 치며 올라가는 새 힘을 주시어 피곤치 않게 하여 주옵소서.

때로는 동료와 고객들, 그리고 무엇보다 직장 상사로 인해 스트레스를 받고 직장생활 자체에 회의가 생기기도 합니다. 이때 창조적인 힘을 주시어서 불평과 회의감을 잘 극복 할 수 있도록 생각을 지켜 주옵소서. 항상 기뻐하라고 하였사오니 감사하면서 일하게 하여 주옵소서.

사랑과 은혜가 많으신 예수님의 이름으로 기도합니다. 아멘.

> 기도는 천국 발전소의 스위치를 누른 것이다.

2월 27일　쓰임 받는 일군이 되게 하옵소서

빌기를 다하매 모인 곳이 진동하더니 무리가 다 성령이 충만하여 담대히 하나님의 말씀을 전하니라 (사도행전 4:31)

거룩하신 하나님,
우리를 하나님의 자녀가 되게 하시고 거룩한 백성이 되게 하심을 감사드립니다. 이 세상에서의 살아갈 때 어두운 죄악이 유혹하지만, 그때 피할 길을 열어 주시고, 자신을 지키게 하셨음을 감사합니다.
저희들, 세속적인 생활에 물들지 않게 하시고 매일 매일 새로워져서 열매 맺는 일꾼들이 되게 하여 주옵소서.
직장에서 일 할 때, 서로 좋은 생각을 하게 하시고 생산적이고 건설적인 의견을 가지고, 회의 할 때마다 타인의 의견을 서로 존중하게 하여 주옵소서. 그리하여 좋은 열매를 거두게 하여 주옵소서. 맡은 자들에게 구할 것은 충성이라고 하였으니 착하고 충성된 종이 되게 하여 주옵소서. 사랑의 주님, 저희들이 언제 어디서나 쓰임 받는 일군이 되도록 붙들어 주시고, 인정받게 하시고 열매를 많이 맺는 복을 주옵소서. 달란트 비유의 종처럼 착하고 충성된 종이라고 칭찬 받는 일군이 되게 하여 주옵소서.
사랑의주님, 저희 자녀들을 위하여 기도합니다. 저희 자녀들이 이웃의 허물을 용서하는데 인색하지 않게 하시옵소서. 이웃의 과실을 용서함으로써 하나님의 용서에 대한 응답의 삶을 살게 하여 주옵소서.
거룩하신 예수님의 이름으로 기도합니다. 아멘.

모든 것을 하나님께 기도로 가져 갈 수 있는 것은 우리에게 놀라운 특권이다. 그렇지 않은가? _허드슨 테일러

2월 28일

영적 침체에서 벗어나게 하옵소서

하나님이 레히에 한 우묵한 곳을 터치시니 물이 거기서 솟아나오는지라 삼손이 그것을 마시고 정신이 회복되어 소생하니 그러므로 그 샘 이름은 엔학고레라 이 샘이 레히에 오늘까지 있더라 (사사기 15:19)

은혜로우신 하나님,

저희를, 자녀 삼으시고, 하나님을 '아바 아버지'라 부르는 특권을 주시니 감사합니다. 또한 모든 것이 제한되고 불완전한 이 세상에서 하나님 나라의 백성으로 살게 하시니 감사합니다.

특별히 저희 자녀들을 기억하여 주시사 생활 속에서 주님과 동행하며, 하나님 나라의 특권을 누리며 살게 하여 주옵소서. 우리의 영혼을 맑게 하시고, 우리의 언어를 주장하시어 우리의 말과 행동이 천국시민의 신분에 걸맞게 살게 하여 주옵소서. 그리하여 저희가 서로 사랑하며, 선대하며, 나누어 주되, 계산하지 않고 조건 없이 살게 하여 주옵소서. 원수도 사랑하는 성숙한 그리스도인들이 되게 하여 주옵소서.

상대방에게 먼저 손 내밀고, 베풀게 하셔서, 사람에게 주고 하나님으로부터 받되, 누르고 흔들어 넘치도록 복을 받는 감격도 체험하게 하여 주옵소서. 언제나, 이런 마음으로 살아서 천국 시민으로서 부끄럽지 않게 하시고, 사람들에게 덕을 끼치며, 인정받는 생활이 되게 하여 주옵소서. 저희들은 하나님을 기쁘시게 해야 할 사명이 있습니다. 이 사명을 잘 감당하게 하여서 30, 60, 100배의 복을 받게 하여 주옵소서. 오늘 하루도, 하나님의 자녀 된 본분을 다하는 믿음의 백성이 되게 하여 주옵소서.

예수님의 이름으로 감사하며 기도합니다. 아멘.

하나님께서 하시는 일은 오로지 기도에 응답하시는 것이다. _요한 웨슬

3월

내 마음에 믿음이 찾아오게 하옵소서
주여 영원히 나와 함께 하소서 (용혜원)

내가 좋아하는 것들도
내가 사랑하는 것들도
나를 떠날 때가 있습니다

나의 젊음도 나의 지혜도
나의 명예와 재산도
나의 집도 나의 부모도 나의 형제자매도
나의 가족도 나를 떠날 때가 있습니다

주여 영원히 나와 함께 하소서
모든 것들을 사랑하며 살게 하소서
천국을 소망하며 살게 하소서
주여 영원히 나와 함께 하소서

3월 1일   나라와 민족을 기억 하옵소서

그런즉 너희는 먼저 그의 나라와 그의 의를 구하라 그리하면 이 모든 것을 너희에게 더하시리라 (마태복음 6:33)

이 민족을 사랑하시고 인도해주시는 하나님,
오늘 삼일절을 맞이하여, 나라와 민족을 위하여 기도하게 하시니 감사를 드립니다. 1919년 3월 1일 일제 식민 통치에 항거하여 국권회복과 민족자존의 가치를 높이 들고 이천만 동포가 삼천리 방방곡곡에서 일제에 빼앗긴 이 나라를 기억합니다. 나라를 빼앗기고 고통스러워하는 가운데 온 백성들이 외쳤던 3.1절을 맞이하여 나라를 위하여 기도합니다. 다시는 우리나라가 외부의 세력으로부터 침략이나 테러를 당하지 않도록 지켜 주옵소서. 이 민족이 다시는 모욕당하지 아니하고 악한 힘에 굴복하지 아니하도록 강성함과 부요함을 주옵소서. 그러나 우리는 우리의 강함과 부요함으로 남에게 고통을 주는 것이 아니라, 부족한 자들을 돕고 그리스도의 평화의 복음을 전하는 주님의 제사장 나라가 되게 하여 주옵소서. 무엇보다 선조들의 피로 지켜온 이 나라가 오늘날 우리들의 부패와 무지와 게으름으로 무너지지 않게 하옵소서.
이 나라의 정치인들과 모든 국민들이 각자의 책임을 다하게 하시고 역사의 심판자 되시는 하나님을 두려워하는 민족이 되게 하옵소서. 저희들이, 이 시대에 복음을 전하는 도구로 사용하시기 위하여, 우리를 건지시고 축복하셨음을 알게 하시고, 그 사명을 망각하지 아니하고 우리에게 맡기신 사명들을 잘 감당하게 하여 주옵소시.
이 민족을 사랑하시는 예수님 이름으로 기도합니다. 아멘.

우리는 하나님의 능력과 세상의 요구 사이에 중간 통로가 될 필요가 있다. 우리가 나에게서 이기심을 제거하면 할수록 남을 복되게 하는 통로가 더 넓어지게 될 것이다. _프랭크 라우바하

3월 2일 — 새 힘과 용기를 주옵소서

비판을 받지 아니하려거든 비판하지 말라 너희가 비판하는 그 비판으로 너희가 비판을 받을 것이요 너희가 헤아리는 그 헤아림으로 너희가 헤아림을 받을 것이니라 (마태복음 7:1-2)

사랑과 은혜가 풍성하신 하나님,
지난 밤, 저희들을 주님의 품안에서 편히 쉬게 해 주시고, 새 힘을 가지고 새 날을 맞이하게 하시니 감사합니다. 또한 저희들을 이 새벽에 주님의 거룩한 전에 나와서 기도하게 하시니 감사합니다. 그러나 저희들은 아직도 죄에 끌리어 주님께 복종하지 못하고, 세상의 쾌락을 위해서는 한없는 애착을 가지고 있사오니 붙들어 주시고, 세속적인 것들을 이기게 하여 주옵소서.
세상의 안일만을 추구하지 않게 하시고, 주님을 섬기고 헌신 할 수 있도록 붙들어 주옵소서. 저희들이 하나님의 보호하심으로 살아왔듯이, 하나님께서는 모든 사람들을 보호해 주신다는 진리를 잊지 않게 하옵소서.
또한 우리의 어리석음으로 미련하게 살지 않게 하시고, 용기와 새 힘을 주시어서 주님의 말씀으로 순종하면서 살게 하여 주옵소서.
이 시간 저희들에게 찾아오시어서 영과 육을 맡아 주관하시고, 영혼을 건강하게 하셔서 주님의 등불이 되게 하옵소서. 저희들의 영혼이 늘 그리스도의 빛으로 충만하여 죄와 어둠이 없는 깨끗한 영혼이 되도록 축복하여 주옵소서.
사랑이 많으신 예수님의 이름으로 기도합니다. 아멘.

> 우리 하나님은 예측 할 수 없는 비상사태가 없으며, 응할 수 없는 부족함이 없습니다. _조지 뮬러

3월 3일   저희 교회를 축복하옵소서

구하라 그리하면 너희에게 주실 것이요 찾으라 그리하면 찾아낼 것이요 문을 두드리라 그리하면 너희에게 열릴 것이니 구하는 이마다 받을 것이요 찾는 이는 찾아낼 것이요 두드리는 이에게는 열릴 것이니라 (마태복음 7:7-8)

만복의 근원 되시는 하나님,
저희 교회를 성령으로 이끌어 주시니 감사를 드립니다. 저희 교회가 주의 능력으로 복음을 전하는 교회가 되게 하시고 온 세상에 선교하는 교회로 이끌어 주옵소서.
이 시간 간구하기는 저희 교회에 기도의 불길이 꺼지지 않게 하시며, 기도의 제단에 기도하는 성도들이 많아지게 하여 주옵소서. 귀하신 목사님에게도, 주님께서 축복하셔서 교회와 양떼를 보살피기에 조금도 부족함 없게 하여 주옵소서.
사랑의 주님, 오늘 하루도 주님이 인도하여 주시어서 깨끗하고 진실된 삶을 살 수 있게 하여 주옵소서. 또, 하나님의 선하시고 기뻐하시는 온전하신 뜻을 알 수 있는 지혜도 주옵소서.
날마다, 저희가 기도 할 때에 성령 충만케 하시고 말씀대로 살 수 있도록 지혜와 명철도 주옵소서.
부족한 사람이 성령 충만하기를 원합니다. 성령의 은사를 부어주시되 전도 할 수 있는 은사를 부어주옵소서. 그리하여 전도의 열매를 맺을 수 있도록 축복하여 주옵소서.
사랑이 많으신 예수님의 이름으로 기도합니다. 아멘.

> 인간의 모든 경험은 하나님의 사랑에서 비롯됩니다. _헨리 나우웬

3월 4일 — 믿음이 성장하게 하옵소서

그러므로 무엇이든지 남에게 대접을 받고자 하는 대로 너희도 남을 대접하라 (마태복음 7:12)

산 소망이 되시는 하나님,
새벽을 깨우시고 주님 앞에 나와서 기도 할 수 있도록 인도하여 주시니 감사드립니다. 저희들을 부족하다 책망치 않으시고 사랑과 은혜로 품어주심을 감사드립니다. 때때로, 겨자씨만한 믿음이 없어서 능력 있는 그리스도인의 삶을 살지 못하고, 불완전한 모습으로 살아왔사오니, 저희들의 믿음 없는 행위들을 용서하여 주옵소서. 이 새벽 주님을 사모하여 재단에 나왔사오니 저희들의 허물을 깨닫게 하시고, 보혈의 능력으로 몸과 마음을 깨끗하게 씻어 주옵소서. 연약한 마음을 강하게 하시고 성령님께서 부족한 종을 날마다 붙들어 주시사, 새 풀처럼 일어나는 믿음을 허락하여 주시기 원합니다.
특별히 이 나라, 이 민족을 불쌍히 여기시고. 한마음으로 화합하는 민족이 되기 원합니다.
경제가 회복되고, 일자리가 창출되고, 안정되기 원합니다. 대통령을 비롯한 정치인 지도자들 그리고 믿음의 자녀들, 모두가 하나님을 두려워하며 기도하게 하시고 말씀 따라 사는 은혜를 주옵소서.
저희들에게 영육간의 강건함 주시고 세계를 향한 비전을 품고 나갈 수 있도록 형통한 복을 내려 주옵소서.
사랑이 많으신 예수님의 이름으로 기도합니다. 아멘.

> 오직 사람만이 궁극적으로 인간의 마음을 사로잡을 수 있는 능력을 갖고 있습니다. _필립 얀시

3월 5일 — 가정과 일터를 기억하옵소서

> 그러므로 누구든지 나의 이 말을 듣고 행하는 자는 그 집을 반석 위에 지은 지혜로운 사람 같으리니 (마태복음 7:24)

인간의 생사화복을 주관하시는 하나님,
지난밤도 주 안에서 안식하게 하시고 새날 첫 시간을 주님께 기도하게 하시니 감사합니다. 이 새벽을 깨워 기도하는 저희들을 축복하여 주옵소서.
특별히 부족한 종을 주님의 권능의 손으로 붙잡아 주옵소서.
직장에서 일할 때에 한계상황을 잘 극복하는 믿음을 주시고, 성령 충만한 은혜로 생각의 폭이 넓어지게 하여 주옵소서.
이 아침에 기도하오니 우리의 기도를 응답하여 주옵소서. 저희, 가정과 일터에 하늘의 복을 주시고, 온 가족이 구원받게 하여 주옵소서. 건강이 안 좋은 자녀들에게 힘을 주시고, 감기 몸살로 연약한 자녀들을 치료하여 주시어서, 자녀들이 건강하게 하여 주옵소서.
간구하기는, 오늘 하루도 주님과 동행할 때 감사가 있게 하시고, 해야 할 것과 하지 말아야 것을 분별하여 살아가는 지혜도 주옵소서. 오늘 하루도 우리를 주님의 도구로 사용하여 주시고, 쓰임 받는 일군이 되게 하여 주옵소서.
사랑이 많으신 예수님의 이름으로 기도합니다. 아멘.

하나님 아무데도 갈 곳이 없다는 심정으로 주님께 무릎을 꿇은 적이 한두 번이 아니다. 그러한 때는 나 자신의 지혜는 물론, 내 주변의 모든 것들이 한없이 부족하게만 느껴졌다. _에이브리험 링컨

3월 6일 — 지혜와 능력을 주옵소서

> 도둑이 오는 것은 도둑질하고 죽이고 멸망시키려는 것뿐이요 내가 온 것은 양으로 생명을 얻게 하고 더 풍성히 얻게 하려는 것이라 (요한복음 10:10)

사랑과 은혜가 풍성하신 하나님,
지난 밤 동안도 저희들을 주님의 품안에서 편히 쉬게 해 주시고 새 힘과 희망을 가지고 새 날을 맞이하게 하시니 감사합니다. 또한 저희들을 깨우사 주의 전에 나와서 기도하게 하시니 감사합니다. 그러나 저희들은 아직도 죄에 끌리어 주님께 복종하지 못하고 세상의 쾌락을 위해서는 한없는 애착을 가지고 살아가는 허물 많은 종입니다.
이 시간 찾아 오셔서 저희 몸과 마을을 성령의 불로 태우셔서 깨끗하게 하여 주옵소서. 저희들을 불쌍히 여기시서 죄와 허물을 용서하여 주시고, 주님의 형상대로 새 사람이 되게 하여 주옵소서.
저희들의 영과 육을 하나님이 맡아 주관하시고 영혼을 건강하게 하셔서 주님의 등불이 되게 하여 주옵소서.
저희들의 몸과 마음이 그리스도의 빛으로 충만하게 하시고 죄와 어둠이 없는 깨끗한 영혼이 되게 하여 주옵소서. 저희들이 미련하게 살지 않게 하시고, 지혜로워서 덕을 세우며 인정받는 사람이 되게 하여 주옵소서.
잠언에 나오는 지혜로운 사람처럼 슬기로운 사람이 되게 하시고, 어리석은 일에 게으르고 지혜로운 일에 부지런한 사람이 되게 하여 주옵소서.
사랑이 많으신 예수님의 이름으로 기도합니다. 아멘.

주여 나를 변화시켜 주시고, 나를 통하여 이 어두워져 가는 세상을 변화시켜 주소서. _윌리엄 부스

3월 7일 믿음의 일군이 되게 하옵소서

하나님이 우리에게 주신 것은 두려워하는 마음이 아니요 오직 능력과 사랑과 절제하는 마음이니 (디모데후서 1:7)

생명을 아끼시는 하나님,
저희 가정에 신령한 복을 내려 주시고, 가족의 삶을 인도하여 주시니 감사합니다. 저희들은 주님 앞에서 흠이 많지만 하나님께 존귀한 백성이 되게 하시니 감사합니다. 주님 앞에 나와서 간구하오니 우리의 기도를 들으시고 응답하여 주옵소서. 저희 가족이 오직 믿음으로 살아오게 해 주셨음에 감사드립니다. 저희들이 예수님을 주로 모시고 사는 동안 신령한 집으로 세워지는 모습을 알게 하시고 늘 믿음으로 승리하는 사람이 되게 하여 주옵소서. 저희의 교회를 날마다 새롭게 하시고 성령이 역사하는 교회로 부흥하게 하시며 주님께서 명령하신 지상명령을 잘 감당하는 교회가 되게 하여 주옵소서. 저희 교회에 기도의 불길이 꺼지지 않게 하시고, 제단에 더욱 열심히 기도하는 성도들이 많아지게 하여 주옵소서.

오늘 하루도 생활을 지켜 주시고, 깨끗하고 진실된 삶을 살도록 도와주옵소서. 또한, 하나님의 선하시고 기뻐하시는 온전하신 뜻을 알 수 있는 지혜도 주옵소서. 저희들에게 지혜와 성령을 부어 주시사 스데반 집사처럼 성령 충만한 사람이 되게 하시고, 빌립 집사처럼 만나는 사람들마다 전도를 할 수 있는 능력을 주옵소서. 또한 저희 가정 모두가 형통한 삶이 되게 하여 주옵소서.

사랑과 은혜가 많으신 예수님의 이름으로 기도합니다. 아멘.

> 하나님 아버지! 저희의 힘으로 바꿀 수 없는 일들을 조용히 받아들이고 저희의 힘으로 바꿀 수 있는 일들을 기꺼이 행할 수 있는 용기를 주옵소서. _라이홀드 니버

3월 8일 — 오늘도 성령의 인도함을 받게 하옵소서

그러나 이 모든 일에 우리를 사랑하시는 이로 말미암아 우리가 넉넉히 이기느니라 (로마서 8:37)

참된 평안과 위로를 주시는 하나님,
주님의 은혜와 사랑 속에서 새날을 허락하시고, 기도하게 하시니 감사합니다.
오늘 하루의 삶도 주님의 말씀 안에 거하게 하시고 바른 판단력과 분별력을 주시사, 의롭다 칭함을 받은 자 답게 살게 하여 주옵소서.
우리 안에 정직한 영을 주시어 늘 새롭게 하시고, 경건의 모양을 가지고 풍성한 삶을 살도록 축복하여 주옵소서.
세상의 헛된 소리에 귀 기울이지 말게 하시고, 미혹에 빠지지 않도록 성령께서 걸음마다 인도하여 주옵소서.
오늘 하루가 주님 안에서 평강으로 이어지게 하시고 말씀을 증거하는 생활이 되게 하여 주옵소서. 맡겨진 일에 충성을 다하게 하시고 건강하고 힘찬 하루를 보내게 하여 주옵소서. 이런 생활이 날마다 이어져 성령의 열매를 맺을 수 있도록 축복하여 주옵소서.
사랑의 주님, 오늘도 저희들에게 성령 충만을 주시고, 직장에서 일 할 때 명철함을 주시며, 언제 어디서나 복음을 전하는 직장인으로 장래가 총망 받는 하나님의 사람이 되게 하여 주옵소서.
예수님의 이름으로 기도합니다. 아멘.

> 당신이 기도에 말할 수 없이 실증이 나거든 거기에 항복하지 말고 더 이상 기도 할 수 없다고 생각 될 때까지 기도하기 위해 싸우며 노력하라. _힐더삼

3월 9일 시대를 분별하는 지혜를 주옵소서

우리의 씨름은 혈과 육을 상대하는 것이 아니요 통치자들과 권세들과 이 어둠의 세상 주관자들과 하늘에 있는 악의 영들을 상대함이라 그러므로 하나님의 전신 갑주를 취하라 이는 악한 날에 너희가 능히 대적하고 모든 일을 행한 후에 서기 위함이라 (에베소서 6:12-13)

온 우주에 주인이신 하나님,
주님의 은혜를 입은 우리가 함께 모여, 예배하는 복을 주시니 감사합니다. 한 주간, 진행되는 특별 새벽기도회를 통하여 우리의 지은 죄를 용서하여 주시며, 성령의 능력으로 깨끗하지게 하여 주옵소서. 우리에게 주신 말씀대로, 힘을 얻어서, 주의 법을 실천 할 줄 아는 믿음을 주옵소서. 우리가 육체의 소욕 가운데 살지 않고, 성령의 인도함을 받도록 지혜를 주옵소서.
사랑의 주님, 저희 자녀들도 주님처럼 하나님을 경외하고 교회를 중심으로 자라게 하시며, 키가 자라고 지혜가 있도록 축복하여 주옵소서.
또한 저희 자녀들이 세상에서 사람들과 화목한 인간관계를 누리게 하시고, 남들에게 사랑을 줄줄 아는 아량도 주시며, 인색하지 않도록 물질의 복도 주옵소서. 저희 자녀들이 하나님을 사랑하여 생명을 전하며, 사람을 세우는 입술의 열매로 살아 갈수 있도록 축복하여 주옵소서.
저희들, 지금까지 하나님께 받은 것이 많습니다. 이것들을 이웃과 나눌 수 있는 마음을 주시고, 마음속에 불평불만이 없도록 받은 은혜에 감사하고 기뻐하면서 살게 하여 주옵소서.
사랑이 많으신 예수님의 이름으로 기도합니다. 아멘.

나는 오늘 해야 할 일이 많기 때문에 기도하는 시간을 갖기 위해서 한 시간 더 일찍 일어난다 _마틴 루터

3월 10일 — 회개의 영을 부어 주옵소서

주의 말씀은 내 발에 등이요 내 길에 빛이니이다 (시편 119:105)

인자와 성실이 풍성하신 하나님,
존귀와 영광을 주님께 돌려 드립니다. 저희 부족함에도 불구하고 하나님의 깊은 사랑을 알게 하시니 감사를 드립니다.

내 이름으로 일컫는 내 백성이, 그 악한 길에서 떠나 스스로 겸비하고 기도하여, 내 얼굴을 구하면, 내가 하늘에서 듣고 그 죄를 사하고 그 땅을 고칠 것이라고 약속하신 하신 것을 기억하오니, 이 나라의 백성된 저희들에게 회개의 영을 허락하사 지혜와 총명이 넘치는 주의 자녀가 되게 하여 주옵소서.

사랑의 주님, 이 시간 종을 긍휼이 여기사, 기도 할 때마다 성령의 기름부음을 부으시고, 무엇보다도 주님을 사랑하는 마음을 주옵소서. 우리가 주 앞에서 찬양 드릴 때, 주의 얼굴을 뵙게 하여 주옵소서.

우리의 삶이 날마다 풍요롭고, 진실 되게 하시고, 열매 맺는 생활이 되게 하여 주옵소서.

저희 가정에 복을 주시고 기도하는 것 마다 이루어지는 은혜도 주옵소서.
사랑이 많으신 예수님이 이름으로 기도합니다. 아멘.

기도는 하나님의 심정에 이르게 하는 것이다. _테일러

3월 11일 — 연약함을 이기게 하옵소서

> 진실로 너희에게 이르노니 무엇이든지 너희가 땅에서 매면 하늘에서도 매일 것이요 무엇이든지 땅에서 풀면 하늘에서도 풀리리라 (마태복음 18:18)

인생의 도움이신 하나님,

저희들이 주님께 기도하게 하시니 감사드립니다. 오늘 하루도 믿음으로 시작하는 하루가 되게 하시고, 날마다 하나님께 감사하면서 사는 복된 하루가 되게 하여 주옵소서. 주의 말씀을 사모하여 주의 재단에 나왔사오니, 말씀을 들을 때에 말씀을 깨닫게 해주시고, 알게 하여 주옵소서. 특별히 간구하기는, 이 나라 이 민족이 민족 분단으로 분열되어서 반목과 질시가 많사오니, 이 민족이 치유 받고 한 마음 되어서 화합하는 민족이 되기 원합니다. 경제가 회복되고, 일자리가 창출되고 안정되기 원합니다. 저희들에게 영육간의 강건함을 주시고 세계를 향한 비전을 품고 살아 갈수 있도록 복을 내려 주옵소서. 이 시간 머리 숙인 저희들, 생명의 말씀 따라 순종하고, 승리할 수 있는 힘을 공급해 주시고, 가장 좋은 것으로 응답해 주옵소서. 사랑의 주님, 오늘도 저희들의 소원이 하나님께 영광을 돌리기를 원하오니 성령 충만으로 열매를 맺게 하여 주옵소서. 성령님께서 인도하시는 대로 착한 일에 힘쓰게 하시며, 말씀을 증거하는 자녀들이 되게 하여 주옵소서. 사랑이 많으신 예수님의 이름으로 기도합니다. 아멘.

우리의 기도는 지칠 줄 모르는 힘과 거부할 수 없는 인내와 꺾이지 않는 용기로 강하게 구해야 한다. _이 엠 바운즈

3월 12일 — 생활에서 실수하지 않게 하옵소서

미움은 다툼을 일으켜도 사랑은 모든 허물을 가리느니라 (잠언 10:12)

거룩하신 하나님 아버지,
오늘도 주님의 말씀 앞에 서게 하심을 감사드립니다. 우리에게 은혜를 주시어고, 말씀을 들을 때마다 죄인 됨을 깨닫게 하시며, 죄와 허물을 용서해 주심을 감사드립니다.
저희들은 주님의 창조질서와 섭리 가운데 살면서도 아직도 주님을 깨닫지 못하는 우둔함을 용서해 주옵소서.
오늘도 새로운 날을 맞이하여 하루를 출발하지만 온전히 주님을 신뢰하지 못하고 사는 저희들을 용서해 주옵소서. 오늘 하루도 말의 실수가 없게 하시고, 불의 한 자리에 앉거나 악한 행위로 주님의 영광을 가리지 않게 하여 주옵소서. 좀 더 겸손하고 선한 말과 행실로 하나님의 자녀 됨을 드러내게 하시고, 복음을 전하는 능력을 주시어서 전도하는 일군들이 되게 하여 주옵소서.
오늘도, 저희 가정에 은혜와 평강가운데서 살게 하여 주옵소서. 우리 가정이 그리스도 안에서 복음의 빛과 진리를 드러내도록 새 힘을 주시고, 어디에서나 인정받고 귀하게 쓰임 받는 믿음의 가정이 되게 하여 주옵소서.
사랑이 많으신 예수님의 이름으로 기도합니다. 아멘.

> 하나님께서 우리에게 말씀하실 것은 우리가 하나님께 말씀드려야 할 것보다 더욱 중요한 것이다. _마클라 쉴란

3월 13일 몸과 영혼을 치유하여 주옵소서

> 네가 물 가운데로 지날 때에 내가 너와 함께 할 것이라 강을 건널 때에 물이 너를 침몰하지 못할 것이며 네가 불 가운데로 지날 때에 타지도 아니할 것이요 불꽃이 너를 사르지도 못하리니 (이사야 43:2)

사랑과 은혜가 많으신 하나님,
오늘도 저희들이 주안에서 건강하게 하시니 감사드립니다. 이 시간 간구하오니 상한 마음에 새 소망과 새 힘을 주시사, 연약한 심령이 새 힘을 얻을 수 있도록 강건함을 주옵소서.
사랑의 주님, 저희 가정에 유전적으로 내려오는 질병이 있습니다. 이 질병을 고치시고, 병든 부분을 깨끗하게 고쳐주옵소서. 나이를 먹어 갈수록 몸도, 마음도 힘이 듭니다.
주님의 손길로 싸매어 주시고 치유하여 주옵소서. 오늘도 성령님의 인도하심을 기대합니다.
이 시간 연약한 종이 부르짖을 때에 응답하여 주시고, 가장 좋은 것으로 축복하여 주옵소서. 부족한 종에게 성령을 부어 주옵소서. 몸도 연약하고, 생각도 나약합니다. 이 시간 찾아오셔서 마음을 강하게 붙들어주시고 몸도 마음도 병든 부분을 치유하여 주옵소서.
사랑의 주님, 저희 자녀들을 위하여 기도합니다. 자녀들이 주님의 은혜로 좋은 이웃이 되게 하시고, 다른 이들을 섬기는 삶을 살게 하여 주옵소서.
사랑이 많으신 예수님의 이름으로 기도합니다. 아멘.

> 기도는 끊임없이 쏟아져 나오는 끊임없는 사랑의 응답이며 모든 영혼을 인도하시는 하나님과 사귀는 길이다. _스티어

3월 14일

가정에 복을 주소서

우리 주 예수 그리스도로 말미암아 우리에게 승리를 주시는 하나님께 감사하노니 (고린도전서 15:57)

알파와 오메가 되시는 하나님,
저희들에게 부족함이 없는 삶이 되게 하심을 감사드립니다. 이 시간 저희 가정을 위해서 기도합니다. 감기 몸살로 어려움을 겪고 있는 부모님을 기억해 주시고 치료하여 주옵소서. 빨리 회복되어서 정상적인 몸을 회복하게 하여 주옵소서. 부모님을 보호하시고 축복하여 주옵소서.
저희 가정이 사랑의 안식처가 되게 하시고, 서로를 위로하는 가정이 되게 하여 주옵소서. 자녀들이 학교에서 공부 할 때 지혜와 명철을 주시고, 원하는 목적을 이룰 수 있도록 잘 준비하게 하여 주옵소서.
인간관계로 인하여 직장생활이 힘들 때가 많이 있습니다. 산적한 문제도 너무 많습니다. 부족한 사람에게 지혜를 주셔서 맡겨진 일들을 잘 감당하게 하여 주옵소서. 동료들 간에도 서로 존중하며, 신뢰 할 수 있도록 넉넉한 마음을 주옵소서.
사랑의 주님, 저는 지금 승진을 앞두고 있습니다. 이번 승진에 누락되지 않게 하여 주옵소서. 승진의 경쟁구도 속에서 마음에 상처를 받지 않도록 축복하여 주옵소서.
또한 저의 앞날에 비전을 주시고, 그 비전을 이루어 나갈 수 있는 방향이 흔들림 없도록 지혜를 주옵소서.
사랑이 많으신 예수님의 이름으로 기도합니다. 아멘.

> 사람이 자기의 의견과 소원을 초월하여 자기의 마음을 향상시키고 자기의 주의를 하나님께 집중시키는 것이 기도의 제일 중요한 일이다. _티틀

3월 15일　마음을 다스리게 하여 주옵소서

그런즉 너희가 어떻게 행할지를 자세히 주의하여 지혜 없는 자 같이 하지 말고 오직 지혜 있는 자 같이하여 세월을 아끼라 때가 악하니라 (에베소서 5:15-16)

생명의 근원이 되시는 하나님,
주님의 은혜로 저희들에게 좋은 옷을 입혀주시고, 맛있는 음식, 주심을 감사드립니다.
이 시간 찾아오시어서 저의 마음을 지켜 주옵소서. 직장에서 상사와의 갈등으로 인하여 어려움을 겪고 있사오니 마음의 상처를 치료하여 주옵소서. 마음은 생명의 근원이라고 하신 잠언의 말씀처럼 직장에서, 평안한 마음, 긍정적인 마음을 유지할 수 있도록 지켜 주옵소서. 무슨 일을 하던지 저희 힘으로는 한계가 있고 불가능함이 있습니다.
어떤 난관에도 흔들리지 않게 하시고, 눈앞의 이익에 따라 변하지 않게 하여 주옵소서. 심지가 견고한 자를 평강하도록 지키시리니 이는 그가 주를 신뢰함이니이다 라고 하신 말씀이 내 생활에 적용되게 하여 주옵소서.
사랑의 주님, 저희가 직장생활하면서 나에게 맞지 않는 일을 하게 되는 경우도 있고, 나와 상관없는 일을 해야 할 때도 많습니다. 잘 극복 할 수 있도록 지혜와 명철을 주옵소서. 저희들이 세상 살아가는 동안에, 하늘에 속한 마음을 품게 하시고, 하나님의 말씀을 생명처럼 여기게 하여 주옵소서. 주님의 자녀로 사는 저희들에게 하나님의 영광을 구하는 삶을 살게 하여 주옵소서.
사랑이 많으신 예수님의 이름으로 기도합니다. 아멘.

　　　기도는 우회도로처럼 보이나 실상은 지름길이다.

3월 16일 — 마음과 생각을 지켜주옵소서

> 그러므로 염려하여 이르기를 무엇을 먹을까 무엇을 마실까 무엇을 입을까 하지 말라 이는 다 이방인들이 구하는 것이라 너희 하늘 아버지께서 이 모든 것이 너희에게 있어야 할 줄을 아시느니라 (마태복음 6:31-32)

인생의 도움이신 하나님,
오늘도 주님 앞에서 살아가도록 이끌어 주시고, 붙들어 주심을 감사드립니다. 저희들이 이 세상을 살아갈 때, 죄악의 길이 빠지지 않도록 지켜 주시고, 넘어지려고 할 때, 피할 길을 열어주시사 승리하게 하여 주옵소서. 연역한 저희에게 힘과 용기를 주시고, 마음에 평안을 주옵소서.

부족한 종이 정직하게 살 수 있도록 입술을 지키시고, 말과 행동이 신뢰성이 있도록 지켜 주옵소서. 그동안 말에 비해 행동이 뒤따르지 못했던 것을 용서하시고 이제 달라지게 하여 주옵소서.

저에게 잘못된 거품이 모두 빠져나가게 하시고 바른 삶을 살도록 지켜주옵소서. 또한 가정에서부터 정직이 실천될 수 있도록 지켜주옵소서. 정직하게 살겠다는 철저한 각성이 있게 하시고, 정직에 따른 고통과 불이익을 두려워하지 않게 하여 주옵소서. 정직할 수 있는 용기와 신념을 주옵소서. 저희에게 지혜와 인내와 진실한 마음과 힘을 주옵소서. 또한 맡겨진 자리에서 하나님이 주신 은사들을 잘 발휘할 수 있도록 이끌어 주옵소서.

오늘도 부르심에 따라 직장으로 나아갑니다. 출근하는 시간부터 퇴근하는 그 시간까지 일터에서의 모든 일들을 주님께 맡기오니 선한 길로 인도하여 주옵소서.

거룩하신 예수님의 이름으로 기도합니다. 아멘.

우리가 만일 기도의 기교를 알고 행한다면 생의 기교를 알고 행할 것이다. _스텐리 죤스

3월 17일   우리를 인도하여 주옵소서

좌로나 우로나 치우치지 말고 네 발을 악에서 떠나게 하라 (잠언 4:27)

소망을 주시는 하나님,
저희들에게 말로 다할 수 없는 은혜를 주심을 감사드립니다. 저희들이, 늘 성령 하나님께 예민하게 하시고, 부지중에 죄를 지었을 때, 회개의 영으로 인도하여 주심을 감사합니다. 지금까지, 나 자신을 되돌아 볼 때 너무 인간적으로 살았습니다.
이 시간 찾아 오셔서 나약한 마음을 새롭게 하시고 진리와 사랑으로 무장된 삶을 살게 하여 주옵소서. 사랑의 주님, 이 나라와 민족을 위하여 기도합니다. 지금 우리나라는 큰 위기에 있습니다. 경기침체와 시국의 혼란으로 인하여 세계 속에서 위상이 크게 추락했습니다. 이런 위기가 하나님께 가까이 할 때임을 깨닫고, 모든 불의를 버리게 하여 주옵소서.
사랑의 주님, 우리를 둘러싼 정치적, 경제적, 사회적 상황 속에서 주님의 뜻을 분별하고 온전히 행할 수 있도록 인도하여 주옵소서. 부족한 사람이 이러한 때에 좌로나 우로나 치우치지 않게 하시고, 균형을 잃어버리지 않고 오직 하나님만을 의지하면서 살 수 있도록 지혜를 주옵소서. 오늘 저희 자녀들의 한 날이, 자기 자신은 물론, 타인에게도 즐거움이 되게 하시옵소서. 가족들에게도 기쁨이 되고, 어디에서도 큰 유익이 되는 하루가 되게 하시옵소서.
예수님의 이름으로 기도합니다. 아멘.

> 기도는 사랑하는 두 사람의 대화이다. 기도는 교회의 원동력이다. 기도는 신자의 유일한 무기이다. _톰슨

3월 18일　성령으로 의롭게 하여 주옵소서

아브라함이 그 땅 이름을 여호와 이레라 하였으므로 오늘날까지 사람들이 이르기를 여호와의 산에서 준비되리라 하더라 (창세기 22:4)

사랑으로 인도하시는 하나님,
이렇게 믿음으로 살게 하시니 감사합니다. 그러나 저희들, 너무 지혜가 없어서 사회생활을 할 때 불편한 사람들과 직장에서 만나야 합니다. 이때 피하고 싶은 마음이 먼저 들지만, 업무상의 필요 때문에, 협력하고 함께해야 할 일들 많기 때문에 힘들고 어렵습니다. 이런 생활 속에서 불편함을 편안함으로 바꿀 수 있는 여유를 주시고, 이해관계가 대립될 때 마다, 안정된 모습으로 행할 수 있도록 이끌어 주옵소서. 혹시 불편한 자리에서 그들이 어려울 때 도울 일이 있다면 도울 수 있는 힘을 허락해 주옵소서.
우리의 연약함을 아시는 성령께서 화해 자와 중재자로 오셔서 사람간의 막힌 담을 헐어 주시고 평안하게 일 할 수 있도록 도와주옵소서. 오늘도 주님을 의지합니다.
우리가 사는 세상은 사람들이 서로 협력하지 않으면 살아갈 수 없기에, 넓은 마음을 주시고, 넓은 아량을 주시어서 넉넉하게 어떤 어려움도 이기게 하여 주옵소서. 이제 일터로 나아갑니다. 오늘도 주님이 주시는 새 힘으로 출발하오니 지켜 주옵소서. 저희 가정도 지켜주시고, 자녀와 부모님들도 지켜주시고 축복하여 주옵소서.
사랑이 많으신 예수님의 이름으로 기도합니다. 아멘.

> 기도는 어둠 속에서 하나님을 볼 수 있는 거울이다. 기도는 아침의 열쇠요 저녁의 자물쇠이다. _빌리 그레이엄

3월 19일 — 우리를 인도하여 주옵소서

모세가 제단을 쌓고 그 이름을 여호와 닛시라 하고 이르되 여호와께서 맹세하시기를 여호와가 아말렉과 더불어 대대로 싸우리라 하셨다 (출애굽기 15:16-17)

사랑과 은혜가 풍성하신 하나님,
이 연약한 종을 축복하여 주옵소서. 온 세상을 창조하시고 온 인류의 주가 되시는 하나님, 세상의 모든 사람들이 하나님의 형상으로 지음 받은 존재임을 기억합니다. 하지만 저희들이 이 세상을 살아가는 동안 서로의 다름을 인정하지 못하고, 서로의 차이를 선과 악의 문제로 바라보며 갈등하는 일이 얼마나 많은지 모릅니다. 사람들의 모습과 생각과 의견이, 문화와 삶의 양식이 다를 수 있음을 인정하고, 열린 마음으로 대화하고 서로 이해하는 가운데 화해와 평화를 모색할 수 있도록 이끌어 주옵소서.
사랑의 주님은 우리에게 무릇 지킬 만한 것 보다 마음을 지키라고 했는데 직장생활하면서 마음을 지키지 못 할 때가 너무나 많습니다. 이 시간 마음의 심지를 강하게 붙잡아 주시고 유혹에도 흔들리지 않도록 정결한 마음을 주옵소서. 또한 저에게 부정적인 마음을 긍정적인 마음으로 바꾸어 주시고, 유혹을 좇아가던 마음을 돌이키게 하여 주옵소서. 죄악에 물들어 있는 마음을 용서하시고 증오와 시기의 마음을 용서하여 주옵소서. 주님을 더욱 사랑하게 하시고, 이웃을 사랑하며 용서하게 하여 주옵소서. 무엇보다 이 민족이 하나 되게 하여 주옵소서. 분열과 대립, 불의와 향락을 좇는 마음이 사라지도록 정결한 마음을 주옵소서. 그리하여 오늘의 삶이 날마다 복된 생활이 되게 하시옵소서.
사랑이 많으신 예수님의 이름으로 기도합니다. 아멘.

> 기도의 능력은 일면으로는 해독제요 일면은 방독제이다. _이 엠 바운즈

3월 20일 십자가의 능력을 주옵소서

> 끝으로 너희가 주 안에서와 그 힘의 능력으로 강건하여지고 마귀의 간계를 능히 대적하기 위하여 하나님의 전신 갑주를 입으라 우리의 씨름은 혈과 육을 상대하는 것이 아니요 통치자들과 권세들과 이 어둠의 세상 주관자들과 하늘에 있는 악의 영들을 상대함이라
> (에베소서 10:10-12)

은혜가 풍성하신 하나님,
저희들의 삶을 동행하여 주시며, 지혜와 사랑으로 살게 하시니 감사합니다. 하지만 저희들은 인간적이어서 주님의 뜻대로 살지 못하고 내 뜻대로 살면서 자행자지하며 살아 왔습니다. 이런 저희들을 위해서 예수님이 십자가에서 죽으시고, 머리에는 가시관을 쓰시고, 양손과 양발에 못 박혀 죽으심으로, 저희들의 죄와 질병, 저주와 고통, 죽음과 형벌을 다 제하여 주시니 감사를 드립니다. 이제, 저희들이 다시는 죄의 노예로서 살지 않고 감사하면서 긍정적으로 살게 하여 주옵소서. 그리고 이웃에 기쁜 소식을 나눠주며 땅에서 복되고 공의로운 삶을 살게 하여 주옵소서.

우리가 일터에서 일 할 때 하나님의 뜻을 망각하지 않게 하시고, 날마다 일터에서 동료들을 높여주고, 세워주는 사람이 되게 하여 주옵소서.

사랑의 주님, 저희 자녀들을 위하여 기도합니다. 자녀들에게 지혜의 은사를 주셔서, 어느 곳에 가든지, 머리가 되게 하시고, 인정을 받으며 사람들을 세워주는 은사를 가지고 하나님의 영광을 구하게 하여 주옵소서. 그 은사가 자기 자신보다는 친구들과 이웃들에게 즐거움이 되게 하여 주옵소서. 그들에게 은사에 대한 거룩한 소망을 주시옵소서.

사랑이 많으신 예수님의 이름으로 기도합니다. 아멘.

> 늙어갈 수록 기도를 더 많이 하라. 그러해야 신령한 일에 냉냉해지지 않는다. _죠지 뮬러

3월 21일 더러운 유혹을 이기게 하옵소서

진실로 너희에게 이르노니 무엇이든지 너희가 땅에서 매면 하늘에서도 매일 것이요 무엇이든지 땅에서 풀면 하늘에서도 풀리리라 (마태복음 18:18)

하늘에 계신 하나님,
저희 가정에 신령한 복을 내려 주시고, 가족의 삶을 영화롭게 하여 주심을 감사드립니다. 이 시간 저희들에게 찾아오셔서 강한 손으로 붙잡아주시고 정결하게 하여 주옵소서. 예수 그리스도의 십자가의 보혈로 깨끗해져서 몸과 마음이 새로워지게 하여 주시기를 원합니다. 우리의 삶이 성령 충만하기를 원합니다. 우리의 일상은 늘 탐욕의 유혹에 노출되어 있습니다. 매일 만나는 사람들과 비교하며, 나 자신의 정체성을 잃어가고 있습니다. 내 마음에 탐욕의 죄를 씻어주시고 어두운 유혹에 물들지 않도록, 늘 감사하면서 기쁘게 살게 하여 주옵소서.
이 시간 우리의 마음을 강하게 붙잡아 주시고, 세상 유혹에 물들지 않고 깨끗해져서 복음의 능력으로 무장 되어, 어디 곳에서든지 빛과 소금의 역할을 잘 감당하게 하여 주옵소서. 간절히 구하기는, 저희가 믿음이 부족하오니 강한 믿음을 구합니다.
이 시간 사랑의 주님께서 큰 믿음을 주시고, 성령으로 충만하게 하여 주옵소서. 그리스도 예수의 군사가 되게 하여 주옵소서. 성령이 충만하여 열매 맺는 일군이 되게 하여 주옵소서. 복음의 향기를 드러내는 그리스도인이 되게 하여 주옵소서.
사랑이 많으신 예수님의 이름으로 기도합니다. 아멘.

하나님은 세상을 기도로 조성하신다. _이 엠 바운즈

3월 22일

사랑이 넘치게 하옵소서

나 여호와가 의로 너를 불렀은즉 내가 네 손을 잡아 너를 보호하며 너를 세워 백성의 언약과 이방의 빛이 되게 하리니 (이사야 42:6)

소망으로 인도하시는 하나님,
저희들이 주님의 자녀로서 복되고, 형통하게 살게 하시니 감사를 드립니다. 오늘 하루도, 주님 안에서 큰 믿음을 가지게 하시고, 언제 어디서나 저희들을 불러주시고, 의롭다 인정해 주시고, 사랑과 은혜를 베풀어 주시니 감사합니다. 저희들은 하나님의 은혜를 입고 살아가지만 택함을 받은 성도답게 살지 못할 때가 있었습니다. 이 시간 회개하오니 용서하여 주옵소서. 저희에게 권능과 지혜를 주시고 택함을 받은 성도로 이 세상에서 바르게 살아서 사랑이 넘치는 삶을 살도록 축복하여 주옵소서.

오늘도 피곤하고 지친 가운데 일터에서 일 할 때, 기쁨을 주시고 희망과 용기를 주옵소서. 빛을 잃은 세상 속에서 어떤 일을 하던지 잘 감당하게 하시고, 어떤 어려움도 잘 이기면서 회복 할 수 있도록 붙들어 주옵소서. 어떤 상황에도 낙심하지 않게 하시고, 용기를 가지고 잘 극복해서 앞서 갈수 있게 하여 주옵소서. 날마다 주님과 동행하는 예수의 사람이 되게 하시고, 복음의 일군이 되어서 빛과 소금의 역할을 잘 감당하는 믿음의 사람이 되게 하여 주옵소서. 오늘도 진리의 말씀으로 무장되어서 어두움을 이기고 승리하게 하여 주옵소서.

우리의 친구가 되시는 예수님의 이름으로 기도합니다. 아멘.

참된 기도는 진심과 순수함을 요구한다. _레너드 레이븐 힐

3월 23일

부모님에게 건강의 복을 주옵소서

> 자녀들아 주 안에서 너희 부모에게 순종하라 이것이 옳으니라 네 아버지와 어머니를 공경하라 이것은 약속이 있는 첫 계명이니 이로써 네가 잘되고 땅에서 장수하리라 (에베소서 6:1-3)

인생의 도움이신 하나님,
저희 가정과 가족들에게 은혜 베풀어 주심을 감사드립니다. 저희들을 매일매일 하나님 앞에서 거룩하고 흠이 없도록 인도하시고, 늘 겸손하게, 오직 주님만을 의지하면서 살게 하여 주옵소서.
이 시간 저희 가정의 부모님을 위하여 기도합니다. 몸도 마음도 연약하여져서 건강이 좋지 않습니다. 부모님에게 건강의 복을 주시고, 하루하루가 복된 날이 되게 하시며, 영혼과 육신이 강건하게 하여 주옵소서. 어머니와 아버지의 인생이 행복하시기를 원하오니, 하나님께서 능하신 팔로 붙들어 주옵소서. 두 분의 삶을 방해하려는 어두움의 세력을 물리쳐 주옵소서.
간절히 바라기는, 부모님께서 행복한 여생을 사시기를 간구합니다. 하나님의 은혜로 두 분이 강건하게 하여 주옵소서. 하나님의 평강으로 두 분의 삶이 편안하게 하여 주옵소서.
이 시간 부모님을 축복하시어서 삶이 영화롭도록 은혜를 베풀어 주옵소서. 부모님의 삶이 하나님 앞에 아름답게 하시고, 부모님의 삶이 저희들에게 디딤돌이 되어서 하나님을 경외하는 자녀들로 자라나게 하여 주옵소서.
사랑이 많으신 예수님의 이름으로 기도합니다. 아멘.

기다리기를 쉬지 않은 기도는, 마침내 감사와 찬송으로 열매 맺게 될 것이다. _조지 뮬러

3월 24일 물질과 재능을 주옵소서

우리가 선을 행하되 낙심하지 말지니 포기하지 아니하면 때가 이르매 거두리라 그러므로 우리는 기회 있는 대로 모든 이에게 착한 일을 하되 더욱 믿음의 가정들에게 할지니라
(갈라디아서 6:9-10)

은혜로우신 하나님.
여호와의 한결같으신 사랑으로 저희를 사랑해 주시니 감사합니다. 지금까지 부족한 저희를 지켜주시고, 그 은혜로 평안하게 지내온 것을 생각 할 때 감사합니다. 주님을 모시고 살아가는 저희들에게 한 가지 소원이 있습니다. 하나님의 은혜 안에 살면서 더욱더 충성하면서 이웃들을 도와주며 섬길 수 있는 물질과 재능을 주옵소서.
하나님께서는 모세를 부르시고, 기드온을 부르시고, 다윗을 부르시고, 베드로를 부르시고, 바울을 부르실 때, 능력도 함께 주신 것처럼 저희에게도 능력을 주옵소서. 저희들이 어떤 어려운 현실이라도 극복하면서 기쁨으로 살게 하여 주옵소서. 찬양하며 감사하며 이웃을 사랑하며 살게 하여 주옵소서. 믿음의 조상들처럼 하나님을 기쁘시게 하는 믿음을 주시고, 주님의 말씀에 의지하여 무엇을 하던지 순종하는 사람이 되게 하여 주옵소서.
날마다 믿음을 잃어버리지 않게 하시고 힘들고 어려워도 주님의 인내를 본받아서 믿음의 덕을 쌓으며 살아 갈수 있도록 축복하여 주옵소서. 저희들이 주님의 몸을 이루는 한 지체로서, 자신의 역할을 잘 감당하며 살 수 있도록 명철도 허락하여 주옵소서.
사랑이 많으신 예수님의 이름으로 기도합니다. 아멘.

기도는 하나님 앞에 끊임없이 굴복하는 것이다. _선다 싱

3월 25일   저희에게 새 힘을 주옵소서

> 너희는 그 은혜에 의하여 믿음으로 말미암아 구원을 받았으니 이것은 너희에게서 난 것이 아니요 하나님의 선물이라 (에베소서 2:8)

 우리의 즐거움이 되시는 하나님,
주님의 사랑으로 자라게 하시고 하늘나라의 도구가 되어서 쓰임 받게 하시니 감사를 드립니다. 오늘도, 저희들에게 힘주시고 지혜를 주시어서 일터에서 맡겨진 일들을 잘 감당하게 하여 주옵소서. 저희들은 지혜가 부족해서 날마다 실수하지만 실수 초차 모르고 살고 있습니다.
우리의 심령에 항상 주님의 뜻을 분별하면서 살 수 있는 명철과 지혜를 주시사 항상 감사하면서 살게 하여 주옵소서. 때때로 저희는 사람을 보고 회의와 실망을 느끼고 많이 흔들립니다. 그러나 하나님께서 함께 하신다는 것을 알면 용기와 희망이 생기오니, 용기를 잃어버리지 않게 하여 주옵소서.
모든 것은 변하고 낡아져도 주님의 사랑은 영원히 변치 않고 저희를 지켜 주실 줄로 믿습니다. 저희들에게 다시 용기를 주시고, 늘 감사하면서 살게 하여 주옵소서.
사랑의 주님, 오늘도, 저희 자녀들을 기억하시사 복된 삶을 살게 하시옵소서. 그들이 성령의 충만하신 감화를 통해서, 지체로서 아름답게 사는 한 날이 되게 하여 주옵소서. 사람들에게 인정을 받으며 칭찬 받으며 살게 하여 주옵소서.
예수님의 이름으로 기도합니다. 아멘.

기도는 독백이 아니고 대화이다. _앤드루 머리

3월 26일

연약함을 이기게 하옵소서

> 여호와는 나의 반석이시요 나의 요새시요 나를 건지시는 이시요 나의 하나님이시요 내가 그 안에 피할 나의 바위시요 나의 방패시요 나의 구원의 뿔이시요 나의 산성이시로다 (시편 18:2)

사랑이 많으신 하나님,
저희들을 믿음의 반석 가운데 살게 하시니 감사를 드립니다. 오늘도 하나님을 사랑하는 일에 본을 보이게 하셨으니, 자녀들에게도 그 본이 잘 전달되게 하여 주옵소서. 그리하여 하나님의 은혜가 자녀들에게 임함으로 자녀들이 무슨 일을 하던지, 마음을 다하고, 뜻을 다하여 주님을 사랑하며 살게 하여 주옵소서.
저희들에게 가정을 이루게 하시고 하나님의 영광을 구하는 가정이 되게 하심을 감사드립니다. 이번 한 주간도 주님을 묵상하면서 경건하게 살게 하시고, 성결한 마음으로 살게 하여 주옵소서.
무엇보다도 주님의 사랑을 실천하면서 살게 하여 주옵소서. 저희가 병들 때 치료하여 주시고, 시험 당 할 때에 피 할 길을 열어주시고, 낙심 할 때 주의 음성을 듣고 다시 일어 날수 있도록 붙들어 주시니 감사합니다. 날마다 주님께 예배함으로써 온 가정이 행복하게 하시고, 주님의 뜻을 실천하는 믿음의 가정이 되게 하여 주옵소서. 여호와의 복으로 가득 차게 하시고, 그것을 누리며 살도록 축복하여 주옵소서. 또한 주님의 축복으로 인하여 누르고, 흔들어 넘치도록 풍성한 복을 허락하여 주옵소서.
사랑이 많으신 예수님의 이름으로 기도합니다. 아멘.

기도의 능력은 일면으로는 해독제요 일면은 방독제이다. _이 엠 바운즈

3월 27일

솔로몬의 지혜를 주옵소서

하나님이 솔로몬에게 지혜와 총명을 심히 많이 주시고 또 넓은 마음을 주시되 바닷가의 모래 같이 하시니 솔로몬의 지혜가 동쪽 모든 사람의 지혜와 애굽의 모든 지혜보다 뛰어 난지라 (열왕기상 4:29-30)

가정의 주인이 되신 하나님,
지금까지 저희들을 지켜 주시며 바른길로 인도하시는 주님께 감사를 드립니다. 오늘도 저희들에게 새날을 허락하시고, 새로운, 한 날을 시작할 수 있도록 은혜 베푸심을 감사드립니다.
이 아침에 주님 앞에 엎드려 간구하오니, 지켜 주시고 인도하여 주셔서, 승리하는 한 날이 되게 하여 주옵소서. 오늘도, 하루의 일을 시작할 때, 저희의 심령을 온전히 주장하셔서 내 힘과 수단과 방법으로 살지 않게 하시고, 온전히 주님을 의지하면서 살게 하여 주옵소서.
사랑의 주님, 저희들이 오늘도 주님의 영광을 나타내는 복된 날이 되기를 원합니다. 이 시간 저희들이 직장에서, 사업장에서 주님의 영광을 드러낼 수 있는 하루하루가 되게 하여 주옵소서.
또한 저희들이 게을러서 사람들에게 손가락질 받지 않게 하시고, 주님이 주신 하루를 각자 맡은 일에 최선을 다하며 성실히 감당할 수 있는 하루가 되게 하여 주옵소서. 모든 믿음의 가족들에게도 함께 하셔서 하루의 생활을 통하여 주님께, 충성하면서 영광을 나타내도록 지켜주옵소서. 오늘도 일터에서 위험한 일이 발생하지 않도록 불꽃같은 눈동자로 지켜주시고 보호하여 주옵소서.
사랑이 많으신 예수님의 이름으로 기도합니다. 아멘.

기도는 우리가 믿음으로 발견한 주님의 복음에 들어있는 보물을 파내는 것이다. _칼빈

3월 28일 직장생활을 풍요롭게 하옵소서

지혜로운 자와 동행하면 지혜를 얻고 미련한 자와 사귀면 해를 받느니라 (잠언 13:20)

사랑이 많으신 하나님,
주님의 은혜와 사랑 속에서 새로운 날을 시작하게 하시니 감사를 드립니다. 오늘 하루의 삶도 주님의 말씀 안에 거하게 하시며 바른 판단력과 분별력을 주시고 의롭다 칭함을 받은 자답게 살게 하여 주옵소서.
저희에게 정직한 영을 주시어서 늘 새롭게 하시고, 경건의 모양을 가지고 살아가게 하옵소서. 세상의 헛된 소리에 귀 기울이지 말게 하시며, 미혹에 빠지지 않도록 성령께서 걸음마다 인도하여 주옵소서. 오늘 하루가, 주님 안에서 은혜와 평강으로 이어지게 하시고 말씀을 증거하는 삶이 되게 하여 주시옵소서. 맡겨진 일에 최선을 다하게 하시고 건강을 더하여 주시어 힘찬 하루를 보내게 하여 주옵소서. 다른 사람과 비교하면서 살지 않게 하시고, 나에게 주신 일을 잘 감당하도록 지혜와 명철도 주옵소서.
내가 계획한 것보다도 더 발전하고, 좋아 질수 있도록 축복하여 주옵소서. 직장상사를 미워하지 않게 하시고 그들을 위해서 기도 할 수 있는 마음도 주옵소서. 저희 자녀들이 어려서부터 온전히 하나님을 섬기게 하여 주옵소서. 자녀들이 자라면서 믿음의 사람이 되게 하여 주옵소서.
사랑이 많으신 예수님의 이름으로 기도합니다. 아멘.

인생은 변화될 수 있다. 그러나 이 변화는 오직 기도를 통해서만 얻을 수 있다. _노만 빈세트 필

3월 29일 — 주의 뜻을 드러내는 생활이 되게 하옵소서

여호와께서 사무엘에게 이르시되 그의 용모와 키를 보지 말라 내가 이미 그를 버렸노라 내가 보는 것은 사람과 같지 아니하니 사람은 외모를 보거니와 나 여호와는 중심을 보느니라 하시더라 (사무엘상 16:7)

날마다 우리를 지켜주시는 하나님,
지난밤 주님 품안에서 편히 쉬게 하시고 건강한 몸으로 새 아침을 맞게 하시니 감사드립니다. 오늘도 주님을 의지하며 순종하는 길을 걷게 하시고, 악한 삶을 살지 않도록 지켜 주옵소서. 모든 일 가운데서 주의 뜻을 나타내며 주님의 영광이 드러나는 하루가 되게 하여 주옵소서.
내 이득만을 위해 살지 않게 하시고, 남의 짐도 대신 질 수 있는 여유를 허락하여 주옵소서. 슬픔을 당한 이웃을 만나면 위로의 언어를 주시고, 억울함을 당한 이웃을 만나면 함께 울며 기도할 마음을 주옵소서. 가정에서나, 사회에서나, 모든 사람에게 복음으로 소망을 보며, 이웃들 앞에서 사랑을 실천하는 주님의 제자가 되게 하여 주옵소서. 어떤, 문제에 직면하든지 주님의 뜻이 무엇인지를 생각하게 하면서 살게 하여 주옵소서. 모든 일을 시작할 때도 기도로 시작하게 하시고, 선한 양심에 따라 바른 선택을 하게 하여 주옵소서.
또한 우리에게 주어진 시간을 아껴 쓰게 하시고, 주어진 물질을 허비하거나 낭비하지 않게 하여 주옵소서. 건강을 위하여 절제 있는 생활을 하게 하시고, 어제보다 오늘이 더 나은 유익한 삶이 되도록 인도하여 주옵소서. 오늘도 길을 걸을 때나, 차를 탈 때나, 하나님의 말씀을 늘 묵상하며 살게 하여 주옵소서.
사랑이 많으신 예수님의 이름으로 기도합니다. 아멘.

천사는 베드로를 감옥에서 나오게 했지만, 천사를 나오게 한 것은 기도였다. _토마스 왓슨

3월 30일 — 저희에게 복을 주옵소서

엘리가 대답하여 이르되 평안히 가라 이스라엘의 하나님이 네가 기도하여 구한 것을 허락하시기를 원하노라 (사무엘상 1:17)

사랑과 은혜의 하나님,
지난 밤 동안도 저희들을 편히 쉬게 해 주시고, 새 힘과 희망을 가지고 새날을 맞이하게 하시니 감사합니다. 또한 저희들을 주님의 거룩한 전에 나와서 기도하게 하시니 감사합니다.
저희들은 세상의 안일만을 추구하며 자기를 들어내는 일에는 매우 활발하나, 남을 섬기는 데는 태만하였사오니 저희들을 불쌍히 여겨 주옵소서. 이런 저희들을 긍휼히 여기시고, 주님의 형상대로 변화되게 이끌어 주옵소서. 저희들의 영혼이 늘 그리스도의 빛으로 충만하게 하시어서, 죄와 어둠이 없는 깨끗한 영혼이 되게 하시고, 육신의 축복뿐만 아니라 영혼의 축복을 간구하는 믿음의 종이 되게 하여 주옵소서.
이 시간 저희들의 기도를 들으시고 응답하여 주옵소서.
사랑의 주님, 오늘도 저희 자녀들에게 하나님의 사랑이 풍성하기를 원합니다. 주의 인자하심으로 자녀들이 복을 받게 하여 주옵소서.
오늘도 주님의 사랑과 능력을 체험하며 감격으로 사는 한 날이 되게 하여 주옵소서. 또한 그들에게 크신 축복을 내려 주옵소서.
사랑이 많으신 예수님의 이름으로 기도합니다. 아멘.

> 아버지와 같이 있기를 바라는 것 이외의 것을 바라지 않는 것이 기도의 가장 기본적인 의식이다. _랙스데일

3월 31일 마음과 생각을 지켜 주옵소서

의인을 위하여 빛을 뿌리고 마음이 정직한 자를 위하여 기쁨을 뿌리시는도다 (시편 97:11)

은혜로우신 하나님,
저희 가정에 구원의 복음이 임하게 하시고, 죄에서 구원을 받게 하여 주시니 감사합니다. 오늘도, 주님의 이름으로 세상에서 승리하는 하루가 되게 하시고, 복 있는 삶을 사게 하시니 감사합니다. 이 시간 저희들에게 하늘로부터 내려오는 복을 주시사 복 받은 하루가 되게 하여 주옵소서.
저희들이 일터에서 교만하게 살지 않게 하시고, 범사에 감사하면서 살게 하여 주옵소서. 저희 가정을 위하여 기도합니다. 가정이 날마다 성령 충만하게 하시고 매사가 주님 안에서 잘되게 하시고, 자녀들이 주안에서 성장하며, 믿음으로 형통하게 하여 주옵소서. 자녀들이 주안에서 서로 사랑하게 하시고 감사하며 살게 하여 주옵소서.
또한 저희에게 늘 새로운 용기와 힘을 주시고, 한쪽으로 치우치지 않도록 강건한 믿음을 주시며 균형 잡힌 신앙생활, 직장생활이 되게 하여 주옵소서. 때로는 직장에서 상사가 미워질 때가 많습니다. 시기 질투가 날 때가 있습니다. 이런 마음을 정결하게 하시고 그들을 이해하고 사랑 할 수 있는 넉넉한 마음도 주옵소서. 내 마음이 더 넓어지게 하시어서 그들을 대하는 태도가 불량하지 않게 하여 주옵소서. 서로 사랑 할 수 있는 마음도 주옵소서.
사랑이 많으신 예수님의 이름으로 기도합니다. 아멘.

악마는 그리스도인들이 변명의 밭을 갈 때 희열을 느낍니다. _덕 이스트만

내 마음이 성실의 의미를 알게 하옵소서
주님의 십자가 보혈이 (용혜원)

주님의 십자가 보혈이
날마다 흐르고 있음을 깨닫게 하소서

주님의 사랑이 홍수처럼 터져서
우리의 모든 죄악을 다 씻어주시고자
흘러내리고 있음을 믿게 하소서

죄악에 휩쓸려 가는 자들을 건져내사
주님의 보혈로 씻어 주소서

구원 받은 사람들이 곳곳에서
벌떼처럼 일어나게 하소서.
모든 죄를 깨끗하게 씻음 받는 사람들이
곳곳에서 구름 떼처럼 일어나게 하소서

4월 1일 — 나를 붙들어 주옵소서

여호와여 돌아와 나의 영혼을 건지시며 주의 사랑으로 나를 구원하소서 (시편 6:4)

사랑이 많으신 하나님,
우리의 영혼을 구원하시고, 영생을 누리게 하시며, 우리의 일상생활을 간섭하여 주시니 감사를 드립니다.
이 시간 우리의 심령을 깨끗하게 씻어 주시고, 정결한 마음이 되게 하여 주시옵소서. 저희가 주님을 사모하며 주의 말씀을 사랑하며, 말씀을 따라 믿고 살게 하여 주옵소서.
사랑하는 주님, 이 시간 간구 합니다. 온 가족들의 직장과 일터를 위하여 기도하오니 축복하여 주시고 건강의 복도 더하여 주시옵소서. 이제 저희들이 세상에서 하나님께 영광을 돌리는 가정들이 되게 하시고, 본이 되게 하여 주옵소서. 구별된 자로서 능력 있는 삶을 살게 하여 주옵소서.
사랑의 주님, 이 시간 저희 자녀들을 위하여 기도합니다. 자녀들에게 복주시고 지혜롭게 하시며, 범사가 잘되게 하여 주옵소서. 자녀들이 키가 자라게 하시고, 지혜 있게 하시어서 주님과 동행하는 생활이 되게 하여 주옵소서. 오늘도 자녀들에게 소망을 주시고, 오직 주님의 자녀로 살게 하여 주옵소서.
은혜가 풍성하신 예수님의 이름으로 감사하며 기도 합니다. 아멘.

슬픔과 고통 속에 쓰러져 있습니까? 근심과 걱정이 당신을 괴롭히고 있습니까? 기도하는 것 밖에 없다. _발튼 버쳐

4월 2일 — 지평을 넓혀 주옵소서

나는 오직 주의 사랑을 의지하였사오니 나의 마음은 주의 구원을 기뻐하리이다 (시편 13:5)

은혜로우신 하나님,
오늘도 주님의 은혜로 하루를 시작하게 하시니 감사드립니다. 오늘 하루도 저희에게 주신 시간을 낭비하지 않게 하시고, 주 안에서 맡겨진 모든 일들을 잘 감당하게 하여 주옵소서.
전능하신 주님께서 저희들을 인도하시어서 바른 길로 가게 도와주옵소서. 주의 말씀은 내 발의 등이요 내 길에 빛이라고 말씀하였사오니 저희들이 말씀 안에 거하게 하시고, 그 말씀대로 순종하면서 살게 하여 주옵소서. 가정에 평안을 주시고, 서로 화목하게 하여 주옵소서. 또한 우리의 일터에 복을 주시고, 이 나라, 백성들을 주님의 은혜로 이끌어 주옵소서. 교회를 지켜 주시고, 성도들이 주 안에서 하나 되게 하여 주옵소서.
이 시간 우리의 짐을 주께 맡깁니다. 저희들이 육신뿐만 아니라 영혼이 잘되게 하여 주옵소서. 사랑의 주님, 이 시간 저의 간구를 들으시고 응답하여 주옵소서. 개인적인 문제, 가정의 문제, 사업의 문제로 고민하여 아뢰는 기도를 주님께서 응답해 주시고 크신 복을 내려 주옵소서. 우리를 쉴 만한 물가로, 푸른 초장으로 인도하여 주옵소서. 그리하여 때를 따라서 열매를 맺도록 축복하여 주옵소서.
예수님의 이름으로 기도합니다. 아멘.

> 금식하며 기도하는 사람은 자신이 진실로 진지하며 하나님께서 축복하지 않으면 그만두지도 않을 것이며 대답을 원치 않는다는 사실을 하늘에 알리고 있는 것이다. _알더 웰리스

4월 3일 은혜를 부어 주옵소서

주께 피하는 자들을 그 일어나 치는 자들에게서 오른손으로 구원하시는 주여 주의 기이한 사랑을 나타내소서 (시편 17:7)

은혜가 풍성하신 하나님,
저희 가정을 날마다 은혜 위에 은혜로 인도하여 주시니 감사합니다.
저희들이 육신의 기준에 얽매어 무엇을 할지 모를 때에도 하나님께서는 길을 인도하여 주시고, 선한 길로 갈수 있도록 인도하여 주옵소서. 그리하여 우리의 범사가 하나님께 영광이 되게 하시고, 우리에게 맡겨진 일들을 잘 감당 할 수 있도록 축복하여 주옵소서.
저희들, 오늘 하루도 하나님의 뜻을 이루어 드리는 도구가 되게 하시고 맡겨진 일에 성실 할 수 있도록 은혜를 더하여 주옵소서. 또한 저희 자녀들에게는 임마누엘의 통로가 되어서 하나님과 동행하는 자녀가 되게 하여 주옵소서.
오늘도 직장의 동료들과도 함께하여 주시사 팀웍으로 일할 때에 부딪치는 일이 없도록 함께하여 주시고, 동료들의 가정에도 복에 복을 더하여 주옵소서.
저희들이 직장에서 일 할 때, 건강도 주시고 업무에 지평을 넓혀 주시어서 잘 감당케 하여 주옵소서. 저희 가정을 축복하여 주시고, 자녀들이 복되게 하여 주옵소서.
예수님의 이름으로 감사하오며 기도합니다. 아멘.

기도는 말보다 깊은 것이다. 기도는 말로 고백되기 이전에 이미 마음속에 있었고 간구의 마지막 말이 입술에서 그친 뒤에도 기도는 여전히 우리의 영혼 속에 남아 있기 때문이다. _오헬스비

4월 4일 - 영혼이 잘되게 하옵소서

나의 힘이신 여호와여 내가 주를 사랑하나이다 (시편 18:1)

복에 복을 더 하시는 하나님,
저희 가정을 날마다 축복하여 주시니 감사를 드립니다.
하나님께서 저희를 사랑하사 자녀를 선물로 주시고, 양육하게 하시고 기도하게 하시니 감사를 드립니다.
하나님의 은혜로 받은 자녀들의 일생이 복된 생활이 되기를 원합니다. 또한 자녀들이 소망의 풍성함을 바라보고, 무엇을 하던지 힘써 노력하는 복을 받게 하여 주옵소서. 저희 자녀들이 큰일에 도전하는 열정을 품게 하시어서 생활이 부지런하게 하시며, 늘 노력하여서 무엇이든지 얻을 수 있도록 인도하여 주옵소서.
이 시간 간구하기는 저희들이 세상의 유혹을 이기고, 하나님으로부터 인정받아서 주의 말씀대로 살아서 믿음으로 승리하게 하여 주옵소서. 비록 천국시민의 냄새가 약할지언정 세상의 냄새로 찌들지 않도록 붙들어 주옵소서. 저희들이 세상과 타협하지 않고 담대하게 살게 하여 주옵소서. 비록 가진 재물은 적지만, 하나님을 섬기고 가족이 서로 사랑하는 것으로, 즐거워하게 하여 주옵소서. 오늘도 주님의 은혜의 손길이 나타나서, 일용할 양식으로 배부르게 하여 주옵소서.
예수님의 이름으로 감사하며 기도합니다. 아멘.

> 해가 떠서 비칠 때 기도하지 못한 자는 구름이 일어났을 때에도 기도할 줄 모릅니다. _비델울도

4월 5일 은혜와 성령을 체험하게 하옵소서

여호와여 내가 주께서 계신 집과 주의 영광이 머무는 곳을 사랑하오니 (시편 26:8)

소망을 주시는 하나님,
우리에게 큰 은혜를 주셔서 주님께 나와서 기도하게 하시니 감사드립니다.
오늘도 주님의 능력 안에서 무엇을 하던지 복된 하루가 되게 하시고 주님의 지혜안에서 승리하는 삶을 살기 원합니다.
때로는 저희들 연약하여서 낙심하며, 쓰러질 때가 많습니다. 그때 마다 용기와 소망을 주시어서 다시 일어나서 맡겨진 일들을 잘 감당하도록 새 힘을 더하여 주옵소서. 저희들이, 하나님의 말씀을 듣고 가감하지 않고, 그대로 믿고, 그 믿음대로 진실하게 살게 하여 주시어서 하나님의 크신 은혜와 사랑을 체험할 수 있게 하여 주옵소서. 우리에게 소망을 주시는 주님, 저희들은 하나님의 사랑을 덧입기에 부족하여 맡겨진 일에 열심을 다하지 못할 때가 많습니다. 그때마다 지혜와 사랑과 용기를 주시고, 잘 감당하게 하시고, 최선을 다하여 잘했다고 칭찬 받는 사람이 되게 하여 주옵소서.
간구하기는 우리의 가정에 형통함을 주시고, 자녀들을 주의 은혜 안에서 부족함이 없도록 축복하여 주옵소서. 저희 자녀들이 하나님의 영으로 충만하게 하여 주옵소서. 오늘도 자녀들이 복을 받고, 하나님의 영광이 나타나는 가정이 되게 하여 주옵소서.
예수님의 이름으로 감사하며 기도합니다. 아멘.

하나님은 기도에 응답하고, 기도 자는 삶으로 하나님께 응답한다.

4월 6일 감사하며 살게 하옵소서

주의 얼굴을 주의 종에게 비추시고 주의 사랑하심으로 나를 구원하소서 여호와를 찬송할 지어다 견고한 성에서 그의 놀라운 사랑을 내게 보이셨음이로다 (시편 31:16 23)

사랑의 주님,
저희들에게 믿음을 주셔서 주님의 음성을 들으며, 깨닫게 하심을 감사합니다. 그러나 저희들은 세상에 깊이 젖어 살면서 그 소중한 믿음을 잃고, 삶의 능력을 잃고 방황 할 때가 많았습니다. 또한 세상 풍조에는 예민하게 반응하지만, 생명의 말씀에는 감각이 무디기만 하였습니다.
이 시간 저희들의 믿음을 새롭게 하여 주시고, 주님의 능력으로 세상의 유혹을 이기게 하여 주옵소서. 저희들, 오늘도 일용할 양식을 주시고 지혜를 주셔서 날마다 우리의 생활이 감사함으로 이어지게 하여 주옵소서. 이 세상 풍조를 따르지 않고, 거룩한 백성으로 구별되어 살 수 있는 능력을 허락하여 주옵소서.
저희 자녀들을 복되게 하시고, 주님의 품에서 지내게 하셨음을 감사드립니다. 자녀들에게 소망으로 가득 찬 하루가 되어서 거룩하신 주의 영광을 구하게 하여 주옵소서. 그리하여 이사야처럼 하나님을 만나고 담대하게 복음을 전하는 일군이 되게 하여 주옵소서. 하나님께서 자녀들에게 소원을 주셨으니, 그 소원을 이루기 위하여 최선을 다하게 하여 주옵소서. 우리의 이웃 가운데 어려움을 당하여 힘든 사람들이 있습니다. 그들을 찾아가셔서 산 소망을 줄 수 있도록 담대함도 주옵소서.
예수님의 이름으로 감사하며 기도합니다. 아멘.

기도가 없는 곳은 사탄의 잔칫집이고, 기도가 있는 곳은 사탄의 초상집이다.

4월 7일

좋은 날을 주옵소서

그는 공의와 정의를 사랑하심이여 세상에는 여호와의 인자하심이 충만하도다 (시편 33:5)

생명을 주관하시는 하나님,
지금까지 살아온 것이 우리 주님의 은혜임을 알게 하시니 감사를 드립니다. 저희들이 어떤 모습으로 살아가든지 받아주시고, 주님의 은혜 가운데 감사하며 살게 하여 주옵소서. 사랑하는 자녀들에게 영생의 복을 주셨음을 감사드립니다. 자녀들이 주안에서 예수님 때문에 삶이 바뀌도록 은혜를 내려 주옵소서. 그리스도를 믿은 저희들에게 영생의 복 뿐 아니라, 이 땅에서 필요한 것들도 공급하여 주옵소서. 자녀들이 세상 유혹에 흔들리지 않도록 붙들어 주셔서, 하나님으로부터 나오는 참된 지혜안에 든든히 서게 하여 주옵소서. 이 시대는 시간마다 다르게 새로운 지식이 홍수처럼 범람하지만, 주님의 말씀대로 믿고, 말씀의 가르침대로 진실하게 행할 수 있게 하여 주옵소서. 지금 이 세상의 지식은 우리를 더 낡은 사람으로 만들고 있으나, 창세로부터 계시된 생명의 말씀은 그 낡음을 새롭게 하심을 믿습니다. 세상에서 보고 듣는 것들 가운데 건강의 길, 장수의 길이 계속 선전되고 있으나, 오직 하나님을 경외하며, 하나님을 아는 곳에 장수가 있으며, 건강이 있고, 질적으로 좋은 날에 이르는 길이 있음을 알게 하여 주옵소서. 저희들도 제자들의 발을 씻기신 주님의 겸손을 본받아, 말씀 앞에 겸손하게 하시고, 주님의 교훈과, 징계와, 책망을 감사할 수 있는 지혜로운 사람이 되게 하여 주옵소서. 그리하여 이 세상을 이기는 믿음을 주옵소서. 예수님의 이름으로 감사하며 기도합니다. 아멘.

기도는 노력 더하기 노력이 아니라, 나의 노력 곱하기 노력이다.

4월 8일 가정과 자녀들에게 복을 주옵소서

여호와께서 정의를 사랑하시고 그의 성도를 버리지 아니하심이로다 그들은 영원히 보호를 받으나 악인의 자손은 끊어지리로다 (시편 37:38)

은혜와 사랑이 풍성하신 하나님,
주님의 은혜와 사랑을 감사드립니다. 저희들이 주님의 은혜로 죄 사함을 받아 자유하게 하시고, 사랑으로 거하게 하심을 감사합니다. 하나님의 한결 같으신 사랑이 아니시면 벌써 하나님과는 상관없는 사람이 되었겠지만, 주님의 은혜로 우리의 죄를 사유하시어서 하나님의 자녀로 세워주심을 감사합니다. 저희들, 자녀 된 감격으로 영혼 깊은 곳에서 즐거이 주님의 이름을 높여 드립니다. 이 시간 죄의식으로 고통하거나, 죄에 사로잡혀서 주님을 바라보지 못하는 자녀들이 있다면, 사단의 송사를 믿음으로 물리치고, 저희의 생활이 복되고 형통하게 하시어서 귀하게 사용되는 믿음의 일군이 되게 하여 주옵소서.
저희 자녀들에게 복음에 열정을 주시어서 복음에 합당한 사람으로 살게하시고, 또한 생활이 부지런하여서 늘 소망의 풍성한 삶을 살게 하여 주옵소서. 이 시간 간구합니다. 저희, 가정과 자녀들을 위해서 두 손을 들고 기도하오니. 그 기도를 응답하여 주옵소서. 저희들이 자녀로서 마땅히 하나님을 섬기며 경외하게 하여 주옵소서. 이로 말미암아 부모님과 저희들이 여호와 앞에서 존귀한 위치를 잃지 않게 하여 주옵소서. 복된 사람으로 살아가게 하여 주옵소서.
예수님의 이름으로 감사하며 기도합니다. 아멘.

믿음의 기도는 전능하신 여호와가 통치하시는 우주 속에서 유일한 능력입니다. 기도야 말로 최상의 영약이요, 치료제입니다. _로버트 홀

4월 9일

사랑과 능력을 주옵소서

주를 찾는 자는 다 주 안에서 즐거워하고 기뻐하게 하시며 주의 구원을 사랑하는 자는 항상 말하기를 여호와는 위대하시다 하게 하소서 (시편 40:16)

우리에게 소망을 주시는 하나님,
오늘도 저희들, 주님의 보호하심으로 주 안에 살게 하심을 감사드립니다. 때로는 우리의 그릇된 선택으로 인하여 악에게 빠져서 살 때가 많습니다.
이 시간 찾아오셔서 우리의 생활을 정결하게 하시고, 성령의 능력으로 새로워지게 하여 주옵소서.
불신앙에 노출되었던 우리의 영혼을 깨끗하게 하시고, 다시 한 번 믿음 안에 든든히 서게 하여 주옵소서. 믿음을 잃고 두려움에 떨었던 우리의 영혼을 이대로 주께 드리오니, 주님의 사랑을 알게 하시고, 그 사랑을 회복하게 하여 주옵소서.
우리도 주님처럼 이웃들을 사랑하며 살게 하여 주옵소서. 우리의 사랑함이, 사랑 받는 이들에게 살아계신 하나님의 사랑을 보여 드리는 증인이 되게 하여 주옵소서.
저희 가정에 복을 주시고 자녀들이 주님으로부터 쓰임 받는 일군으로 되게 하시며, 가정에게 물질에 복을 더하여 주옵소서.
예수님의 이름으로 감사히며 기도합니다. 아멘.

늘어진 손을 믿음과 기도로 들어 올리세요. 비틀거리는 무릎을 기도로 부축하세요. 당신은 금식하며 기도하는 날들을 가져보신 적이 있으십니까? 은혜의 보좌를 침노하여 인내하는 가운데 그 자리를 놓지 마십시오. 그러면 하나님의 긍휼이 당신의 위에 내려 덮을 것입니다. _요한 웨슬레

4월 10일   영육간의 강건함을 주옵소서

주께서 사랑하시는 자를 건지시기 위하여 주의 오른손으로 구원하시고 응답하소서 (시편 60:5)

인자와 성실이 풍성하신 하나님,
오늘도 주의 은혜로 살게 하시니 감사합니다. 저희들, 하나님의 은혜를 입은 자들이오니 성령 하나님께서 저희에게 맡겨진 본분을 다할 수 있게 하여 주옵소서. 저희들이 정직하게 생각하며, 정직하게 말하며, 정직하게 살 수 있게 하여 주옵소서. 그리하여 온 세상이 어두워도 빛이 되는 가정을 이루게 하여 주옵소서. 비록 세상이 어둠에서 무너질지라도 영원히 요동하지 않는 자로 주님 안에 굳게 서게 하여 주옵소서. 또한 의로운 열매를 풍족히 맺어 서 나누어 주는 사람으로 살게 하여 주옵소서.

오늘도, 저희들에게 지혜를 주시어서 하나님의 영광이 드러나게 하시고, 쓰임 받는 일군으로 사용되어 질수 있도록 축복하여 주옵소서. 저희들, 건강이 좋지 않사오니 오늘도 영육간의 강건함을 더하여 주옵소서. 또한 하나님의 은혜로 저희들의 연약한 몸이 치유되게 하시고, 강건하게 하여 주시어서 맡겨진 임무를 잘 감당하게 하여 주옵소서. 저희 가정을 기억하여 주시사 하나님을 즐겁게 찬양하는 가정으로 세우 주시고, 우리의 생애가 복되고 형통하게 하여 주옵소서, 그리하여 거룩하신 하나님을 송축하게 하여 주옵소서. 저희들이 깨닫지 못하였던 진리의 신비로움도 맛보게 하여 주옵소서.

예수님 이름으로 감사하며 기도합니다. 아멘.

> 사람들은 자기 자녀 얼굴에서 땀을 보기 전까지는 아침에 절대로 고기를 주지 않는 습관이 있다. 하나님께서도 그 자녀들이 원하는 것들을 위하여 땀을 흘리기 전까지는 그들에게 그 것들을 주지 않는 것이 하나님의 보편적인 방법인 것을 발견해야 할 것이다. _리차드 백스터

4월 11일 　마음과 생각을 지켜 주옵소서

주께서 택하시고 가까이 오게 하사 주의 뜰에 거하게 하신 사람은 복이 있나이다 우리가 주의 집 곧 주의 성전의 아름다움으로 만족하리이다 (시편 65:4)

은혜가 풍성하신 하나님,
하나님의 긍휼과 사랑을 깨닫게 하시니 감사합니다. 저희들이 육신의 기준에 얽매어 무엇을 해야 할지 모를 때에도 하나님께서 성령의 감동으로 인도하여 주시니 감사합니다.
저희들, 성령님의 말씀에 순종할 수 있는 믿음을 주옵소서. 그리하여 우리의 범사가 거룩하신 하나님의 영광이 되게 하시고, 우리에게 행하시는 은혜로 말미암아 거룩한 열매를 맺게 하여 주옵소서.
저희 자녀들이 여호와 앞에서 청지기의 은혜를 경험하게 하여 주시고, 모든 것이 내 소유가 아닌, 하나님의 것을 맡아서 관리하는 청지기라는 것을 알게 하여 주옵소서. 이로써 하나님의 각양 은혜를 맡은 선한 청지기같이, 서로 봉사하기를 즐거워하게 하여 주옵소서.
저희들이 청지기로서 자신이 받은 바, 건강과 지혜, 그리고 능력과 재물까지도 하나님의 것을 잠시 맡았음을 잊지 않게 하여 주옵소서. 그리하여 언제나 하나님께 받은 복으로 가정을 복되게 하고, 일터를 복되게 하며, 이웃과 세계를 아름답게 하는 복된 자녀가 되게 하여 주옵소서.
예수님의 이름으로 감사하며 기도합니다. 아멘.

> 참된 기도란 성령 하나님께서 성부 하나님께 성자 하나님의 이름으로 간구하는 것입니다. 그리고 성도의 마음은 성령의 기도실입니다. _사무엘즈 웨머

4월 12일

복을 나누게 하옵소서

땅을 권고하사 물을 대어 심히 윤택케 하시며 하나님의 강에 물이 가득하게 하시고 이 같이 땅을 예비하신 후에 저희에게 곡식을 주시나이다 (시편 65:9)

사랑과 은혜의 하나님,
저희들을 믿음으로 자라게 하시고, 인도하여 주시니 감사를 드립니다.
저희들이 여호와의 은혜로 살고 있사오니, 저희들에게 복에 복을 더하여 주셔서, 복된 삶을 살게 하여 주옵소서. 저희 자녀들에게 성령님의 은혜로 시대를 읽는 눈을 주옵소서. 그들이 하나님의 말씀을 묵상하면서 오늘이 어떠한가를 깨달으며, 이 시대를 바로 보게 하여 주옵소서.
자녀들이 영안이 열려져서 이 시대를 바로 보고, 자신을 살피게 하여 주옵소서. 저희들이, 하나님의 자녀로서 이 시대를 살아 갈 때 구원의 등대로서 사명을 잘 감당하게 하시고, 부어주시는 은혜로 인하여 직장생활에서 복을 받아 누리며 살게 하여 주옵소서. 또한 자녀들에게 믿음의 길을 가도록 도와주시고, 자녀들의 신앙이 반석 위에 서서 흔들리지 않도록 견고하게 하여 주옵소서.
간구하기는 저희들이 하나님의 영광과 이웃의 유익을 위하여 살게 하여 주시고, 봉사하면서 살게 하여 주옵소서.
예수님의 이름으로 감사하며 기도합니다. 아멘.

적은 기도가 큰 시험을 이긴다. _마틴 루터

4월 13일 이 나라와 민족을 축복하옵소서

> 초장에는 양떼가 입혔고 골짜기에는 곡식이 덮였으매 저희가 다 즐거이 외치고 또 노래하나이다 (시편 65:13)

알파와 오메가 되시는 하나님,
오늘도 저희들에게 복을 주셔서 살게 하시니 감사를 드립니다. 이 시간 우리의 삶을 주관하셔서 거룩하신 하나님을 찬양하게 하시고 나라와 민족을 축복하여 주시어서 이 나라가 하나님이 통치하시는 나라가 되게 하여 주옵소서. 저희들, 이 시간 우리민족을 위해 기도하오니 이 나라가 하나님의 사랑 가운데 공의가 바로 세워지게 하여 주옵소서. 주님의 사람들이 더 진실하게 살게 하여 주셔서 하나님 앞에 정직한 자들로 인정받게 하여 주옵소서. 그리고 인간의 공로를 내세우기보다 하나님의 은혜를 전하는 믿음을 더하여 주옵소서. 서로 사랑함으로서 평화를 만들고, 하나 됨을 이루어가는 사랑스런 나라가 되게 하여 주옵소서.
성령님의 능력을 힘입어 하나 되며, 하나 됨을 위하여 진실할 수 있는 우리 모두가 되게 하여 주옵소서. 우리들로 하여금 주님이 역사의 주인이 되셔서 제사장적 사명을 감당할 수 있는 나라가 되게 하여 주옵소서.
저희 가정에 아버지, 어머니, 남편과 자녀들에게 하나님의 은혜가 강물처럼 흐르게 하여 주옵소서. 또한 저희 가정에 은시를 주시어서 맡겨진 청지기로서 사명을 잘 감당하게 하여 주옵소서.
거룩하신 예수님의 이름으로 감사하며 기도합니다. 아멘.

세상의 성공에는 후유증이 있으나 기도에는 후유증도 뒤탈도 전혀 없다.

4월 14일 　 주님, 따뜻한 은혜를 주옵소서

주의 인자가 생명보다 나으므로 내 입술이 주를 찬양할 것이라 이러므로 내 평생에 주를 송축하며 주의 이름으로 인하여 내 손을 들리이다 (시편 63:3-4)

우리에게 사랑을 주시는 하나님,
오늘도 믿음으로 살게 하시니 감사합니다. 저희들, 오늘 하루도 살아 갈 때 하나님의 뜻을 이루어 드리는 도구가 되게 하시고 맡겨진 일에 최선을 다하는 삶을 살도록 은혜를 더하여 주옵소서.
또한 저희 자녀들에게는 임마누엘의 통로가 되어서 주님과 동행하는 하루가 되게 하여 주옵소서. 오늘도 직장의 동료들에게도 함께 일 할 때에, 부딪치는 일이 없도록 도와주시고, 동료들의 가정에도 복을 더하여 주옵소서. 직장에서 일 할 때 건강도 주시고 업무에 지평을 넓혀 주시고, 그 업무를 잘 감당하게 하여 주옵소서.
오늘도 저희 자녀들이 하나님 앞에서 자신을 새로 각성하게 하여 주옵소서. 자신의 장래와 성공에 마음 두지 않게 하시고, 친구들과 어울려 지낼 때, 너무 마음을 뺏기지 않게 하여 주옵소서.
저희 자녀들이 주님의 재림을 기다리는 자세로 하루하루를 보내며 살게 하여 주옵소서. 그리하여 자녀들이 주님 말씀에 따라 근신하면서 열심을 내고, 맡겨진 일에 최선을 다하게 하여 주옵소서. 그리고 사무엘처럼 기도 쉬는 죄를 범하지 않게하여 주옵소서.
예수님의 이름으로 드립니다. 아멘.

세상에서 가장 줄을 잘 서는 방법은 기도하는 것이다

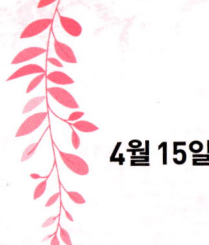

4월 15일 — 마음에 지혜를 주옵소서

주는 나의 도움이 되셨음이라 내가 주의 날개 그늘에서 즐거이 부르리이다 (시편 63:7)

은혜와 평강을 주시는 하나님,
저희들에게 건강의 복을 주시니 감사를 드립니다. 우리 주변을 돌아볼 때 여러 가지 질병으로 인하여 고통당하는 이웃들을 위하여 기도합니다.
이 시간 찾아오시어서 질병으로 고생하는 형제와 자매들을 긍휼히 여기시고 주님의 능력으로 치유하여 주옵소서. 주님께서 병든 부분에 안수하여 주시사 그들의 질병이 깨끗하게 낫게 하시고, 매였던 질병에서 자유케하여 주옵소서. 주님은 못 고칠 질병이 없사오니 상한 마음을 치유하시고, 병든 육체를 치유하여 주옵소서.
한 생명이 온 천하보다 더 귀한 것을 주님께서 말씀하셨사오니, 병마에 시달리는 사람마다 주님의 은혜를 입게 하여 주옵소서.
사랑의 주님, 저희 부모님을 위하여 기도합니다. 지금까지 건강의 복을 주셨사오니 날마다 강건하게 하시고, 신령한 복과 땅의 복도 주옵소서. 하루하루의 삶이 더 건강하게 하시고, 날마다의 필요한 재물도 넉넉히 누리시게 하여 주옵소서. 마음으로 원하는 일들이 이루어져서 마음에 늘 풍성한 기쁨이 있게 하여 주옵소서.
예수님의 이름으로 감사하며 기도합니다. 아멘.

기도는 언뜻 보면 좁은 길처럼 보이나 자세히 보면 넓은 길이며, 우회도로처럼 보이나 실상은 지름길이다.

4월 16일 보배로운 입이 되게 하옵소서

너희 중에 누구든지 지혜가 부족하거든 모든 사람에게 후히 주시고 꾸짖지 아니하시는 하나님께 구하라 그리하면 주시리라 (야고보서 1:5)

생명의 근원이 되시는 하나님,
저희들을 날마다 붙들어 주시고 인도하여 주시니 감사합니다. 저희들, 날마다 믿음으로 산다고 하지만 연약하여서 실수하고, 넘어지고, 낙심 할 때가 많습니다. 이 시간 저희들에게 용기와 희망을 주시고 주님이 날마다 동행하여 주옵소서.
간구하기는 저희들에게 행복과 평안을 잃지 않게 하여 주옵소서. 그리하여 우리 안에 이루어진 천국을 사랑하는 이웃들과 함께 나누게 하여 주옵소서. 세상에서 상처받고 지친 영혼들을 위로하며, 그들을 천국의 평안으로 인도하기에 부족함이 없는 힘을 주옵소서.
이 시간 우리를 말씀으로 깨끗하게 하여 주옵소서. 우리의 영혼을 말씀으로 가득 채워주옵소서. 우리의 귀는 진실에만 기울이며, 우리의 입은 정직만을 말하며, 우리의 손은 정직한 것을 잡으며, 우리의 발은 진리를 따라 곧게 가게 하여 주옵소서. 우리의 입술이 진리를 따라 말하는 지혜가 있어, 하나님께서 담아주시는 보배로 가득한 복된 입이 되며, 그 입술의 열매를 거두게 하옵소서.
사랑의 주님, 저희 자녀들에게 하늘의 은혜를 주시고, 주님께 늘 찬송하면서 살게 하시며 그 찬양으로 저희들이 희망 없는 세상에서 주님께 영광을 돌리며 살게 하여 주옵소서.
예수님의 이름으로 감사하며 기도합니다. 아멘.

기도는 세상적인 욕심의 발전소가 아니라, 소방서이다.

4월 17일

믿음의 눈으로 세상을 보게 하옵소서

악을 악으로, 욕을 욕으로 갚지 말고 도리어 복을 빌라 이를 위하여 너희가 부르심을 입었으니 이는 복을 유업으로 받게 하려 하심이라 (베드로전서 3:9)

사랑과 은혜가 풍성하신 하나님,
우리에게 산 소망을 주시고, 주님의 날에 완성될 신령한 날을 바라보며 살게 하시니 감사합니다. 산 소망 가운데 부활의 진리를 알게 하시고 부활의 능력이 우리의 영혼을 깨우는 생명의 소리임을 믿습니다.
부활이 없다면 우리의 믿음이 헛되오니 오직 예수 그리스도의 십자가의 부활의 은혜로 승리하게 하여 주옵소서. 부활을 보증 받은 자녀들에게 영혼이 잘 됨같이 범사가 잘 되고, 형통하게 하셔서 삶의 현장에서 부활의 확신과 체험을 누리게 하여 주옵소서.
저희들이 부활 생명을 소유함으로 구원의 도구가 되어서 죽어가는 영혼들로 살리는 도구가 되게 하여 주옵소서. 그리하여 우리가 부활의 증인이요, 구원의 도구로 주님의 뜻을 이루어가기에 부족함이 없도록 인도하시며, 언제 어디서나 예수님의 증인이 되어서 복음을 전하는 종들이 되게 하여 주옵소서. 저희들이 부활의 증인으로서, 복음을 전하는 일군이 되게 하여 주옵소서. 그리하여 저희 가정이 부활의 증인으로서 전도의 열매를 맺는 가정이 되게 하여 주옵소서. 저희 가정에 30배, 60배, 100의 복을 주시어서 형통하게 하여 주옵소서.
사랑이 많으신 예수님의 이름으로 감사하며 기도합니다. 아멘.

아무도 기도가 없이는 하루 혹은 한 시간도 안전하지 못하다. _엘렌지 화잇

4월 18일
믿음으로 말하고, 믿음으로 살게 하옵소서

갓난아이들 같이 순전하고 신령한 젖을 사모하라 이는 이로 말미암아 너희로 구원에 이르도록 자라게 하려 함이라 (베드로전서 2:2)

우리를 구원하시는 하나님,
우리에게 아름다운 믿음의 열매를 거둘 수 있게 하여 주시니 감사합니다. 저희들, 이 세상에 살면서 주님께 믿음의 뿌리를 든든히 내리게 하시고, 하늘의 신령하고 아름다운 열매를 거둘 수 있게 하여 주옵소서.
이제 저희들 성숙한 사람으로서, 일하러 나갈 때도 믿음으로 나서게 하시며, 집에 들어설 때도 최선을 다하고 믿음으로 들어가게 하여 주옵소서. 매 순간, 믿음으로 살았음을 고백하면서 살게 하여 주옵소서.
이 시간 저희들, 믿음으로 보고, 믿음으로 말하고, 믿음으로 결단하며, 살 수 있게 하여 주옵소서. 세상의 보화와 가치를 얻기 위해서 하나님께서 주시는 상급을 저버리는 어리석은 자가 되지 않게 하여 주옵소서. 주님의 뜻을 위해서 손해를 보고, 고난을 받는 편에 담대히 설 수 있게 하여 주옵소서. 죄악의 낙을 좇아감으로서 가정이 파괴되고, 사회가 썩어져 가는 이 때, 저희들, 믿음으로 하나님 편에 서서 신앙고백과 함께 행함이 따르는 삶을 살게 하여 주옵소서. 사랑의 주님, 저희 자녀들에게 복을 주시사 자녀들이 형통하게 하시고, 그리스도 예수의 향기를 들어내는 자녀들이 되게 하여 주옵소서. 또한 저희들, 하나님의 말씀을 전하는 전도자가 되게 하여 주옵소서.
사랑이 많으신 예수님의 이름으로 감사하며 기도합니다. 아멘.

나는 기도의 영속에서 살고 있습니다. 걸을 때, 누울 때, 일어날 때, 운전할 때, 언제나 나는 기도합니다. 그리고 언제나 응답이 내게 옵니다. _죠지 뮬러

4월 19일 세상을 이기는 믿음을 주옵소서

사람을 두려워하면 올무에 걸리게 되거니와 여호와를 의지하는 자는 안전하리라 (잠언 29:25)

우리에게 사랑을 주시는 하나님,
이 시간 연약한 저희들에게 찾아오셔서 은혜를 주시니 감사합니다. 이 세상에서 구원의 진리를 깨닫게 하시고 알게 하시니 감사합니다. 저희들이, 자랑할 것은 오직 주님 밖에 없사오니 사랑과 능력을 주시고, 주님의 사랑을 증거하는 믿음의 사람이 되게 하여 주옵소서.
저희들, 하나님의 은혜 안에 흔들림 없이 서서 하나님의 구원을 노래하며, 어두운 세상에 빛을 비출 수 있게 하여 주옵소서. 빛에 속한 자녀로서 세상의 어두움을 밝히는 능력을 주시고, 빛의 사명을 잘 감당하게 하여 주옵소서. 굳건한 신앙으로 세상의 어두움을 몰아내는 삶을 살게 하여 주옵소서. 우리 자신이 먼저 성령의 빛으로 충만하여 사탄의 어두움의 권세를 물리치게 하시고, 우리의 착한 행실로 구원의 냄새를 드러내게 하여 주옵소서. 간절히 소원하기는, 부모님의 인생이 평안하기를 기도합니다. 두 분이 하나님을 사랑하여, 하늘로부터 임하는 평안을 누리게 하여 주옵소서. 주님이 주시는 그 평안으로 남은여생 복되게 하여 주옵소서.
사랑의 주님, 저희 부모님에게 하나님의 말씀을 청종하는 아름다운 믿음을 주셨음에 감사드립니다. 두 분의 삶이 비록 고달플지라도, 하나님의 말씀을 생명처럼 여기게 하여 주옵소서. 그 믿음의 본을 저희들이 본받고 온전히 따르게 하여 주옵소서.
예수님의 이름으로 감사하며 기도합니다. 아멘.

악마는 그리스도인들이 변명의 밭을 갈 때 희열을 느낍니다. _딕 이스트만

4월 20일   주님과 동행하게 하옵소서

모든 것이 가하나 모든 것이 유익한 것이 아니요 모든 것이 가하나 모든 것이 덕을 세우는 것이 아니니 누구든지 자기의 유익을 구치 말고 남의 유익을 구하라 (고전 10:23-24)

은혜와 사랑이 많으신 하나님,
오늘도 주님의 은혜를 생각하면서 하루를 시작하게 하시니 감사를 드립니다. 주님께서 우리를 위해서 채찍에 맞으시고, 십자가에서 피 흘리며 죽으시고, 누구든지 예수를 믿는 자들에게 구원의 은혜 주심을 감사드립니다. 저희들이, 주님을 사랑한다고 고백하지만 베드로처럼 부인하고 거듭 무너집니다. 용서하여 주옵소서.
저희들이 주님의 명령을 실천하지 못하고 '마음으로는 원하나 육신의 연약함'을 변명의 구실로 변명하지 않게 하시고, 이제는 주님의 능력을 힘입고, 성령에 사로잡혀, 열매 맺는 삶을 살게 하여 주옵소서.
오늘 저희 부모님의 생애가 복되시기를 간구합니다. 부모님께서 사셨던 대로, 저희도 주님의 말씀을 가까이 하는 은혜를 주옵소서. 또한 성령으로 감동되어서 하나님의 말씀을 준행할 때 약속된 복을 받게 하여 주옵소서. 또한 저희 식구들, 각자가 받은 사명을 잘 감당하기 원하며, 특히, 이 땅에서 하나님의 나라가 이루어지도록 충성하는 자녀가 되게 하여 주옵소서.
사랑의 주님, 저희 자녀들이 하나님의 영이 다스리시는 생활 속에서 자신을 맡기는 삶을 살게 하여 주옵소서.
사랑이 많으신 예수님의 이름으로 감사하며 기도합니다. 아멘.

하나님은 기도를 들으시는 하나님이십니다. 응답이 없는 기도란 있을 수 없습니다. 당신의 생각에는 응답이 없어 보인다 할지라도 하나님은 이미 그분의 뜻대로 응답하셨습니다.

4월 21일

아픔이 변하여 기쁨이 되게 하옵소서

평안의 매는 줄로 성령의 하나 되게 하신 것을 힘써 지키라 (에베소서 4:3)

은혜로우신 사랑의 주님,
우리를 구별된 존재로 삼으시고, 하나님의 자녀요. 예수님의 제자의 신분으로 살게 하심을 감사합니다. 우리의 생각과 행실이 하나님의 영광을 드러내지 못하며 살고 있습니다. 이 시간 저희들의 죄를 용서하여 주옵소서. 저희가 하나님의 의를 나타나기 위해서, 때로는 손해를 보고, 욕을 먹고, 억울하기까지 할 수도 있으나, 그러한 삶이 주님으로부터 칭찬받을 증거가 되게 하여 주옵소서.

저희들이 주님을 증거하다가 뜻밖에 냉대와 모함까지 받게 될 때가 종종 있습니다. 또한 우리가 무지하여 원수를 사랑할 자로 보며, 그들과 함께 타협 할 때가 있습니다. 이런 어리석음을 용서하여 주시고, 말씀위에 든든히 서게 하여 주옵소서.

저희 자녀들에게 지혜를 주시사 시대를 읽는 눈을 열어 주옵소서. 그들이 하나님의 말씀을 묵상하면서 오늘이 어떠한 때인가를 분별하여, 이 시대를 바로 보게 하시고, 자신을 살피게 하여 주옵소서. 친구들과 어울려 지낼 때에도, 너무 마음을 뺏기지 않게 하여 주옵소서. 또한, 자녀들에게 지혜를 주시고 범사가 잘되게 하여 주옵소서. 저희 자녀들이 선한 청지기같이 서로 봉사하며 살게 하여 주옵소서.

예수님의 이름으로 감사하며 기도합니다. 아멘.

> 천사는 베드로를 감옥에서 나오게 했지만, 천사를 나오게 한 것은 기도였다. _토마스 왓슨

4월 22일 - 성령으로 씻어 주옵소서

이기기를 다투는 자마다 모든 일에 절제하나니 저희는 썩을 면류관을 얻고자 하되 우리는 썩지 아니할 것을 얻고자 하노라 (고린도전서 9:25)

우리에게 복을 주시는 하나님,
오늘 하루도 저희들을 눈동자처럼 지켜주시고, 주의 은혜 가운데 살게 하시니 감사합니다. 주님은 십자가에서 죽었으나, 저희는 이기적인 욕구를 만족시키기 위해 바쁘게 살았음을 고백합니다. 이 시간 우리의 마음을 십자가의 보혈로 씻으시고, 성령 충만하여 날마다 새로워지게 하여 주옵소서. 저희들은 지금까지는 나를 위해 살았으나, 이제부터는 주님을 기쁘시게 하는 삶을 살게 하여 주옵소서. 이제는 나를 위해 살지 않고 주님의 마음을 사랑하며 살게 하여 주옵소서. 그리하여 나의 마음을 비우고, 남을 사랑하고, 남을 이해하고, 남을 높이고, 남을 축복하고, 남의 짐을 대신 지는 성령의 사람이 되게 하여 주옵소서. 주님의 온유하시고 겸손하신 것처럼, 우리도 그렇게 겸손하게 하시고, 말과 행동이 일치하는 삶이 되게 하여 주옵소서. 예전엔 받아서 기뻤던 마음이, 이제는 줌으로서 행복한 마음이 되게 하시고, 서로 섬김으로 사랑과 행복을 만들고 나누게 하는 삶이 되게 하여 주옵소서.
사랑의 주님, 저희들, 주님의 뜻을 이루기 위해서 봉사하게 하여 주옵소서. 자신이 받은, 건강과 지혜, 그리고 능력과 재물까지도 하나님의 것을 잠시 맡았음을 잊지 않게 하여 주옵소서. 그리하여 착하고 충성된 종처럼 인정 받게 하여 주옵소서.
사랑이 많으신 예수님의 이름으로 감사하며 기도합니다. 아멘.

> 모든 사람을 위해서 기도하는 이유가 무엇인가? 그것은 바로 모든 사람이 구원 받기를 하나님이 원하시기 때문이다. 땅에 있는 하나님의 자녀들은 그들의 기도를 하나님 뜻에 꼭 맞추어야 한다. 기도는 하나님의 뜻을 수행하는 것이다. 하나님의 뜻은 모든 사람의 구원이다. 우리의 기도는 하나님의 뜻을 나타내며 성취해야 한다. _이 엠 바운즈

4월 23일 성령으로 영안을 열어 주옵소서

오직 나는 여호와를 우러러보며 나를 구원하시는 하나님을 바라보나니 나의 하나님이 나를 들으시리로다 (미가 7:7)

은혜와 권능이 많으신 하나님,
오늘도 저희들을 붙들어 주시고 인도하여 주시니 감사합니다. 눈에 보이는, 이 세상 것들에 집중되어서 살아가는 저희들의 마음을 붙잡아 주셔서, 하늘의 것에 관심을 가지게 하여 주옵소서. 이 시간 저희들에게 찾아오시어서 어두워진 영안을 밝혀주시고, 하나님의 풍성하신 은혜를 바라며 주님의 은혜를 날마다 사모할 수 있게 하여 주옵소서.
하나님께서는 구하는 자에게 주시며 부르짖는 자에게 응답하시는 분이시오니, 바라기는 저희들에게 영육간의 복을 안겨 주옵소서. 하나님께서 우리에게 주시기를 기뻐하시는 것처럼, 우리도 마음을 열어 베풀며, 아낌없이 나누어 줄 수 있게 하여 주옵소서. 특히 우리 주변, 사람들에게 사랑을 베풀고, 힘과 용기를 주고, 소망을 줄 수 있는 사람이 되게 하여 주옵소서. 더욱더, 주님을 믿는 사람들에게 그 크신 기쁨을 나누게 하여 주옵소서. 저희 자녀들이 하나님의 영광과 이웃의 유익을 위하여 살게하시고, 하나님께 큰 은사를 받아서 주님을 섬기는 믿음의 백성들이 되게 하여 주옵소서.
또한 저희 가족들에게도 각자가 받은 사명을 잘 감당하여 이 땅에서 하나님의 나라가 이루어지도록 은혜를 베풀어 주옵소서.
이 모든 간구를 예수님의 이름으로 기도드립니다. 아멘.

> 요구하며 몸부림치는 기도는 사막을 걷는 것처럼 답답한 기도이지만, 감사의 기도는 솔개가 공중을 나는 것처럼 경쾌한 기도이다. _휴겔

4월 24일 사랑의 음성을 듣게 하옵소서

주께서 나를 인도하사 광명에 이르게 하시리니 내가 그의 의를 보리로다 (미가 7:9)

우리에게 능력을 주시는 하나님,
우주 만물을 볼 수 있는 밝은 눈을 주시고, 만물 속에서 역사하시는 주님의 손길을 보게 하시니 감사를 드립니다. 오늘 하루도, 저희들이 살아가는 세상에 희로애락이 교차하오니 순간순간 마다 감찰하시는 하나님의 손길을 느끼게 하여 주옵소서.
이 시간 우리 주님의 음성을 따라, 믿음의 눈으로 날아가는 새를 보며, 들에 핀 이름 모를 꽃들을 보게 하여 주시니 감사를 드립니다. 주님께서 먹이시고 입히셔서, 공중에 나는 새와, 들에 핀 꽃의 아름다운 세계를 조화롭게 하셨기에 그들이 살아가는 것처럼, 저희들도 하나님이 섭리를 따르며 살게 하여 주옵소서. 우리의 영의 눈이 밝아져서 하나님의 손길이 보이게 하시고, 가까이 하나님의 음성을 듣게 하여 주옵소서.
오늘 하루도 염려하며 살지 않게 하시고 불신앙을 버리고 주님이 주시는 힘으로 새롭게 하여 주옵소서. 이 시간 세상의 요란한 소리대신 주님의 사랑의 음성을 듣게 하여 주옵소서. 오늘 한날을 주님께서 맡아주시고, 기쁨이 되게 하여 주옵소서. 다가오는 내일에도 믿음의 열매, 빛의 열매. 성령의 열매를 맺게 하여 주옵소서.
사랑이 많으신 예수님의 이름으로 감사하며 기도합니다. 아멘.

> 아버지와 같이 있기를 바라는 것 이외의 것을 바라지 않는 것이 기도의 가장 기본적인 의식이다. _랙스데일

4월 25일 사랑하고 축복하게 하옵소서

우리가 일어나 벧엘로 올라가자 나의 환난 날에 내게 응답하시며 나의 가는 길에서 나와 함께하신 하나님께 내가 거기서 단을 쌓으려 하노라 (창 35:3)

참 소망을 주시는 하나님,
통제력을 잃고 방황하는 우리의 생각을 지배하시고, 행동을 절제시켜주시는 은혜를 감사합니다.
일상생활에 묻혀서 거친 생각으로, 말하고, 거친 행동을 자행하면서 수없이 후회하고, 또 시행착오를 거듭하는 저희들을 긍휼이 여겨주옵소서. 때때로 마음이 상하고 억울하여 남을 정죄하고, 비난하기를 서슴지 아니한 우리의 생활을 용서하시고, 저희들에게 더 넓은 마음과 세상을 품을 수 있는 지혜를 허락하여 주옵소서. 비록 우리에게 채찍을 가하고, 아픔을 주는 사람들이 있다 할지라도, 주님께서 용서하셨듯이 우리도 너그럽게 용서할 마음을 주옵소서. 그들에 대한 나쁜 기억들은 잊혀 지게 하여 주옵소서. 그들이 가지고 있는 좋은 면을 보고 축복 할 수 있는 넓은 마음을 주옵소서. 우리의 말로, 남의 영혼을 죽이는 죄를 저지르지 않게 하여 주옵소서.
오늘도 부족한 종을 축복하여 주시사 직장에서 일할 때에 하나님과 사람에게 인정받는 사람이 되게 하여 주옵소서. 그리하여 범사가 형통하게 하시고, 맡은 일들로 인하여 좋은 결과를 가져 올수 있게 하여 주옵소서. 저희 가정에도 복을 더하여 주시고, 자녀들에게도 은혜를 주시고 무엇이든지 주님께 맡기고 구하여 응답하심에 감사하며 살게 하여 주옵소서.
사랑이 많으신 예수님의 이름으로 감사하며 기도합니다. 아멘.

기도는 위기에 처한 우리가 해야 할 가장 진지한 일이다 _이 엠 바운즈

4월 26일 아름다운 삶을 살게 하옵소서

내가 네 말대로 하여 네게 지혜롭고 총명한 마음을 주노니 너의 전에도 너와 같은 자가 없었거니와 너의 후에도 너와 같은 자가 일어남이 없으리라 (열왕기상 3:2)

우리를 구원하시는 하나님,
우리에게 복주시기를 원하시는 하나님의 은혜에 감사드립니다. 주님께서는 저희들에게 복 주시기를 원하지만 교만하여서 하나님의 은혜를 받지 못하고 살 때가 많습니다. 이 시간 저희들을 용서하시고 하나님의 은혜로 덮어주옵소서. 그리하여 주님의 은혜를 기억하며 하나님을 기쁘시게 해드리는 아름다운 삶을 살게 하여 주옵소서.
이 시간 물질의 고통을 겪는 자녀들에게 넉넉한 양식을 주옵소서. 질병으로 고통하고 절망하는 자녀들에게 치유의 은혜를 베풀어 주옵소서.
인간관계로 고통당하는 자녀들에게 막힌 담을 허물어 주옵소서. 물질로 인하여 마음이 상실한 사람들을 긍휼히 여기시고 넉넉함으로 축복하여 주시사 범사에 잘 되어서 승리하게 하여 주옵소서.
이 시간 저의 가정이 영적 풍요를 사모하오니 자녀들에게도 능력을 더하여 주시고, 지혜를 주시사 자녀들이 범사가 형통하게 하여 주옵소서. 또한 저희 가정에 복을 주시고 자녀들에게 하늘의 문을 여시고, 때를 따라 주시는 복으로 인하여 감사가 넘치게 하여 주옵소서.
예수님 이름으로 감사하며 기도합니다. 아멘.

기도는 제 소리를 내기 위해 악기를 조율하는 것과 같다.

4월 27일

영혼이 잘되게 하옵소서

오직 여호와의 율법을 즐거워하여 그 율법을 주야로 묵상하는 자로다 (시편 1:2)

참된 위로와 소망을 주시는 하나님,
우리들에게 영적인 복을 주시니 감사를 드립니다.
이 시간 저희들 말씀에 마음을 열고, 하나님께서 약속하신 복을 기대하오니 영육 간의 복을 허락하여 주옵소서.
장수하고자 불로초를 구하던 옛날 임금처럼, 우리에게 장수의 묘약으로 하나님의 말씀을 주였사오니 그 법을 잊지 않고 따르게 하여 주옵소서. 우리가 잘되는 것이 하나님의 말씀이오니, 말씀으로 무장하여 장수하게 하시고, 평강을 누리게 하여 주옵소서.
우리의 마음을 새롭게 하시고, 어느 경우에든 하나님만을 신뢰하며, 자신의 잔꾀를 의지하지 않게 하여 주옵소서. 눈에 보이는 범사가 우리를 인도하시는 하나님의 도구임을 믿습니다. 범사를 통해 말씀하시는 하나님의 음성을 듣고, 하나님의 손길을 느낄 수 있는 눈을 열어 주옵소서.
이제 저희들이 세상방법을 좇던 걸음을 멈추고, 하나님의 법을 따르오니, 하나님께서 주시는 아름다운 복을 거두게 하여 주옵소서. 저희 부모님께서 하나님의 은혜를 누리는 것만큼 저희 사녀들도 누리게 하시고 주님 때문에 찬송하며 감사하면서 살게 하여 주옵소서.
예수님의 이름으로 감사하며 기도합니다. 아멘.

> 기도는 하나님을 설득하는 것이 아니라, 그분의 인격, 사상, 그리고 사역에 감화되어 하나님께 설득되는 것이다.

4월 28일 — 소망의 복을 주옵소서

주 여호와께서 이 뼈들에게 말씀하시기를 내가 생기로 너희에게 들어가게 하리니 너희가 살리라 너희 위에 힘줄을 두고 살을 입히고 가죽으로 덮고 너희 속에 생기를 두리니 너희가 살리라 (에스겔 37:5-6)

은혜와 사랑이 많으신 하나님,
우리에게 일용할 양식을 주시고 오늘도 하루를 살게 하시니 감사를 드립니다. 또한 저희들이 기쁨이 되시는 주님 안에 살게 하시고, 천국의 소망 안에 살게 하심을 감사합니다. 또한 저희들에게 이 세상에서부터 즐겁게 살 수 있도록 복 주심을 감사합니다. 저희들이 하나님의 의를 값없이 받고, 우리의 영혼 깊은 곳에서부터 기쁨과 감사의 찬양을 드립니다. 하나님과 우리 사이에 예수 십자가의 보혈로 화목케 하시어서 밉던 사람도, 곱게 보이게 하시며, 못마땅한 사람도 너그럽게 볼 수 있게 하여 주시니 감사합니다. 이제는 저희들이 율법의 저주에서 벗어나, 자유함을 알고 누리며 살게 하여 주옵소서. 이제껏 추구해온 자신의 영광과 욕망의 사슬을 끊고, 하나님의 영광을 바라봄으로서 스데반 집사님과 천사의 얼굴로 살게 하여 주옵소서.
오늘도 저희들이 어려움을 당할 때, 하나님의 약속과 은혜를 기억하게 하여 주옵소서. 그리하여 합력하여 선을 이루시며, 복 주시는 하나님을 바라보는 성령의 사람이 되게 하여 주옵소서. 우리의 밝은 얼굴과 삶이 구원의 기쁨을 증거하게 하여 주옵소서. 저희들, 주님의 은혜를 공급 받고, 그 힘으로 하루의 삶을 시작하오니 복 있는 삶을 살게 하여 주옵소서. 모든 일들이 순리대로 이루어 지게하시고, 맡겨진 일들을 잘 감당하여 사람들에게 칭찬 듣게 하여 주옵소서.
거룩하신 예수님의 이름으로 감사하며 기도합니다. 아멘.

기도자는 바른 기도를 통하여 자기중심에서 벗어나 점점 더 하나님 중심의 사람으로 바뀐다.

4월 29일　열매 맺는 사람이 되게 하옵소서

비록 무화과나무가 무성치 못하며 포도나무에 열매가 없으며 감람나무에 소출이 없으며 밭에 식물이 없으며 우리에 양이 없으며 외양간에 소가 없을찌라도 나는 여호와를 인하여 즐거워하며 나의 구원의 하나님을 인하여 기뻐하리로다 (하박국 3:17-18)

진리와 능력으로 역사하시는 하나님,
오늘도 일할 수 있는 환경을 주시고, 그 일을 해 낼 수 있는 힘을 주시는 주님께 감사를 드립니다. 저희들, 오늘도 하루를 돌이켜 볼 때, 우리가 해낸 것 인 줄 알았으나, 하나님께서 이루어 주신 것을 알게 하시니 감사합니다. 그 일로 인하여 아무것도 자랑할 것 없는 저희들이오니, 이제는 우리의 힘으로 일하지 않게 하시고 주님이 주시는 힘으로 일하게 하여 주옵소서.
이 시간 직장의 동료들에게, 주님께서 은혜를 주시어서 기쁨으로 일하게 하시고, 주시는 온전한 기쁨을 가지고 일의 보람을 누리게 하여 주옵소서. 혹시 일하면서 짜증내는 마음이 있다면 마음을 주장하여 주시고, 기쁨으로 일 할 수 있도록 축복하여 주옵소서.
저희들이 하나님의 뜻을 아는 것으로 만족하지 않게 하시고, 삶으로 실천 할 수 있도록 인도하여 주옵소서. 저희들이 믿음과 소망과 사랑으로 장성한 사람이 되어, 과거에 어린아이 같이 말하며, 생각하고, 행했던 미성숙함에서 벗어날 수 있게 하여 주옵소서. 얼굴과 얼굴로 주님을 뵙는 그날, 주님 앞에서 후회하지 않도록 사랑하며 살게 하여 주옵소서. 오늘도 저희 가정에 복에 복을 더하여 주시고, 매일 형통함으로 인도하여 주시며, 일터에서 일하는 저희에게 몸과 마음이 힘을 얻어서 건강하게 하여 주옵소서.
예수님 이름으로 감사하며 기도합니다. 아멘.

만일 내가 기도하기를 하루 게을리 한다면 교만 중에 가장 무서운 교만은 기도하지 않는 교만이다.

4월 30일

번성의 복을 주옵소서

너의 하나님 여호와가 너의 가운데 계시니 그는 구원을 베푸실 전능자시라 그가 너로 인하여 기쁨을 이기지 못하여 하시며 너를 잠잠히 사랑하시며 너로 인하여 즐거이 부르며 기뻐하시리라 하리라 (스가랴 3:17)

우리를 구원하시는 하나님,
우리를 축복하여 주시고 인도하여 주시니 감사를 드립니다. 저희들을 붙드셔서 눈에 보이는 헛된 수고를 하지 않도록, 인도하시고 매 순간 마다 붙잡아 주시니 감사를 드립니다. 성령님께서 우리를 복의 근원으로 인도하실 때마다, 저희들 더욱더 겸손하여서 믿음으로 풍성한 삶을 살게 하여 주옵소서.
하나님의 창조와 통치의 섭리에 따라 오늘 우리의 삶이 존재함을 믿습니다. 온 우주 만물이 주님의 것이며, 우리 자신 또한 주님의 것임을 믿으며, 하나님의 섭리 안에 살고 있음을 믿습니다. 저희들을 영적인 사람으로 부족함이 없게 하여 주시고, 비록 저희 육체가 이 세상에서 살지만, 주님의 뜻을 따라 자녀답게 사는 지혜와 믿음을 허락해 주옵소서. 그리하여 범사에 주님을 기쁘시게 해 드릴 수 있도록 믿음도 허락하여 주옵소서.
이 시간 우리 주님을 우러러 사모하오니 충만하게 하여주시고 사람과 물질이 주지 못하는 평안과 위로가 주님께 있음을 알고 더욱더 주님만을 의지하면서 살게 하여 주옵소서. 자녀들을 위하여 간구합니다. 자녀들이 가정에 결실한 포도나무 같이 탐스럽고, 감람나무같이 자녀들의 번성하는 미래를 허락하여 주옵소서.
예수님의 이름으로 감사하며 기도합니다. 아멘.

> 만일 내가 기도하기를 하루 게을리 한다면 나의 능력의 상실을 자각하게 될 것이다. _찰스 피니

5월

내 마음이 사랑으로 설레게 하옵소서
나의 기도가 주님의 뜻에 합당하게 하소서 (용혜원)

나의 기도가 늘 요구만 하는 기도에서 떠나
감사와 도고의 기도를 시작하게 하사
나의 기도가 주님의 뜻에 합당하게 하소서

늘 서투른 형식에 따라 조각난 시간에 따라
의식적으로 형식적으로 하려는 기도가 아니라
진심으로, 전심으로 기도를 드리게 하사
나의 기도가 주님의 뜻에 합당하게 하소서

나의 기도가
주님이 원하시는 기도가 되어
주님의 뜻에 합당하게 하소서

5월 1일 — 가정에 복을 주옵소서

> 하나님께 가까이 함이 내게 복이라 내가 주 여호와를 나의 피난처로 삼아 주의 모든 행사를 전파하리이다 (시편 73:28)

생명의 근원이 되시는 하나님,
신록이 짙어가는 5월의 아름다운 계절을 누리게 해주신 것을 감사합니다. 이 계절을 보내는 동안, 우리의 가정들로 하여금 행복이 깃드는 가정들이 되도록 인도하여 주시니 감사합니다.

일 년 내내, 모든 날들이 하나님께서 자녀들에게 주신 가정의 날이요, 가정의 달이어야 마땅하지만, 특별히 이 달을 행복하고 건강한 가정으로 인도하여 주시니 감사합니다. 세상의 어떤 좋은 말로도 향기로운 가정을 꾸릴 수 없으나, 하나님의 말씀은 행복한 가정을 위한 절대적인 지침임을 믿습니다. 그러나 우리는 어리석게도 그 말씀을 상대화하여 세상풍조를 쉽게 따름을 고백합니다. 아내와 남편, 부모와 자녀, 주인과 종업원의 본분을 주신 말씀대로 지킬 때, 절대적인 평강과 행복이 있음을 믿습니다. 남편에 대한 복종을, 아내들이 남녀동등의 상실로 오해하지 말게 하시고, 그것이 아내의 행복의 출발점임을 인정하게 하여 주옵소서. 아내사랑을 남편의 기본 임무로 알고, 거기에 행복이 있음을 남편들이 이해할 수 있도록 지혜를 주옵소서. 부모님께 효도하고, 자녀를 인격적으로 사랑하고, 주종 간에 겸손함과 성실함으로 섬기는 일을 말씀대로 행하여 행복의 길을 굳게 지키게 하여 주옵소서. 저희 가정을 축복의 도구로 사용하시어서 언제나 어디서 맡겨진 일들을 잘 감당하는 가정이 되도록 인도하여 주옵소서.

사랑이 많으신 예수님의 이름으로 기도합니다. 아멘.

기도는 시내 관광 여행을 위한 산뜻한 세단이 아니다. 기도는 창고로 직행하여 집으로 돌아오는 화물차다. _존 R. 라이스

5월 2일 자녀들에게 은혜를 주옵소서

> 요셉에게 이르되 이전에 가나안 땅 루스에서 전능하신 하나님이 내게 나타나 복을 허락하여… 나를 모든 환난에서 건지신 사자께서 이 아이에게 복을 주시오며 이들로 내 이름과 내 조부 아브라함과 아버지 이삭의 이름으로 칭하게 하시오며 이들로 세상에서 번식되게 하시기를 원하나이다 (창세기 48:3, 16)

생명의 복을 주시는 하나님,
오늘도 주님 앞에 사랑하는 나의 자녀를 위하여 기도합니다. 이 시간 찾아오시어서 저희의 자녀에게 하나님을 갈망하는 믿음을 주시고 오직 주님만을 의지하는 자녀가 되게 하여 주옵소서. 또한 하나님을 온전히 믿어서 참된 안식과 기쁨을 얻을 수 있게 하여 주옵소서. 구하라, 찾으라, 두드리라 말씀하였사오니 필요한 것 마다 기도로 구하고, 찾고, 두드리는 자녀가 되어서 하늘 양식을 얻는 믿음의 자녀가 되기를 원합니다. 저희의 자녀가 하나님을 찾다가 영생의 사람이 되게 해주시고, 하늘에 속한 사람으로 변화되게 하여 주옵소서. 저희에게 선물로 주신 자녀들이 하나님을 경외하며 자라는 것을 보며 즐거워합니다.

오늘도 자녀들을 위하여 중보의 기도를 드릴 때 부족한 기도를 들으시고 응답하여 주옵소서. 사랑하는 자녀들이 하나님의 뜻을 바로 알게 하여 주옵소서. 그들이 하나님 앞에서 합당히 행하게 하시고, 친구들과의 관계에서도 친밀한 교제를 누리게 하여 주옵소서. 여호와의 뜻을 깨달아 그대로 행함으로써 하나님의 마음에 합한 자가 되게 하여 주옵소서. 저희 자녀들이 항상 하나님께 합당하게 살도록 구원의 은혜를 주셨으니 하늘에 속한 자녀답게 하여 주옵소서. 저희 자녀들이 행하는 모든 일에서 주님을 기쁘시게 해드리는 삶이 되게 하여 주옵소서.

사랑이 많으신 예수님의 이름으로 기도합니다. 아멘.

> 나는 기도의 필요성을 여러 번 절실히 느꼈다. 왜냐하면 나 자신의 지혜 또는 내 주위에서 얻을 수 있는 지혜로는 불충분하기 때문이다. _에브러험 링컨

5월 3일

자녀들을 축복하옵소서

네가 만일 네 하나님 여호와의 말씀만 듣고 내가 오늘 네게 내리는 그 명령을 다 지켜 행하면 네 하나님 여호와께서 네게 기업으로 주신 땅에서 네가 반드시 복을 받으리니 너희 중에 가난한 자가 없으리라 (신명기 15:4)

은혜가 풍성하신 하나님,
오늘도 주님 앞에 사랑하는 나의 자녀를 위하여 기도합니다. 저희 자녀가 십자가의 복음을 알고 자신의 나쁜 습성들을 버리고, 하나님을 바로 믿게 해주시고, 모든 계획과 행동의 동기가 아집, 독선, 이기심이 아니라 하나님 사랑, 이웃을 사랑을 할 줄 아는 자녀들이 되게 하여 주옵소서. 저희 자녀들이 하나님의 은혜로 지금까지 복을 누리게 하였사오니, 이 세상을 살아가는 동안에, 하늘에 속한 마음을 품게 하시고, 하나님의 말씀을 생명처럼 여기게 하여 주옵소서.
하나님의 자녀로 사는 저희들에게 주님의 영광을 구하는 삶을 살게 하여 주옵소서. 오늘도, 저희 자녀들이 하나님의 말씀을 준행하고, 성령님의 감동에 따라 착한 일을 하기에 부족함이 없게 하여 주옵소서. 우리 자녀들이 하나님의 자녀로서의 선행과 말씀에 순종하며 사는 하루하루가 되도록 은혜를 내려 주옵소서. 자녀들이 주님의 명령을 따르면서 하나님의 뜻을 알고 실천할 수 있는 지혜도 허락하여 주시기를 원합니다.
오늘도 저희들의 소원이 하나님께 영광을 드리는 것이오니, 성령으로 충만하게 하시어 성령의 열매를 맺는 자녀들이 되게 하여 주옵소서.
사랑이 많으신 예수님의 이름으로 기도합니다. 아멘.

기도가 없을 때에 마음은 세상 것으로 무거워지고, 기도가 있을 때 마음은 성령과 하늘의 것으로 충만하다.

5월 4일   ## 자녀들을 축복 하옵소서

> 곧 내가 오늘 네게 명령하여 네 하나님 여호와를 사랑하고 그 모든 길로 행하며 그의 명령과 규례와 법도를 지키라 하는 것이라 그리하면 네가 생존하며 번성할 것이요 또 네 하나님 여호와께서 네가 가서 차지할 땅에서 네게 복을 주실 것임이니라 (신명기 30:16)

인자하시고 선하신 하나님,
오늘도 주님 앞에 사랑하는 나의 자녀를 위하여 기도합니다.
저희의 자녀가 인생을 허비하지 않게 해주시고 자신의 삶의 영역에서 하나님의 영광을 드러내기를 원합니다. 이 땅에서 복음의 능력으로 인하여 성령 충만한 자녀가 되게 하시고 사는 것도 죽는 것도 모든 것이 유익하다고 한 사도 바울처럼 그 말씀대로 인도함 받고 실천하면서 살아가는 자녀들이 되게 하여 주옵소서. 오늘도 저희 자녀들을 여호와 앞에서 바르게 살아가도록 이끌어 주시고, 주님의 도우심을 받으며 살게 하여 주옵소서. 저희 자녀들에게도 솔로몬에게 주신 지혜를 주시어서 언제나 슬기롭게 하시고 자녀들이 자기의 은사를 통해서 기쁨을 누리게 하여 주옵소서. 이제, 자녀들이 자기의 은사를 사용하여 하나님의 영광을 구하게 하여 주시고, 그 은사가 자기 자신보다는 친구들과 이웃들에게 즐거움이 되게 하여 주옵소서. 저희 자녀들이 더욱 더 신령한 은사를 구하게 도와주옵소서. 자녀들에게 은사에 대한 거룩한 소망을 주옵소서. 하나님의 은혜를 맡은 관리인으로 살기에 조금도 부족함이 없도록 축복하여 주옵소서. 오늘도 저희 가족과 자녀들에게도 복에 복을 더하여 주시사 어느 곳에 있든지 복된 하루가 되게 하여 주옵소서. 하나님께서 찾으시는 영광을 구하며 살게 하여 주옵소서.
사랑이 많으신 예수님의 이름으로 기도합니다. 아멘.

기도 없는 곳에 사람만 일하고, 기도 있는 곳에 하나님이 일한다.

5월 5일 — 아이들을 축복하옵소서

여인이 아들을 낳으매 그의 이름을 삼손이라 하니라 그 아이가 자라매 여호와께서 그에게 복을 주시더니 소라와 에스다올 사이 마하네단에서 여호와의 영이 그를 움직이기 시작하셨더라 (사사기 13:24-25)

사랑의 주님!

오늘은 어린이 날입니다. 하나님께서 저희 가정에 자녀들을 주시고, 자녀들을 위하여 기도하게 하시니 감사를 드립니다. 이 시간 저희 자녀들을 축복하여 주시고, 지혜롭고 건강하게 자라게 하여 주옵소서. 저희 자녀들이 주 안에서 성장하여 다음 세대의 리더들로 삼아 주시고, 주님을 닮아가는 삶을 살 수 있게 하여 주옵소서. 우리가 사는 사회를 돌아보면 온통 죄로 얼룩지고 폭력이 난무하며 가난과 술수와 분노로 어지러운 환경에 놓여 있습니다. 이러한 현실에서 장차 하나님의 일꾼으로 이 나라와 세계 속에서 주역을 담당할 자녀들이 악한 자리에 들지 않도록 주의 지팡이와 막대기로 지키시고 보호하여 주시옵소서. 자녀들이 순수하고 참된 마음으로 주의 말씀을 배워서, 영과 육이 아름답게 성장할 수 있도록 인도하여 주옵소서.

우리의 주변에는 불우한 처지에서 질병과 가난에 시달리며 고통 받는 많은 어린이들이 있습니다. 저들을 긍휼히 여기시고, 주님이 친히 안아 주심으로, 주의 따스한 품안에서 사랑 받고 인정받게 하여 주옵소서. 오월은 어린이날, 어버이날, 스승의 날, 성년의 날 등 많은 기념일이 있습니다. 이 날들을 기념 할 때에 형식에 치우치지 않게 하시고 본래의 뜻을 기억하여 모두가 하나님을 경외하며, 부모를 공경하며, 자식을 사랑으로 양육하며, 마땅히 신앙의 본을 보임으로써 하나님께 영광을 돌리는 가정이 되게 하여 주옵소서.

사랑이 많으신 예수님 이름으로 기도합니다. 아멘.

> 기도는 예수님을 닮는 최상의 방편이다.

5월 6일 자녀들이 예수님을 닮게 하옵소서

이제 청하건대 종의 집에 복을 주사 주 앞에 영원히 있게 하옵소서 주 여호와께서 말씀하셨사오니 주의 종의 집이 영원히 복을 받게 하옵소서 하니라 (사무엘하 7:29)

생명의 근원이신 하나님,
저희에게 사랑하는 자녀를 허락해 주심을 감사드립니다. 이 자녀들, 저희 부부에게 자녀들을 선물로 주였사오니 맡아 양육할 때, 은혜를 주시어서 그리스도의 사랑이 충만하게 하여 주옵소서. 저희 부부가 자녀들을 잘 양육 할 수 있는 믿음과 지혜를 주시고, 가정 안에 사랑이 커지게 하시고 보람이 되게 하여 주옵소서.

이 시간 간구하기는 사랑하는 자녀가 부모의 품안에서 안정을 누리고 세상에 나가 살 때 존중 감을 느끼며 건강한 자아상을 가진 자녀로 성장하여서 어느 곳에 가든지 자연과 호흡하며 살아가도록 축복하여 주옵소서. 사랑하는 자녀는 주님의 사랑과 은혜로 받은 선물이오니 주님께서 주시는 축복으로 말미암아 키가 자라고 지혜가 있어서 하나님께 사랑 받는 자녀가 되게 하여 주옵소서. 또한 나의 자녀가 호흡 할 때마다 주님의 임재를 체험하게 하시고 에녹 같이 주님과 동행하는 삶을 살도록 인도하여 주옵소서.

이 시간 자녀를 위하여 기도하오니 성령 하나님께서 지혜를 주시고 그 삶을 책임져 주시어서 주님의 숨길을 느끼며 건강하게 성장하도록 축복하여 주옵소서. 말씀과 지혜로 축복하여 주옵소서.
우리의 생명의 근원이신 예수님의 이름으로 기도합니다. 아멘.

기도는 성공적인 삶을 위한 수단이 아니라, 삶의 본질이다

5월 7일

자녀들이 은혜로 성장하게 하옵소서

너는 네 하나님 여호와께서 명령한 대로 네 부모를 공경하라 그리하면 네 하나님 여호와가 네게 준 땅에서 네 생명이 길고 복을 누리리라 (신명기 5:16)

은혜로우신 하나님,
저희들의 삶에 동행하여 주시며, 지혜롭게 하시고, 담대하게 하신 하나님께 감사를 드립니다. 이 시간 저희 자녀를 위해 기도합니다. 상급으로 받은 자녀를 경건하게 키울 수 있도록 도와주옵소서. 저희의 자녀가 모든 사람들에게 사랑 받기 만을 바라지 않고 모든 사람을 사랑할 수 있도록 인도하여 주옵소서. 불의에 대해서는 굳세게 하시고 정의에 대해서는 순결하게 하시며, 약한 이웃을 돕는데 주저하지 않게 하시고, 지혜로워서 하나님을 경외하며 물질의 노예가 아닌 물질의 주인이 되게 하여 주옵소서. 어두운 세상에 빛으로, 불의한 세상에 소금으로 살 수 있도록 영광의 길로 이끌어 주옵소서.
사랑의 주님, 비판이 난무하는 가운데 저희가 살아가고 있습니다. 남의 눈의 티끌을 보기 전에 먼저 자신의 들보를 볼 수 있도록 하시며 남을 정죄하고 판단하는 것이 얼마나 큰 죄악임을 알게 하여 주옵소서.
이 시간 저희들을 용서하여 주시고 남을 정죄하기 전에 이해할 수 있도록 사랑과 긍휼의 마음을 주옵소서. 하나님께 기도한 것들을 실천 할 때마다 열매들이 많아지게 하시고, 그 열매로 인하여 감사하면서 하나님께 영광을 돌리며 살게 하여 주옵소서.
사랑이 많으신 예수님의 이름으로 기도합니다. 아멘.

이 세상의 운명은 우리의 기도에 따라서 달라질 것이다. _라우바흐

5월 8일 — 부모님을 축복하옵소서

감사로 하나님께 제사를 드리며 지존하신 이에게 네 서원을 갚으며 … 감사로 제사를 드리는 자가 나를 영화롭게 하나니 그의 행위를 옳게 하는 자에게 내가 하나님의 구원을 보이리라 (시편 50:14, 23)

인간의 주인이시며 역사의 주인 되시는 하나님,
오늘 어버이날을 맞이하여 사랑하는 부모님을 위하여 기도합니다. 저희 부모님에게 건강을 더하여 주옵소서. 날마다 자식들을 위하여 기도 할 때 지혜와 명철도 주시고 건강의 복을 더하여 주옵소서. 또한 노년에 총기가 흐려지지 않도록 지켜 주옵소서. 저희들, 멀리 떨어져서 살기에 마음으로는 생각이 있지만 효도하지 못하고 살 때가 너무 많습니다. 부모님을 사랑하지 못하고 가까이 하지 못한 죄도 용서하여 주옵소서. 저희들이 이 땅에 살아가는 동안 저희 형제들이 우애하게 하시고 부모님을 잘 섬기는 가정이 되게 하여 주옵소서. 여호수아가 가나안에 들어갔을 때에 나와 내 가정은 오직 여호와만 섬기겠다고 고백한 것처럼, 저희 가정이 오직 여호와 하나님만을 잘 섬겨서 부모님의 신앙이 저희들에게 계승되어지게 하여 주옵소서.
이 시간 저희들이 주님의 소유이며 거룩한 자녀들이오니 진리 안에서 굳건히 서게 하시고 말씀 위에 서서 하나님의 뜻을 온전히 이루는 믿음의 가정이 되게 하여 주옵소서. 저희 가정이 하나님이 이 땅에 생명의 창조자이심을 알게 하셔서 하나님의 말씀대로 살아서 주님을 기쁘시게 해드리는 가정이 되게 하여 주옵소서. 저희들이 나이를 먹을수록 주님께 봉사하며 헌신하는 시간이 많아지게 하시고, 항상 주님의 뜻을 가지고 생활하게 하옵소서.
우리에게 날마다 일용할 양식을 주시는 예수님 이름으로 기도합니다. 아멘.

> 주님의 이름으로 구하는 것은 주님의 손에 이끌려 기도하는 것이다. _새뮤얼 리다우트

5월 9일 자녀들이 건강하게 하옵소서

이르되 내게 복을 주소서 아버지께서 나를 네겝 땅으로 보내시오니 샘물도 내게 주소서 하매 갈렙이 윗샘과 아랫샘을 그에게 주었더라 (여호수아 15:19)

사랑이 많으신 하나님,
자녀들을 주시고 기도하게 하시니 감사합니다.
이 시간 학업으로 힘들어하는 자녀들을 위하여 기도합니다. 찾아오셔서 공부할 때마다 체력이 부족하오니 건강을 주시고, 몸도 마음도 지켜 주옵소서. 저희 자녀들을 악한 세력에서 보호하여 주옵소서. 두려워하지 말라 내가 의로운 오른 손으로 붙들어주시겠다고 말씀하였사오니 어떤 문제를 만났을 때, 문제의 산을 바라보며 절망하지 말고 큰 산을 평지가 되게 하시겠다는 주님의 음성을 듣고 담대하게 하여 주옵소서. 사람을 두려워할 것이 아니라 하나님을 두려워하게 하시고, 손해를 두려워 할 것이 아니라 믿음의 상실을 두려워하게 하시고, 믿음으로 살게 하여 주옵소서.
저희 자녀들이 하나님을 경외하며 지혜롭게 자라게 하여 주옵소서. 세속과 향락의 노예가 되지 않도록 인도하여 주옵소서. 저희, 자녀들이 비천하게 살지 않게 하시고 사람들에게 인정받는 인물로 자라게 하여 주옵소서. 남들보다 조금 더 가지고 있는 것이 있다면 그것 때문에 교만하지 않게 하시고, 하나님을 잊어버리는 일이 없도록 주님께서 선한 길로 인도하여 주옵소서.
사랑이 많으신 예수님의 이름으로 기도합니다. 아멘.

무엇을 하든지 이것을 명심하라. 이것을 소홀히 하고서는 너의 영혼이 장성할 수 없다. _빌립 헨리

5월 10일 자녀들이 믿음으로 살게하옵소서

주의 복을 받은 자들은 땅을 차지하고 주의 저주를 받은 자들은 끊어지리로다 그는 종일토록 은혜를 베풀고 꾸어 주니 그의 자손이 복을 받는도다 (시편 37:22-23)

사랑이 많으신 하나님,
저희 가정형편이 궁핍할지라도 자녀들이 주안에서 건강하게 자라게 하셨음에 감사드립니다. 주 앞에서 존귀한 자녀들이 되게 하시고, 하나님의 은혜를 깨닫고, 주님 앞에서 복 된 인생이 되기 원합니다. 저희 자녀에게 죄와 율법에서 자유를 얻게 하셨음에 감사드립니다. 주님의 보혈로 죄와 율법에서 구원을 얻게 하셨으니, 이제 복을 누리게 하여 주옵소서.
우리 주님께서 십자가에서 율법의 완전한 의를 이루셨음을 기억하게 하여 주옵소서. 저희 자녀들이 그리스도 안에서 결코 정죄함이 없음을 알게 하여 주시고, 넘어지지 않고 감사하면서 복음의 능력을 찬양하게 하여 주옵소서.
저희들이 하나님의 은혜로 거룩함을 얻었사오니, 자녀들의 행실이 거룩한 열매를 맺는 삶을 살게 하여 주옵소서.
사랑의 주님, 저희 자녀들에게 의의 열매를 맺으려는 거룩한 소망을 주시고, 주님의 이름으로 착한 행실에 쓰임 받게 하여 주옵소서. 거룩한 주의 종으로 복을 누리게 하여 주옵소서.
사랑이 많으신 예수님의 이름으로 합니다. 아멘.

너의 기도하는 의무에 마음을 기울이도록 하라. _빌립 헨리

5월 11일

자녀들이 성령 충만하게 하옵소서

여호와께서 욥의 말년에 욥에게 처음보다 더 복을 주시니 … 그들의 아버지가 그들에게 그들의 오라비들처럼 기업을 주었더라 (욥기 42:12-15)

은혜로우신 하나님,
오늘도 주님 앞에 사랑하는 나의 자녀를 위하여 기도합니다.
저희의 자녀가 형제자매들과 잘 지내며, 주님 안에서 나눔과 협동정신, 연대책임의 정신을 배우게 하여 주옵소서. 형제자매와 잘 지냄으로써 자기 절제와 자기희생이라는 가장 성경적인 가치를 배우게 하시고, 양보하고 협상하는 것이 체질이 되게 하여 주시기를 원합니다. 이렇게 집안에서부터 훈련되어서 세상에 나갔을 때 지혜로워서 하나님의 영광을 드러내는 자녀가 되게 하여 주옵소서. 교회에서나 어디에서든지 믿음의 형제자매들을 알아보고, 그들과도 우정을 나누고 마음을 함께 하는 은혜를 주옵소서. 헐벗고, 굶주린 지구촌 형제자매들, 우상의 사슬에 매어 있지만 언젠가 부르실 형제자매들을 보면서 늘 아파하는 성숙함도 갖추게 하여 주옵소서.

 사랑의 주님, 저희 자녀들이 하나님의 사랑을 알고 이웃을 용서하는 사람이 되게 하여 주시고, 이웃을 사랑하고 대접하며 살게 하여 주옵소서. 세상에서 사람들과 어울릴 때 화목한 인간관계를 누리게 하여 주옵소서. 자녀들이 오늘 어떤 모습으로 살든지 남을 대하는 행동은 사랑이 있는 사람이 되게 하여 주옵소서. 하나님의 사랑을 가지고, 이웃을 사랑하며 살게 하여 주옵소서. 저희 자녀들이 어려운 이웃들에게 인색하지 않게 하시고, 주는 자가 되게 하여 주옵소서.
사랑이 많으신 예수님의 이름으로 기도합니다. 아멘.

> 홀로 기도하라. 기도가 아침에는 열쇠가 되며 저녁에는 빗장이 되도록 하라. 죄악을 대항하여 싸우는 가장 최선의 길은 무릎으로 싸우는 것이다. _빌립 헨리

5월 12일

자녀들이 여행을 떠날 때 생각이 넓어지게 하옵소서

그것이 네가 다닐 때에 너를 인도하며 네가 잘 때에 너를 보호하며 네가 깰 때에 너와 더불어 말하리니 (잠언 6:22)

세상을 다스리시며 우주를 주관하시는 하나님,
저희를 인생의 순례자로 불러 주시고 믿음으로 살게 하시니 감사를 드립니다. 이번 수학여행을 통해서 더 많은 비전과 식견을 가지게 하시고, 마음의 생각과 시야가 더 넓어지는 기회가 되어서 생각의 지평을 넓히게 하여 주옵소서. 이 시간 여행을 떠나는 자녀에게 밝은 눈을 주시어서 가는 곳마다, 보는 것마다, 듣는 것마다. 지평이 넓어지게 하여 주옵소서. 여행하는 기간 동안 낯선 곳에서, 즐거운 경험을 할 수 있도록 도우셔서 좋은 경험들이 되게 하여 주옵소서. 또한 여행하는 곳마다 많은 사람을 대 할 때에 몸은 고단해도 환한 얼굴로 대하게 하시고, 어느 곳에 가든지 배우려고 할 때 뜨거운 열정과 현명한 지혜를 허락하여 주시며, 좋은 결실을 얻고 돌아 올수 있도록 지켜 주옵소서.
악한 세력들이 없게 하시고 순탄 한 길로 인도하시고 여행지에서 어려움을 만나지 않게 하시며 위기 때에 피 할 길도 주시어서 승리하게 하여 주옵소서.
건강하게 지켜 주옵소서. 주의 강한 팔이 붙들어 주옵소서.
언제나 우리를 돌보시는 예수님의 이름으로 기도합니다. 아멘.

당신은 기도한 후에 기도하는 이상의 것을 할 수 있다. 그러나 당신이 기도하기 전까지는 기도하는 이상의 것을 할 수 없다. _A. J 고든

5월 13일

생일을 맞이한 자녀를 축복하옵소서

기드온이 그에게 대답하되 만일 내가 주께 은혜를 얻었사오면 나와 말씀하신 이가 주되시는 표징을 내게 보이소서 (사사기 6:17)

길이요, 진리요, 생명이신 하나님,

우리 자녀가 생일을 맞이하게 하시니 감사를 드립니다. 앞으로 일 년간 살아갈 때 지난해보다 더 성장하게 하시고 더 많은 하나님의 은혜가 임하도록 축복하여 주옵소서. 오늘, 주님의 축복 가운데 자녀가 생일을 맞게 되었는데, 우리 자녀로 하여금 하나님의 사랑을 알게 하시고 세상에 자랄 때 따뜻한 온기를 맘껏 마음껏 누리며 밝은 햇살을 받고, 맑은 공기 속에서, 공부하고 배우며, 친구들과 사랑하며 살게 하여 주옵소서.

이 시간 간구하기는 저희 자녀가 우주의 만상을 보면서 더 지혜를 얻게 하시고 사람과 사람 사이에 행복을 전하는 사람이 되게 하여 주옵소서. 그래서 장차 이 세상에서 더 풍성한 은혜를 베풀며 살 수 있는 지혜와 능력, 인내와 덕을 허락해 주시고 하나님의 자녀로서 부족함 없도록 은혜 내려 주옵소서.

또한 생일을 맞이한 자녀의 소원도 있사오니 그 소원을 이루어 주시고 저희 부부에게도 은혜를 베푸셔서 부모로서 그 역할을 잘 감당하여, 더 많이 사랑하며, 더 많이 격려함으로 맡겨 주신 사명을 잘 받들게 하여 주옵소서.

우리 자녀의 주인이 되신 예수님의 이름으로 축복기도 드립니다. 아멘.

하나님이 하실 수 있는 일은 무엇이든 믿음으로 할 수 있다. _A. W. 토저

5월 14일
공부하는 자녀를 지켜주옵소서

모세가 애굽 사람의 모든 지혜를 배워 그의 말과 하는 일들이 능하더라 (사도행전 7:22)

우리의 발걸음을 인도하시는 하나님,
우리 자녀의 학교 가는 길을 인도하여 주옵소서. 매일 학교에 다닐 때마다 나무처럼 똑 바로 자라게 하여 주시고 배운 것들을 진리 안에서 행할 수 있는 지혜를 주시어서, 성장하게 하여 주옵소서.
우리 자녀의 등교하는 길을 보호하시고 반 친구들이나, 선생님에게나, 또는 주변 사람들로 인해 마음의 상처를 받지 않도록 지켜 주옵소서. 그래서 바르게 성장하도록 인도해 주옵소서. 또한 우리 자녀가 학교에서 열심히 공부하게 하시고, 친구들에게 친절하며 언제나 매사에 행복한 얼굴로 살 수 있도록 축복하여 주옵소서.
사랑의 주님, 이 시간 저희 자녀를 간섭하여 주시고 일상적인 삶에서 사소한 일로 싸우지 않게 하시며 기쁨이 충만한 학교생활이 되게 인도하여 주옵소서. 오늘 하루도 복되게 하시고 진리 안에서 행하는 믿음의 자녀가 되게 하여 주옵소서.
사랑이 많으신 예수님의 이름으로 기도합니다. 아멘.

홀로 한 시간을 신실하고 진실한 기도로 보내거나, 단순한 정욕이나 가슴속의 교활한 죄와 싸워 정복하는 일은 그것들 없이 학교에서 일 년간 배운 것보다 더 많은 사랑을 가르쳐 주고 더 효과적으로 재능을 개발시켜 주며 반성의 습관을 길러준다. _콜리지

5월 15일   ## 스승의 날에 복을 주옵소서

> 그가 어떤 사람은 사도로, 어떤 사람은 선지자로, 어떤 사람은 복음 전하는 자로, 어떤 사람은 목사와 교사로 삼으셨으니 (에베소서 4:11)

사랑이 많으신 하나님.
오늘도 저희들을 붙잡아 주시고 인도하여 주시니 감사를 드립니다. 우리의 참 스승이 되시는 예수님을 믿어 구원을 얻게 하시고 영생을 맛보며 살게 하신 하나님께 감사를 드립니다. 이 시간 간구하기는 오늘은 스승의 날을 맞이하여 수고하는 교사 선생님들을 위하여 기도합니다. 선생님들에게 건강을 주시고 지혜를 주시어서 학생들을 잘 가르칠 수 있도록 축복하여 주옵소서. 선생님들이 학생들을 가르칠 때에 학생들의 어리석은 행동으로 인하여 감정이 상하지 않게 하시고, 교사로서 맡겨진 직분을 잘 감당하게 하여 주옵소서.

이 시간 주님의 몸된 선생님들을 축복하여 주시고, 주님의 도구로 부름을 받았사오니 더욱 강한 믿음을 허락하시고, 세상의 방법이나 지혜를 가르치는 선생님이 아니라 하나님이 주신 지혜로 가르치는 선생님들이 되게 하여 주옵소서. 믿음의 좋은 교사로서 어린 영혼들을 사랑하는 경건한 교사가 되게 하여 주옵소서. 맡겨진 영혼들을 잘 살필 수 있는 교사들이 되게 하여 주시옵소서. 특별히 간구 하기는 열악한 환경 속에서도 교사의 직분을 감당하고자 힘쓰고 애쓰는 주의 종들이 있습니다. 성령께서 위로하여 주시고 은혜를 더하여 주셔서 항상 기쁨이 넘쳐 나는 삶이 되게 하시어서, 착하고 충성된 종이라고 인정하시는 복을 주옵소서.

사랑이 많으신 예수님의 이름으로 기도합니다. 아멘.

믿음의 기도만이 우주에서 전능한 여호와를 움직일 수 있는 능력이다. 기도는 최상의 치료제이다. _로버트 홀

5월 16일
자녀들이 시험을 치룰 때 지혜를 주옵소서

야곱아 너를 창조하신 여호와께서 지금 말씀하시느니라 이스라엘아 너를 지으신 이가 말씀하시느니라 너는 두려워하지 말라 내가 너를 구속하였고 내가 너를 지명하여 불렀나니 너는 내 것이라 (이사야 43:1)

우리 자녀들을 사랑하시고 축복하시는 하나님,
저희 자녀들에게 은혜 주심을 감사드립니다.
이 시간 시험을 앞두고 걱정하는 자녀들에게 찾아오셔서 담대함을 주시고 편안한 마음으로 시험장에 들어가게 하여 주옵소서. 시험지를 받고 마음의 두려움이나 떨림이 없게 하시고, 그 동안 공부하고 배운 것들이 생각나고, 기억되게 하여 주옵소서. 하나님께서 저희 자녀들에게 솔로몬 왕에게 주신 지혜를 주시어서 좋은 결과를 얻도록 축복하여 주옵소서. 문제를 풀 때 실수하지 않게 하시고 시험 중에 잘못된 생각이 들지 않게 하시며 공부한대로 깔끔하게 정리하여서 정확한 답을 쓸 수 있는 은혜를 베풀어 주옵소서.
바라기는 저희 자녀의 머리를 맑게 하시고 가슴을 따뜻하게 하시며 그 동안 공부한 내용들을 마음껏 실력을 발휘 할 수 있는 지혜를 허락하여 주옵소서. 그래서 이번 시험을 통해서 하나님의 축복과 영광을 드러내게 하여 주옵소서. 좋은 결과가 나오게 하시고 이 일로 낙심하지 않도록 희망과 용기를 주옵소서. 이번 시험으로 인하여 희망을 찾게 하여 주시고, 주님을 더욱더 사랑하게 하여 주옵소서.
능력이 많으신 예수님의 이름으로 기도합니다. 아멘

우리의 기도는 지칠 줄 모르는 힘과 거부될 수 없는 인내와 꺾이지 않는 용기로 강하게 구해야 한다. _이 엠 바운즈

5월 17일 — 고3인 자녀를 축복하옵소서

> 모세가 눈의 아들 여호수아에게 안수하였으므로 그에게 지혜의 영이 충만하니 이스라엘 자손이 여호와께서 모세에게 명령하신 대로 여호수아의 말을 순종하였더라 (신명기 34:9)

하늘의 소망을 주시는 하나님,
주님의 은혜를 입은 자녀들이 지금까지 복을 누리게 하심을 감사드립니다. 이 시간 간구하기는 고3에 있는 자녀를 축복하여 주옵소서. 수능을 앞두고 공부를 하고 있사오니 지혜를 주시고, 체력과, 마음과 생각을 지켜 주옵소서. 비록 힘든 시기를 지나고 있지만, 좌절하지 않게 하시고 낙심하지 않고 앞으로 다가오는 수능시험을 잘 준비하게 하여 주옵소서. 지금까지 준비한 것들을 시험지 앞에서 당당하게 하시고, 두려워하기 보다는 그동안 공부했던 것들이 기억나고 논리적으로 펼칠 수 있는 시험이 되게 하여 주옵소서. 때로는 오르지 않는 성적 때문에 너무 낙심 할 때 도 있지만, 지금은 당당히 시험을 맞설 수 있는 담대함도 주시어서 시험의 중압감을 이기고, 논리와 수리, 역사와 암기력을 주시어서 초연하게 준비하여 공부한 것들이 기억나게 하여 주옵소서.
사랑의 주님, 솔로몬 왕에게 지혜를 주신 것처럼 공부하는 지혜도 주시고 문제를 풀어 가는 지혜도 주옵소서. 스스로 공부하는 법을 깨닫게 하시고 명철도 주옵소서. 이제 수능시험까지 얼마 남지 않았지만 남은 시간, 개념들을 잘 정리하게 하여 주옵소서. 다가오는 수능 일까지 건강도 주시며, 담대한 믿음도 주옵소서. 원하는 목표를 이루게 하여 주옵소서.
사랑이 많으신 예수님의 이름으로 기도합니다. 아멘.

> 하나님의 자녀는 기도로 모든 것을 정복할 수 있다. 사탄이 교인들에게서 이 무기를 빼앗거나 것의 사용을 제지하려고 최선을 다하는 것은 이상한 일이 아니다. _앤드류 머레이

5월 18일

대학에 들어간 자녀를 축복하옵소서

이스라엘을 그들 중에서 인도하여 내신 이에게 감사하라 그 인자하심이 영원함이로다. 강한 손과 펴신 팔로 인도하여 내신 이에게 감사하라 그 인자하심이 영원함이로다 그의 백성을 인도하여 광야를 통과하게 하신 이에게 감사하라 그 인자하심이 영원함이로다 (시편 136:11-12, 16)

새로운 비전과 가치관을 주시고 인도하시는 하나님,
저희 자녀가 대학에 입학 할 수 있게 하여 주시니 감사를 드립니다. 대학 생활을 통해서 학문과 지혜를 배우도록 문을 열어 주였사오니, 그로 하여금 대학의 학문을 통해서 더 많은 지식과 가치관과 세계관을 확립하게 하시고 학문을 통해서 자아가 발전하는 은혜가 있게 하여 주옵소서. 대학 생활동안 어려움이 있어도 그 어려움을 이기게 하시고 학문을 통해서 더 많은 것들을 용기 있게 진리를 증거 할 수 있는 꿈 많은 청년이 되게 하여 주옵소서.

특별히 가난한 자들과, 연약한 자들에게 관심을 가지게 하시고 배움의 길에서 지치지 않도록 축복하여 주옵소서. 이성과 현실 속에서 혼돈이 찾아오지 않게 하시고 가치관과 현실이 혼란 속에서 방황하지 않고 믿음의 길을 걷고, 우리 주님을 사랑하면서 자기의 큰 뜻을 펼치는 대학 생활이 되게 하여 주옵소서. 이뿐만 아니라 건강도 주시고 대학 생활하는 동안 육체가 연약해 지지 않도록 축복하여 주옵소서. 대학 생활이 복되게 하여 주옵소서. 대학에서 좋은 친구를 사귀게 하시고, 대학 생활하는 동안 큰 비전과 나아 갈 방향을 수립하여 자신의 진로를 결정하게 하여 주옵소서.
우리의 힘이요 능력이신 예수님의 이름으로 기도합니다. 아멘.

기도란 하나님과 가장 진실 되고 친밀한 대화를 나누는 것이다. _존 녹스

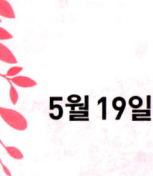

5월 19일

군대에 입대한 아들을 보호하여 주옵소서

내가 산을 향하여 눈을 들리라 나의 도움이 어디서 올까 나의 도움은 천지를 지으신 여호와에게서로다 여호와께서 너를 실족하지 아니하게 하시며 너를 지키시는 이가 졸지 아니하시리로다 이스라엘을 지키시는 이는 졸지도 아니하시고 주무시지도 아니하시리로다
(시편 121:1-4)

사랑과 은혜가 풍성하신 하나님,
사랑하는 아들을 오늘까지 믿음 안에서 건강하게 자라게 하시고, 성인이 되어 이 나라를 지키는 임무를 수행하기 위해서 나라의 부름을 받아 입영하게 하시니 감사를 드립니다. 귀한 아들에게 믿음 위에 믿음을 더하여 주시고, 은혜 위에 풍성한 은혜를 베푸시며 건강을 더하여 주셔서, 고된 훈련 속에서 군 복무를 감당하기에 조금도 부족함이 없게 하여 주옵소서. 요셉은 어디 가나 하나님과 함께 하였사오니 실족하지 아니한 것처럼 귀한 아들에게도 이와 같은 은혜를 허락하셔서 시험에 드는 일이 없게 하시고 세상을 따라 가지 않게 하여 주옵소서. 그 마음이 언제나 주님을 향하게 하시고 주님을 모시고 살게 하시며 빛 가운데로 걸어가게 하여 주옵소서. 하나님이 함께 하시는 아들로서 빛을 비춰게 하시고, 그리스도의 향기를 풍기는 자가 되게 하시옵소서. 아직도 우리 국군 장병 가운데 하나님을 알지 못하는 사람들이 많습니다. 사랑하는 아들을 통하여 동료 군인들에게도 그리스도를 소개해서 모든 군인들이 다 십자가로 무장하는 그리스도의 장병이 되게 하여 주옵소서. 비록 사랑하는 아들이 부모 형제, 가정을 떠나 있지만 서로가 기도로 연락해서 주 안에서 좋은 소식이 왕래 할 수 있게 하여 주옵소서.
귀한 아들이 복무를 마치고 돌아와 우리를 다시 만날 때까지 주님께서 한 순간도 떠나지 마시고 지켜 주시고 함께 하여 주시기를 간절히 바라오며 예수님의 이름으로 기도합니다. 아멘.

기도는 독백이 아니고 대화이다. _앤드루 머리

5월 20일
게으른 자녀들에게 믿음을 주옵소서

게으른 자여 개미에게 가서 그가 하는 것을 보고 지혜를 얻으라 개미는 두령도 없고 감독자도 없고 통치자도 없으되 먹을 것을 여름 동안에 예비하며 추수 때에 양식을 모으느니라 (잠언 6:6-8)

생명의 복을 주시는 하나님,
신앙생활에 게으른 자녀를 위하여 기도합니다. 저희의 믿음이 부족하여서 저희 자녀가 신앙생활을 게으르고 태만하게 하고 있사오니 이 시간 찾아오시어서 그 마음에 뜨거움을 주시고 불타는 열정을 주옵소서. 믿음이 연약하여 작은 일에도 흔들리며 방황하며 나약하여 갈피를 잡지 못하고 세상에 치우쳐서 살고 있사오니 그 마음을 정결케하시고 새롭게 하여 주시며 마음 깊은 곳에 주님을 기억하게 하여 주옵소서.
이 시간 사랑하는 자녀의 손을 하나님께서 강한 손으로 붙드사, 다시 일어나게 하시며, 새 힘을 얻어 전진하고 승리하게 하여 주시기를 기도합니다. 주께서 능력 주실 때 모든 것을 할 수 있다고 말씀하였사오니 축복으로 돌보아 주시며 어거스틴이 회심한 것처럼 우리 아이도 주님 앞에 돌아오게 하여 주옵소서.
상한 갈대도 꺾지 아니 하시고 지켜주시는 것처럼 이 시간 저희 자녀에게 공허한 마음을 성령으로 채워 주시고 은혜로 붙잡아 주시어서 나약하고 태만한 믿음에서 벗어나서 말씀 붙잡고 바르게 신앙의 길을 걸어가게 하여 주옵소서. 우리의 인도자이신 예수님의 이름으로 기도합니다. 아멘.

주님 앞으로 나오는 자는 항상 주님이 책임지신다는 것을 기억하라 _레이 오틀런드

5월 21일 저희 가정에 복을 주옵소서

사람의 마음을 기쁘게 하는 포도주와 사람의 얼굴을 윤택하게 하는 기름과 사람의 마음을 힘 있게 하는 양식을 주셨도다 여호와의 나무에는 물이 흡족함이여 곧 그가 심으신 레바논 백향목들이로다 (시편 104:15-16)

생명의 근원이 되시는 하나님
오늘도 저희에게 때를 따라 필요한 양식을 주셔서 감사합니다.
이 식탁에 함께 둘러앉은 우리 가족들이 하나님께서 주신 음식을 먹고, 마심으로 인하여 육신이 강건하여지고 그 삶이 더욱 풍성해지는 은혜를 더하여 주옵소서. 특별히 이 음식을 준비하기 위해서 땀을 흘리며 수고한 많은 엄마에게 복을 내려 주시고, 저희들이, 이 음식을 먹고 힘을 얻어 주님 나라와 영광만을 위해서 사는 자녀들이 되게 하여 주옵소서.
지금 이 시간에, 양식이 없어서 고통당하는 우리 동족들과 북한동포, 또 세계의 고통당하는 사람들을 기억하여 주시고 주님께서 속히 그 어려움을 해결할 수 있도록 그들에게 동일한 은혜를 베풀어 주옵소서. 오늘 하루도 주신 음식에 부끄럽지 않은 삶을 살며, 이 식탁에 복 내려 주시기를 원합니다. 오늘 음식을 준비한 엄마의 손길에도 복에 복을 더하사, 하나님의 은혜가 풍성하게 하시고 감사와 기쁨이 충만하게 하여 주옵소서. 우리 가정이 경제적으로 어렵지 않도록 축복하여 주시고 음식을 먹는 저희들도 음식을 먹고 힘을 얻어서 강건하게 하여 주옵소서.
사랑이 많으신 예수님의 이름으로 기도합니다. 아멘.

기도는 하나님 앞에 끊임없이 굴복하는 것이다. _선다 싱

5월 22일 — 가정에 기쁨을 주옵소서

그러므로 우리는 기회 있는 대로 모든 이에게 착한 일을 하되 더욱 믿음의 가정들에게 할 지니라 (갈라디아서 6:10)

우리에게 언제나 참 소망을 주시는 하나님,
오늘도 저희 가정을 사랑하셔서 은혜와 평강으로 충만하게 하시니 감사드립니다. 그러나 저희는 항상 믿음이 부족하므로 가정을 하나님의 뜻대로 이끌지 못하고 있습니다. 이런 저희에게 은혜와 경건의 능력을 주시어 가정에서의 사명을 다하도록 도와주옵소서.
자녀들에게 저의 의무를 다하게 하시고, 가정을 신앙과 윤리와 교양으로 바르게 지도하게 하시며, 특히 가정 예배로써 가정교육을 철저히 하기 원합니다.
하나님을 중심으로, 교회를 중심으로, 가족을 중심으로 하는 가정이 되게 하여 주옵소서. 세상의 소금이 되며, 빛이 되는 가정이 되게 하셔서, 저로 하여금 가정이 복되게 하시고, 저희 가정이 복을 받게 하여 주옵소서. 국가를 사랑하고, 사회에 이바지하는 자녀들이 저희 가정에서 나오게 하여 주옵소서.
사랑의 주님, 저희 가정이 하나님께 영광 돌리며 빛과 소금으로서 열매를 맺도록 축복하여 주옵소서. 시냇가에 심은 나무처럼 때를 따라서 열매를 맺게 하시고 30 · 60 · 100배의 열매가 맺게 하여 주옵소서.
사랑과 능력이 많으신 예수님의 이름으로 기도합니다. 아멘.

기도는 우리의 매일의 일과이며 습관이며 사명이다. _찰스 H. 스펄전

5월 23일

손자(손녀)들을 축복하옵소서

아기가 자라며 강하여지고 지혜가 충만하며 하나님의 은혜가 그의 위에 있더라 (누가복음 2:40)

참 기쁨과 소망을 주시는 하나님,
저희 가정에 귀한 자녀를 선물로 받았사오니, 축복하여 주시고 일생을 인도하여 주옵소서. 바라기는 손자(손녀)가 자라면서 영육간의 강건하게 하여 주옵소서. 온갖 질병으로부터 지켜 주옵소서. 수술하거나 다치거나 상하는 일이 없으며, 입원하는 일이 없게 해 주옵소서. 또한 안전하게 성장하게 하여 주옵소서. 각종 물이나 불로 인한 모든 재앙으로부터 지켜 주옵소서. 인간에서 예상되는 교통사고나 악하고 무리한 자들로부터 일평생 지켜 주시고 비방이나 비난이나 따돌림에서 지켜주옵소서.
생활 및 학업의 복을 주셔서, 자라면서 공부하는데 있어 지혜와 지식과 재능과 총명과 명철과 은혜를 받게 하여 주옵소서. 공부하는데 경제적인 어려움이 없게 하시고, 사춘기를 무난하게 통과하게 하여주셔서 반항하거나 불순종하지 않고 무난히 넘어가게 하시고. 훌륭한 스승과 좋은 친구들을 만나며 대인관계를 맺게 하시고, 인권, 물권, 영권의 지도력을 주시어, 하나님께 영광 돌려드리게 하여 주옵소서. 형통의 복을 주셔서 하는 모든 일이 주님의 축복 가운데 순조롭게 열리게 하시고, 잘되고 형통하게 하여 주옵소서. 어디를 가든지 항상 좋은 사람을 만나게 하시고 돕는 사람이 되게 하여 주옵소서.
사랑이 많으신 예수님의 이름으로 기도합니다. 아멘.

기도 없이 그리스도인이 되려는 것은 숨 쉬지 않고 살려는 것보다 더 불가능한 일이다. _마틴 루터

5월 24일 — 일터에서 몸과 마음을 지켜주옵소서

내가 말을 시작할 때에 성령이 그들에게 임하시기를 처음 우리에게 하신 것과 같이 하는지라 (사도행전 11:15)

거룩하시고 사랑이 많으신 하나님,
가족 간에 냉담하고 이기심이 팽배한 이 사회에, 주님의 뜨거운 사랑으로 온정이 넘쳐나게 하시니 감사를 드립니다. 언제나 저희들이 주님을 의지하고 살아 갈 때, 패역한 생각을 버리고 가슴을 열고 서로 용납하며 남의 눈의 티끌보다 내 눈의 들보를 보게 하여 주옵소서. 자신을 돌아볼 줄 아는 겸허한 마음도 주시고, 부모와 자녀 간에, 이웃과 사회에 멍든 가슴이 따뜻한 사랑으로 치유되고 새로운 생명력으로 회복되는 은혜가 있게 하여 주옵소서.
사랑의 주님, 저희들이 연약하여서, 때때로 어려운 일을 당하고 고통스러운 일을 당하지만 지나고 보면 고난당한 것이 유익이었음을 알게 되었습니다. 고난당했기에 다른 사람의 슬픔을 이해할 수 있게 되었으며 인생의 강인함도 배우게 되었습니다. 이런 하나님의 섭리를 알았사오니 이제는 어려움을 당해도 늘 감사하며 기쁨으로 살게 하여 주옵소서. 이 시간 간구하기는 직장생활을 위해서 기도합니다. 직장에서 상사와 동료들이 사이에서, 서로 화목하게 하시고 반목과 괄시가 없게 하여 주시며, 중간에서 균형을 잘 맞추어 서로에게 상처를 주지 않도록 지혜를 주옵소서. 서로를 배려하는 마음도 주시고, 격려하는 마음도 주옵소서.
사랑이 많으신 예수님의 이름으로 기도합니다. 아멘.

> 기도는 낮에는 열쇠, 밤에는 자물쇠가 되어야 한다. _T. 플러

5월 25일 · 일터를 축복하여 주옵소서

> 너희 성도들아 여호와를 경외하라 그를 경외하는 자에게는 부족함이 없도다 젊은 사자는 궁핍하여 주릴지라도 여호와를 찾는 자는 모든 좋은 것에 부족함이 없으리로다 (시편 34:9-10)

생명의 근원이신 하나님,
이 시간 주님을 찬양합니다. 하나님께서는 저희를 택하시고 부르시고 의롭다 하시고 영화롭게 하시니 감사를 드립니다. 그러나 때때로 저희가 주님께 의심을 갖고 절망하거나 원망할 때가 많았습니다. 이런 믿음 없는 저희를 용서하여 주옵소서. 앞으로 주님이 행하신 일 때문에 , 의심하여 하나님의 뜻을 거역하는 일이 없게 하시고, 모든 사람들에게 하나님께서 살아 계신 증거를 나타낼 수 있도록 도와주옵소서.
환경이 어려워 의심하는 일들이 많이 일어나고 있습니다. 이때에도 믿음을 지키게 하여 주옵소서. 저희들이 어떤 고난이나 어려움이 찾아와도, 그 사랑을 믿으며 인내하게 하여 주옵소서. 저희가 핍박당하여 환경이 어두워도 주님께서 전능자가 되시고 빛이 되신다는 것을 믿습니다. 이 시간 찾아오시어서 은혜를 베풀어 주옵소서. 부족한 저희들에게 사랑과 관용을 주옵소서. 다른 사람의 비판이나 지적에 귀를 기울이고, 깨닫게 하시고 감사하게 하여 주옵소서. 다른 사람의 목소리를 조금도 참지 못하고 화를 내고 분노를 삭이지 못하는 어리석음에서 해방되게 하시고, 다른 사람의 세계를 이해하게 하시며 나와 같지 않은 사람의 성격을 받아들이게 하여 주옵소서. 그렇게 할 수 있도록 힘과 이해심을 주옵소서. 저희의 힘으로서는 불가능합니다. 성령님께서 도우시고 역사하여 주옵소서.
사랑과 은혜가 많으신 예수님의 이름으로 기도합니다. 아멘.

생명의 양식은 만나에 있으며 영의 양식은 기도에 있다.

5월 26일 인정받는 사람이 되게 하옵소서

의인은 종려나무 같이 번성하며 레바논의 백향목 같이 성장하리로다 (시편 92:12)

영광을 받으시기에 합당하신 하나님,
오늘도 주님의 인도하심 따라서 직장에 출근하여 기도하게 하시니 감사를 드립니다.
이 시간 저희에게 사탄과 어두움의 악한 세력들을 대적하고 이길 수 있는 권세를 주옵소서. 어제나 오늘이나 영원히 동일하신 예수님의 이름의 권세 아래 정사와 권세와 사탄의 모든 세력과 모든 만물들이 무릎을 꿇고 굴복할 것을 믿고 대적할 때 승리하게 하여 주옵소서.
우리 주변에는 사악한 자들이 너무 많습니다. 유혹으로, 시기와 질투로 넘어뜨리려고 합니다. 이때에 악한 영의 거짓과 속임수에 빠지지 않게 하시고, 진리의 허리띠를 띠고, 의의 흉배를 붙이고, 강한 믿음과 담력을 주옵소서. 예수의 이름으로 승리하게 하여 주옵소서. 제 영혼을 넘어트리려는 사악한 마귀들을 제거해 주시고, 모든 것 위에 믿음의 방패를 더하여 주시어서 사탄의 공격으로부터 몸과 영혼을 보호하여 주옵소서. 하나님의 구원의 투구를 쓰고 성령의 검을 들고 나갈 때, 오늘도 악한 마귀의 궤계를 대적하여서 정사와 권세와 어두움의 세상 주관자들을 물리치고 믿음으로 승리하게 하여 주옵소서. 오늘도 이 세상에 복음을 가로 막는 사악한 무리들을 제거해 주시고, 진리의 영으로 충만하게 하여 주옵소서.
살아계신 예수님의 이름으로 기도합니다. 아멘.

기도는 하나님의 심정에 이르게 하는 것이다. _테일러

5월 27일　일터에서 복을 받게 하옵소서

> 내가 복음을 전할지라도 자랑할 것이 없음은 내가 부득불 할 일임이라 만일 복음을 전하지 아니하면 내게 화가 있을 것이로다 (고린도전서 9:16)

소망을 주시는 하나님,
오늘도 저희들에게 은사와 재능을 주시고, 일 할 수 있는 일터 주심을 감사드립니다. 저희들, 출근하여 주님의 뜻을 따라서 일하게 하시니 감사를 드립니다. 저희들이 직장생활을 할 때에 지혜를 주시고, 명철도 주시어서 맡겨진 업무에 최선을 다하여 능률을 올리게 하여 주옵소서.
언제나 직장의 일터가 세상과 이웃을 위해 사용되어지는 일터가 되게 하시고, 업무 속에서 생산적인 효과를 냄으로 직장의 분위가 좋아지게 하여 주옵소서. 저희들, 일에 매이는 현실이지만 주님이 주신 자유 속에서 오늘을 업무에 승리하도록 이끌어 주옵소서. 그래서 자신의 한계와 두려움을 넘어 새로운 걸음을 내딛을 수 있도록 축복하여 주옵소서.
오늘도 일터에서 기도로 시작하는 하루를 인도하여 주옵소서. 깨어지고 어그러진 세상 속에서, 수많은 모순과 죽음이 난무하는 현실 속에서, 하나님을 바라보며 날마다 새로워질 수 있게 하여 주옵소서. 특별히 간구하기는, 저희 가정을 든든히 붙잡아 주시고, 행복한 가정으로 축복하여 주옵소서. 사회가 어려워지고 시대가 험악해 질수록 깨어져 가는 가정들이 점차 늘어만 가고 있습니다. 이때에도 행복한 가정이 되도록 축복하여 주옵소서.
사랑과 은혜가 많으신 예수님의 이름으로 기도합니다. 아멘.

잘 기도한 자는 잘 배운 자요 많이 기도한 자는 많이 운자이다. _마틴 루터

5월 28일

엄마의 직장생활에 복을 주옵소서

또 내가 그리스도의 이름을 부르는 곳에는 복음을 전하지 않기를 힘썼노니 이는 남의 터 위에 건축하지 아니하려 함이라 (로마서 15:20)

우리의 즐거움이 되시는 하나님,
직장의 동료들과 함께 일할 수 있게 하여 주심을 감사합니다. 또한 일할 수 있는 건강을 주신 것을 감사합니다. 오늘도 일자리가 없어 직장을 찾아다니는 무직자들을 기억하게 하여 주옵소서. 세계의 경제와 한국의 경제가 부흥하고 발전하여 실직자들이 복직하게 하시고, 무직자들이 직장을 얻을 수 있기를 기도합니다. 저희가 일터에서 이렇게 일 할 수 있도록 가정에서 뒷바라지 하는 엄마를 기억하여 주시고, 엄마의 헌신과 수고가 있기에 가능합니다. 사랑하는 엄마에게 건강의 복을 주시며, 가정을 위해서 일할 때에 지혜를 주시고, 능력을 주시사 잘 감당하게 하여 주옵소서.
오늘도 직장에서 일할 때에 건강을 주시고, 모든 업무에 앞서 갈수 있는 능력도 주셔서, 직장에서 처리하는 일들마다 좋은 결과를 가져 올 수 있도록 축복하여 주옵소서. 저희가 일할 때, 쉼도 주시고, 퇴근 후에 잠을 잘 때도 단잠을 잘 수 있도록 붙들어 주옵소서. 오늘도 일하게 하여 주심을 감사드립니다. 바라기는 저희 자녀들을 위해서 기도합니다. 자녀들이 하나님을 온전히 섬기고, 또한 윗사람을 존경하고 아랫사람을 생각하는 은혜를 더하여 주옵소서. 저희 자녀들이 하나님을 섬기는 것이 인간 사회의 규범이라는 것을 알도록 인도하여 주옵소서.
사랑과 은혜가 많으신 예수님의 이름으로 기도합니다. 아멘.

나는 어려울 때마다 무릎을 꿇고 기도한다. _에이브러험 링컨

5월 29일

직장생활에 원망과 불평이 없게 하옵소서

내가 주의 성전을 향하여 예배하며 주의 인자하심과 성실하심으로 말미암아 주의 이름에 감사하오리니 이는 주께서 주의 말씀을 주의 모든 이름보다 높게 하셨음이라 (시편 138:2)

우리의 반석이시요 구원이신 하나님,
이 시간도, 감사와 찬양과 영광을 돌립니다. 오늘도 주님의 은혜를 찬송하며, 구속의 은혜에 감사와 영광을 돌립니다. 우리의 죄를 정결케 하시는 하나님, 저희들, 추악한 죄의 형상을 가지고 주님 앞에 나왔습니다. 우리의 힘과 능력으로 되지 못하는 죄의 사유하심이 오직 주님께 있음을 고백합니다. 저희들이 주님의 헤아릴 수 없는 은혜가운데 살면서 원망과 불평으로 살아온 죄를 용서하여 주옵소서. 주님의 크신 능력으로, 우리의 마음을 강하게 하시고, 매일 새롭게 말씀을 따라 살게 하여 주옵소서.

저희들이, 매일 주의 은혜를 더욱 사모하게 하시기를 원합니다. 오직 주님께서, 저희의 생각과 마음을 붙잡아 주시어서 거짓과 위선을 버리게 하시고, 진실하게 살게 하여 주옵소서. 오늘도 저희들 주님 앞에 있는 모습 그대로 나아갑니다. 주님의 은혜를 믿고, 나아가오니 저희를 긍휼히 여기시고, 잘못 된 것을 용서하여 주옵소서.

이 시간 저희 자녀들을 위하여 간구합니다. 저희 자녀들 앞에 유혹의 미끼들을 제거해 주시고 진리 안에서 모든 것을 참고 기다릴 줄 아는 인내의 사람으로 성장하게 하여 주옵소서. 자녀들이 살아가는 동안 주님과 동행하는 에녹과 같은 믿음을 주옵소서.

사랑과 은혜가 많으신 예수님의 이름으로 기도합니다. 아멘.

기도가 대화인 것은 그와 이야기하기 때문이다. _빌리 그레이엄

5월 30일

직장생활에 은혜가 있게 하옵소서

여호와가 말하노라 매월 초하루와 매 안식일에 모든 혈육이 내 앞에 나아와 예배하리라
(이사야 66:23)

거룩하신 하나님,
오늘도 직장에 출근하여 일하게 하시니 감사합니다.
이 시간 주님이 찾아오시어서, 고난과 역경이 끊이지 않는 세상을 살아가는 저희들에게 힘과 용기를 주옵소서. 오직 여호와를 앙망하는 자는 독수리의 날개치며 올라감 같을 것이라고 했사오니 저희에게 새 힘을 주시며, 주님을 앙망하며 경외하는 믿음을 허락하여 주옵소서. 간구하기는 우리의 삶이 여호와의 영광을 위하여 드려질 수 있도록 축복하여 주옵소서. 그리하여 영혼이 잘 됨 같이 범사에 잘되고, 강건케 하여 늘 성령 충만하게 하여 주옵소서.
이 시간 직장에서 일할 때에 상처 입은 영혼을 주님의 손길로 치유하여 주시고, 연약한 심령을 강하게 하심으로 담대하게 살게 하여 주옵소서. 주님 앞에 엎드린 우리의 심령을 굽어 살피시고, 상한 갈대를 꺾지 않으시는 귀한 사랑으로 인도하여 주옵소서. 날마다 우리를 향하신 하나님의 뜻을 바로 깨닫게 하시고, 말씀을 묵상 할 때마다, 우리들의 마음이 옥토가 되어서 삼십 배 육십 배 백 배의 열매가 맺혀질 수 있도록 축복하여 주옵소서. 주님의 섬김과 사랑이 저희 안에서 온전히 이루어지게 하여 주옵소서.
사랑과 은혜가 풍성하신 예수님의 이름으로 기도합니다. 아멘.

할 수 없을 만큼이 아니라 할 수 있는 만큼 기도하라. _돔 채프만

6월

내 마음이 겸손하게 하옵소서
내가 당신을 사랑하는 이유 (김은미)

내가 당신을 사랑하는 이유는
당신을 생각만 해도 기분이 좋아지기 때문입니다.
아무리 힘든 일이 생겨도 당신만 생각하면 저절로
힘이 생겨나 이겨낼 수 있기 때문입니다.

내가 당신을 사랑하는 이유는
언제나 따뜻함으로 날 맞아주기 때문입니다.
상처로 얼룩진 마음으로 다가가도
당신의 따뜻함으로 기다렸다는 듯 감싸주기 때문입니다.

내가 당신을 사랑하는 이유는
당신은 내가 그리워하는 것들을 모두 갖고 있기 때문입니다.
넓게 펼쳐진 바다도, 밤하늘에 반짝이는 별도,
아름다운 노래도, 가슴을 울리는 시도
당신의 가슴 속에 가득 채워져 있기 때문입니다.

내가 당신을 사랑하는 이유는
아무런 이유가 없습니다.
어떤 이유를 붙여도 당신을 사랑하는 진정한 의미를
다 표현해 낼 수 없기 때문입니다.

6월 1일 믿음에 부요한 자 되게 하옵소서

또 여호와를 기뻐하라 저가 네 마음의 소원을 이루어 주시리로다 너의 길을 여호와께 맡기라 저를 의지하면 저가 이루시고 네 의를 빛같이 나타내시며 네 공의를 정오의 빛같이 하시리로다 (시편 37:4-6)

은혜가 풍성하신 하나님,
오늘 하루도 믿음으로 시작하게 하시니 감사합니다. 저희들은 연약하여서 늘 넘어지고 쓰러지는 종들입니다. 이 시간 찾아오시어서 오늘 하루도, 넘어지지 않게 하시고 성령으로 충만하게 하시어서 굳건한 믿음으로 승리하게 하여 주옵소서. 무엇보다도 저희들이 믿음에 부요한자가 되게 하시고, 여호수아처럼 어떤 환경에서도 좌로나 우로 치우치지 않게 하시고 오직 여호와 하나님만 바라보고 전진하는 믿음을 주옵소서. 이 시간 간구하오니, 질병으로 인하여 근심 걱정하는 직원들이 있습니다. 오셔서 긍휼히 여기시고 더러운 질병을 고쳐 주옵소서. 38년 된 환우에게 "네가 낫고자 하느냐" 라고 물으신 것처럼 사랑하는 환우가 질병에서 고침 받기 원합니다. 주님의 능력이 임하사 깨끗하게 고쳐 주옵소서. 나사렛 예수의 이름으로 명하노니 깨끗하게 낫게 하여 주옵소서. 이 시간 사랑하는 환우들에게 믿음을 주시고, 하나님의 전능하신 능력이 임하여 건강을 회복하여서 직장에 출근하게 하여 주옵소서. 예수님은 환우들에게 "네 믿음대로 될 지어다. 네 믿음이 너를 구원하였다. 네 자리를 들고 걸어가라" 하신 것처럼 깨끗하게 치유하여 주옵소서. 이 시간 주님을 바라는 저희들에게 영적 건강함을 주옵소서. 또한 지혜도 주옵소서. 믿음에 부요한 자 되게 하여 주옵소시. 부모님에도 건강을 주시고, 자녀들에게도 건강을 주시고, 함께 직장에 출근하는 직원들에게도 건강의 복을 주옵소서.
거룩하신 예수님의 이름으로 감사하며 기도합니다. 아멘.

> 예수 그리스도의 이름으로 기도한다는 것은 우리가 예수 그리스도께서 무한한 예금을 해 놓으신 천국 은행에 가는 것과 같다. _로레이

6월 2일

교회에서 주신 직분을 잘 감당하게 하옵소서

우리가 시작할 때에 확신한 것을 끝까지 견고히 잡고 있으면 그리스도와 함께 참여한 자가 되리라 (히브리서 3:14)

소망으로 인도하시는 하나님,
우리에게 귀한 직책을 주신 것을 감사합니다. 내게 맡겨진 일은 하나님께서 맡겨주신 일임을 믿습니다. 그러므로 하나님께 영광되고, 하나님이 기뻐하는 일을 하게 하여 주옵소서.
믿음이 없이는 하나님을 기쁘시게 못한다고 하였사오니 무슨 일을 하던지 믿음으로 할 수 있는 지혜를 주옵소서. 저희에게 맡겨진 일은 (   )봉사이오니 삯을 받고, 보상을 받으려는 생각이 일어나지 않도록 지켜 주시어서, 맡겨진 직분을 잘 감당하게 하여 나의 믿음이 성장하고, 성품이 변화되게 하여 주옵소서. 그리하여 그리스도의 몸인 교회를 세워서, 온 교회에 기쁨이 넘치게 하여 주옵소서.
저희가 주님의 직분을 잘 감당 할 수 있도록 물질도 주시고, 건강도 주시어서 귀하게 쓰임 받게 하여 주옵소서. 또한 각 기관들을 위하여 기도합니다, 각 기관들이 성장하도록 축복하여 주옵소서. 교회를 이끌어 가시는 목사님을 축복해 주시고, 여러 각 기관을 위해서 일하는 직분 자들에게도 은혜를 주셔서 맡겨진 일에 충성하게 하여 주옵소서. 오늘도 일터에도 복을 주시고 주님의 평강과 은혜가 풍성하게 임하게 하여 주옵소서,
사랑과 은혜가 많으신 예수님의 이름으로 기도합니다. 아멘.

하나님께서 하시는 일은 오로지 기도에 응답하시는 것이다. _요한 웨슬리

6월 3일 — 일할 때 능력을 주옵소서

하나님이여 주께서 우리를 버려 흩으셨고 분노하셨사오나 지금은 우리를 회복시키소서
(시편 60:1)

은혜로우신 하나님,
오늘 하루도 주님과 함께 하루를 시작하게 하시니 감사를 드립니다. 저희들이 하루의 시작과 함께 기도하오니 생활이 복되게 하시고 범사가 주님과 함께 동행하는 삶이 되게 하여 주옵소서.
저희들이 주님을 섬긴다고 하면서도 최선을 다하지 못하고 원망 불평하면서 살아 왔습니다. 이런 저희들을 용서하여 주시고, 이제는 저희들이 주님을 섬길 때에 마음을 다하고, 뜻을 다하고, 몸을 다하여 온전히 섬기게 하여 주옵소서.
저희가 일터에서 일 할 때에, 저희의 생각을 주장하여 주시고, 말하는 것과 결정하는 것이 책임감 있게 일 할 수 있도록 붙들어 주옵소서. 저희들이 직장생활하면서 피곤하여 지칠 때가 많습니다. 그때마다 성령 하나님께서 능력을 주셔서 맡겨진 일들을 잘 감당 할 수 있게 하여 주시고, 진리 안에서 말씀으로 무장된 생활이 되게 하여 주옵소서. 저희들이 가정에서, 일터에서, 어느 곳에서든지, 사람을 만나고 관계를 맺을 때에 사랑과 섬김으로 행할 수 있도록 도와주옵소서.
오늘도, 사람들 속에서 주님의 영광을 드러내기 원합니다. 사람들을 대 할 때에 보내심을 받은 사람으로 살게 하여 주옵소서.
사랑과 은혜가 많으신 예수님의 이름으로 기도합니다. 아멘.

믿음과 기도로 늘어진 손을 올리고 떨리는 무릎을 세우라. 당신은 어느 날 금식하며 기도해본 적이 있는가? 은혜의 보좌를 흔들며 인내로 기다리라. 자비가 주어질 것이다. _요한 웨슬레

6월 4일 범사에 예수를 바라보게 하옵소서

믿음의 주요 또 온전케 하시는 이인 예수를 바라보자 저는 그 앞에 있는 즐거움을 위하여 십자가를 참으사 부끄러움을 개의치 아니하시더니 하나님 보좌 우편에 앉으셨느니라 (히브리서 12:2)

우리를 구원하시는 하나님,
오늘도 저희들을 구원하여 주시니 감사합니다. 이 시간 간구하는 우리의 기도를 받으시고, 저희들이 구하고, 찾고, 두드릴 때 구하는 것이 이루어지게 하여 주옵소서. 아름다운 이 아침에, 저희들의 눈을 열어 주시어서 주님의 세계를 보게 하시고, 주님의 약속을 실천하는 일군이 되게 하여 주옵소서.
저희들이 그리스도인으로서 사업을 하고, 또는 직장에 다닐 때에 하나님의 뜻에 순종하는 일군이 되기 원합니다. 일을 할 때에도 내 힘으로 하지 않고 하나님의 능력으로 일하게 하여 주옵소서. 하나님께 모든 일들을 맡기고 간구하오니, 주님의 명령에 순종하는 직장인, 사업가가 되게 하여 주옵소서. 하나님께서 저희의 사업을 형통하게 하여 주시고, 문을 열어 주시어서 사업을 통하여 하나님의 능력을 경험하게 하여 주옵소서. 일터에서 상처받고 방황하는 직원들이 있습니다. 그들에게 위로와, 소망과, 행복을 주시고, 낙심한 사람이 없게 하시고, 쓰러진 자가 다시 일어나게 하시며, 지친 자가 힘을 얻어 다시 소생하게 하여 주옵소서.
이 시간 간구하오니, 전능하신 능력을 펼쳐서 연약한 몸을 회복하여 주시고, 오늘 하루도 주님의 은혜로 열매를 맺게 하여 주옵소서.
예수님의 이름으로 감사하며 기도합니다. 아멘.

세계를 뒤흔든 거창한 종교개혁은 그 능력이 기도의 밀실에서 나온 것이다. _엘렌지 화잇

6월 5일   종려나무처럼 일어나게 하옵소서

의인은 종려나무 같이 번성하며 레바논의 백향목 같이 발육하리로다 (시편 92:13-14)

은혜로우신 하나님,
지난 하루도 저희들을 붙들어 주시고 인도하여 주시니 감사합니다.
저희들이 직장에서 일 할 때에 맡겨진 사명을 잘 감당하게 하시고, 주님과 동행하는 하루가 되게 하여 주옵소서. 저희들은 직장에서 일 할 때, 어려운 일, 힘든 일, 낙심한 일들을 많습니다. 그때 마다 저희들을 붙들어주시고, 용기를 주시사 다시 든든히 일어서게 하여 주옵소서.
이 시간 간구하오니 저희에게 복된 자녀들을 주셨사오니, 자녀들에게 영육 간에 복을 주옵소서. 그리하여 자녀들이 하나님 앞에서 바른 삶을 살 수 있게 하시고, 하나님 나라와 의를 구하며 살아가는 자녀들이 되게 하여 주옵소서. 자녀들이 결실한 포도송이 같이 열매를 맺어서 약속하신 복을 받게 하여 주옵소서. 또한 저희 가정에도 하나님의 은혜를 주시고, 감사가 넘치게 하여 주옵소서.
저희 자녀들이 가정에서 학교에서 또는 직장에서 어른들을 존중하고, 사회에서도 예의와 도리를 다하는 은혜를 주옵소서. 그리하여 하나님의 영광을 드러내는 자녀들이 되도록 축복하여 주옵소서.
거룩하신 예수님의 이름으로 감사기도 드립니다. 아멘.

우리는 설교하고 멸망할 수 있으나 기도하고 멸망할 수는 없다. _레오날드 레이븐 힐

6월 6일   이 나라와 민족을 기억하옵소서

여호와께서 너를 실족하지 아니하게 하시며 너를 지키시는 이가 졸지 아니하시리로다 이스라엘을 지키시는 이는 졸지도 아니하시고 주무시지도 아니하시리로다 (시편 121:3-4)

사랑의 주님,
오늘은 6월 6일 현충일입니다. 나라를 위해서 목숨을 바쳐, 희생하신 분들을 기억하는 날입니다. 그들이 나라와 민족을 위해서 희생하셨기에 이 나라와 민족이 자유를 얻어서 발전하고 있사오니 그들의 정신을 잃지 않게 하여 주옵소서. 나라와 민족을 위해서 희생한 순국선열들을 기억하여 주시고 그들의 정신을 영원히 기억하게 하여 주옵소서. 오늘은 현충일을 맞이하여, 나라를 위하여 목숨을 바친 선열들을 기억하시고, 그분들이 있었기에 오늘의 조국이 이어져 내려올 수 있습니다. 그분들의 나라사랑하는 마음을 본받게 하여 주시고, 그들의 유족들을 기억하여 주옵소서.

사랑의 주님. 그들의 희생이 오늘 선한 열매를 맺었사오니, 희생의 열매를 잊지 않게 하시고 국민 한 사람, 한 사람, 모두가 그 정신을 기억하고 나라와 민족을 사랑하게 하여 주옵소서. 이 시간 간구합니다. 6·25전쟁에서, 월남전에서 고엽제로 인하여 고통스러워하는 환우들을 기억하시고, 나라와 민족을 위하여, 국방의 의무를 다하다가 희생하신 분들에게, 위로와 용기를 주시어서 그들의 삶에 어려움이 없게 하여 주옵소서. 또한 국방에서 복무하는 군인들과, 수많은 애국지사와 원호 가족들에게 위로와 은혜를 베풀어 주옵소서. 그들의 고귀한 희생이 헛되지 않도록 우리 민족을 지켜 주옵소서.

예수 그리스도의 이름으로 기도 드립니다. 아멘.

승리는 강단에서 총알 같은 지성이나 재담을 하는 것으로 얻어지는 것이 아니라 기도의 골방에서 얻어진다. 승리는 설교자의 발이 강단에 들어가기 전에 판가름이 난다. _레오날드 레이븐 힐

6월 7일 — 성령으로 충만하게 하옵소서

> 소망의 하나님이 모든 기쁨과 평강을 믿음 안에서 너희에게 충만케 하사 성령의 능력으로 소망이 넘치게 하시기를 원하노라 (로마서 15:13)

인자와 성실이 풍성하신 하나님,
오늘 하루도, 진리의 말씀으로 인도하여 주시니 감사드립니다. 사랑의 주님, 우리의 마음속에 세속적이고, 정욕적인 찌꺼기들을 씻어주옵소서. 두터운 죄악의 먼지들을 털어내어 주옵소서. 특별히 우리 자녀들이 진리 위에 굳게 서게 하여 주옵소서. 돈 많은 한 청년이 예수님을 찾아 왔다가 안타깝게도 세상의 물질을 품은 채 구원을 등지고 주님을 떠난 것처럼 되지 않게 하여 주옵소서. 물질과 명예와 세상의 좋은 것들을 온전히 지배할 수 있는 능력을 주옵소서. 보고 듣는 것은 물론, 감각적으로 유혹받기 쉬운 세상에서 보석처럼 빛나는 믿음을 자녀들에게 주옵소서.

사랑의 주님, 오늘 하루도 주님의 뜻을 먼저 생각하게 하시고, 세속적인 것을 이기며 살게 하여 주옵소서. 사랑의 주님, 하나님께서 이 죄인을 사랑하여 주심을 감사합니다. 하루, 하루의 생활이 보람되게 하시고, 일마다 때마다 함께 하여 주시고, 생활이 복을 받게 하시며, 하나님이 기뻐하시는 생각을 하고, 하나님이 기뻐하시는 말을 하고, 하나님이 기뻐하시는 행동을 하게 하여 주옵소서. 저는 성공한 직장인이 되기 전에 하나님께 온전히 순종하는 자녀가 되기를 원합니다. 그리하여 더 많은 영혼들을 예수께로 인도하게 하여 주옵소서.
사랑이 많으신 예수님의 이름 기도합니다. 아멘.

설교를 많이 하는 사람일수록 기도를 많이 해야 한다. 기도의 장수가 설교의 장수를 결정한다. 가벼운 기도는 가벼운 설교를 낳을 것이다. 기도는 설교를 강하게 하고 넘치는 사랑과 흡인력을 갖게 한다. _이 엠 바운즈

6월 8일 — 말씀에 붙잡히게 하옵소서

무리를 둘러보시고 그 사람에게 이르시되 네 손을 내밀라 하시니 저가 그리하매 그 손이 회복된지라 (누가복음 6:10)

전능하신 하나님,
오늘도 우리와 함께 하시고 사랑으로 인도하여 주시니 감사합니다. 저희들이, 날마다 하나님을 찬양하게 하시고, 주님의 영광을 드러낼 수 있도록 인도하여 주옵소서. 이 시간 간구하오니 저희들에게 한없는 복을 주시고, 병약한 몸을 고쳐주시며, 모든 절망적인 상황을 잘 극복하여 열매 맺는 생활이 되게 하여 주옵소서. 특별히 저희 회사를 이끌어가는 사장님을 기억하여 주시고, 회사를 잘 경영하여서 많은 수익을 창출하게 하시며, 사원들의 복지를 잘 세워주심으로 직원들이 안정적인 직장생활을 할 수 있게 하여 주옵소서.
우리 가정을 위해서 기도합니다. 저희 가정이 노아의 방주처럼 구원의 방주가 되게 하여 주시고, 잃어버린 영혼들을 찾는 그물들이 되게 하여 주옵소서. 주님을 알지 못하는 사람들을 주님께 인도하며, 주님의 음성듣기를 목말라하는 사람들의 갈증을 해갈하는 성령 충만한 가정이 되게 하여 주옵소서. 저희 자녀들이 세상에 나아가 작은 불꽃이 되게 하시어서, 주님의 인도하심에 따라 사용되는 능력의 도구가 되게 하여 주옵소서. 간절히 간구하오니 저희들에게 은혜를 주셔서 직장생활에서 인간관계를 잘 할 수 있도록 좋은 성품도 주시고, 좋은 언어도 주셔서, 대인관계가 원만하게 하여 주옵소서.
예수님의 이름으로 감사하며 기도합니다. 아멘.

> 두 손을 모으는 것은 세상을 새롭게 하는 행동의 시작이다. _칼 바르트

6월 9일 엄마를 축복하여 주옵소서

주의 구원의 즐거움을 내게 회복시키시고 자원하는 심령을 주사 나를 붙드소서 (시편 51:12)

사랑의 많으신 하나님,
우리를 눈동자처럼 지켜주시고 보호하여 주시니 감사합니다. 특별히, 저희 자녀들이 복음 안에서 살아 갈수 있도록 은혜를 내려 주옵소서.
이 시간 하나님의 은혜를 사모하는 저희들이, 믿음으로 소망을 더욱 든든히 하여서 성령 충만한 사람이 되게 하여 주옵소서.
저희들, 일터에서 일 할 때에 받은 스트레스를 말끔히 씻어주시고, 사랑해야 할 사람들 사이에 긴장과 갈등이 쌓이지 않도록 지켜 주옵소서. 서로 행복을 가득 담아, 서로 감사하면서 살아가는 사랑의 마음을 주옵소서.
우리가 주님과 하나된 것처럼, 직장에서나, 교회에서나, 가정 안에서, 서로 하나가 되어서 주님 안에서 행복한 삶을 살게 하여 주옵소서. 주님의 은혜로 하루를 마치고, 가족을 만나는 저녁에도 저희 가족을 사랑하여 주시사 가족 간에 아름다운 대화를 나누게 하여 주옵소서. 가정을 위하여 수고하는 엄마에게도 건강을 주시고, 지혜를 주시어서 어려운 경제를 솔로몬의 지혜를 가지고 잘 이끌어가게 하여 주옵소서.
예수님의 이름으로 감사하며 기도합니다. 아멘.

기도는 영적 생명의 맥박이다. _앤드류 머레이

6월 10일

낙심하지 말고
기도하게 하옵소서

우리가 사방으로 우겨쌈을 당하여도 싸이지 아니하며 답답한 일을 당하여도 낙심하지 아니하며 (고린도후서 4:8)

복에 복을 더 하시는 하나님,
이 아침에 마음껏 호흡하게 하시니 감사합니다. 저희들, 늘 하나님의 사랑과 은혜를 생각할 때, 만입이 있어도 감사를 다 표현할 길 없으며, 바다를 먹물 삼아도 그 사랑과 은혜를 다 쓸 수 없음을 고백합니다. 이제, 우리의 영혼이 날마다 새 노래로 주님을 찬송하오니 받아 주옵소서. 주님께서 우리를 위해 이루시고 행하신 모든 일들이 우리에게는 기적임을 고백합니다. 자력으로는 결코 이룰 수 없는 일들이었음을 주님의 능력으로 이루어주시어서 열매 맺게 하시고, 하나님의 자녀로 살게 하였사오니 우리 안에서 감사와 찬송이 떠나지 않게 하여 주옵소서.

하나님의 은혜로, 저희들이 하나님의 자녀 된 것은 물론이고, 우리의 가정, 가족들의 계획과 성취, 어느 것 하나 우리 자신들의 지혜로 된 것이 없음을 고백합니다. 거룩하신 주님의 손길로 이루어 진 것을 고백합니다. 사랑의 주님, 우리의 영혼이 날마다 주님을 의지하며, 주님을 찾으며, 주님을 바라봅니다. 허물 많은 저희들을 버리지 않으시고, 멸시하지 않으시며, 좋은 것으로 만족하게 하심을 감사합니다. 모든 것들을 하나님의 발 앞에 내려놓으니, 더욱더 주님께 감사하며 살게 하여 주옵소서.
예수님의 이름으로 감사하며 기도합니다. 아멘.

가장 위대한 유산은 기도를 물려주는 것이다. _이블린 크리스텐슨

6월 11일

끝까지 인내하고
기도하게 하옵소서

마음의 경영은 사람에게 있어도 말의 응답은 여호와께로서 나느니라 (잠언 16:1)

인생을 주관하시는 하나님,
오늘 하루도 하나님의 뜻을 알고 따르며 살게 하시니 감사합니다.
우리 연약함으로 인하여 우리 스스로 분쟁할 때마다 성령님께서 우리에게 말씀의 검을 들려주시고, 믿음의 방패를 주옵소서. 말씀으로 내 안에 있는 불신을 버리고, 잘 못된 육체의 소욕을 이기게 하여 주옵소서.
우리의 영혼을 새롭게 하여 주셔서, 버릴 것은 과감히 버리며, 마땅히 해야 할 것은 적극 추구하는 영적 분별력을 갖게 하여 주옵소서. 저희들에게 영적 분별력을 주시어서 유혹을 이기게 하여 주시고, 믿음으로 승리하게 하여 주옵소서.
날마다 나 자신을 부인하면서 십자가를 지고, 맡겨진 사명을 잘 감당하여 은혜 받는 겸손한 영혼이 되게 하여 주옵소서. 선택의 기로에서 말씀이 잘 생각나게 하시고, 말씀 편에 굳게 서서, 영혼이 잘됨같이 범사가 잘 되고, 몸도 건강하게 하여 주옵소서. 저희들이 주님의 말씀에 순종함으로 성읍에서도 복을 받고 들에서도 복을 받게 하여 주옵소서.
예수님의 이름으로 감사하며 기도합니다. 아멘.

기도를 배우는 시간은 위기가 발생했을 때가 아니라 바로 지금이다. _조지 브랜들리

6월 12일   행사를 주님께 맡기게 하옵소서

너의 행사를 여호와께 맡기라 그리하면 너의 경영하는 것이 이루리라 (시편 16:3)

생명의 복을 주시는 하나님,
오늘 하루도 주님의 은혜로 가운데 살게 하시니 감사를 드립니다. 우리가 세상의 빛이요 소금으로서 생활 속에서 주님을 증거하며 살도록 불러 주시니 감사합니다. 그러나 주님의 제자 됨을 알면서도, 주님의 기대에 미치지 못하는 삶을 살아가고 있습니다. 이 시간 저희들에게 찾아오셔서 능력을 주시고 새 힘을 주시어서 생활의 열매를 맺게 하여 주옵소서. 저희들이 주님의 이름을 빛내며 살도록 인도하여 주옵소서.

간구하기는 저희 가정에 참된 평화를 주시고, 직장에서 일하는 모든 동료 직원들에게도 주의 복을 내려 주옵소서. 그리하여 주님으로 말미암아 들어가도 나가도 복을 받게 하여 주옵소서. 여기까지 저희들을 붙들어 주심을 감사합니다.

이 시간 저희들이 복음을 전하는 전도자가 되게 하여 주옵소서. 지금까지 열심히 신앙생활은 하고 있지만 전도의 열매가 없습니다. 구하오니 전도 할 대상자를 만나게 하시어서 전도 할 수 있게 하여 주옵소서. 추수 할 것은 많으니 일군이 부족하다고 하였사오니 저희에게 전도 할 대상자를 주시어서 전도의 열매를 맺게 하여 주옵소서. 올해에는 전도하는 일군이 되게 하여 주옵소서.

거룩하신 예수님의 이름으로 감사하며 기도합니다. 아멘.

> 기도는 하늘의 권능을 땅으로 가져오는 통로다. _오 할레스비

6월 13일 — 견고한 믿음을 주옵소서

그리스도는 그의 집 맡은 아들로 충성하였으니 우리가 소망의 담대함과 자랑을 끝까지 견고히 잡으면 그의 집이라 (히브리서 3:6)

알파와 오메가가 되시는 하나님,
저희들이, 날마다 깨어있는 믿음으로 살게 하시니 감사를 드립니다. 이 시간 저희들에게 영안을 열어 어디에서나 주의 음성을 듣게 하여 주옵소서. 그리하여 저희들의 믿음의 현주소를 알게 하시고, 주님의 부르심에 순종하는 사람이 되게 하여 주옵소서.
언제나 주님 앞에 나아 갈 때 은혜의 기회를 놓치지 않게 하여 주옵소서. 오늘 하루도 주님의 부르심에 응답하는 하루가 되게 하시고, 말씀으로 힘을 얻어서 승리하게 하여 주옵소서. 오늘도 저희 자녀들을 복되게 하시고, 주님의 품안에서 성장하게 하시니 감사드립니다. 자녀들에게 지혜와 명철을 주시고 비전 있는 생활이 되게 하시고, 기도하는 것들을 이루게 하여 주옵소서. 그 비전이 자신의 육신을 위한 것이 아니라, 마땅히 하나님의 자녀로서의 삶에 대한 비전이 되게 하여 주옵소서.
오늘도 주님의 음성을 듣게 하시고, 내가 여기 있나이다 라고 대답할 수 있도록, 열정을 주옵소서. 이 시간 저희 부모님을 기억하여 주옵소서. 하나님의 사랑을 입게 하시고, 몸과 마음이 강건하게 하시고, 하나님을 기쁘시게 해드리는 부모님이 되게 하여 주옵소서. 주님의 이름으로 부모님을 축복하오니 복을 내려 주옵소서.
사랑이 많으신 예수님의 이름으로 감사하며 기도합니다. 아멘.

기도는 영혼의 방패요, 사단을 향한 채찍이다. _존 번연

6월 14일

하나님의 은혜를 사모하게 하옵소서

나 여호와가 말하노라 너희를 향한 나의 생각은 내가 아나니 재앙이 아니라 곧 평안이요 너희 장래에 소망을 주려 하는 생각이라 (예레미야 29:11)

역사를 주관하시는 하나님,
오늘도, 온 우주를 주장하시고 인도하시는 주님께 감사를 드립니다. 저희들, 한 사람 한 사람의 삶도 하나님의 오묘하신 경륜 속에 다스림을 받게 하시니 감사를 드립니다. 우리가 계획한 것을 마음으로 도모하였으나, 결국 일을 주관하시고, 결과를 이루신 분은 전능하신 하나님이심을 믿습니다. 우리로 하여금 하나님의 자녀 됨의 긍지와 담대함을 잃지 않게 하여 주옵소서. 하나님의 자녀 됨의 본분을 수행하기에 부족함이 없게 하여 주옵소서. 하나님을 두려워한, 히브리 산파들의 경건함과 행함이 수반된 산 믿음을 배우게 하시고, 그들처럼 하나님을 두려워하는 믿음을 허락하여 주옵소서. 극한 상황 속에서 하나님을 경외하고, 택함을 받은 신분을 저버리지 않은 산파들처럼 담대한 믿음을 주옵소서.
우리가 일상생활 속에서 하나님의 뜻을 따라 행하도록 굳건한 믿음을 주옵소서. 하나님의 뜻을 거스리는 어떤 세력도 하나님의 주권을 침해할 수 없음을 믿습니다. 오히려 베푸시는 은혜로 우리가 번성하고, 강해지며, 왕성하게 됨을 믿습니다. 혹시 허약해진 자녀들이 있으면, 이 믿음 안에서 평강을 누리게 하여 주옵소서. 하나님께서 저희에게 산업을 주시고, 그 사업을 통해 하나님의 나라를 세우도록 하였사오니 만나는 사람들에게 축복의 통로로 사용하여 주옵소서.
예수님의 이름으로 감사하며 기도합니다. 아멘.

기도하는 한 사람이 기도하지 않는 한 민족보다 강하다. _존 낙스

6월 15일 낙심하지 않고 승리하게 하옵소서

내 영혼아 네가 어찌하여 낙망하며 어찌하여 내 속에서 불안하여 하는고 너는 하나님을 바라라 나는 내 얼굴을 도우시는 내 하나님을 오히려 찬송하리로다 (시편 43:5)

긍휼이 풍성하신 하나님,
이 아침에도 우리를 부르시며, 새롭게 하시고, 주님의 은혜 안에 살게 하시니 감사합니다. 저희들이 주님의 말씀 앞에 주저하거나, 망설이거나, 뒷걸음질 치지 않도록 지켜 주옵소서. 그리하여 주님 앞에, 어리석게 살지 않도록 마음을 지켜주옵소서. 우둔해진 우리의 영혼을 지혜롭게 하여 주옵소서.
저희들이 빛이 되지 못하고 빛과 소금됨을 잘 감당하지 못했습니다. 용서하여 주시고, 복음의 능력으로 무장되어서 그리스도의 용사로 살게 하여 주옵소서. 이 시간 간구하기는, 저희들을 흠 없게 하시고, 온 세상에 복음을 드러내는 일군이 되게 하여 주옵소서. 저희가 하는 사업을 축복하여 주시어서 사업이 번성하게 하시고, 주의 손이 함께하여 형통하게 하여 주옵소서. 우리 가족을 위해 일하는 부모님의 일터가 복되게 하시고, 건강의 복과 물질의 복을 허락하여 주옵소서. 저희가 사업을 할 때에 인간적인 방법으로 하지 않게 하시고, 주님이 주시는 순리대로 사업을 하여 확장되게 하여 주옵소서.
사랑이 많으신 예수님의 이름으로 감사하며 기도합니다. 아멘.

기도는 오로지 선물로 받을 수 있는 것이면서도 진지한 수고를 요구한다. _헨리 나우웬

6월 16일

새 힘을 주옵소서

하나님께서 그 밤낮 부르짖는 택하신 자들의 원한을 풀어 주지 아니하시겠느냐 저희에게 오래 참으시겠느냐 내가 너희에게 이르노니 속히 그 원한을 풀어 주시리라 그러나 인자가 올 때에 세상에서 믿음을 보겠느냐 하시니라 (누가복음 18:7-8)

사랑과 은혜가 풍성하신 하나님,
오늘도 부족한 저희들에게 은혜를 주시니 감사합니다. 저희들은 부족하고 연약하오니 이 시간 찾아오셔서 주님의 사랑과 은혜로 이끌어주시고, 감사하면서 살게 하여 주옵소서.
이 시간 하나님께서 채워주시는 영적 지혜를 우리에게 충만하게 하여 주옵소서. 바라기는 이웃과 말할 때, 주님의 말을 하는 것 같이 하여서, 스스로 패망을 자초하지 않도록 지켜 주옵소서. 또한 이웃의 마음에 상처 주지 않도록 지켜 주옵소서. 비록 비난과, 핍박과, 멸시가 있을지라도 조급하게 판단하지 않고, 오직 하나님의 감동하심을 따라, 말하게 하여 주옵소서. 직장이나, 사업 현장에서 우리가 주님을 섬기는 종의 자세를 잃지 않게 하여 주옵소서. 하나님의 자녀요, 주님의 제자인 신분을 망각하지 않고, 겸손하며 충성하게 하여 주옵소서.
우리의 감정을 다스려 주옵소서. 쉽게 분노하는 우리의 거친 마음을 불쌍히 여기시고, 너그러운 마음이 되도록 인도하여 주옵소서. 나보다 남을 낫게 여기며, 스스로 낮아지게 하여 주옵소서. 오직 하나님만 의지하며, 하나님을 따라 말하고, 생각하고, 행동하며, 항상 안전한 길을 가게 하여 주옵소서. 자녀들의 건강을 지켜주시고, 이웃과의 관계도 원만하게 하여 주옵소서.
예수님의 이름으로 감사하며 기도합니다. 아멘.

나는 오늘 해야 할 일이 많기 때문에 기도하기 위해 한 시간 더 일찍 일어난다. _마틴 루터

6월 17일 낙심하지 말고 기도하게 하옵소서

우리가 선을 행하되 낙심하지 말지니 피곤하지 아니하면 때가 이르매 거두리라 (갈라디아 6:9)

전능하신 하나님,
오늘 하루도, 주님의 은혜 안에 살게 하시고 하나님의 측량할 수 없는 은혜 안에 살게 하시니 감사합니다.
이 시간 하나님께서 부족한 종을 축복하여 주옵소서. 또한 부족한 종의 가정과 자녀들에게도 복을 주옵소서. 우리에게는 사람과 사건의 광풍에 항상 노출되어서 살아야 하는 나약한 존재입니다. 그러나 주님께서 우리와 함께하시며, 안전한 길로 인도하여 주시니 감사를 드립니다.
이 시간 사업의 광풍, 건강의 광풍, 가족 간에 겪는 광풍으로 인하여 힘들어하는 직원들이 있다면, 붙들어 주시어서 마음의 평화를 누리게 하여 주옵소서. 오직 믿음으로 승리하게 하시고 범사에 형통하여 평강을 누리게 하여 주옵소서.
사랑의 주님, 저희들이 다른 사람보다 똑똑해서, 잘나서, 또 열심히 일해서 성공한 줄 알고 자만하지 않게 하시고 오직 주님의 은혜로 되었사오니 교만하지 않게 하여 주옵소서.
예수님의 이름으로 감사하며 기도합니다. 아멘.

기도는 하나님의 심정에 이르게 하는 것이다. _제레미 테일러

6월 18일 — 끝까지 기도하게 하옵소서

> 우리가 사방으로 우겨 쌈을 당하여도 싸이지 아니하며 답답한 일을 당하여도 낙심하지 아니하며 핍박을 받아도 버린바 되지 아니하며 거꾸러뜨림을 당하여도 망하지 아니하고 우리가 항상 예수 죽인 것을 몸에 짊어짐은 예수의 생명도 우리 몸에 나타나게 하려 함이라 (고린도후서 4:8-10)

생명의 근원이 되시는 하나님,
새로운 하루를 시작하게 하시니 감사합니다.
한 주간을 기도하면서 시작하게 하시고, 불꽃같으신 눈으로 지키시고 보호하셔서, 오늘도, 주님 안에서 형통하게 하시니 감사합니다. 온 세상을 한 눈에 보시고, 동시에 우리 마음도 보시는 주님을 의지하오니 우리를 지켜 주옵소서.
사랑의 주님, 우리가 주님의 마음을 기쁘게 해드리는 믿음을 주옵소서. 우리의 생활 현장에서 영적인 믿음의 눈을 열어 주옵소서.
이 시간 간구하기는 주님의 이름으로 부모님을 축복합니다. 연로하신 아버지는 아버지대로, 어머니는 어머니대로 여호와 앞에서 즐겁게 지내시도록 복을 더하여 주옵소서. 평생 땀을 흘리며 수고의 삶을 살아오셨으니 평안을 누리게 하여 주옵소서. 하나님의 품에서 평안을 누리게 하여 주옵소서. 그리하여 우리 가족을 인도하신다는 것을 확실히 알게 하시고, 믿음으로 든든히 서는 가정이 되게 하여 주옵소서. 저희들이 직장인으로서, 하나님의 자녀로 구별된 삶을 살게 하여 주옵소서.
예수님의 이름으로 감사하며 기도합니다. 아멘.

진정한 기도는 입술의 말이 아니라 마음 자세에 있다. _어니스트 티틀

6월 19일 의로운 손으로 붙들어 주옵소서

두려워 말라 내가 너와 함께 함이니라 놀라지 말라 나는 네 하나님이 됨이니라 내가 너를 굳세게 하리라 참으로 너를 도와주리라 참으로 나의 의로운 오른손으로 너를 붙들리라
(이사야 41:10)

은혜로우신 하나님,
오늘 하루도 주의 사랑으로 인도하여 주시니 감사합니다. 저희들이 주 앞에서 향기로운 제물이 되어서 우리 자신을 드리는 하루가 되게 하여 주옵소서.
간구하오니 저희가, 주의 뜻을 따라서, 하나님을 더 사랑하게 하시고, 몸과 마음이 깨끗하여져서 온전하신 주님을 따라감으로 때를 따라서 많은 열매를 맺게 하여 주옵소서. 저희들을 좁은 길, 진리의 길을 가게 하시지만, 저희는 언제나 넓은 길을 가다가, 세속적인 것들과 쉽게 타협하는 사람들입니다.
이 시간 저희들을 너그럽게 용서하여 주옵소서. 우리를 불쌍히 여기시고, 하나님의 기뻐하는 사람이 되어서 가정과 가족, 내 이웃을 사랑하는 자가 되게 하여 주옵소서. 이 시간 간구하오니, 저희들의 직장과 사업장을 축복하여 주시고, 많은 열매를 맺게 하여 주옵소서. 사업이 번성하게 하시고, 때를 따라서 많은 열매를 맺도록 은혜를 베풀어 주옵소서.
저희가 하나님의 영광을 드러내기 원합니다. 주님께서 저희들에게 열매 맺는 생활이 되도록 매순간마다 인도하여 주옵소서.
예수님의 이름으로 감사하며 기도합니다. 아멘.

기도는 하나님의 은혜와 능력이 가득 쌓여 있는 창고 문을 여는 열쇠다. _R. A. 토리

6월 20일 — 아름다운 삶을 살게 하옵소서

> 야베스가 이스라엘 하나님께 아뢰어 가로되 원컨대 주께서 내게 복에 복을 더하사 나의 지경을 넓히시고 주의 손으로 나를 도우사 나로 환난을 벗어나 근심이 없게 하옵소서 하였더니 하나님이 그 구하는 것을 허락하셨더라 (역대상 4:10)

우리의 반석이신 사랑의 주님,
오늘 하루도 흔들리지 않고 산 소망이신 주님을 바라보고 살게 하시니 감사합니다. 저희들, 세상에 있는 것들을 의지하지 않도록 붙들어 주옵소서. 우리의 영혼을 튼튼하게 하여 주시고, 주의 성산을 바라보면서 주의 신실한 믿음을 가지고 살게 하여 주옵소서. 저희들이 일하는 곳과 생활하는 현장이 주의 성산이 되어서, 우리의 영혼이 산제사로 드리는 삶이 되게 하여 주옵소서. 오늘 하루도 살아계신 주님을 높일 수 있게 하시고, 성령께서 거하시는 거룩한 성전인 이 몸으로 주님을 영화롭게 해드리게 하여 주옵소서. 또한 저희들이 하나님과 사람에게 정직하게 살게 하여 주옵소서.

이 시간 간구하기는, 우리 마음이 진실을 잃고, 허위에 차지 않게 하여 주옵소서. 이웃을 사랑을 하며, 허탄한 것을 즐기지 않게 하여 주옵소서. 공의를 덮고 그릇된 판단을 하지 않게 하여 주옵소서. 또한 하나님 앞에 서원한 것은 성실히 지키게 하여 주옵소서. 우리의 결단이 흔들리지 않도록 마음을 붙들어 주옵소서. 오늘 하루도 주 안에 거하므로 요동치 않는 삶을 이루게 하여 주옵소서. 저희들이 오늘 하루도 동료들과 즐거운 분위기 속에서 일할 수 있게 하시고, 유혹되기 쉬운 세상의 술수를 따르지 않게 하시며 오직 성령을 좇아 주의 율례를 따라 행하게 하여 주옵소서.
예수님의 이름으로 감사하며 기도합니다. 아멘.

아침 기도는 은혜와 축복의 열쇠요, 저녁 기도는 안전과 보호의 자물쇠다. _존 번연_

6월 21일

감사함으로 그 문에 들어가게 하옵소서

오직 그를 견책하는 자는 기쁨을 얻을 것이요 또 좋은 복을 받으리라 (잠언 24:25)

만물을 주관하시는 거룩하신 하나님,
오늘 하루도 일할 수 있는 직장주심을 감사를 드립니다. 우리가 직장에서 매일 만나는 사람들을 대 할 때에 슬기롭게 하여 주시고, 하나님의 지혜를 깨닫게 하시고, 주님의 말씀을 따라서 살게 하여주옵소서. 저희들은 주님께서 택하신 자녀들이오니, 세상에서 해를 받지 않도록 특별한 섭리로 붙들어 주옵소서. 잃어버린 양 한 마리를 소중히 여기시며, 하나님의 자녀 된 우리들을 사랑해 주심을 감사합니다.

사랑의 주님, 이 시간도 저희들을 붙들어 주시고, 우리가 하나님의 자녀 됨을 굳게 지켜나갈 수 있도록 인도하여 주옵소서. 저희들이 주님의 말씀을 따라서 살아갈 때에 날마다, 겸손하게하시고, 교만하지 않도록 우리의 삶을 지켜 주옵소서. 그리하여 저희들이 하나님을 경외하며, 좋은 사람들과 대화하게 하시고, 좋은 정보를 소유하게 하여 주옵소서. 특별히 우리가 지혜로운 사람이 되어서, 성숙한 자녀로 살기에 부족함이 없도록 축복하여 주옵소서. 불확실한 하루를 시작하는 저희들이, 주님을 바라볼 때마다, 새 힘을 얻고 주님을 기쁘시게 하는 믿음을 더하여 주옵소서. 사랑의 주님, 오늘도, 직장생활이 어렵지 않도록 넉넉한 마음을 주시고, 바른길로 인도하여 주옵소서.
사랑이 많으신 예수님의 이름으로 기도드립니다. 아멘.

나는 어려울 때마다 무릎을 꿇고 기도한다. _에이브러험 링컨

6월 22일 — 지혜와 총명을 주옵소서

더러는 좋은 땅에 떨어지매 어떤 것은 백 배, 어떤 것은 육십 배, 어떤 것은 삼십 배의 결실을 하였느니라 (마태복음 13:8)

은혜로우신 하나님,
주님께서 저희들에게 베풀어주시는 은혜를 감사드립니다. 오늘도 저희들이 하나님의 뜻에 부응하면서 살게 하여 주옵소서. 매일, 결심하고 다짐한 바를 실천하며 살도록 붙들어 주옵소서. 오늘도 하나님의 말씀을 대 할 때마다, 저희들은 길가처럼 굳어지고, 돌밭처럼 뿌리를 내리지 못하며, 잡초가 무성하여 성장을 멈춘 심령임을 고백합니다.

이 시간 우리의 묵은 땅을 부드럽게 갈아엎을 수 있게 하여 주옵소서. 더러운 것들을 성령의 불로 태워 주시고, 성령의 바람으로 생명력이 넘치는 정신력을 주옵소서. 그리하여, 우리가 계시된 말씀대로 행할 수 있게 하여 주옵소서. 돌밭 같고, 가시떨기와 같은 우리의 마음을 옥토가 되게 하여 주옵소서.

간구하기는, 힘을 잃은 영혼, 균형을 잃은 건강에 생명력을 불어 넣어 주옵소서. 또한 하나님의 은혜를 바라는 저희들에게 형통함을 더하여 주옵소서.

이 시간 저희 자녀들을 축복하여 주시고, 학업에서나, 직장에서나, 인정받게 하시고 행복한 자녀들이 되게 하여 주옵소서. 또한 자녀들에게 좋은 은사를 주시어서 주님을 기쁘시게 하는 삶을 살게 하여 주옵소서.

사랑이 많으신 예수님의 이름으로 감사하며 기도합니다. 아멘.

> 하나님은 더 많은 인내와 더 많은 경험과 더 많은 사랑과 소망을 주기 위해 우리를 기도라는 응접실로 초대하신다. _세실

6월 23일

나를 붙들어 주옵소서

구하라 그러면 너희에게 주실 것이요 찾으라 그러면 찾을 것이요 문을 두드리라 그러면 너희에게 열릴 것이니 (마태복음 7:7)

온 우주 만물을 다스리시는 사랑의 주님,
오늘 하루도 주님 안에서 복된 하루를 시작하게 하시니 감사합니다.
이 시간 저희들에게 은혜를 더하여 주시어서 주님의 다스림을 받는 사람이 되게 하여 주옵소서. 그리하여 직장에서 어리석은 자랑을 하지 않게 하시고, 온전하신 하나님의 섭리를 믿음으로 감사하면서 살게 하여 주옵소서.
간구하기는, 저희들이 세속적인 삶을 살지 않게 하시고 날마다 겸손하여 자신의 완벽을 버리고 온전히 주님을 의지하면서 살게 하여 주옵소서. 또한 소유가 자신의 지혜에 있지 아니함을 알게 하여 주시고, 주는 자 되게 하여 주옵소서.
우리의 자랑이 하나님 앞에서는 얼마나 어리석은 것인가를 알게 하여 주옵소서. 우리로 하여금 마귀의 올무에 걸리지 않게 하시고, 오직 하나님의 은혜 안에서 참 자유를 누리게 하여 주옵소서. 그리하여, 믿음 안에서 겸손하며, 주님의 은혜 안에 든든히 서게 하여 주옵소서. 온전히 살아계신 하나님만 높이게 하여 주옵소서.
예수님의 이름으로 감사하며 기도합니다. 아멘.

배교는 일반적으로 밀실의 태만에서 시작된다. 하나님과 비밀한 교제를 많이 갖도록 하라. 이것은 기독교인을 윤택케 하는 비밀 거래 방법이다. _빌립 헨리

6월 24일   할 수 있는 힘을 주옵소서

내게 능력 주시는 자 안에서 내가 모든 것을 할 수 있느니라 (빌립보서 4:13)

우리의 즐거움이 되시는 하나님,
저희들에게, 평안을 주시니 감사합니다. 세상은 요란하고, 시기하고, 다투고, 자랑하며, 진리를 대적하여 두렵게 합니다. 그러나 주님은 저희들이 안전한 길 가게 하시니 감사합니다. 이 아침에 자신을 조용히 돌이켜 보며, 믿음으로 하루를 시작합니다. 저희들은 날마다 굳세게 서려고 하지만, 믿음이 없어서 바르게 서지 못하고 넘어 질 때가 많습니다.
이 시간 저희의 믿음 없는 것을 불쌍히 여기시고 성령으로 충만하게 하여 주옵소서. 저희들, 무엇을 하던지 바르게 생각하고, 바르게 말하고, 바르게 행하려고 하지만, 때때로 유혹에 빠져서 넘어지기도 합니다. 이런 저희들을 긍휼히 여겨 주옵소서.
이 시간 저희들에게 굳건한 믿음을 주시고 주님이 주시는 성결함과, 화평함과, 너그러움과, 양순함과, 긍휼함을 따르며 행하는 지혜로운 종이 되게 하여 주옵소서. 저희의 관심은 성령이 충만하여 스데반처럼 세상을 이기며, 노아처럼 하나님께 붙들리어 에녹과 같이 동행하는 것입니다. 저희가 하나님이 기뻐하는 사람으로 변하여 주님께 영광을 돌리는 사람이 되게 하시고, 일터에서, 사람을 대 할 때에, 좋은 얼굴과 성품으로 최선을 다하여 대면하게 하여 주옵소서. 간구하기는 저의 일터를 축복하여 주시사, 주님이 주시는 복을 받게 하여 주옵소서.
예수님의 이름으로 감사하며 기도드립니다. 아멘.

참된 기도는 진심과 순수함을 요구한다. _레너드 레이븐 힐

6월 25일 — 열방을 유업으로 주옵소서

내게 구하라 내가 열방을 유업으로 주리니 네 소유가 땅 끝까지 이르리로다 (시편 2:8)

존귀와 영광을 받으시는 하나님,
지금까지 우리민족을 인도하여 주시고 붙들어주시니 감사합니다. 지나온, 우리 민족의 과거를 보면 수많은 어려움이 많았습니다. 민족상잔의 아픔 속에서 유일한 분단국가로 살아가고 있습니다. 6.25의 전쟁으로 인하여 남북이 갈라져서 이산의 아픔을 겪으면서, 아픔을 치유하지 못하고 서로 대립하면서 살고 있습니다. 우리 민족을 불쌍히 여겨 주셔서 이 민족에게 전쟁이 사라지게 하시고, 남북이 화해하며 통일의 그날이 오게 하여 주옵소서.

이 땅에 하나님께서 주신 경제적인 부를 남용하여 방탕과 음란과 탐욕으로 교만하여 지고 있으며, 거짓과 부정과 부패와 착취가 만연되어 빈부의 격차는 더욱 심해지고 있음을 고백합니다.

사랑의 주님, 우리 안에 미움과 무관심이 사라지게 하시고, 남과 북이 서로 화해하지 못하고 서로 비방하면서 살아가는 이때에 이 민족을 불쌍히 여기시고 치유하여 주시어서 하나 되게 하여 주옵소서. 다시 한 번, 이 민족의 상처를 감싸시고 축복하셔서 세상을 향해 복음을 전하는 민족으로 인도하여 주옵소서.

거룩하신 예수님의 이름으로 기도합니다. 아멘.

그리스도 안에서 당신이 있는 자리를 생각하고, 위대한 일들을 기대하라. _앤드루 머리

6월 26일

위로의 은혜를 주옵소서

어미가 자식을 위로함같이 내가 너희를 위로할 것인즉 너희가 예루살렘에서 위로를 받으리니 (이사야 66:13)

은혜로우신 하나님,
오늘도 믿음으로 하루를 살게 하시니 감사를 드립니다.
오늘도 우리를 지으시고, 주관하게 하여 주옵소서. 저희 가정을 돌보시고, 가정 형편이나, 건강 상태나, 여러 환경 조건 때문에 어려움 당하지 않도록 붙들어 주옵소서. 또한 함께 직장 생활하는 직원 중에 고통당하며 살아가는 어려운 형제들이 있습니다. 이 시간 주님을 바라보게 하여 주옵소서. 또한 그들에게 생명의 양식을 주시고, 메마른 땅에 생수가 흐르게 하심으로 흡족한 은혜를 내려 주옵소서.
이제, 이성을 의지하며 살던 저희들이, 세속적인 것에 벗어나서 오직 주님만을 믿음으로 바라보게 하여 주옵소서.
저희들, 오늘도 설렘을 안고 하루를 시작할 수 있게 하시고, 얼굴에 항상 미소를 잃지 않게 하시어서 남들에게 얼굴 찌푸리지 않도록 지켜 주옵소서. 직장에서 상사와 선배를 존경하고 아울러 동료와 후배를 사랑할 수 있게 하시고, 부와 질시를, 교만함과 비굴함을 멀리하게 하게 하여 주옵소서. 매일 작은 일에도 감동할 수 있는 사람이 되게 하여 주옵소서.
예수님의 이름으로 감사하며 기도합니다. 아멘.

하나님은 세상을 기도로 조성하신다. _이 엠 바운즈

6월 27일   주의 음성을 듣게 하옵소서

예수께서 이르시되 가라 네 아들이 살아 있다 하시니 그 사람이 예수께서 하신 말씀을 믿고 가더니 내려가는 길에서 그 종들이 오다가 만나서 아이가 살아 있다 하거늘 (요한복음 4:50-51)

전능하신 하나님,
우리의 삶을 관찰하시고, 인도하시며, 다스리시는 하나님께 감사와 영광을 드립니다.
이 시간 부족한 종에게 영적인 눈을 열어주셔서 주님의 세계를 보게하여 주옵소서. 우리의 귀가 밝아져 주님의 음성을 듣게 하여 주옵소서. 우리의 마음에 믿음을 주셔서, 보고, 듣고, 아는 대로 실행할 믿음의 담력을 주옵소서. 온갖 소리들 가운데서 신령한 소리를 들을 수 있는 분별력을 주시고, 주님의 영광을 드러내는 현장에 우리가 있게 하여 주옵소서.
세상이 유혹할 때, 마음의 눈을 열어 능력의 주님만을 바라보게 하여 주옵소서. 보고 믿는 데서 벗어나, 믿음으로 보는 성숙한 안목을 주옵소서. 비록 눈에 보이지 않고, 손에 잡히는 것은 없으나, 말씀을 믿고 순종하여 하나님의 놀라우신 능력과 은혜를 체험하게 하여 주옵소서.
왕의 신하처럼 주님의 말씀을 믿고, 순종하여 발걸음을 내딛는 저희들에게 은혜와 평강을 내려 주옵소서. 저희들도 왕의 신하처럼 순종하는 은혜를 주시어서 성령의 능력으로 말씀을 준행하면서 살게 하여 주옵소서.
이 모든 간구를 예수님의 이름으로 기도드립니다. 아멘.

기도할 시간을 잃는다면 더 이상 기도할 수 없다. _워치만 니

6월 28일 소망의 주님을 의지하게 하옵소서

백성이 각기 자녀들을 위하여 마음이 슬퍼서 다윗을 돌로 치자 하니 다윗이 크게 군급하였으나 그 하나님 여호와를 힘입고 용기를 얻었더라 (사무엘상 30:6)

평강의 왕이신 하나님,
어지러운 세상에서 저희에게 은혜와 평안을 주시니 감사합니다.
이 시간 주님께서 사랑하시는 자녀들에게 평안을 주옵소서. 오늘도 교회에서 말씀을 준비하고 먹이는 주님의 종들에게 복을 주시고, 그들의 소원을 만족하게 하여 주옵소서.
지구촌에서 복음을 전하는 선교사들과 가족들에게 영육간의 복을 주옵소서. 또한 그들을 위해 기도하며 모든 지원을 아끼지 않는 후원자들에게 세상이 감당하지 못할 기쁨을 주옵소서.
우리가 이웃을 붙들며, 힘을 북돋아 줄 수 있도록 영육간의 힘을 주옵소서. 주님께서도 고향에서 냉대를 당하셨던 것처럼, 우리도 주님의 이름으로 나아갈 때 사람들에게 아픔을 당하기도 합니다. 그러나 우리가 악으로 갚지 않고, 오래 참는 가운데 선을 위해 몸을 내어줄 사랑의 능력을 주옵소서. 또한 그 안에서 큰 기쁨을 누리게 하여 주옵소서. 저희 가정을 때를 따라 도우시는 하나님께 감사를 드립니다. 오늘의 감사가 평생의 감사로 이어지게 하여 주옵소서.
이 모든 간구를 예수님의 이름으로 기도드립니다. 아멘.

기다리기를 쉬지 않은 기도는 마침내 감사와 찬송으로 열매 맺게 될 것이다. _조지 뮬러

6월 29일

회복의 은혜를 주옵소서

우리가 너의 승리로 인하여 개가를 부르며 우리 하나님의 이름으로 우리 기를 세우리니 여호와께서 네 모든 기도를 이루시기를 원하노라 (시편 20:5)

인자와 성실이 풍성하신 하나님,

저희들을 사랑하셔서 은혜를 베풀어 주심을 감사드립니다. 날마다, 저희들에게 진리의 말씀을 알도록 성령님께서 역사하여 주시기 원합니다.

이 세상은 스승이 많아서 가치가 혼돈되어 가는데, 혼돈 속에 빠져서 허우적거리지 않게 하시고, 오직 진리의 말씀을 분별하여 진리를 알고, 진리의 편에 설 수 있게 하여 주옵소서. 저희들이 진리를 믿는 그대로 실천할 수 있도록 붙들어 주시기 원합니다.

이 시간 저희들의 마음속을 생명의 말씀으로 채우게 하시사, 주님의 말씀을 잘 간직하게 하옵소서. 꿀 송이보다 더 단 말씀이 마음에 평안을 얻게 하시고, 언제나 진리를 묵상하며, 하나님의 뜻을 분별하면서 살기 원합니다. 그리하여 말씀대로 순종하여서 복음의 나팔로 쓰임 받게 하여 주옵소서. 그 길이 행복한 길이요, 평강의 길인 줄을 믿습니다.

특별히 우리 자녀들에게 지혜를 주옵소서. 복음을 전하는 일군들이 되게 하여 주옵소서. 그리하여 자녀들이 이웃과 더불어 사는 일상생활 속에서 하나님의 말씀을 증거하게 하여 주옵소서. 직장에서 일하는 직원들에게 하나님의 평강을 내려 주옵소서.

예수님의 이름으로 감사하며 기도합니다. 아멘.

항상 어느 상황에서든 드릴 수 있는 기도를 배우라. _귀용 부인

6월 30일 — 생명의 능력을 주옵소서

여호와는 나의 빛이요 나의 구원이시니 내가 누구를 두려워하리요 여호와는 내 생명의 능력이시니 내가 누구를 무서워하리요 (시편 27:1)

거룩하신 사랑의 하나님,
오늘도 저희를 사랑하시고, 은혜 베풀어 주심을 감사합니다. 날마다 저희를 항상 붙들어 주시고, 가는 길을 인도하여 주시니 감사합니다. 오늘도 하나님의 음성에 귀 기울이며, 주님을 사랑하며, 거룩한 산제사로 드리기를 원합니다.
이 시간 저희들에게 오셔서 신령한 복을 풍성히 내려주옵소서. 또한 주님의 귀한 도구로 사용하셔서 복음을 전 할 때에 너그러운 마음으로 전도하게 하여 주옵소서. 그리하여 전도의 열매가 많아지게 하여 주옵소서.
저희들이 진리 안에 거하며, 주님의 교훈을 알고, 믿고, 행하게 하여 주옵소서. 이 세상은 타락하여 오염되어 가고 있습니다. 이 땅이 소돔과 고모라가 되지 않게 하시고, 구속함을 받는 은혜가 있게 하여 주옵소서.
또한 저희들의 영혼을 주님의 보혈로 씻어주시어서 어디에 있던지 주님으로부터 받은 복을 나누는 은혜의 사람이 되게 하여 주옵소서. 불행은 밖으로 날려 보내고, 행복을 바구니에 담아, 저녁에는 가족과 함께 그 행복을 나누게 하여 주옵소서.
예수님의 이름으로 감사하며 기도합니다. 아멘.

믿음이 있는데 기도하지 않는 일이란 생각할 수 없다. _A. W. 토저

7월

내 마음이 인내의 가치를 알게 하옵소서
하루를 시작하며 (용혜원)

아침에 눈을 떠 하루를 시작하며
조용히 기도를 드릴 때
마음속에 소망이 가득하게 하소서
기대감과 설레임 속에 삶을 시작하면
힘과 용기가 생겨납니다

하루를 시작하며
제일 먼저 나의 입에서
감사라는 말이 나오게 하소서
하루를 보내고 잠이 들 때에도
제일 먼저 나의 입에서
감사라는 말이 나오게 하소서

7월 1일   생활의 복을 주옵소서

여호와여 은혜를 베푸사 나를 구원하소서 여호와여 속히 나를 도우소서 (시편 40:13)

우주 만물을 다스리시는 하나님,
오늘도 믿음으로 성령 충만한 하루가 되기를 소원합니다. 저희들은 연약하여 성령의 인도하심을 따라서 지혜 있는 생활을 원하오니 선한 길로 인도하여 주옵소서. 주의 성령이 임하시면 자녀들은 예언을 하며, 청년들은 환상을 보며, 노인들은 꿈을 꾼다고 하였사오니 저희들에게 주의 영을 부어주옵소서.
주님이 주신 성령을 통하여 복음을 전하게 하시고, 그리스도 예수의 향기를 생활 속에서 드러내게 하여 주옵소서. 오늘도, 성령 충만하여서 이 세상에 얽매이지 않게 하여 주시고, 새 하늘과 새 땅의 들어갈 사람으로서 긍지를 갖고 살게 하여 주옵소서. 저희들이 최선을 다해 직장에서 복음을 전하게 하여 주옵소서. 복음을 위하여 사는 저희들에게 복을 주시고, 우리 가정에도 하나님의 성령이 함께하시므로 들어가도, 나가도 복을 받게 하여 주옵소서.
오늘도 저희들에게 맡기신 사명을 잘 감당 할 수 있도록 넉넉히 은혜를 부어 주옵소서. 그리고 저희 가정에 풍성한 은혜를 더하여 주시어서 생활에 복을 내려주옵소서. 저희들이 날마다 성령 충만하여 믿음으로 승리하는 삶을 살게 하여 주시고, 복음을 전하는 전도인이 되게 하여 주옵소서. 오늘도 세상적인 모든 악과 불의를 이기고, 주님과 교제하는 기쁨을 누리게 하여 주옵소서.
거룩하신 예수님의 이름으로 감사 기도드립니다. 아멘.

> 하나님이 살아 계심을 자신 있게 말할 수 있는 이유는 나는 매일 아침마다 그와 이야기하기 때문이다. _빌리 그레이엄

7월 2일 — 몸이 아플 때 붙들어 주옵소서

너희 중에 병든 자가 있느냐 그는 교회의 장로들을 청할 것이요 그들은 주의 이름으로 기름을 바르며 그를 위하여 기도할지니라 믿음의 기도는 병든 자를 구원하리니 주께서 그를 일으키시리라 혹시 죄를 범하였을지라도 사하심을 받으리라 (야고보서 5:14-15)

우리의 창조자 되시며, 치유자 되신 하나님,
저희 몸이 병약하여 약을 먹고 회복하게 하시니 감사를 드립니다. 저희들은 죄와 허물로 인하여 질병이 들어왔지만 예수님의 십자가와 능력으로 회복하여 주심을 감사드립니다. 저희들 질병으로 인하여 몸이 심히 피곤하오니 깨끗하게 고쳐 주옵소서.
이 시간 치유의 손길을 베푸셔서 속히 회복되게 하여 주옵소서. 온전한 몸과 마음으로 주님을 섬길 수 있도록 이끌어 주시고, 건강한 몸으로 일 할 수 있게 하여 주옵소서.
부족한 종을 긍휼히 여기시고, 이 시간 약한 부위에 손을 얹고 기도하오니 치유의 은혜를 베풀어 주옵소서. 연약한 질병으로 인하여 주님의 뜻을 알게 하시고 더욱더 주님을 닮아가는 믿음의 사람이 되게 하여 주옵소서.
우리를 치유하시는 하나님을 더욱 깊이 알아가게 하여 주옵소서. 그리하여 몸과 마음이 깨끗하게 나아서 건강하도록 은혜 베풀어 주옵소서. "나는 너를 치료하는 하나님이라"고 하였사오니 치료하시는 하나님께서 이 시간 나의 연약함을 깨끗하게 고쳐주옵소서. 더러운 질병을 깨끗하게 하여 주옵소서. 통증도 사라지게 하여 주옵소서.
우리를 치유하시는 예수님의 이름으로 기도합니다. 아멘.

아무 데도 갈 데가 없어 막연할 때 나는 여러 번 무릎을 꿇게 됩니다. 나의 지혜와 주위 모든 것이 감당하기에 너무 벅찰 때, 나는 기도에 의지합니다. _에이브러험 링컨

7월 3일
직장에 회의가 올 때 인도하여 주옵소서

너희가 모든 일에 넉넉하여 너그럽게 연보를 함은 그들이 우리로 말미암아 하나님께 감사하게 하는 것이라 이 봉사의 직무가 성도들의 부족한 것을 보충할 뿐 아니라 사람들이 하나님께 드리는 많은 감사로 말미암아 넘쳤느니라 (고린도후서 9:11-12)

은혜가 풍성하신 하나님,
저희들에게 일터를 주셔서 감사드립니다. 또한 직장의 동료들과 함께 일할 수 있게 해 주셔서 감사합니다. 이렇게 일할 수 있는 건강을 주셔서 감사합니다. 그러나 직장생활 가운데 회의가 밀려오고 있습니다. 너무 낙심이 되어서, 깊은 한숨도 나오고 좌절감도 마음에 생깁니다. 낙심으로 인하여 지칠 때 우리와 동행하여 주옵소서. 직장에서 많은 스트레스와 업무로 인하여 깊은 상실감에 빠져서 낙심될 때 많습니다. 이뿐 아니라 장래를 생각할 때 소명과 의미를 붙들고 시작한 직장생활이 열정이 사라져서 불안과 걱정이 많습니다. 이 시간 찾아오시어서 부족한 종의 마음을 붙들어 주시고, 상한 마음을 치유하여 주옵소서. 때때로 생계의 문제로 쉴 수 있는 여유조차 제대로 보장되지 않는 직장생활에 새 힘을 허락하여 주옵소서. 독수리 날개 치며 올라가듯이 다시 한 번 용기를 주시고, 비전과 새 꿈을 주시어서 다시 일어나서 새 힘을 얻고 승리하게 하여 주옵소서. 직장생활이 너무 많은 업무로 인하여 스트레스를 많이 받습니다. 마음에 평안을 주시고 새 희망을 꿈꾸고 소진된 에너지를 재충전 할 수 있도록 직장의 환경이 바뀔 수 있도록 이끌어 주시고, 이를 위해 지혜롭게 일하는 직원들이 많아지게 하여 주옵소서. 때로는 어떤 결정을 할 때 지혜를 허락하여 주옵소서. 그리고 우리 삶을 주관하시는 주님께서 연약한 종들에게 자유와 평안을 더하여 주시고, 새 힘을 부어 주옵소서.
우리를 인도하시는 예수님의 이름으로 감사 기도드립니다. 아멘.

천사의 지능이 있어도 은밀한 성경연구와 기도시간이 없다면 아무 것도 할 수 없다. _찰스 피니

7월 4일 직장생활을 축복하여 주옵소서

너희가 성경에서 영생을 얻는 줄 생각하고 성경을 연구하거니와 이 성경이 곧 내게 대하여 증언하는 것이니라 (요한복음 5:39)

살아 계신 하나님,
오늘도 직장에 출근하여 성경을 펴놓고 하나님의 말씀을 묵상합니다. 하나님의 말씀은 내 등불이요 길이라고 하였사오니 이 시간 말씀을 읽을 때, 성령의 깊은 뜻을 깨닫게 하여 주옵소서. 오늘도 부족한 종에게 임하셔서 꼭 필요한 은혜를 주시고, 말씀을 읽을 때에, 눈이 열리고, 마음이 열려져서 살아계신 하나님을 발견하게 하여 주옵소서. 저희들은 어리석고 미련하여서 나를 잘 모르오니 말씀과 기도로 우리의 마음과 생각을 알게 하여 주옵소서. 이 시간 부족한 종에게, 마음이 온유하게 하시고, 새로운 마음을 주셔서 성령님과의 깊은 교제를 통해서 성령의 열매를 맺게 하여 주옵소서. 또한 직장생활에서 영적으로 힘든 사람들에게 새 힘을 허락하시고, 육체적으로 병든 지체에게 주님의 보혈의 능력으로 치료하여 주옵소서. 물질 문제, 생활의 염려로 힘든 지체들에게 새 힘을 얻게 하여 주옵소서. 또한 질병으로 고생하는 직원들을 위하여 기도하오니, 치유의 역사가 일어나게 하여 주옵소서. 이 시간 성령께서 저희의 마음을 다스리셔서 하나님께서 기뻐 받으시는 기도 시간이 되게 하시고, 회사의 모든 직원들이 모두 건강하게 하여주옵소서. 바라기는 저희의 가정을 축복하시고, 자녀들이 건강하게 하시며, 사랑하는 형제와 부모님이 건강하고 주님의 복을 받는 믿음의 가정으로 인도하여 주옵소서. 부족한 종에게, 복을 더하여 주시고 범사가 형통하게 하여 주옵소서. 영혼이 잘되고 회사생활이 형통하게 하여 주옵소서.
사랑과 은혜가 많으신 예수님의 이름으로 기도합니다. 아멘.

하늘나라는 무릎으로 올라간다. _요한 웨슬리

7월 5일　복음을 전하는 능력을 주옵소서

좋은 것으로 네 소원을 만족하게 하사 네 청춘을 독수리 같이 새롭게 하시는도다 (시편 103:5)

사랑과 은혜가 충만하신 하나님,
어제나 오늘이나 한결 같은 사랑으로 인도하여 주시니 감사를 드립니다. 지나온 날들을 되돌아 볼 때에 저희와 동행하여 주시고 인도하여 주심을 감사합니다. 저희들은 생활 속에 죄의 습관을 버리지 못하고 무분별하게 생활 할 때가 많았습니다. 이 시간 연약한 저희들을 긍휼히 여겨 주시고 보혈의 능력으로 정결케하시며 은혜와 말씀으로 저희의 심령을 다스리시고 깨끗하게 하여 주옵소서. 또한 우리의 생활이 하나님의 영광을 위한 삶이 되도록 축복하여 주옵소서. 아직도 복음을 받아들이지 못하고 예수를 믿지 않는 사람들에게 복음을 전 할 수 있도록 명철과 지혜를 주옵소서.

저희를 죄에서 해방시키신 주님의 사랑을 온 누리에 전하도록 전도자의 일을 허락하시고, 그 사명을 잘 감당 할 수 있도록 새 힘을 허락하여 주옵소서. 때때로 저희 연약함으로 인하여 복음이 가려질까 두렵사오니 지혜 있게 하시고, 성결하여 복음에 합당한 삶을 살 수 있도록 축복하여 주옵소서. 저희 가정을 위하여 기도합니다. 자녀들이 주안에서 믿음으로 잘 되게 하시고 어디에 있던지 인정받는 자녀로 세워주셔서 귀하게 쓰임 받게 하시고, 예수 그리스도를 증거하는 자녀들이 되게 하여 주옵소서. 그리하여 생활 속에서 감사가 있게 하시고, 일마다 때마다, 축복하여 주시어서 복을 받게 하여 주옵소서. 오늘 하루도 주님이 주신 사명을 잘 감당할 수 있도록 복을 내려 주옵소서.
사랑과 은혜가 많으신 예수님의 이름으로 기도합니다. 아멘.

> 하나님께서는 그 자녀들이 원하는 것들을 위하여 땀을 흘리기 전까지는 그들에게 그것들을 주지 않는 것이 하나님의 보편적인 방법인 것은 발견해야 할 것입니다. _리차드 백스터

7월 6일 — 어려움을 당한 분을 기억하옵소서

사람이 감당할 시험 밖에는 너희가 당한 것이 없나니 오직 하나님은 미쁘사 너희가 감당하지 못할 시험 당함을 허락하지 아니하시고 시험 당할 즈음에 또한 피할 길을 내사 너희로 능히 감당하게 하시느니라 (고린도전서 10:13)

지금도 살아 계셔서 우리의 생사화복을 주장하시는 하나님,
직장에서 어려움을 당하여 힘들어하는 직원들이 있습니다. 사랑하는 주님께서 사랑하는 형제(자매)를 도우셔서 그 어떤 어려움도 이길 수 있도록 은혜를 주옵소서. 주님 말씀하시기를, 사람이 감당치 못할 시험 허락지 아니하시고 시험 당할 즈음에 또한 피할 길을 내사 우리로 능히 감당하게 하신다고 하였사오니, 말씀대로 형제(자매)가 시험을 이기게 하여 주시고, 담대하게 하여 주옵소서. 환난은 인내를, 인내는 연단을, 연단은 소망을 주신다고 하였사오니 오늘의 어려움을 이기고 믿음으로 승리하게 하여 주옵소서. 비록 지금은 힘들고 어렵지만 이 시험을 통과하여 금보다 더 귀한 믿음을 소유하게 하시고, 믿음의 용사로 거듭나게 하여 주옵소서. 시험 중에 원망하거나 불평하지 않도록 도와주시며, 기쁨으로 시험을 능히 이겨서 더 좋은 결과를 가져 올수 있도록 축복하여 주옵소서.
사랑의 주님, 주님은 우리가 성공하고 기쁠 때에만 함께 하시는 것이 아니라, 우리가 시험 중에도 우리와 함께 하심을 믿사오니 시험을 통해, 저희들의 믿음이 더욱 큰 믿음을 소유할 수 있도록 축복해 주옵소서. 오늘도, 저희 가정과 자녀들을 인도해 주시고 직장에서 많은 업무를 대 할 때에 힘들고 지치지 않도록 새 힘을 주옵소서.
사랑과 은혜가 많으신 예수님의 이름으로 기도합니다. 아멘.

우리의 마음을 변화시키려면, 우리의 생활을 변화시켜야 한다. 왜냐하면 세속적으로 살면서 신성하게 기도하기란 불가능하기 때문이다. _윌리암 로우

7월 7일   사업이 어려울 때 붙들어 주옵소서

백성들이 자녀들 때문에 마음이 슬퍼서 다윗을 돌로 치자하니 다윗이 크게 다급하였으나 그의 하나님 여호와를 힘입고 용기를 얻었더라 (사무엘상 3:6)

인자하시고 선하신 하나님,
늘 좋은 것 주시기 원하시고, 부족함 없이 채워주시는 주님을 찬양합니다. 이 시간 저희들의 믿음의 눈이 밝아지를 원합니다. 우리가 사는 가정 형편이 어렵지만, 부족한 것을 보기보다는, 넉넉한 것을 볼 줄 아는 영적인 눈을 열어 주옵소서. 이 시간 기도하오니 저희들이 "주신 자도 여호와시요 거두시는 자도 여호와"이심을 깨닫지 못하고 어리석은 판단과 기준으로 욕심을 부려서 사업이 어렵습니다. 어려운 사업을 잘 회복 할 수 있도록 도와주옵소서. 사업의 흥망성쇠는 오직 하나님께만 있는 것을 자각하고, 주님이 주시는 새 힘을 통해서 어려움을 잘 극복하도록 지혜를 주시기 원합니다.
하나님께서, 저희들의 사업체를 축복하여 번영하게 하시고 아브라함에게 주실 물질도 복도 주셔서, 어디에서든지 은혜 주심을 기억하는 믿음의 일군이 되게 하여 주옵소서. 이번 일로 인하여 욕심이 잉태한 즉 죄를 낳고 죄가 장성한즉 돌이킬 수 없는 멸망을 가져오게 됨을 생각할 때 인간의 어리석음이 얼마나 두려운 것인가를 알게 해 주옵소서. 부족한 종에게 주의 길을 가르쳐 주시고 새 힘을 얻는 비결도 가르쳐 주시어서 더욱더 굳건히 하나님을 더욱 앙망하는 믿음을 더하여 주옵소서. 비록 힘들고 어렵지만 주님을 의지하고 나갈 때에 새 은혜가 임하게 하여 주옵소서. 이번 일로 인하여 새 출발하는 기회가 되게 하여 주옵소서.
거룩하신 예수님의 이름으로 기도합니다. 아멘.

> 대부분의 사람들은 한주 중 엿새 동안은 잡초를 심어놓고 주일에 교회에 가서 농작물이 실패했다고 기도를 한다. _프레드 알렌

7월 8일   생활이 어려울 때 용기를 주옵소서

내 영혼아 네가 어찌하여 낙심하며 어찌하여 내 속에서 불안해하는가 너는 하나님께 소망을 두라 그가 나타나 도우심으로 말미암아 내 하나님을 여전히 찬송하리로다 (시편 43:5)

사랑과 긍휼이 풍성하신 하나님,
오늘도 저희들을 보살펴 주시는 하나님을 찬양합니다. 아울러 저희들을 사랑하시고, 가장 선하고 온전한 길로 인도해 주심을 감사합니다.
저희들이 너무 분주해서 매일 기도하지 못할 때, 기도 할 수 있도록 붙들어 주시니 감사합니다. 이 시간 저희들이 하나님의 응답을 듣게 하여 주옵소서. 저희들이 사업에 어려움을 겪고 있습니다. 사업의 어려움으로 지쳐 있사오니 기억하여 주시고 다시 일어 날수 있도록 붙들어 주옵소서.
이 시간 찾아오셔서 모든 위기가 기회가 되게 하여 주옵소서. 이번 시련을 통해서 돈으로 살 수 없는 큰 경험을 얻었사오니 더욱더, 하나님의 사랑을 깨닫게 하여 주시고, 더 큰 비밀을 알게 하였사오니, 다시 일으켜 주시고 회복하게 하여 주옵소서. 고통 가운데 참된 위로가 되시는 주님, 이 시간 간구하오니, 같은 업종에 일하는 사람들에게도, 다시 용기를 주시사 뜨거운 가족애로 하나가 되게 하시고, 더 깊은 교제를 할 수 있도록 도와주옵소서. 이제 물질은 잃었사오나, 건강과 신앙과 가족만은 잃지 않도록 주께서 붙잡아 주옵소서. 잃은 것 보다. 남은 것이 더 많은 것을 알게 하시고 더 큰 믿음으로 믿음 지키고 감사하며 살도록 축복하여 주옵소서.
사랑과 은혜가 많으신 예수님의 이름으로 기도합니다. 아멘.

> 제자들이 귀신을 쫓아내려다 기도가 부족해서 실패했던 것처럼, 지금 우리가 사탄과 싸울 때에도 기도의 분량이 충분하지 않기 때문에 패배하는 것이다. _이 엠 바운즈

7월 9일

어려울 때 새 힘을 주옵소서

주 여호와여 주는 나의 소망이시요 내가 어릴 때부터 신뢰한 이시라 나는 항상 소망을 품고 주를 더욱더욱 찬송하리이다 (시편 71: 5, 14)

우리 마음속까지 감찰하시는 하나님,
지금까지 저희들을 평안함 속에서 살 수 있게 하심을 감사합니다. 그러나 원치 않게 환난과 시험으로 인하여 힘들어하고 있습니다. 주님이 이곳에 오셔서 평안의 복으로 인도하여 주옵소서.

우리 심령 속에 숨겨져 있는 죄악들을 사하여 주시고, 주님이 굳게 붙잡아 주시어서 낙심하지 않고 믿음으로 승리하게 하여 주옵소서. 이 세상사는 동안 뜻하지 아니한 재난이 찾아올 때 낙심하지 않고 강한 믿음으로 이겨 낼 수 있도록 새 힘을 허락하여 주옵소서. 욥이 극한 시련 속에서 하나님을 원망하지 않고 도리어 찬송하며 믿음을 지켰던 것처럼 우리도 문제 앞에서 겸손히 자신을 살피며 나아가게 하여 주옵소서.

이 땅에서 나그네로 사는 동안 육체로 범죄하지 않게 하시고, 시련을 통하여 더욱 하나님을 가까이 뵐 수 있는 은혜를 주옵소서. 이제, 저희들이 주님의 말씀에 순종하는 자 되게 하여 주옵소서. 또한 저희들에게 다가오는 고난이 고난이 아니고, 문제가 문제가 아니며, 고통이 고통이 아닌 것임을 깨닫고, 더욱 강하게 붙들어 주셔서 모든 어려움을 이기게 하여 주옵소서. 이뿐 아니라 저희에게 성숙한 믿음을 주시고 주님의 마음을 시원케 해드리는 생활이 되게 하여 주옵소서.

거룩하신 예수님 이름으로 기도합니다. 아멘.

> 내가 기도할 때 나의 온 정성은 기도에 들어있다. _H. W. 롱펠로

7월 10일 — 소망이 넘치게 하옵소서

소망의 하나님이 모든 기쁨과 평강을 믿음 안에서 너희에게 충만케 하사 성령의 능력으로 소망이 넘치게 하시기를 원하노라 (로마서 15:13)

인생의 도움이신 하나님,
어제도 지켜주시고 오늘도 새날을 허락하여 주시니 감사합니다. 오늘도 저희들에게 하나님의 말씀을 듣고 깨닫고, 주님을 따라가는 믿음을 주옵소서. 하나님의 말씀을 경청할 때마다 아멘으로 화답하며 말씀에 순종하여 열매를 맺는 생활이 되게 하여 주옵소서. 힘써 정직하고, 성실하게 일하는 저희들이 아름다운 열매를 많이 거둘 수 있도록 복을 허락하여 주옵소서. 시냇가에 심은 나무처럼 시절을 좇아서 열매를 맺도록 형통하게 하여 주옵소서.
저희들에게 매일 일용할 양식을 주시고, 쾌락에 마음을 빼앗기지 않도록 지켜주옵소서. 죽음을 알지 못하고 미끼를 삼켜버리는 물고기처럼 되지 않도록, 마음을 지배하고 있는 세상적인 줄을 끊게 하여 주옵소서. 저희들이 언제나 영안이 흐리고 영적인 귀가 어두울 때마다 십자가의 주님을 바라보게 하여 주옵소서. 믿음의 주요 온전케 하시는 주님을 다시 보게 하여 주옵소서. 우리의 옛사람을 죽이시고, 또한 영광의 몸을 입혀주실 영화로운 날을 사모하는 믿음을 주옵소서. 저희들이 하늘의 시민권자로서 이 세상을 보며, 언제나 주님의 사랑과 은혜 안에 살도록, 신령한 은혜를 부어 주옵소서. 오늘도 직장에서, 맡겨진 일들을 잘 감당하게 하시고 영육 간에 강건하게 하여 주시고 오늘도 복된 날이 되게 하시고, 주님의 복을 받게 하여 주옵소서.
예수님의 이름으로 감사하며 기도합니다. 아멘.

열심히 기도해서 아무것도 배우지 못한 일은 없다. _R. W. 에머슨

7월 11일   하나님을 찬양하게 하옵소서

수고하고 무거운 짐 진 자들아 다 내게로 오라 내가 너희를 쉬게 하리라 나는 마음이 온유하고 겸손하니 나의 멍에를 메고 내게 배우라 그리하면 너희 마음이 쉼을 얻으리니 이는 내 멍에는 쉽고 내 짐은 가벼움이니라 (마태복음 11:28-30)

소망으로 인도하시는 하나님,
저희들의 생명을 창조해주신 하나님을 아바 아버지라 부를 수 있는 특권을 주시니 감사합니다.
온 세상과 그 가운데 있는 모든 것이 하나님의 것이며, 그 가운데 심히 작은 존재인 저희 각 사람을 하나님의 사랑과 섭리로 주의 자녀 되어서 살게 하시니 감사합니다. 저희들, 주의 영광을 드러내며, 주를 송축하며, 영원히 주를 즐거워하면서 살기 원합니다. 저희들이 닫힌 좁은 공간을 벗어나 광대한 하나님의 세계를 보기 원합니다.
모든 것을 주관하시는 하나님의 주권과 권능과 영광을 보며 살게 하여 주옵소서. 저희 자신들을 주의 권능의 손에 내어드리니 주의 뜻대로 사용하여 하여 주옵소서. 미천한 저희들을 통해 위대하신 하나님의 영광이 드러나기 원합니다.
저희 자녀들에게 복을 주시고, 그리스도 안에서 존귀한 자녀들이 되게 하여 주옵소서. 그리하여 하나님께 쓰임 받는 자녀들이 되게 하시고 범사가 잘되도록 축복하여 주옵소서. 매일 자녀들이 주님께 자신을 맡기는 믿음의 사람이 되어서 에녹과 같이 주님과 동행하는 믿음을 주옵소서.
예수님의 이름으로 감사하며 기도합니다. 아멘.

어려운 환경에서 기도하고 싶은 마음마저 없다면 우리는 짐승만도 못한 사람들이 아닐 수 없다. _존 칼뱅

7월 12일

은혜로 채워 주옵소서

너희 믿음이 사람의 지혜에 있지 아니하고 다만 하나님의 능력에 있게 하려 하였노라 (고린도전서 2:5)

복의 근원이 되시는 하나님,
오늘도, 저희들의 생활 가운데 계시며, 주님과 함께 살게 있게 하시니 감사를 드립니다. 특별히 주님과 동거하는 자녀들을 기억하여 주옵소서. 어디에 있던지 생활 현장에서 기쁨으로 서로 사랑하며, 주님 찬양하는 자녀들이 되게 하여 주옵소서.
이 아침에 함께 기도하는 자녀들에게 은혜 베풀어 주시어서, 오늘 하루가 하나님의 임재 가운데 사는 것임을 고백하게 하여 주옵소서. 이 시간 성령님의 감동을 통해 주님의 음성을 듣기 원합니다. 주님 뵙기를 원하며, 주님의 손에 붙잡힘바 되는 믿음의 사람이 되기 원합니다. 저희 자녀들이 하나님의 뜻에 순종하고 자신의 일생을 하나님께 맡기는 생활이 되게 하시고 주의 뜻에 순복하는 믿음의 자녀들이 되게 하여 주옵소서.
오늘 하루도, 믿음으로 맡기는 시간이 되게 하여 주옵소서. 그리하여 주님께서 주시는 평강을 누리며, 복된 생활을 이루어가게 하여 주옵소서. 자녀들이 주안에서 강하게 하시고, 어디에서나 인정받는 자녀로 축복하여 주옵소서. 부족한 종에게도 힘을 주시어서 직장에서 일할 때 지혜롭게 하시고 다른 사람들에게도 인정을 받는 사람으로 축복하여 주옵소서.
거룩하신 예수님의 이름으로 기도드립니다. 아멘.

믿음을 표현하는 가장 위대한 행위는 자기 자신을 성령님께 양도하는 것이다. _알만 더글라스

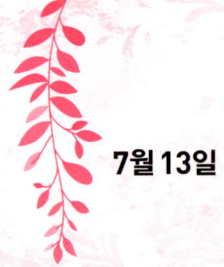

7월 13일   성령으로 축복하옵소서

> 소망의 하나님이 모든 기쁨과 평강을 믿음 안에서 너희에게 충만케 하사 성령의 능력으로 소망이 넘치게 하시기를 원하노라 (로마서 15:13)

우리를 품어 주시는 하나님,
예수님 안에서 서로 사랑할 수 있는 가족 공동체를 허락하여 주심을 감사합니다. 저희들이 하나님의 자녀들로서 하나님의 뜻을 따라 서로 사랑하며, 가족의 일원으로서 성실하게 책임을 감당하는 건강한 가정을 이루게 하여 주시니 감사합니다. 가정을 공격하고 파괴하는 덫 없는 세상에서 가정의 순수함을 지킬 수 있는 진실한 믿음의 사람들이 되게 하여 주옵소서.
온 세상의 가치가 변질되고 헛된 풍조가 밀려온다고 하지만, 변함도 부족함도 없는 하나님의 법을 지킴이 행복의 지름길임을 믿게하여 주옵소서. 하나님의 말씀에 행복의 길이 있기에, 생명의 말씀을 눈동자처럼 지키게 하여 주시고, 또한 말씀을 지킬 수 있는 믿음의 능력을 주옵소서. 말씀을 마음에 가득 채워, 말씀에 대한 사랑과 충성을 다하게 하여 주옵소서. 우리의 행위 속에서 말씀이 실천되며, 우리의 마음에 새겨진 말씀이 삶 속에서 행동하게 하여 주옵소서. 말씀대로 생각하며, 말씀에 순종하며, 말씀으로 악을 이길 힘을 주시며, 말씀을 따라 행할 믿음을 주옵소서. 우리들의 수준으로 말씀을 제한하는 어리석은 자가 되지 말게 하시고, 말씀을 가감하거나 타협하지 않고, 말씀을 따르는 진실한 삶을 허락하여 주옵소서. 하나님의 법을 사랑하는 사람들에게 보장하신 복을 주옵소서.
예수님의 이름으로 감사하며 기도합니다. 아멘.

무릎을 꿇는 그리스도인들은 발 돋움을 한 천문학자보다 더 멀리 본다. _토플레디

7월 14일 — 복된 열매를 주옵소서

여호와는 나의 능력과 찬송이시요 또 나의 구원이 되셨도다 (시편 118:14)

인생을 다스리시는 하나님,
우리를 자녀로 삼으시고, 자녀가 누릴 복을 풍성히 주시는 하나님께 감사를 드립니다. 오늘 도 직장에 출근하여 말씀을 펼쳐서 성경을 읽을 때 하나님의 임재가 임하게 하시어서 성령의 은혜가 임하게 하여 주옵소서. 말씀을 읽을 때마다, 말씀을 읽는 자와 지키는 자가 복이 있다고 하였사오니, 그 말씀에 아멘으로 응답하게 하시어서, 약속하신 복을 받게 하여 주옵소서. 저희들이 매일 복되게 하시고, 열매 맺는 나무로 가꾸어 주옵소서. 우리는 믿음으로 고백하고 찬양하면서도, 돌아서면 걱정하고 염려하는 연약한 그릇이오니, 우리를 불쌍히 여겨 주옵소서. 우리는 보이는 것만 보고, 말하는 제한된 자들이지만, 하나님의 말씀을 따라 하나님의 능력 안에서 과거와 현재와 미래의 모든 은혜를 누리게 하여 주옵소서. 우리의 손으로는 우리의 자녀들을 한시도 붙들어주지 못함을 고백합니다. 하나님의 통치하심에 맡기오니, 말씀하신대로, 아무 해도 받지 않게 하시고 싱싱하게 자라는 나무처럼 건강한 자녀들이 되게 하여 주옵소서. 하나님의 영광을 위해 어디를 가든지 환영받게 하시고, 그곳을 위해 꼭 필요한 존재들이 되게 하여 주옵소서. 또한 저희들이 번성하게 하시어서, 각 종 질병과 위험에서도 지켜주시어서 참된 평안을 누리게 하여 주옵소서. 이런 복을 받기에 합당한 가정이 되게 하시고, 주님이 붙드시는 자녀들이 되게 하여 주옵소서. 그리하여 범사에 감사하면서 살게 하여 주옵소서.
예수님의 이름으로 감사하며 기도합니다. 아멘.

> 할 수 없을 만큼이 아니라 할 수 있는 만큼 기도하라 _돔 채프만

7월 15일   여호와를 앙망하게 하옵소서

오직 여호와를 앙망하는 자는 새 힘을 얻으리니 독수리의 날개 치며 올라감 같을 것이요 달음박질하여도 곤비치 아니하겠고 걸어가도 피곤치 아니하리로다 (이사야 40:31)

소망으로 인도하시는 하나님,
저희들을 날마다 지켜주시어서 하나님의 도구로 사용하여 주심을 감사드립니다. 오늘도, 직장에서 맡겨진 일들을 잘 감당하게 하시고 일 할 수 있는 일터를 주시니 감사합니다. 저희들, 주님의 말씀으로 살기를 원하오니 항상 만나주셔서 평안함과 풍성함으로 우리의 생활이 복되게 하여 주옵소서. 이 세상에서 상처받고 실망한 심령을 위로하여 주옵소서. 현실적인 환경을 극복하고, 고난을 이기려고 애쓰고 고통하는 자녀들에게 형통한 길을 열어주옵소서. 주님 안에서 살기를 힘쓰는 자녀들에게 행복한 가정을 이루고 살 수 있도록 인도하여 주옵소서.
저희들이 하나님의 명령에 뿌리를 두고 보장하신 영육간의 열매를 거두기를 원하오니 열매 맺는 복을 주시어서 형통한 길로 인도하여 주옵소서. 저희들이 하늘의 보화를 담을 수 있는 그릇을 주시어서 준비된 그릇위에 성령의 열매와 의에 열매, 빛의 열매를 맺게 하여 주옵소서. 악은 그 모양이라도 버리며, 하나님의 마음에 드는 자가 되게 하여 주옵소서. 저희들이, 주님이 택한 자녀들이 되어서 모든 일에 복을 받으며, 꾸어주며, 머리되어 사는 복 받은 자의 삶을 살게 하여 주옵소서. 이 시간 저희들을 축복하여 주시고, 내 마음과 영혼에 지혜를 더하시고, 건강을 주시어서 하나님의 영광을 드러내는 생활이 날마다 되도록 인도하여 주옵소서. 더욱 건강하게 하여 주옵소서.
예수님의 이름으로 감사하며 기도합니다. 아멘.

> 기도는 내 필요에 의해 하나님을 내 편으로 만드는 것이 아니라 하나님의 뜻에 나를 조정해 맞추는 일이다. _무디

7월 16일　어려움이 없도록 지켜 주옵소서

내게로 돌이키사 나를 긍휼히 여기소서 주의 종에게 힘을 주시고 주의 여종의 아들을 구원하소서 (시편 86:16)

거룩하신 삼위의 하나님,
우리를 하나님의 자녀로 삼으시고, 하나님께서 우리의 일거수일투족을 세밀하게 살피시고 온전하게 하시며, 가장 좋은 길로 인도하여 주심을 감사합니다. 때로는 부주의한 실수나 범죄로 인하여 일어나는 일들마저도 선한 결과가 되도록 섭리하여 주시니 감사합니다. 내가 너를 사랑한다. 내가 너를 보호한다. 너는 내 것이다. 생명의 말씀을 묵상할 때마다, 이렇게 은혜와 사랑을 확인하시는 하나님의 음성을 듣습니다. 바라기는, 우리가 세상에 깊이 몰입하거나, 처한 환경이 너무 버거워 주님을 부를 힘조차 없을 때가 있습니다. 그때마다 찾아오시어서 하나님의 섬세하신 사랑과 크신 은혜의 음성을 듣도록 도와 주옵소서.
또한 저희들을 넘어뜨리기 위해서 찾아온 대적들을 일곱 길로 도망가게 하시며, 영혼의 복을 주시듯 우리의 손으로 하는 일에 복을 주셔서, 풍성한 복을 받고, 더욱더 주의 일에 힘쓰는 주의 일군이 되게 하여 주옵소서. 온 세상으로 하여금 인간의 삶이 하나님의 손길 안에 있음을 알게 하시고 위대하신 하나님의 뜻을 발견하게 하여 주옵소서. 또한 저희들이 하나님의 명령을 잘 지켜서 주님이 주시는 복을 받게 하여 주옵소서. 이 시간도, 저희 가정과 자녀들을 축복하여 주시고 회사에서 맡겨진 일들을 잘 감당하게 하시고 직장에서나 가정에서 모든 일들이 형통하도록 은혜를 주시어서 저희 가정에게 복을 받게 하여 주옵소서.
예수님의 이름으로 감사하며 기도합니다. 아멘.

> 우리의 기도는 지칠 줄 모르는 힘과 거부될 수 없는 인내와 꺾이지 않는 용기로 강하게 구해야 한다. _이 엠 바운즈

7월 17일

이 민족을 기억하옵소서

나의 힘이시여 내가 주께 찬송하오리니 하나님은 나의 산성이시며 나를 긍휼히 여기시는 하나님이심이니이다 (시편 59:17)

진리와 능력으로 역사하시는 하나님,
저희들에게 기도할 수 있게 하시고, 우리의 마음속에 있는 모든 것을 간구하게 하시니 감사합니다. 울고 싶을 때, 통곡하고, 억울함을 목청 높여 토해낸다 할지라도 이 세상의 유력자들 앞에는 한낱 바람소리에 불과한 것이 되고 말지만, 주님 앞에는 비록 나지막한 목소리 간구할지라도 상달되어서 응답을 받게 하시니 감사를 드립니다.

우리가 살아가는 이 땅에는 남북이 분단되어서 전쟁의 바람, 재난의 바람, 건강의 바람, 대인관계에서의 환난의 바람이 많습니다. 이런 어려움이 있을 지라도, 기도 할 때 마다 그 모든 바람을 잠잠케 하시고 주의 권능으로 다스려서 온전함으로 통치하여 주시어서 하나님께서 모든 형태의 바람을 잠재워 주옵소서. 혹시 바람에 휘청거리는 사랑하시는 자녀들이 있다면 기도할 마음을 주시고, 그 응답으로 승리자가 되게 하여 주옵소서. 사랑의 주님, 여기까지 저희들을 환난과 어려움 속에서도 저희를 붙들어 주심을 감사합니다. 저희들을 어떤 환경에서도 붙들어 주실 것을 믿습니다. 이 시간 사랑의 주님께서, 우리 마음의 소원을 아시고 상한 마음, 연약한 마음을 치료하여 주옵소서. 사랑의 주님, 이 세상에는 체면 때문에 할 말을 못하기가 일수이지만, 그러나 사랑이 많으신 주님께 체면을 버리고 모든 소원을 간구하오니 응답하여 주옵소서. 어린아이처럼 입을 여는 저희들에게 기도 응답하여 주옵소서.

예수님의 이름으로 감사하며 기도합니다. 아멘.

> 하나님을 위해서 위대한 일을 성취한 사람은 기도를 통해 하나님의 지혜를 얻고, 하나님의 뜻을 배우며, 하나님의 능력을 부여받는다. _레이몬드 W. 바버

7월 18일 — 소망과 진리로 인도하옵소서

여호와여 주의 긍휼을 내게 그치지 마시고 주의 인자와 진리로 나를 항상 보호하옵소서 (시편 40:11)

소망을 주시는 하나님,
오늘 하루도 저희들을 험한 세상에서 살아 갈 때에 임마누엘의 은총으로 입혀 주시니 감사합니다. 저희들을 날마다 인도하여 주시어서 자녀들의 욕구를 충족시키시며, 주님 안에서 살 수 있도록 인도하여 주심을 감사합니다. 하나님의 은혜를 사모하여 이 시간 주님 앞에 나아가오니 저희들의 영혼이 잘되게 하시고 평안의 복을 내려주옵소서. 알지도, 깨닫지도 못하며, 전적으로 무능했던 우리의 영혼을 거듭나게 하셔서, 진리를 알고 하나님의 뜻을 깨닫는 자가 되게 하시고, 진리를 사랑하며, 진리에 순종하는 사람이 되게 하여 주옵소서.

과학이 발전하고 지식이 날로 새로워진다 하지만, 하나님의 진리 안에서 보면 그 모든 것들이 진리의 그림자에 불과하며, 우주 안에 보이는 한 알의 모래알보다 더 못한 것입니다. 분별함이 없이 과학을 맹종하다가 진리에 눈 먼 자 되지 않게 하시고, 밝은 진리 안에서 진리의 빛을 받아 세상과 세상의 자랑들을 판단할 수 있는 능력을 갖게 하여 주옵소서. 세상 속에서 악에 물든 우리의 영혼을 항상 정화시켜 주시고, 선을 따르며 선한 열매를 맺을 수 있도록 복을 내려 주옵소서. 주님의 능하신 손 안에서 무엇을 하던지 거룩한 뜻을 이루며, 주님의 영광을 드러내게 하여 주옵소서. 부족한 종에게 성령을 부어주시고 영혼이 잘됨 같이, 범사가 잘되며 강건하여 우리 가정이 형통하게 하여 주옵소서. 예수님의 이름으로 감사하며 기도합니다. 아멘.

> 아침마다 외모를 단장하는 시간에 기도도 함께 하라. 당신은 더러운 얼굴로 일터에 나가지 않을 것이다. 그런데 왜 영혼의 얼굴은 씻지 않고 하루를 시작하려 하는가. _로버트 쿡

7월 19일 — 선한 길로 인도하옵소서

> 평안을 너희에게 끼치노니 곧 나의 평안을 너희에게 주노라 내가 너희에게 주는 것은 세상이 주는 것 같지 아니하니라 너희는 마음에 근심도 말고 두려워하지도 말라 (요한복음 14:27)

선한 목자이신 하나님,
저희들을, 오늘도 인격적으로 대해 주시는 주님께 감사를 드립니다. 오늘도 저희들의 심령에 들어오셔서 우리의 문이 되어 주시고 진리로 인도하여 주옵소서. 저희들은 양 같아서 그릇된 길로 가기를 좋아하지만 주님이 선한 목자가 되어서 푸른 풀밭과, 푸른 초장으로 인도하시고, 잔잔한 물로 인도하여 주시니 감사합니다. 또한 저희들을 푸른 풀밭과 물가로 인도하셔서 먹고 마시게 하시며, 병들어 힘없이 누웠을 때 품으시고, 친히 치료와 능력의 손을 펴시고 건강을 회복시켜 주시니 감사를 드립니다.

저희들이 세속적인 것에 매여서 자꾸 인간의 욕심대로 살려는 본성이 나옵니다. 그때에도 깨우쳐주시고, 주의 막대기로 보호하여 주시어서 감사하며 살게 하여 주옵소서. 여호와는 나의 목자시니 내게 부족함이 없다고 고백한 다윗처럼, 목자 되신 주님을 온전히 따르는 믿음을 주시고, 저희들의 생활을 풍성하게 하여 주옵소서.

이 시간 사업과 직장에 생명력을 주시고, 절망의 그늘에 주저앉은 저희에게 소망의 반석이 되시어서 다시 세워 주옵소서. 또한 저희의 질병을 제어하시고, 온전한 몸을 회복하는 치료의 광선을 비춰주옵소서. 선한목자 앞에 나온 양들처럼 풍성한 꼴을 먹으며 살게 하여 주옵소서.
예수님의 이름으로 감사하며 기도합니다. 아멘.

너무 바빠서 기도할 수 없는 사람은 거룩한 생활을 할 수 없는 것이다 _이 엠 바운즈

7월 20일 — 성령으로 위로하여 주옵소서

그는 하나님께 기도하므로 하나님이 은혜를 베푸사 그로 자기의 얼굴을 즐거이 보게 하시고 사람에게 그 의를 회복시키시느니라 (욥기 33:26)

인생의 도움이신 하나님,
오늘도 주님의 은혜 안에 살게 하심을 감사드립니다. 이 시간 기도하오니 저희 눈이 볼 것을 보고, 들을 것을 듣고, 마땅히 따라야 할 것들을 행할 수 있게 하여 주옵소서. 진실할 수 있는 용기를 주시고, 주의 진리를 따라 진실한 삶을 주님께 드릴 수 있게 하여 주옵소서.
말해야 할 때 말할 수 있게 하시며, 침묵해야 할 때 입을 굳게 다물 수 있는 용기를 주옵소서. 가야할 길은 가고, 해야 할 일은 하고, 가담할 것과 발을 빼야 할 것을 구별할 수 있는 지혜를 주셔서, 주님의 말씀을 따라 행할 수 있는 진실한 용기를 주옵소서. 진리를 따라 그대로 준행하는 것만이 우리의 삶을 반석 위에 올려놓는 결과인줄 믿습니다. 그 길에 우리의 즐거움과 행복이 있게 하여 주옵소서.
우리에게 진리를 밝히 볼 수 있는 지혜를 주시고, 진리를 따라 갈 수 있는 믿음을 주셔서 허탄한 것에 마음을 빼앗기지 않게 하여 주옵소서. 오늘 보고 듣는 것으로 인하여 생겨난 헛된 욕망과 탐욕을 씻어주시고, 주님의 진리 편에 굳게 세워 주옵소서. 점점 어두워져 가는 세상을 봅니다. 개인도 생명력을 잃고, 가정들도 죽어가고 있습니다. 그러나 주님의 법 안에 들어가기만 하면 생명의 역사가 시작됨을 믿습니다. 주님의 법을 사랑하는 저희 가정에 복을 내려 주옵소서.
예수님의 이름으로 감사하며 기도합니다. 아멘.

효과적인 믿음의 기도는 하나님의 뜻과 사랑에 몰두하는 생활에서 생겨납니다. _앤드류 머레이

7월 21일 주안에서 승리하게 하옵소서

오 형제여, 나로 주 안에서 너를 인하여 기쁨을 얻게 하고 내 마음이 그리스도 안에서 평안하게 하라 (빌레몬서 1:20)

소망으로 인도하시는 하나님,
저희들을 지난 한 주간도 영육 간에 강건하게 인도하여 주시니 감사합니다. 오늘 시작부터 직장에 출근하여 일 할 때에 사람 간에 무한경쟁을 하면서 살아가야 하는 직장입니다. 이것이 저희들의 생존력이고, 경쟁사회에 민감하게 반응하면서 때로는 약삭 바르게 살고 때로는 어리석게 살 때 많습니다. 이러한 경쟁의 구도가 하나님의 의에서 벗어난 것임을 알지만 생존을 위해서 이렇게 살아가는 저희들을 긍휼히 여겨 주옵소서. 이런 그릇된 욕망의 결과로, 우리가 저지른 경주의 법칙 때문에 이웃과 형제가 울었고, 교회가 울어야 했음을 고백합니다. 저희들이 악을 미워하고 선을 따르는 경주자로서 살도록 은혜를 주시옵소서. 남의 약점을 들춰내던 입과 손을 붙들어 주시고, 이제는 다른 사람의 단점을 덮어주는 경주자가 되게 하여 주옵소서. 이제 상대방을 경주에서 지게 함으로서 내가 이기는 악한 경주를 꾀하던 일을 멈추고, 상대방을 이기게 함으로서 나도 그 이김에 동참하여, 함께 서로 승리 할 수 있는 경주자가 되게 하여 주옵소서. 영원히 썩지 아니할 면류관을 받기 위해 모두에게 승리를 안겨주는 경주자로 세워 주옵소서. 저희들이 주님의 선한 일군이 되어서 쓰임 받는 도구가 되게 하시고, 직장에서나 교회에서 귀하게 쓰임 받는 믿음의 사람이 되게 하여 주옵소서. 이번 한 수간도 저희들의 생명을 주관하시고, 복된 길로 인도하여 주시어서 부르신 뜻에 합당한 열매를 맺게 하여 주옵소서.
거룩하신 예수님의 이름으로 감사하며 기도합니다. 아멘.

하나님의 자녀는 기도로 모든 것을 정복할 수 있다. 사탄이 성도들에게 이 무기를 빼앗거나 그것의 사용을 저지하려고 최선을 다하는 것은 이상한 일이 아니다. _앤드류 머레이

7월 22일 — 평안의 복을 주옵소서

> 만일 평안을 받을 사람이 거기 있으면 너희 빈 평안이 그에게 머물 것이요 그렇지 않으면 너희에게로 돌아오리라 (누가복음 10:6)

생명의 복을 주시는 하나님,
오늘 하루도 하나님의 자녀로 살게 하심을 감사합니다. 온 우주가 주님의 것인 것처럼 하나님께서 우리를 소중하게 여겨 주시니 감사드립니다. 주님이 만드신 우주를 우리가 도저히 이해할 수 없을 만큼 크지만, 저희 한 사람을 귀하게 여기셔서 하나님의 자녀로 살게 하시니 감사드립니다. 저희들, 주님의 것으로서 마땅히 주인의 뜻에 맞게 살아야 하지만, 그렇지 못하는 저희를 불쌍히 여기시고, 날마다 새로워지게 하셔서, 거룩하신 주님 앞에 부끄럽지 않은 사람으로 다듬어 주옵소서. 정욕을 손으로 움켜잡지 아니하고 정당한 것을 바르게 취하며, 우리 손에 맡기신 것들을 주의 사랑을 위해 베푸는 손이 되게 하여 주옵소서. 그리하여 우리 마음에 죄의 먼지가 끼지 못하게 하시고, 하나님의 깨끗한 마음을 갖게 하여 주옵소서. 울며 절망하는 사람, 분노하고 미워하는 사람, 웃으며 사랑하는 사람, 어떤 사람을 만나도 아늑한 쉼터가 되어주며, 기대고 싶은 깨끗한 마음을 소유한 사람이 될 수 있도록 도와주옵소서. 우리로 하여금 세상의 허탄한 것들과, 하나님께서 내리시는 복을 헤아릴 줄 아는 지혜를 주셔서, 하나님의 자녀로서 참된 복을 누리며 살게 하여 주옵소서. 부족한 종을 통해서 직장에서 쓰임 받는 복의 통로가 되게 하시며, 어디서나 쓰임 받는 종으로 세우시고, 저희 가정과 자녀들도 그렇게 시용하여 주옵소서.
예수님 이름으로 감사하며 기도합니다. 아멘.

> 우리는 하나님의 도움으로 모든 일을 할 수 있고 그분께 구함으로써 그분의 도움을 온전히 받을 수 있다. 복음의 성공 여부와 힘은 우리의 기도하는 능력에 달려있다. _이 엠 바운즈

7월 23일　합력하여 선을 이루게 하옵소서

여호와여 일어나사 주의 권능의 궤와 함께 평안한 곳으로 들어가소서 (시편 132:8)

만복의 근원이 되시는 하나님,
우리에게 일용 할 양식을 주시고, 인도하여 주시니 감사합니다. 이 시간 저희들 하나님의 복을 받기에 합당한 그릇이 되게 하여 주옵소서. 저희들이 하나님의 형상대로 지음 받았사오니 주님의 영광을 잃지 않게 하시고, 우리와 대면하는 사람들에게 복음을 전하게 하시고, 하나님을 만나도록 전도자의 사명 잘 감당하는 증인이 되게 하여 주옵소서. 아울러 수많은 사람들 중에 우리를 자녀로 삼으시고, 주님과 동행하면서 하루하루 살게 하시니 감사합니다. 저희들이 주의 뜻을 벗어나서 세상에 매여 사는 초라한 영혼이 되지 말게 하시고, 하나님께서 맡겨주신 거룩한 명령을 감당할 수 있게 하여 주옵소서.
하나님 충성스런 백성으로서 주님을 기쁘시게 하는 생활이 되게 하여 주옵소서. 이제는 더욱더 주님을 사랑하게 하시고, 그 뜻대로 살아서 풍성한 열매를 거두고, 나누어 주는 믿음의 사람이 되게 하여 주옵소서. 이제 불신앙과 정욕에서 건져주시고, 생육하고 번성하여, 충만하게 살아서 하나님의 복을 누리며, 크신 사랑과 은혜에 응답하는 삶을 살게 하여 주옵소서. 이를 위하여 먼저 가정 안에 하나님의 질서가 회복되게 하시고 성령의 열매가 풍성하게 맺어지게 하여 주옵소서.
사랑 많으신 예수님의 이름으로 기도합니다. 아멘.

나는 몇 번이고 무릎 꿇고 기도하지 않을 수 없습니다. 그것 이외에 어떻게도 할 수 없다는 것을 확신했기 때문입니다. 나 자신의 지혜로 그러한 사태에 대처하는데 불충분하다고 생각했기 때문입니다. _에이브러햄 링컨

7월 24일 어려움을 잘 극복하게 하옵소서

예루살렘을 위하여 평안을 구하라 예루살렘을 사랑하는 자는 형통하리로다 (시편 122:6)

인애하신 하나님,
저희들을 날마다 인도하여 주시고 보호하여 주시니 감사합니다. 사람의 기준으로는 사랑받기에 합당하지 못한 저희들의 삶이었으나, 하나님께서는 그러한 우리를 불쌍히 여기시고, 사랑하시며, 은혜를 베풀어 주심을 감사드립니다. 오늘도 하나님의 크고 넓으신 사랑을 본받아, 실행하며 살아가는 능력을 주옵소서. 하나님의 깊으신 것까지도 통달하시는 성령님의 감동하심을 덧입어서, 저희들이 주님의 합당한 삶을 살게 하여 주옵소서. 영으로 오셔서 우리 안에 거하시는 성령님의 뜻에 순종하면서 살게 하여 주옵소서. 주님께서 말씀하신 것을 성령님께서 깨닫게 하여 주실 때에, 저희들이 미련하지 않게 하시어서 곧장 깨닫게 하시고, 즉시 순종할 수 있는 지혜로운 사람이 되게 하여 주옵소서.
성령님의 인도함을 받는 저희들이 주님의 대사요, 주님의 향기요, 주님의 편지로서 맡겨주신 사명을 생활 속에서 잘 드러내게 하여 주옵소서. 성령의 전을 더럽힌 우리를 깨끗하게 하시고, 산제사로 드리는 삶을 온전히 드릴 수 있게 하여 주옵소서. 저희들이 날마다 주님의 도구로 사용하여 주시어서 직장에서나, 가정에서나, 교회에서나 주신 사명을 잘 감당하게 하여 주옵소서. 주님의 귀중한 도구로 쓰임을 받아서 맡겨진 사명을 잘 감당하게 하시고, 힘을 다하여 섬기는 종으로 사용하여 주옵소서.
예수님의 이름으로 감사하며 기도합니다. 아멘.

> 병을 앓고 있는 자가 병을 앓고 있는 자를 위해 기도할 때는 그 기도의 힘은 배가 된다.

7월 25일

은혜와 평강을 주옵소서

내가 평안히 눕고 자기도 하리니 나를 안전히 거하게 하시는 이는 오직 여호와시니이다
(시편 4:8)

거룩하신 삼위의 하나님,
오늘 하루도 하나님과 동행하게 하시니 감사합니다. 오늘도 열심히 일할 수 있도록 직장을 주셔서 일하게 하시니 감사합니다. 또한 삶의 현장에서 경쟁과 도전을 거듭해야 하는 전투적 환경 속에서 힘겨워 하며 주저앉고 싶어지는 연약한 저희들입니다. 구하기는 우리의 심령에 신령한 은혜를 주셔서 저희로 하여금 성령의 열매를 맺게 하시고, 감사하면서 승리하는 생활을 하게 하여 주옵소서. 저희들이 소원을 가지고 계획을 세우지만, 걸음을 인도하시는 분은 주님이시오니, 하나님께서 저희 계획을 아시고 선한 길로 인도하여 주옵소서. 우리의 영안을 밝게 하셔서 연약한 육신이 새롭게 부딪히는 상황에서 좌절하지 않게 하시고, 어떤 상황에서든 가장 선하고 온전한 결과를 낳게 하시어서 주님의 사랑이 우리를 강권하심으로 저희가 원하는 것을 이루어지게 하여 주옵소서. 이제 저희들이 주님의 계명을 잘 지켜서 사랑 안에 거하게 하시고, 세상이 줄 수 없는 기쁨을 누리게 하시어서 주님의 은혜에 확신을 갖게 하여 주옵소서. 오늘도 일하다가 낙심하지 않게 하시고, 서로 사랑하여 주님께서 주시는 승리를 맛보게 하여 주옵소서. 이 시간 간구하기는 저희들에게 장래 일을 구합니다. 자녀들이 믿음 안에서 성장하게 하시고, 날마다 하나님의 말씀을 묵상하게 하시고, 진리의 은혜로 무장되어서 세상 유혹에 넘어지지 않도록 믿음으로 지켜 주옵소서. 주님께서 주신 자녀이오니 부족함이 없도록 축복하여 주시고 자녀들이 복을 받게 하여 주옵소서.
예수님의 이름으로 감사하며 기도합니다. 아멘.

만일 기도들이 응답받지 못하는 것은 우리가 너무 빨리 포기하기 때문이다. _조이 도우슨

7월 26일 — 평탄한 길을 주옵소서

때에 내가 아하와 강가에서 금식을 선포하고 우리 하나님 앞에서 스스로 겸비하여 우리와 우리 어린것과 모든 소유를 위하여 평탄한 길을 그에게 간구하였으니 (스가랴 8:21)

소망을 주시는 하나님,
지난 한 주간도 주님의 은혜와 사랑을 체험하며 살게 하시니 감사합니다. 저희들은 육신에 속하여 어려운 일을 만나면 공포에 젖어 슬퍼하였으니 하나님의 은혜 가운데 평안하게 살게 하시니 감사합니다. 저희가 육신에 속하여 살 때는 실패요 불행이요 절망이었으나, 이런 생활을 선으로 바꾸시고, 은혜를 아는 사람으로 평안을 누리게 하시니 감사합니다.

이제는 저희가 하나님의 뜻을 알고, 하나님의 법을 가르치시는 생명의 말씀을 실천하며 살 수 있게 하여 주옵소서. 이 시간 직장에서 어려움을 당하여 고민하며 아파하는 자녀들을 기억하여 주옵소서. 그들이 하나님을 만나고, 귀로만 듣던 하나님을 눈으로 뵙는 선한 역사를 허락하여 주옵소서.

고난을 통해, 하나님을 만나고 하나님의 법을 배우며, 하나님 나라의 생활원리를 알 수 있게 하여 주옵소서. 금보다 귀한 믿음을 가지게 하시고 든든히 서게 하여 주옵소서. 부족한 저희를 은혜의 통로로 사용하시어서 가정에서나 직장에서 창조적인 역사가 일어나는 은혜를 주시고, 쓰임 받는 일군으로 사용하시어서 저희가 넉넉한 복을 받게 하여 주옵소서.

예수님의 이름으로 감사하며 기도합니다. 아멘.

삶의 어려운 일을 만나 막다른 골목에 다다랐을 때, 온전히 기도에 매달려라. _맥런

7월 27일

성품의 은혜를 주옵소서

내가 그리스도와 함께 십자가에 못 박혔나니 그런즉 이제는 내가 산 것이 아니요 오직 내 안에 그리스도께서 사신 것이라 이제 내가 육체 가운데 사는 것은 나를 사랑하사 나를 위하여 자기 몸을 버리신 하나님의 아들을 믿는 믿음 안에서 사는 것이라 (갈라디아 2:20)

자비로우신 하나님.
주님의 깊으신 은혜와 사랑에 감사를 드립니다. 하나님의 은혜와 사랑을 입은 저희들이 본분에 충실해야 하지만, 여전히 나의 적을 미워하고, 업신여기고, 저주하기를 서슴지 않으며 살고 있음을 고백합니다. 우리는 나에게 잘하고 유익되는 사람만 사랑했지, 나를 해치고, 아프게 하는 사람들을 미워하고 저주하기를 당연하게 여기고 살아 왔습니다. 그러나 하나님께서 언약을 배신한 아담을 찾아오셔서 생명을 지키시고 보호하시고, 저주를 서슴지 않았던 베드로를 찾아오셔서 용서하시고, 수제자의 길을 계속 가도록 하셨던 것처럼, 우리도 하나님의 관용과 사랑의 성품을 닮고, 몸소 보여주신 바를 실천하게 하여 주옵소서. 우리가 관심을 갖는 삶의 목표가 하나님께서 옳게 여기시고 뜻하시는 바에 맞춰질지언정, 빗나가지 않도록 붙들어 주옵소서. 우상숭배가 되어버린 탐심을 버리게 하여 주옵소서. 자신을 믿고 의지하는 미련한 마음을 버리게 하여 주옵소서. 가난한 사람들을 보면서 그들 자신의 책임으로 돌리며 정죄하며 무시하던 비뚤어진 마음을 용서하여 주옵소서. 우리의 모든 것을 아시고, 필요한 모든 것을 충족시켜 주시기를 기뻐하시는 주님을 사랑하며 의지합니다. 주님의 평안과 형통함과 풍성함을 누리게 하여 주옵소서. 오늘도 저희들의 입술에 통제력을 주시고, 듣기는 속히 하되, 말하기는 더디 하게 하여 주옵소서. 이치에 맞게 하나님의 법을 이루는 온유한 언어생활로 사랑과 평화를 이루게 하여 주옵소서.
거룩하신 예수님의 이름으로 감사하며 기도드립니다. 아멘.

> 남을 위한 기도는 큰 유익이 있다. 남을 위해 하나님께 심부름을 하는 댓가로 돌아오는 수고비가 있기 때문이다. _사무엘

7월 28일

사랑으로 이기게 하옵소서

내 영혼아 네가 어찌하여 낙망하며 어찌하여 내 속에서 불안해하는가 너는 하나님께 소망을 두라 나는 그가 나타나 도우심으로 말미암아 내 하나님을 여전히 찬송하리로다 (시편 42:11)

우리의 즐거움이 되시는 하나님,
오늘도 힘껏 일할 수 있는 환경과, 직장에서 사람들과 교제하게 하시니 감사합니다. 저희들, 하루 일과를 시작하면서 세상을 향하여 달려가는 우리의 마음을 말씀으로 씻어주시고, 성령의 불로 태워 주셔서 세상적인 욕망으로부터 자유롭게 하여 주옵소서.
이 시간 재물에 소망을 두는 우리의 마음을 정화시켜 주시고, 하나님께 소망을 둠으로서 우리 삶의 방향이 바르게 되어, 이 세상, 어디에서도 배신당하거나, 실망당하지 않게 하여 주옵소서. 주님께서는 우리에게 있어야 할 것들을 모두 아시며, 필요한 것들을 이미 예비하시고, 필요한 때, 필요한 곳에서, 필요한 만큼 누리게 하심을 믿습니다. 저희들은 하나님을 의지하는 믿음이 약하여 주님의 풍성하심을 보지 못함을 고백하오니, 가려진 영적 방해물들을 제거하여 주옵소서.
사랑해야 할 사람을 알고, 사람과 일들 앞에 성령의 사람으로서 부끄럼 없이 살게 하여 주옵소서. 닫힌 마음을 열어주시고 움켜쥔 손을 펴 주셔서 열린 마음으로 사랑하며, 편 손으로, 넓게 사랑할 수 있게 하여 주옵소서. 성령의 성전인 저희들이 세상풍조를 닮지 않게 하셔서 모든 일들을 속임수와 편법으로 하지 않게 하여 주옵소서.
예수님의 이름으로 감사하며 기도합니다. 아멘.

시작이 반이다. 그러나 기도 없이 시작된 일은 결코 좋은 시작일 수 없다. _팬스하우

7월 29일 능력의 손길로 붙들어 주옵소서

저희 마음의 완악함을 근심하사 노하심으로 저희를 둘러보시고 그 사람에게 이르시되 네 손을 내밀라 하시니 그가 내밀매 그 손이 회복되었더라 (마가복음 3:5)

소망으로 인도하시는 하나님,
오늘도 저희를 좋은 길로 인도하시고, 임마누엘의 은총으로 복 주심을 감사드립니다. 이 세상을 창조 하신 후 우리 인간을 창조하실 때는 보시기에 심히 좋으실 만큼 하나님의 창조세계를 즐거워하시는 주님의 마음은 오늘도 한결 같으심을 믿습니다. 그러기에 악이 무성하지만 이 세상에 선이 존재하며, 악인이 많지만 그 안에 우리 하나님의 자녀들이 함께 살 수 있게 하심을 믿습니다. 저희들, 부정적인 것만을 보는 마음에 빠지지 않게 하시고, 여호수아와 갈렙처럼 하나님의 역사를 보고, 긍정적인 생각 속에서 말씀대로 순종하면서 살게 하여 주옵소서. 그리하여 우리 편이 되시는 하나님을 눈으로 볼 수 있는 믿음을 주옵소서. 하나님을 믿는 믿음을 통해서 아름답고 젖과 꿀이 흐르는 땅을 보게 하시고, 세상이 두려워해야 할 상대가 아니라, 능히 이기고도 남을 세상임을 알게 하여 주시어서 믿음으로 승리하게 하여 주옵소서. 사랑의 주님, 현실에 부딪히면서 두려움에 쌓인 저희의 마음을 붙들어 주시고 주님이 세상을 승리한 것처럼 저희들도 세상을 이기는 믿음을 주옵소서. 이 시간 간구하오니, 세상을 창조하시고 다스리시며, 절대적인 주권으로 승리하신 주님을 바라보면서 저희들도 하나님의 능력을 보며, 믿음으로 승리하게 하여 주옵소서. 이 믿음으로 교회를 섬기고, 사업과 직장생활을 안위하며, 가족 안에서 주님의 평안을 즐길 수 있게 하여 주옵소서. 저희들, 지혜와 물질이 부족합니다. 넉넉하게 채워 주옵소서. 풍성하게 채워주옵소서.
거룩하신 예수님의 이름으로 감사하며 기도합니다. 아멘.

> 기도는 끊임없이 쏟아져 나오는 끊임없는 사랑의 응답이며, 모든 영혼을 인도하시는 하나님 과 사귀는 길이다. _스티어

7월 30일 　 마음을 새롭게 하옵소서

주의 구원의 즐거움을 내게 회복시키시고 자원하는 심령을 주사 나를 붙드소서 (시편 51:12)

생명의 근원이신 하나님,
우리 영육간의 삶을 사랑과 은혜로 인도하시고 보호하시는 주님께 감사드립니다. 저희들은 주님의 거룩한 지체들이요, 거룩한 백성이 되게 하여 주시니 감사합니다.
이 시간 저희들에게 영적으로나 육체적으로나 거룩한 지체답게 살도록 믿음의 능력을 덧입혀 주옵소서. 하나님과 이웃과 자신과의 삶에서 새사람의 옷을 입혀주셔서, 거룩한 영혼의 옷이 더렵혀지거나 낡아지지 않게 하여 주옵소서. 오늘도 성경을 읽을 때, 하나님의 음성이 들리게 하시고 말씀을 읽을 때마다 우리 영혼을 깨워주시어서 새롭게 하여 주옵소서. 사랑의 주님, 우리의 몸으로 하나님을 영화롭게 해 드리며, 우리 안에 성령님을 근심시켜 드리지 않도록 인도하여 주옵소서.
그리스도의 피 값으로 사신 소중한 우리 됨을 온전히 지키게 하여 주옵소서. 또한 자녀들에게 주님의 평화와 행복을 내려 주옵소서. 경제적 빈곤에 빠지지 않게 하시고, 건강한 육체와 성령 충만한 영혼으로 든든히 서가게 하여 주옵소서. 사랑하는 자녀들이 이 시간에, 하나님을 진실하게 만나고, 책임 있는 자세로 가정과 생활 현장에 행복을 만들어 가게 하여 주옵소서.
사랑이 많으신 예수님의 이름으로 감사하며 기도합니다. 아멘.

내게 기도의 응답은 단지 신앙이 아니라 일상생활의 실험이다. _스펄전

7월 31일 근심하지 말고 기도하게 하옵소서

너희는 마음에 근심하지 말라 하나님을 믿으니 또 나를 믿으라 (요한복음 14:1)

은혜와 사랑이 많으신 하나님,
저희들에게 독생자를 보내주시고, 저희들을 구원해 주신 하나님의 은혜를 감사합니다. 주님께서, 저희들의 죄를 위해 이 땅에 오셔서, 고난의 생애를 사시고 죽으시고, 부활하신 사랑의 주님께 존귀와 영광과 감사를 드립니다. 예수님은 저희를 위해서 이 땅에서 죽으시고 삼일 만에 부활하셔서 저희들의 모든 죄를 용서하시고 모든 죄를 사하여 주시니 감사를 드립니다. 저희들도 주님처럼 사랑하면서, 사람들에게 사랑을 나누며 살게 하여 주옵소서. 저희들을 구속하시기 위해 지불하신 엄청난 주님의 사랑을 어찌 비슷하게라도 살 수 있겠습니까? 다만 사랑의 주님을 따르기 위해 준비되고, 필요로 하실 때마다 순종으로 응답하게 하여 주옵소서. 주님의 십자가를 바라보며, 아무든지 나를 따르려거든 자기 십자가를 지고 따르라고 하였사오니 저희들에게 지워주신 자기 십자가를 지게 하여 주옵소서. 사랑의 주님, 간절히 구하기는 저희들이 요셉처럼 하나님의 감동을 받아 의로운 사람답게 일하며 살게하시고, 형제를 용서한 것처럼 다른 사람의 죄를 용서 할 줄 아는 믿음의 사람이 되게 하여 주옵소서. 하나님의 뜻을 이루며 살게 하여 주시고 저희들로 하여금 하루하루 감사하면서 살도록 복을 내려 주옵소서. 건강의 복도 주시고, 형통의 복도 허락하여 주옵소서. 그리스도를 따르는 자녀들에게 하나님의 사랑을 알게 하시고, 약속을 믿게 하시며 견고한 믿음을 주시고, 기이하게 이루시는 하나님의 역사를 체험하게 하여 주옵소서.
사랑이 많으신 예수님의 이름으로 감사하며 기도드립니다. 아멘.

> 천사의 지능이 있어도 은밀한 성경연구와 기도시간이 없다면 아무것도 할 수 없다. _찰스 피니

8월

내 마음에 쉼을 주옵소서
행복이 가득한 삶을 만들어가게 하소서 (용혜원)

세상에는 두 종류의 사람이 있습니다.
행복한 사람과 불행한 삶입니다.
행복과 불행은 마음에서 시작하오니
주여, 내 마음을 주장하사
행복이 가득한 삶을 만들어가게 하소서

먼저 주어진 삶에 감사하게 하시고
먼저 주어진 일을 기뻐하게 하소서
모든 일을 기쁨으로 행하므로
함께 기뻐할 수 있게 하소서

땀 흘려 애쓰고 가꾸고 노력한 소득으로
나눔의 삶을 살아가게 하소서
남이 나를 행복하게 해주기를 원하기보다
내가 먼저 저들에게 사랑으로 다가가게 하소서

8월 1일 — 기뻐하면서 살게 하옵소서

나의 간절한 기대와 소망을 따라 아무 일에든지 부끄럽지 아니하고 오직 전과 같이 이제도 온전히 담대하여 살든지 죽든지 내 몸에서 그리스도가 존귀히 되게 하려 하나니 (빌립보서 1:20)

우리를 구원하시는 하나님,
온갖 위험에 노출된 저희들을 붙드시고 안전하게 하시며 모든 일을 감당하게 인도하여 주시니 감사합니다. 이 시간 저희들에게 영안을 열어주시어서 주님을 바라보게 하여 주옵소서. 그리하여 봐야 할 것을 보고, 알아야 할 것을 알 수 있도록 은혜를 주옵소서. 그래서 시간이 흐른 뒤에도, 또는 기회가 지나가 버린 후에도, 절망하는 어리석은 일을 거듭하지 않게 하시고, 땅엣 것에 취하여 숙였던 고개를 들어 주님의 영광의 얼굴을 바라보게 하여 주옵소서. 그리하여 우리의 도움이시요 방패이신 하나님께로 마음을 열게 하시고, 하나님의 은혜를 사모하는 믿음을 가지게 하여 주옵소서. 저희들, 오늘도 부딪히는 현실 속에서 힘을 잃지 않도록 지켜 주시고, 언제나 주님만을 바라보면서 살게 하여 주옵소서. 애착하며 의지하다가, 배신당할 물질이나, 명예나, 지위나, 사람들에게서 의연하게 눈을 떼고, 모든 실패와 절망과 불행을 바꾸어 선한 결과를 만들어 주시어서, 주님의 마음을 기쁘시게 해드리는 믿음의 사람이 되게 하여 주옵소서. 이제는 저희들이 주님 외에는 아무 것도 두려워하지 않으며, 오직 하나님만을 경외하는 믿음을 주옵소서. 하나님을 의지하는 것이 산 믿음의 증표요, 능력 있는 믿음의 원동력이 됨을 믿게 하여 주옵소서. 이 시간 주님을 의지하는 자녀들에게 눈물이 기쁨이 되며, 원망이 감사가 되며, 불행이 행복이 되게 하여 주옵소서. 저희들이 주님의 귀한 도구로 사용되어져서 선한 일군이 되도록 하늘의 복을 내려 주시옵소서. 저희 가정에 충만한 복을 내려주옵소서. 예수님의 이름으로 감사하며 기도합니다. 아멘.

> 세상의 운명은 우리의 기도에 따라서 달라질 것이다. _라우바흐

정직하게 살게 하옵소서

8월 2일

성경에 기록되었으되 보라 내가 택한 보배로운 모퉁잇돌을 시온에 두노니 그를 믿는 자는 부끄러움을 당하지 아니하리라 하였으니 (베드로전서 2:6)

소망을 주시는 하나님,
깊고 넓으신 하나님의 사랑과 은혜를 감사합니다. 저희들이 주님의 사랑을 닮고자 했으나, 마음에서만 머물고 몸으로는 실천하지 못했습니다. 받을 사랑은 빠뜨리지 않고 챙겼으나, 주는 사랑은 인색했습니다. 아는 것과 믿는 것이 달랐고, 믿는 것과 실천하는 것 또한 달랐습니다. 저희들에게 믿음의 은사를 주시되 생명력이 있는 믿음을 주시옵소서. 하나님의 자녀로서 해야 할 일을 마땅히 잘 감당할 수 있는 능력을 주시기 원합니다.

주님을 사모하며 살고, 주님의 법을 따르기 위해 항상 힘쓰는 저희들이 되게 하여 주시어서, 저희 생활이 항상 형통하게 하여 주시며, 경제적으로, 인격적으로, 건강상에 어두운 그림자들을 벗겨 주옵소서. 주님 안에서 지혜로운 사람으로 주님을 섬기며, 이웃에게 선을 행하게 하여 주옵소서.

원하지 않는 가운데, 저지른 죄악들을 씻어주시고, 은혜의 통로를 열어 주시고, 주님을 의뢰하며, 정직히 행하며, 선을 행하며 살게 하여 주옵소서. 바라기는 주님을 따르는 저희들에게 하나님의 사랑을 많이 알게 하시고, 약속을 믿게 하시어서 견고한 믿음을 주옵소서. 또한 기이한 하나님의 역사를 체험하게 하여 주옵소서.

사랑이 많으신 예수님의 이름으로 감사하며 기도드립니다. 아멘.

기도는 천국을 향한 영혼의 가장 간절한 소망이다.

8월 3일　치료하는 민족이 되게 하옵소서

그러나 성경이 모든 것을 죄 아래에 가두었으니 이는 예수 그리스도를 믿음으로 말미암는 약속을 믿는 자들에게 주려 함이라 (갈라디아서 3:22)

복의 근원이 되시는 하나님,
사랑과 은혜를 감사합니다. 오늘도 일 할 수 있는 건강을 주시고, 감당할 힘과 여건을 주시니 감사합니다. 투쟁과 분쟁으로 서로 대립하는 시대에, 믿음으로 사는 저희들은 어떻게 살아야 하는지 혼란을 느낍니다. 이런 상황일수록 성경적 바른 혜안을 주시고, 진리에 굳게 서서, 주님께서 인정하시는 선을 행하는 믿음을 더하여 주옵소서. 저희들이, 좁은 길을 갈 때, 타협하거나 낙심하지 않게 하시고, 언제나 진리를 따르며, 복음에 순종하는 사람으로, 서 있게 하여 주옵소서.
우리 사회는 종교다원주의 사상이 만연하고, 허울 좋은 종교의 자유로 이단들이 기승을 부리고 있습니다. 오직 믿음으로, 신앙을 지키게 하시고 유혹에 넘어지지 않도록 바른 믿음을 더하여 주옵소서. 바라기는 저희 자녀들에게도 세상 유혹에 넘어지지 않게 하시고, 굳건한 믿음을 주시어서 세상을 이기는 믿음을 더하여 주옵소서.
병든 세대를 복음의 빛으로 비추며, 이 민족을 치료하는 성도들이 되게 하시고, 하늘의 복과 땅의 복을 더하여 주시어서 복 있는 자녀들로 축복하여 주옵소서. 저희 가정에 복을 주시고, 오늘도 저희에게 성령의 충만함을 허락하여 주옵소서. 저희 가성에 풍성한 복을 내려 주옵소서.
예수님의 이름으로 감사하며 기도합니다. 아멘.

우리는 무식하기 때문에 손해를 자초한다. 그러나 하나님은 그것을 거두신다. 이런 경우 우리의 기도가 응답되지 않는 것이 우리에게는 이익이다. _윌리암 세익스피어

8월 4일 — 여호와의 복을 주옵소서

주께서 나의 슬픔을 변하여 춤이 되게 하시며 나의 베옷을 벗기고 기쁨으로 띠 띠우셨나이다 (시편 30:11)

우리를 품어 주시는 하나님,
은혜와 사랑을 감사합니다. 저희들이 믿음의 조상 아브라함을 본받아 믿음의 자손들이 되게 하시고, 그가 보여준 본을 따라 불확실한 이 세대에서 낙심하지 않고 굳건하게 살게 하여 주옵소서. 이제는, 저희들이 믿음을 굳게 지키어서 믿음의 자녀로 살게 하여 주옵소서. 저희들이, 세상이라는 바다에서 거친 파도에 휩쓸리고, 심한 바람을 맞기도 하지만, 믿음의 등대이신 주님을 바라보며, 바르게 노를 저어서 모든 것이 합력하여 선한 열매를 맺게 하여 주옵소서. 우리로 하여금 믿음을 굳게 지켜서 하나님을 기쁘시게 해드리는 자라는 증거를 얻게 하여 주옵소서. 아브라함처럼 갈 바를 알지 못하지만, 하나님의 약속을 따라 길을 가며, 모세처럼 하나님의 약속과 능력을 믿기에 홍해를 향해 손을 내밀듯, 앞길을 바라보며, 비록 언제일지도 모르는 홍수의 날까지 120년 동안 배를 만든 노아처럼 끝까지 오래 참는 믿음을 갖게 하여 주옵소서. 주님께서는 오늘도 살아계셔서 우리를 손으로 붙드시며, 상급을 예비하고 계시는 줄 믿습니다. 하루하루가 하나님께 인정받고, 좋은 것으로 상급을 받아 누리는 삶이 되게 하여 주옵소서. 오늘도, 저희에게 복을 내려 주옵소서. 하늘의 복을 주시고 자녀들에게도 형통의 복을 내려 주옵소서. 저희들에게 믿음을 더하여 주시고, 모든 것을 믿으며, 믿음으로 말하고 믿음으로 행동하도록 도와주옵소서.
예수님의 이름으로 감사하며 기도합니다. 아멘.

> 설교를 많이 하는 사람일수록 기도를 많이 해야 한다. 기도의 장수가 설교의 장수를 결정한다. 가벼운 기도는 가벼운 설교를 낳을 것이다. 기도는 설교를 강하게 하고 넘치는 사랑과 흡인력을 갖게 한다. _이 엠 바운즈

8월 5일　30, 60, 100배의 복을 주옵소서

여호와께 그의 이름에 합당한 영광을 돌리며 거룩한 옷을 입고 여호와께 예배할지어다
(시편 29:2)

영광을 받으시기에 합당하신 하나님,
저희들의 의가 되시고, 방패와 도움이 되셔서 복을 주시니 감사합니다. 하나님께서 주시는 복을 통해 믿음 위에 굳건히 서기 원합니다. 이 시간 찾아오시어서 자신의 지혜와 계획을 의지하는 불신앙을 버리게 하여 주옵소서. 오직 하나님의 경륜과, 섭리를 의지하는 신실한 믿음으로 살게 하여 주시고, 복 받을 사람으로 세워 주시옵소서.
또한 저희들, 언약의 주님만을 신뢰하며 약속하신 복을 받아 누리게 도와주옵소서. 더 나아가, 받은 복이 사해처럼 고여 있어 썩지 않게 해 주시고, 갈릴리 바다처럼 내어주어, 많은 사람들과 나누며 살게 하여 주시기 원합니다. 그리하여 저희들이 하나님이 주신 가정에 자녀들이 기둥이 되게 하시고, 하나님의 뜻을 이루는 소중한 도구들이 되게 하여 주옵소서. 이 일을 위해서 저희들에게 번성하는 복을 주옵소서. 시냇가에 심은 나무처럼 시절을 좇아서 열매를 맺도록 축복하여 주옵소서. 30, 60, 100 배의 복을 주옵소서. 하나님이 주신 복으로 어려운 자들에게 주는 자 되게 하시고, 힘들고 어려운 사람들에게 베풀고 섬기는 일에 쓰임 받게 하여 주옵소서. 특별히 주님의 은혜를 사모하는 아내에게 복을 주시고, 주위의 환경과, 상황으로부터 눈을 돌려, 모든 것을 지배하시며 다스리시는 주님의 능력을 바라볼 수 있게 하여 주시옵소서.
　사랑이 많으신 예수님의 이름으로 감사하며 기도합니다. 아멘.

기다리기를 쉬지 않는 기도는 마침내 감사와 찬송으로 열매 맺게 될 것이다. _죠지 뮬러

8월 6일 직장생활에 감사가 있게 하옵소서

그러므로 형제들아 내가 하나님의 모든 자비하심으로 너희를 권하노니 너희 몸을 하나님이 기뻐하시는 거룩한 산 제물로 드리라 이는 너희가 드릴 영적 예배니라 (로마서 12:1)

우리의 모든 것을 주관하시는 하나님,
은혜와 사랑에 감사합니다. 저희들을 영적인 사람으로 부족함이 없게 하여 주시어서 비록 이 세상에서 살지만, 영혼은 벌써 영적 세계의 생명수를 마시며 사는 존재임을 알게 하여 주옵소서. 오늘도 저희들 주님의 은혜를 사모하여 기도의 자리에 앉았습니다.
이 시간 저희들이 연약하여서 저지른 허물들을 고백하오니 용서하여 주옵소서. 광야의 세상에서 이스라엘 백성들처럼 불순종하여 40년의 세월을 유리하지 않도록, 주의 인도하심에 순종할 수 있는 힘을 주옵소서. 저희의 마음 밭을 옥토와 같게 하시어서, 매일 매일 성령의 열매를 맺게 하여 주시고, 힘들고 어려운 사람들에게 나누는 사람들이 되게 하여 주옵소서.
우리민족을 기억하여 주시사 오직 주님만을 바라보며 순종하고, 영광 돌릴 수 있도록 은혜를 더하여 주옵소서. 신령한 것들로 저희를 채워주시기를 간구합니다. 저희의 기도를 들어 응답하시기를 간구합니다. 저희가 기도할 때 성령님의 도우심을 간구하오니, 동행하여 주옵소서. 늘 주님 앞에 부끄러운 저희들을 고백하오니 오래 참으시는 주께서 저희를 긍휼히 여기심으로 용서받게 하여 주옵소서. 오늘도 하늘의 복으로 채워주옵소서. 이 시간 주님을 사모하오니, 성령으로 충만하게 하여 주옵소서.
사랑과 은혜가 많으신 예수님의 이름으로 기도합니다. 아멘.

진정한 기도는 입술의 말이 아니라 마음 자세에 있다. _이니스트 티틀

8월 7일

질병을 고쳐 주옵소서

> 예수를 죽은 자 가운데서 살리신 이의 영이 너희 안에 거하시면, 그리스도 예수를 죽은 자 가운데서 살리신 이가 너희 안에 거하시는 그의 영으로 말미암아 너희 죽을 몸도 살리시리라 (로마서 8:11)

은밀한 중에 살피시는 자비로우신 하나님,
저희에게 건강의 복을 주셔서 감사합니다. 그러나 저희는 지금까지 하나님께서 건강 주심을 감사하지 못하고 교만하여 어리석게 살았습니다. 저희에게 건강을 주셨을 때 감사하지 못했고, 주를 위해 온전히 헌신하지 못했던 것을 용서하여 주옵소서. 건강을 잘 돌보지 못하고 함부로 했던 것도 용서하여 주옵소서. 이제 몸이 병들어서 연약하오니 찾아오시어서 강한 손으로 치료하여 주옵소서.
이 시간 병든 육체를 주님의 손으로 어루만져 주시고, 치료의 빛을 비춰 주시어 깨끗이 나음을 입게 하여 주옵소서. 주님께서 치료하심을 보게 하여 주옵소서. 비록 육신은 사망의 음침한 골짜기로 다니는 것 같을지라도 조금도 두려워하지 않게 하여 주시고, 주의 막대기와 그 크신 지팡이로 병상에 있는 저희 가족의 영혼을 지켜 주옵소서.
또한 부족한 저희에게 건강주시면 주를 위해서 더욱 헌신하겠사오니 남은 생애가 주님 앞에 복이 되게 하여 주옵소서. 이 질병을 통하여 말씀하시는 주님의 음성도 들을 수 있게 하여 주옵소서. 주님의 원하시는 뜻대로 살게 하여 주옵소서. 병실에 머무는 동안 전도할 수 있는 은혜도 주셔서 영적인 기쁨도 넘치게 해 주옵소서.
모든 질병에 의원이 되시는 예수님의 이름으로 기도합니다. 아멘.

> 불에 피운 향이 인간의 생명을 상쾌하게 하는 것처럼 기도는 인간의 마음에 희망을 복돋워 준다. _괴테

8월 8일

슬픔을 이기게 하옵소서

믿는 자들에게는 이런 표적이 따르리니 곧 그들이 내 이름으로 귀신을 쫓아내며 새 방언을 말하며 뱀을 집어 올리며 무슨 독을 마실지라도 해를 받지 아니하며 병든 사람에게 손을 얹은즉 나으리라 하시더라 (마가복음 16:17-18)

인생의 도움이신 하나님,
인생이 힘들고 지칠 때마다 지금까지 함께 하여 주셨던 주님의 은혜에 감사를 드립니다. 이 시간 어려움을 당한 저의 마음을 어루만져 주옵소서. 육체가 연약하여 질병으로 인하여 고통스러워하는 저희들을 기억하시고 연약한 육체가 하나님의 능력으로 치유되게 하여 주옵소서. 이 시간 예수님의 이름으로 기도하오니 더러운 병마는 떠나갈지어다. 각종 염증은 떠나갈지어다. 명령하오니 치료의 광선이 나오게 하여 주옵소서. 예수님께서 질병을 치유하시는 분이시오니 주님의 능력으로 깨끗하게 고쳐 주옵소서. 믿는 자들에게는 이런 표적이 따르리니 곧 그들이 내 이름으로 귀신을 쫓아내며 새 방언을 말하며 뱀을 집어 올리며 무슨 독을 마실지라도 해를 받지 아니하며 병든 사람에게 손을 얹은즉 나으리라(막 16;17-18) 말씀대로 이루어주옵소서.
나의 질병이 치료 받고 오직 하나님 한 분만으로 기뻐할 수 있도록 가는 길을 인도하여 주옵소서. 이제는 우리의 삶이 오직 하나님 한 분 만으로 기쁨을 누리는 삶이 되게 하여 주옵소서. 우리의 좁은 마음을 버리고 어떤 환경이나 형편에서도 주안에서 기뻐할 수 있게 하여 주옵소서. 범사에 감사하며, 날마다 찬송하며, 이웃으로 더불어 기뻐하며 살게 해 주시고, 마음의 평안으로 충만하게 하여 주옵소서. 하늘의 복과 땅의 복도 주옵소서. 범사가 잘되게 하여 주옵소서.
살아 계신 예수님 이름으로 기도합니다. 아멘.

기도 응답에 승리했던 사람은, 응답의 순간까지 포기하지 않는 믿음과 인내를 소유하고 마지막 순간까지 기다리며 신뢰했던 사람들이다. _조지 뮬러

8월 9일 — 하루하루를 축복하옵소서

> 오직 나는 주의 풍성한 사랑을 힘입어 주의 집에 들어가 주를 경외함으로 성전을 향하여 예배하리이다 (시편 5:7)

사랑과 은혜가 충만하신 하나님,
오늘도 살아계신 하나님께 존귀와 영광과 찬송을 드립니다. 거룩하신 주님, 부족한 저희를 오늘도 직장으로 출근하게 하시며, 사랑하는 하나님께 기도할 수 있게 하시니 감사를 드립니다. 지난 한 주간을 되돌아보면 저희들이 연약하여서 알고 지은 죄, 모르고 지은 죄가 많습니다. 저희 죄가 주홍같이 붉을지라도 양털같이 희어지는 회개의 은혜를 주옵소서. 사유하심이 주께 있사오니 용서하여 주옵소서. 사랑 많으신 주님, 저희에게 주님의 사랑을 더 많이 알게 하시어서 세상에 주님의 공의와 사랑이 펼쳐지게 하여 주옵소서. 저희에게 주신 많은 것들에 감사하며 입술에 찬양이 끊이지 않도록 축복하여 주옵소서. 사랑의 주님, 저희에게 주신 은혜로 인하여 성령의 열매를 맺게 하시고, 그 열매로 인하여 저희의 생활이 변화 되게 하시고, 어디에서나 믿는 사람으로 덕을 끼치는 사람으로 동행하여 주옵소서.
오늘도 하루의 일과를 붙들어 주시고 영혼이 잘되고, 범사가 잘되어서 인정받는 사람으로 축복하여 주옵소서. 저희가 이제는 험난하고 냉랭한 세상에서 주님의 사랑을 힘입어 믿음을 잃어버리지 않고, 방황하며 불신하지 않도록 동행하여 주옵소서. 생활의 복을 주시고 범사가 잘되는 은혜를 부어주시어서 형통의 복을 받게 하여 주옵소서. 저희의 모든 삶을 주님께 맡깁니다. 인도하여 주옵소서.
사랑 많으신 예수님의 이름으로 기도합니다. 아멘.

짐을 가볍게 하기 위해서 기도하지 말고 더 튼튼한 등을 갖기 위해서 기도하라. _로저 밥슨

8월 10일 · 세미한 음성을 듣게 하옵소서

자기의 육체를 위하여 심는 자는 육체로부터 썩어진 것을 거두고 성령을 위하여 심는 자는 성령으로부터 영생을 거두리라 (갈라디아 6:8)

소망으로 인도하시는 하나님,
오늘 하루도 주님의 은혜 가운데 살게 하시니 감사를 드립니다. 저희들이 날마다 주님 앞에 간구 할 때 마다 찬송과 기도가 주님의 보좌에 상달되게 하여 주옵소서. 저희가 날마다 주님께 대한 감사로 그 은혜를 찬양하면서 살아가는 은혜를 허락하여 주옵소서. 우리 마음에 하나님을 찬양하지 못하게 하는 원망과 불평과 시기와 미움을 성령의 능력으로 몰아내 주시고, 하나님과 사람 앞에 거듭되는 죄의 뿌리를 잘라 내셔서 성령님의 불로 태워 주옵소서. 우리의 영혼을 부르시며, 우리의 양심을 노크하시는 하나님의 세미한 음성에 곧장 응답할 수 있는 성령님의 사람이 되게 하여 주옵소서. 육체로, 이 세상에 사는 오늘의 현실을 구실삼아 죄를 정당화 하는 악의 고리를 잘라 주옵소서.

이 시간 주님께 향하는 소망을 새롭게 하시고, 하나님 앞에 진실하며, 정결한 심령이 되게 하여 주옵소서. 우리가 의지하는 세상 것들의 헛됨을 알고, 오직 주님만을 의지하며, 주님만을 참된 소망으로 고백할 수 있게 하여 주옵소서. 사랑의 주님, 자녀들과 우리의 사업장을 축복하여 주시고 범사가 잘되어서 번성하도록 축복하여 주옵소서. 그리하여 하나님께서 베풀어주시는 은혜를 간증하게 하여 주옵소서. 그리하여 복음을 전하는 일군이 되게 하여 주시고, 전도의 복을 받게 하여 주옵소서.

거룩하신 예수님의 이름으로 감사기도 드립니다. 아멘.

> 하나님이 보실 때 세상에서 제일 아름다운 세 가지 모습이 있다. 그것은 말씀을 듣는 모습과 기도하는 모습, 그리고 전도하는 모습이다. _죠지뮬러

8월 11일   일터에서 새 힘을 주옵소서

모세가 여호와께 부르짖어 이르되 하나님이여 원하건대 그를 고쳐 주옵소서 (민수기 12:13)

우리에게 힘과 용기를 주시는 하나님,
오늘도 믿음으로 하루를 시작하게 하시니 감사를 드립니다. 죄와 허물로 죽을 수밖에 없는 저희들을, 이 시간 긍휼히 여기시고 성령의 능력으로 붙잡아 주시어서 하나님을 기쁘시게 하는 사람이 되게 하여 주옵소서. 사랑의 주님, 오늘도 어려움을 당하여 낙심하여 고통 받는 사람들을 위하여 기도합니다. 이 시간 찾아오시어서 권능의 팔로 붙들어 주시고, 주의 능력으로 힘을 주셔서 다시 용기를 얻고 힘을 얻게 하여 주옵소서. 주님도 이 땅에 계실 때 우리의 연약함을 체휼하지 않으셨습니까? 어려움 당한 사람들의 고통을 어루만져 주시고 새 힘을 부어 주옵소서. 여호와를 앙망하는 자에게는 독수리의 날개 치며 올라감 같은 힘을 주신다고 하였사오니, 독수리와 같은 믿음과 능력을 주옵소서. 그리하여 아무리 절망해도 낙심하지 않게 하시고 끝까지 주님만을 바라보고 힘차게 나아갈 수 있도록 인도하여 주옵소서.
또한 자신이 택하신 족속이요, 왕 같은 제사장이요, 하나님 나라의 백성임을 깨닫게 하여 주시고, 이 땅의 모든 고통과 좌절이 한 순간임을 알며, 오직 천국에 소망을 두고, 다시 힘을 얻게 하여 주옵소서. 이제 후로는, 더 이상 낙심하지 아니하고 주님을 믿고 힘차게 나아갈 수 있도록 도와주옵소서. 이 땅에 어려움 당한 사람들을 붙드시고 축복하여 다시 일어나서 하나님의 영광을 드러내는 일군으로 삼아 주시고, 하늘의 은혜를 베풀어 주옵소서.
사랑과 은혜가 많으신 예수님의 이름으로 기도합니다. 아멘.

> 처음에는 기도를 말하는 것이라고 생각했다. 그러나 마음이 점점 고요해지자 결국 기도는 듣는 것이라는 사실을 깨달았다. _키에르케고르

8월 12일 — 일터에서 용기를 주옵소서

너희의 하나님이 이르시되 너희는 위로하라 내 백성을 위로하라 (이사야 40:1)

우리의 즐거움이 되시는 하나님,
저희들과 함께 하시고, 항상 좋은 것으로 만족하게 하여 주시니 감사를 드립니다. 오늘도 주님의 인도하심에 저희들의 앞길을 맡깁니다. 주님께서 이끄시는 데로 순종하며 따라가게 하여 주옵소서. 이제는, 저희 자신의 의지대로 고집하거나, 자신의 명철로 살지 않게 해주시고, 주님의 선하심으로 인도하여 주시어서 광야 같은 세상을 지혜롭게 살게 하여 주옵소서. 사랑의 주님, 광야에서 이스라엘 민족을 낮에는 구름기둥과 밤에는 불기둥으로 인도하셨듯이 저희들을 인도하여 주시어서 언약의 말씀을 붙잡고 전진하는 삶을 살게 하여 주옵소서. 여호수아와 갈렙처럼 하나님을 온전히 의지하게 하시고 믿음의 주요 온전케하시는 예수님만 바라보면서 좌로나 우로 치우치지 않게 하시고, 담대하게 하여 주옵소서. 그리하여 두려움 대신 담대함과, 환난 대신 승리와 성공을 거두게 하여 주옵소서. 세상을 바라 볼 때도 편견으로 바라보지 않게 하시고, 긍정적인 믿음을 가지고 승리하게 하여 주옵소서.
오늘도 저희 가정과 직장, 자녀들을 축복하여 주옵소서. 하나님께서 이루시는 역사를 믿음의 눈으로 보게 하여 주옵소서. 사무엘의 일생이 기도가 쉬지 않은 것처럼 저희들도 가정과 교회, 직장과 나라와 민족을 위하여 끝임 없이 기도하는 일군이 되게 하여 주옵소서.
거룩하신 예수님의 이름으로 감사하며 기도합니다. 아멘.

기도를 잊지 말라. 기도는 그대에게 생생한 용기를 줄 것이며 이것이 곧 교육이라는 사실을 이해하게 될 것이다. _도스토예프스키

8월 13일

주님의 은혜를 주옵소서

구하라 그리하면 너희에게 주실 것이요 찾으라 그리하면 찾아낼 것이요 문을 두드리라 그리하면 너희에게 열릴 것이니 구하는 이마다 받을 것이요 찾는 이는 찾아낼 것이요 두드리는 이에게는 열릴 것이니라 (마태복음 7:7-8)

구하는 자에게 유업을 주시는 하나님,
이 시간 새로운 날을 맞이하여 주님께 찬양과 영광을 돌리게 하시니 감사합니다. 하나님께서 저희들을 귀하게 보셔서, 하루하루 믿음으로 살게 하시고, 가정과 직장에서 일마다 때마다 함께하여 주시니 감사합니다. 저희들이 믿음으로 살 때 지혜롭게 하시고, 명철하여서 직장에서 현명한 사람이 되게 하여 주옵소서. 또한 부족한 저희에게 믿음의 담력을 주시어서 천만인이 우리를 둘러치려 하여도 두려워하지 않게 하시고 잠잠히 하나님을 바라보며 도움을 구하게 하여 주옵소서.

주님을 위하여 창조함을 받은 저희들이 하나님의 나라와 의를 구하기 전에 먹을 것, 입을 것, 쓸 것을 먼저 찾았습니다. 힘을 다하여 하나님을 섬긴다 하면서도 연약함으로 무너지는 저희들의 믿음을 불쌍히 여겨 주옵소서. 오직, 주님 한 분만으로 만족하는 믿음을 갖게 하여 주옵소서. 구하는 자에게 주시며, 찾는 자가 얻게 하시며, 두드리는 자에게 열어 주신다고 하였사오니 저희들에게 일용할 양식과 직장에서도 승진하게 하시어서 어디에서든지 인정받는 사람이 되게 하여 주옵소서. 그리스도를 따르는 자녀들에게 하나님의 사랑을 알게 하시고, 약속을 믿게 하시며, 견고한 믿음을 주시어서 기이한 하나님의 은혜를 체험하게 하여 주옵소서.

사랑과 은혜가 많으신 예수님의 이름으로 기도합니다. 아멘.

기도를 함으로써 더 나은 사람이 되는 너의 기도는 응답을 받는다. _조지 메러디스

8월 14일   그리스도의 사랑을 주옵소서

하나님이 세상을 이처럼 사랑하사 독생자를 주셨으니 이는 저를 믿는 자마다 멸망치 않고 영생을 얻게 하려 하심이니라 (요한복음 3:16)

우리의 민족의 빛이요 능력이신 하나님,
저희들에게 말씀의 빛으로 영혼을 비춰 주심을 감사합니다. 나라를 잃고 주권을 잃은 이스라엘 백성들을 하나님의 은혜로 다시 회복시켜 주시고, 주권국가를 이루게 하시며, 하나님이 섭리와 사랑을 깨달아 알게 하신 것처럼 이 시간 우리 민족을 기억하사 잘 못된 부분은 용서하시고 긍휼이 여기사 이 민족을 축복하여 주옵소서. 이 민족이 과거에 수많은 외세의 시달림들을 겪으며 살았지만, 민족을 해방 시켜주시고, 붙들어주시어서 부강하게 지켜주신 하나님의 은혜를 찬양합니다.
하나님께서 우리의 민족을 세계의 요충지에 세우시고, 하나님 나라 건설과, 복음 전파를 위한 도구로 사용하시어서 통일 한국을 이룰 수 있도록 축복하여 주옵소서. 미래에 통일될 조국과 그 안에서 한국교회가 세계선교를 감당하게 하여 주옵소서. 그리하여 지구촌에 복음을 전하는 교두보로 사용하시어서 주님의 지상 명령을 실천하게 하여 주옵소서. 우리 민족이 온 세계에 구원의 빛을 발하는 나라로 축복하여 주옵소서. 이 시간 힘들고 어려움 속에 있는 가정들을 기억하여 주시사 병들어 힘들어하는 사람들을 치유하시며, 용기를 잃어버린 사람들에게 소망을 주시어서, 모두가 그리스도 예수의 사랑으로 복을 받게 하여 주옵소서.
사랑이 많으신 예수님의 이름으로 감사하며 기도합니다. 아멘.

기도는 기쁨을 얻는 수단이요, 통로다. 기도를 멈추면, 기쁨도 사라진다. _피터 럭크만

8월 15일   나라와 민족을 지켜주옵소서

여호와여 주의 말씀대로 주의 인자하심과 주의 구원을 내게 임하게 하소서 그리하시면 내가 나를 훼방하는 자에게 대답할 말이 있사오리니 내가 주의 말씀을 의뢰함이니이다 진리의 말씀이 내 입에서 조금도 떠나지 말게 하소서 내가 주의 규례를 바랐음이니이다
(시편 119:41-43)

전능하신 하나님,
우리 민족의 고통을 들으시고 사랑하셔서 마치 이스라엘을 출애굽하게 하심 같이 우리 민족의 해방을 허락하여 주신 것을 감사합니다. 1945년 8월 15일 해방의 날을 되새기며, 민족의 번영과 더불어 하나님의 선교에 쓰임 받는 우리 민족이 되기를 소원합니다. 사랑의 주님, 먼저, 하나님께서 허락하신 구름기둥과 불기둥의 역사를 감사하지 못하였고, 그에 따라 하나님의 영광을 드러내지 못한 우리 민족의 죄를 회개합니다. 우리 민족이 짓는 죄가 거듭되지 않게 하시고, 하나님의 사랑을 받을 만한 민족과 나라가 되게 하여 주옵소서. 통일조국을 이루어 하나님께로부터 받은 사랑, 특히 복음의 빚을 온 세계에 갚는 민족과 나라가 되게 하여 주옵소서.
간구하기는, 주님께서 아시는 대로 우리를 괴롭혀온 저 일본 사람들을 기억하시사 그들에게도 복음이 들어가게 하여 주옵소서. 사랑의 주님, 그러나 주님의 말씀대로, 우리가 사랑해야 할 가장 가까운 이웃임을 알고, 저들에게 복음을 전하는 민족이 되게 하여 주옵소서. 아직도 그들은 우상에 빠져서 그리스도 예수의 복음을 영접하지 않습니다. 복음이 그들에게 들어가게 하시고 나라와 민족이 오직 예수만 섬기게 하여 주옵소서. 이 시간 간구하기는, 우리 민족이 과거에 받은 상처를 치유하여 주시어서 건강하게 하시고 복을 빚은 민족이 되게 하여 주옵소서.
예수님의 이름으로 감사하며 기도합니다. 아멘.

> 죄와 악의 결과로서 생겨난 우리와 하나님 사이의 벽은 기도에 의해서 제거된다. _요한 바오로 2세

8월 16일 · 믿는 자에게 복을 주옵소서

또 여호와를 기뻐하라 저가 네 마음의 소원을 이루어 주시리로다 너의 길을 여호와께 맡기라 저를 의지하면 저가 이루시고 네 의를 빛같이 나타내시며 네 공의를 정오의 빛같이 하시리로다 여호와 앞에 잠잠하고 참아 기다리라 (시편 37:4-7)

온 우주에 주인이신 하나님,
우리를 세상의 소금으로 삼으시고, 빛 되신 주님의 사랑이 어두운 세상을 비취게 하시니 감사합니다. 저희들을 이 세상에 보내심은 단순히 생존을 위해 소득을 늘리는데 있지 않고 복음을 전하기 위해서 보내셨지만, 저희들은 그렇게 살지 못하고 있음을 용서하여 주옵소서. 언제나 저희들은 믿음이 부족하고 안목이 좁아서 내 생각만 하고 살아왔습니다. 이 시간 저희들의 생각과 마음을 넓혀 주시고 맛을 잃은 세상에서 빛과 소금의 역할을 잘 감당하게 하여 주옵소서.
사랑의 주님, 저희가 어느 곳에 가든지 슬픔이 변하여 기쁨이 되게 하시고, 다툼이 변하여 화평을 이루게 하시고, 미움이 있는 곳에 사랑이 이뤄지게 하시며, 절망하는 곳에 소망이 이루어지게 하셔서, 하나님의 대사가 되어 화평케 하는 종이 되게 하여 주옵소서. 가족으로서, 회사원으로서, 학생으로서, 교인으로서, 하나님의 빛을 영롱하게 빛내는 사랑스런 자녀들이 되게 하여 주옵소서. 부족한 종이 빛과 소금으로 본분을 잘 감당할 수 있도록 축복하여 주시고, 언제나 주님과 동행하는 일군이 되도록 인도하여 주옵소서. 저희가 섬기는 교회를 축복해 주시고, 모든 성도들에게도 복에 복을 더하여 주시어서 각 가정들이 하나님의 복을 사모하게 하여 주옵소서.
예수님 이름으로 감사하며 기도합니다. 아멘.

편안히 살게 해 달라고 기도하지 말라. 강한 사람이 되기를 기도하라. 너희 힘에 알맞은 일을 달라고 기도하지 말라. 너의 일을 처리할 수 있는 힘을 달라고 기도하라. _필립 브룩스

8월 17일　우리의 생활을 보살펴 주옵소서

그러므로 이제부터 너희가 외인도 아니요 손도 아니요 오직 성도들과 동일한 시민이요 하나님의 권속이라 (에베소서 2:19)

소망으로 인도하시는 하나님,
우리들의 가정과, 섬기는 교회에 은혜 베풀어 주심을 감사합니다. 이 시간 간구하기는 저희들에게 항상 열린 마음을 주시고, 성령님의 조명으로 인하여 가르쳐주시는 말씀대로 살게 하여 주옵소서. 우리 주님의 말씀을 묵상할 때, 스스로 의롭게 여기는 자랑거리들이 있음을 고백하오니, 우리를 새롭게 하여 주옵소서. 저희들은, 이 세상의 악을 정죄하면서도 마음은 더 악한 생각으로 채워져 있습니다. 미워하는 것이 살인이라 하신 말씀에 비춰볼 때, 저희들은 죄수와 다를 바가 없습니다. 마음으로 음욕을 품으면 벌써 간음한 자 일진데, 저희들은 하나님께서 그토록 미워하시는 영적 간음한 자들입니다.
저희 허물을 용서하여 주시고 예수님의 보혈로 정결하게 하여 주시어서 물과 피로 깨끗이 씻어주옵소서. 사랑의 주님, 이 시간 저희들을 축복해 주시고 말과 행함이 일치하는 생활을 하게 하시고 주님의 말씀을 실천하도록 행동하는 믿음을 주시어서, 주님의 대사요, 빛이요, 향기가 되기에 부족함이 없게 하여 주옵소서. 우리들의 말과 행동이 하나님과 사람 앞에서 우리가 하나님의 자녀 됨을 증거하는 표로 삼고 사는 순간순간이 되게 하여 주옵소서, 예수님을 사랑하고 그 은혜를 실천하여 하늘의 복을 받게 하여 주옵소서.
사랑이 많으신 예수님의 이름으로 감사하며 기도합니다. 아멘.

　　　겸손한 사람의 기도 소리는 구름을 꿰뚫는다.

8월 18일

질병을 이기게 하옵소서

그가 찔림은 우리의 허물을 인함이요 그가 상함은 우리의 죄악을 인함이라 그가 징계를 받음으로 우리가 평화를 누리고 그가 채찍에 맞음으로 우리가 나음을 입었도다 (이사야 53:5)

기도를 언제나 들으시는 하나님,
우리가 주님의 뜻을 말씀을 통해서 알게 하시니 감사를 드립니다. 사람의 죽고 사는 것은 주님에게 있사오니 저희의 연약한 질병 때문에 주님을 더욱 가까이 하는 기회가 되게 하여 주옵소서. 저희가 살면서 참된 감사를 잊고 살아왔사오니 용서하여 주옵소서. 주님의 말씀을 알고도 그 뜻대로 순종하지 못하였던 과거를 용서하여 주옵소서. 다시 한 번 주님을 위하여 살 수 있는 기회를 허락해 주시니 감사를 드립니다. 우리의 기도와 눈물을 보시고 더 풍성한 은혜를 허락하여 주옵소서.

이 시간 질병으로 어려움을 당하는 교회의 성도들을 위하여 기도합니다. 질병으로 너무 고통스러워하고 있사오니 하나님께서 치료해 주시고 고쳐주옵소서. 깊은 수렁 속에서 구원의 손을 기다립니다. 모두가 포기하여도 주님이 포기하지 않으시면, 우리는 소망이 있습니다. 모두가 안 된다고 하여도, 주님이 된다고 하시면, 고침을 받을 수가 있사오니 이 더러운 질병을 물리쳐 주옵소서. 주의 오른손과 막대기가 언제나 지켜주시고 성령의 능력을 부어 주옵소서.

이 시간 간구하오니 저희들에게도 건강의 복을 주시어서 영혼이 잘되고 범사가 잘되도록 축복하여 주옵소서.
사랑이 많으신 예수님의 이름으로 기도합니다. 아멘.

그리스도인이 드리는 기도의 본질은 하나님을 찾는 것이다. _존 스토트

8월 19일   질병을 치유하여 주옵소서

저가 그 말씀을 보내어 저희를 고치사 위경에서 건지시는도다 (시편 107:20)

인간의 생사화복을 주관하시는 하나님,
우리의 육신은 날로 쇠하나 우리의 영은 날로 새로워지게 하시니 감사합니다. 풀은 마르고 꽃은 떨어지고 육신의 장막 집은 낡아지나 존귀하신 주님의 은혜의 법칙을 깨닫게 하시니 감사합니다.
주님께서는 능치 못함이 없사오니 이 시간 질병으로 고생하는 이웃들을 위하여 기도합니다. 주님께서 질병으로 고생하는 이웃들에게 찾아오시어서 치유의 손으로 어루만져 주시사 깨끗이 고쳐 주옵소서. 질병으로 인하여 몸도 마음도 연약한 저들의 믿음을 붙들어 주시고, 육체에 새 힘을 공급하여 주옵소서. 질병으로 인하여 낙심하지 않게 하시고 끝까지 치료하는 주님을 믿고 의지하여 고침 받는 은혜를 허락하여 주옵소서. 아무든지 나를 따르려거든 자기 십자가를 지고 따르라고 말씀하였사오니 끝까지 희망을 잃어버리지 않고 주님만 따르게 하여 주옵소서.
예수님을 이 땅에 보내셔서 구원의 은혜를 주시고 죄 사함의 은혜 주심을 통하여 새 힘을 얻게하여 주옵소서. 사랑의 주님, 병으로 씨름하는 환우들이 하루하루가 능력 있는 주님의 손을 통해서 회복되게 하시어서, 하나님의 임재를 체험하여 건강하게 하여 주옵소서. 저희들에게도 건강의 복을 주시고 복 받은 가정과 자녀, 식상, 교회가 되게 하여 주옵소서. 하늘의 복을 허락하여 주옵소서. 건강의 복을 주옵소서. 가정에 복을 내려 주옵소서.
우리를 치료하시는 예수님 이름으로 기도합니다. 아멘.

> 우리의 기도는 지칠 줄 모르는 힘과 거부될 수 없는 인내와 꺾여 지지 않는 용기로 강하게 구해야 한다. _이 엠 바운즈

8월 20일
맡겨진 사명을 잘 감당하게 하옵소서

나는 너희를 치료하는 여호와임이니라 (출애굽기 15:26)

은혜로우신 하나님,
어제나 오늘이나 영원하도록 한결같으신 하나님의 사랑에 감사합니다. 저희들을 만세 전에 택하시고 부르셔서 자녀로 삼으신 변함없는 사랑에 감사합니다.
사랑의 주님, 이 시간 간구하기는 저희들의 믿음이 올바르지 못함을 고백합니다. 또한 하나님의 은혜와 사랑을 감사하지 못하며 살아 왔습니다. 오늘도 하나님의 다스리심과 주권을 인정하며 주님을 경외하기를 원합니다. 저희들의 연약한 믿음을 견고하게 하시고, 영혼을 맑게 하여 주옵소서. 저희들의 삶의 현장에서 주님의 은혜를 체험하게 하여 주시어서 날마다 주님의 이름을 찬송하게 하여 주옵소서. 그리하여 저희들이 하나님의 은혜에 감사하는 삶을 통해 하나님의 영광을 드러내게 하여 주옵소서. 지금까지 저희들의 자녀들을 인도하여 주시어서 어디에서든지 맡겨진 사명을 잘 감당하게 하여 주옵소서. 또한 저희들의 가정에 복을 주시고, 맡겨진 일들을 모두가 잘 감당하게 하도록 축복하여 주옵소서.
오늘도, 주님께서 저희들을 주님의 귀한 도구로 사용하시어서 믿음의 일군이 되도록 붙잡아 주시고 온 세상에 복음을 전하는 평신도가 되게 하여 주옵소서. 특별히 간구하기는 저희 가정을 주님의 의로운 도구로 사용하여 주시어서 하늘의 복과 땅의 복을 주시고, 충만한 은혜를 내려주옵소서.
사랑이 많으신 예수님의 이름으로 감사하며 기도드립니다. 아멘.

> 그리스도가 없으면, 기도도 없다. 그리스도가 적으면, 기도도 적다. 그리스도가 많으면, 기도도 많다. _루이 팩슨

8월 21일 하나님을 온전히 섬기게 하옵소서

여호와 우리 하나님이여 우리를 구원하사 열방 중에서 모으시고 우리로 주의 성호를 감사하며 주의 영예를 찬양하게 하소서 여호와 이스라엘의 하나님을 영원부터 영원까지 찬양할지어다 모든 백성들아 아멘 할지어다 할렐루야 (시편 106:47-48)

사랑이 많으신 하나님,

저희 가족이 여호와의 도우심으로 근심이나 걱정이 없이 살아오게 하신 은혜를 감사드립니다. 저희들은 부족하여 허물로 인하여 늘 넘어지며 쓰러지지만 순간순간 붙잡아주시고 큰 믿음을 허락하여 주옵소서.

저희들이 이기적이어서 자신의 잔꾀로 쓰러 질 때가 많습니다. 이런 어리석은 마음을 용서하여 주옵소서. 특별한 마음을 버리게 하시고, 하나님 앞에서 자신을 부인하며 낮추는 겸손한 마음을 주옵소서. 우리 마음이 어리석은 데에 속지 않게 하시고, 오직 주님을 높이며, 의지하고 순종함으로 지혜로운 자가 되게 하여 주옵소서. 저희를 성령으로 충만하게 하시고, 말씀을 읽거나 들을 때마다 진리를 깨달아서 주님의 제자로서 살아가 가게 하여 주옵소서.

우리가 하나님의 자녀로서 소중한 사람들을 만나게 하시고, 하나님을 사랑하는 사람들을 만나게 하여 주옵소서. 또한 지혜롭게 말하는 사람들을 만나게 하시고 사람들에게 하나님의 은혜의 통로가 되게 하여 주옵소서. 그래서 만나는 사람들마다 희망을 주는 사람이 되게 하여 주옵소서. 덕을 끼치는 사람이 되게 하여 주시고, 복음을 전하는 사람이 되게 하여 주옵소서.

거룩하신 예수님의 이름으로 감사하며 기도합니다. 아멘.

> 자주 기도하라. 기도는 영혼의 방패이고 하나님께 드리는 회생이며, 사탄에 대한 천벌이다.
> _존 번연

8월 22일   # 하나님의 능력을 주옵소서

그런즉 내가 하나님의 단에 나아가 나의 극락의 하나님께 이르리이다 하나님이여 나의 하나님이여 내가 수금으로 주를 찬양하리이다 (시편 43:4)

인생을 주관하시는 하나님,
오늘 하루도 주님의 일군으로 살게 하신 것을 감사합니다. 한정된 이 세상 속에 살지만 영혼은 준비된 영생의 복을 누리게 하시니 감사합니다.
인간의 욕심과 교만이 빚어내는 이 세상의 부조리를 볼 때마다 마음이 상하고 절망스럽지만, 새 하늘과 새 땅을 믿음으로 보게 하시고, 육신의 한계를 극복하며 초월하게 하여 주님만을 의지하게 하여 주옵소서.
인간의 존엄을 잃은 각종 범죄를 보면서, 하나님의 공의를 생각합니다. 각종 부조리와 물욕이 빚어내는 부패한 정치인들과 지도층의 마비된 양심을 보면서 분노를 느낍니다. 성적인 문란과 도덕이 땅에 떨어진 소돔과 고모라의 재현에 두려움을 느낍니다. 저희들이 새사람으로서 이 세상풍조에 휩쓸리지 않게 하셔서 새사람의 깨끗한 인격의 옷으로 단장하여, 주님 앞에 부끄럼 없이 설 수 있도록 인도하여 주옵소서. 오늘의 얽매이지 않고, 그리스도 예수의 사람으로 떳떳하게 긍지를 잃지 않고 살게 하여 주옵소서.
오늘도, 믿음의 사람이 되게 하시고 맡겨진 일들을 잘 감당하여 직장에서 귀하게 쓰임 받는 일군으로 축복하여 주옵소서. 저희 가정을 축복하시고, 자녀들을 축복하여 주시어서 범사가 잘되는 은혜를 부어 주옵소서.
예수님의 이름으로 감사하며 기도합니다. 아멘.

우리는 기도를 통하여 우리의 마음을 하나님께 표현한다. _조나단 에드워즈

8월 23일   하나님과 동행하게 하옵소서

보라 하나님은 나의 구원이시라 내가 의뢰하고 두려움이 없으리니 주 여호와는 나의 힘이시며 나의 노래시며 나의 구원이심이라 그러므로 너희가 기쁨으로 구원의 우물들에서 물을 길으리로다 (이사야 12:2-3)

만군의 여호와이신 하나님,
오늘도 하루를 새롭게 시작하게 하시니 감사를 드립니다. 매일 매일의 시간들이 많은 열매를 맺게 하시고 주님의 섭리 안에서 허락하신 환경을 통하여 꿈을 이루는 시간들이 되게 하여 주옵소서. 사랑의 주님, 우리의 처한 환경과 형편이 비록 어렵지만 그 어려움을 이기는 믿음을 주시고, 바른 신앙고백 속에서 흔들림 없이 책임을 다하는 가장이 되게 하여 주옵소서. 지금 우리가 처한 모든 환경 속에 하나님의 은혜를 깨달아 알게 하시며, 진리를 분별하고, 실천하는 사람이 되게 하여 주옵소서. 세상 적으로 더 나은 환경이나 미래를 기대함으로서 어두워진 우리의 마음을 밝게 하여 주셔서, 바울처럼 우리에게 주신 은혜를 보게 하여 주옵소서.
헐벗고 매 맞고, 배고프고, 자지 못하고, 강도를 만나 사경을 헤매는 사람들에게도 함께 하시는 하나님의 충만한 은혜를 내려 주옵소서. 사랑의 주님, 지금, 건강이 좋지 않아서, 또는 경제적 압박으로 고통하는 하나님의 자녀들에게 풍성한 은혜를 내려 주시어서, 일용 할 양식을 먹게 하시고 참 평안을 주심으로 하나님의 은혜를 받게 하여 주옵소서. 오늘도 말씀을 묵상하오니 그 말씀 속에서 주시는 의미를 분석하고 잘 적용하여, 하나님의 음성을 듣게 하여 주시고, 말씀 안에서 쓰임 받는 자녀들이 되게 하여 주옵소서. 저희 가정이 복을 받게 하여 주옵소서.
예수님의 이름으로 감사하며 기도합니다. 아멘.

가장 많이 기도하는 사람은 하나님에 대한 가장 큰 확신을 가진 자이다. _토마스 부룩스

8월 24일 하나님을 사랑하게 하옵소서

누구든지 내 이름으로 이런 어린아이 하나를 영접하면 곧 나를 영접함이요 누구든지 나를 영접하면 나를 영접함이 아니요 나를 보내신 이를 영접함이니라 (마가복음 9:37)

인자와 성실이 풍성하신 하나님,
우리의 먹이시고 배부르게 하시며 기진하지도 않게 하시니 하나님께 감사를 드립니다. 저희들, 헛된 욕망에 빠져서 먹을 것, 입을 것, 마실 것, 거할 것을 잡으러 달려갔지만 아무것도 얻지 못하고 돌아왔습니다. 이 시간 허물 많은 베드로를 용서 하신 것처럼 용서하시고, 은혜로 축복하여 주옵소서. 또한 연약한 저희들을 기억하시고, 우리들의 눈을 열어주셔서 주님의 사랑을 배우고 실천하는 사람이 되게 하여 주옵소서.
이 세상은 우리의 기대를 꺾고 배신을 거듭하지만, 주님께서는 언제나 우리에게 용기를 주시고 새 힘을 주시어서 일어나서 승리하게 하시니 감사합니다. 오늘도 현장에서 일하다가 지치고 힘을 잃은 저희들이 가정에 들어 갈 때, 얼굴이 밝아져서 희망찬 모습으로 가정에 들어가게 하여 주옵소서. 그리하여 가정의 분위기가 밝아지고, 역동적안 가정이 되어서 주님을 찬송하는 가정으로 변화시켜 주옵소서. 간절히 간구하오니, 저희 가정에 언제나 가장 좋은 것으로 넉넉하게 채워 주시옵소서. 또한 저희 가정에 물질이 부족하지 않게 하시고, 자녀들과의 대화가 부족하지 않도록 인도하시며, 행복한 가정을 만들어 주옵소서.
언제나 우리에게 복 주시는 예수님의 이름으로 감사하며 기도합니다. 아멘.

믿음으로 드리는 기도의 비밀은 믿음으로 사는 삶이다. _앤드루 머리

8월 25일

주여, 나에게 돕는 자를 보내 주옵소서

너희를 영접하는 자는 나를 영접하는 것이요 나를 영접하는 자는 나 보내신 이를 영접하는 것이니라 (마태복음 10:40)

인생을 다스리시는 하나님,
오늘도, 아름다운 아침을 열어주시고, 저희들이 삶의 가치를 선하게 사용하게 하시니 감사합니다. 오늘도 성실하게 일하고, 말씀을 따라 살기 위해 힘쓰는 저희들을 기억하여 주옵소서.
사랑의 주님, 간구하기는 힘들게 직장 생활하는 저희들을 붙잡아주시고, 어떤 환경에서도 낙심하지 않고 맡겨진 일을 잘 감당하게 하여 주옵소서. 이 시간 힘들어 하는 다 문화 자녀들을 기억하여 주시옵소서. 언어와 얼굴의 색깔이 다르다고 친구들이 뒤에서 말 할 때에 너무 고통스러워하오니 그들이 마음을 붙잡아 주시고 어떤 난관도 잘 극복하여 한국 사회에 잘 적응하게 하여 주옵소서. 저희 자녀들을 위하여 간구합니다. 구약시대, 사르밧의 과부가 엘리야를 만난 것처럼 사랑하는 자녀들도 주님을 꼭 만나게 해 주옵소서.
특별히 간구하기는 저희들의 작은 사업을 하나 경영하고 있습니다. 사업장이 어렵지 않도록 길을 열어주시어서 국내의 내수와 수출이 잘되게 하여 주옵소서. 사르밧 과부에게 주신 은혜처럼 가루 통에서 가루가 떨어지지 않게 하시고, 기름병에 기름이 마르지 않도록 축복하여 주옵소서. 사랑의 주님, 오늘도 저희들을 가장 선한 길로 인도하시고, 좋은 것으로 안겨 주시어서 풍성한 복을 허락하여 주옵소서.
예수님의 이름으로 감사하며 기도합니다. 아멘.

성령 안에서 드리는 기도는 반드시 응답을 받는다. _새뮤얼 채드윅

8월 26일 — 굳건한 믿음을 주옵소서

나의 하나님이 그 인자하심으로 나를 영접하시며 내 원수의 보응 받는 것을 나로 목도케 하시리이다 (시편 59:10)

사랑과 자비의 하나님,
오늘도 저희들과 함께 하시고, 놀라우신 은혜를 베푸시고 측량할 수 없는 사랑을 안겨주심을 감사합니다. 이 시간 주님께 영광을 돌립니다. 그러나 하나님의 뜻을 거슬러 멀리 떠났던 저희들을 불쌍히 여겨 주옵소서. 날마다 저희들을 새롭게 해 주시고, 하나님의 능력으로 정결하게 하여 주시어서 하나님 앞과, 사람들에게 부끄러움 없이 살게 하여 주옵소서.
우리가 가야할 길을 아시고 그 길을 잘 걸어 갈수 있도록 인도하여 주심을 감사합니다. 때로는 저희들이 넘어지지만, 일으켜 주시고, 그 크신 손으로 붙들어 주셔서 날마다 승리하게 하여 주옵소서.
이 시간 저희들을 붙잡아 주시어서 주님의 능력을 받게 하시고, 말에나 일에나 지혜가 부족하지 않도록 도와주옵소서. 야고보 사도는 너희가 지혜가 부족하거든 구하라, 후히 주시고 꾸짖지 않으신다고 하였사오니 지혜를 주시어서 맡겨진 일들을 잘 감당하게 하여 주옵소서. 오늘 하루도, 저희들에게 지혜가 없을 때 지혜를 주시고, 연약할 때 강함을 주시고, 깨닫지 못 할 때 깨닫게 하시고, 어리석을 때 눈을 열어주시어서 밝히 보게하여 주옵소서. 간구하기는 저희들에게 물질의 복도 내려 주옵소서.
거룩하신 예수님의 이름으로 감사하며 기도합니다. 아멘.

힘겹고 어려운 기도가 편하고 고요한 기도보다 하나님께 더 큰 기쁨을 드린다. _헨리 수소

8월 27일   위로와 새 희망을 주옵소서

> 내가 또 들으니 하늘 위에와 땅 위에와 땅 아래와 바다 위에와 또 그 가운데 모든 만물이 가로되 보좌에 앉으신 이와 어린양에게 찬송과 존귀와 영광과 능력을 세세토록 돌릴지어다 하니 (요한계시록 5:13)

말씀으로 우주를 창조하시고 통치하시는 사랑의 주님,
주님의 헤아릴 수 없는 능력과 섭리로, 오늘 하루도 살게 하시니 감사를 드립니다. 저희들의 영혼이 하나님을 찬양하게 하시며, 예수님께서 말씀이 육신이 되어서 저희들에게 오심을 감사합니다.

저희들이 구원받은 감격을 순간순간 찬양하게 하시고, 하나님의 나라를 알게 하시니 감사합니다. 하나님의 무조건적인 사랑으로 저희들이 복된 삶을 누리게 하시니 감사합니다. 저희들의 삶이 하나님을 찬양하는 수금과, 열줄 비파와, 나팔이 되게 하여 주옵소서. 저희들은 하나님을 기뻐하며, 하나님의 법을 사랑하며 살게 하여 주옵소서. 저희들 입에서 새 노래의 고백이 끊이지 않게 하여 주시고, 즐거운 찬양의 물줄기가 마르지 않게 하시고, 감사와 찬양을 드리며 살게 하여 주옵소서.

이 세상의 지혜로 승리하는 것 같으나, 저희들은 하나님의 능력과 지혜로 승리하게 하여 주옵소서. 이 시간 저희들에게 감사와 찬양이 있사오니 신령한 복을 누리게 하여 주옵소서.

오늘도 저희들에게 복을 허락하여 주시어서 범사가 잘 되게 하여 주시고, 저희 가정을 축복하여 주옵소서. 여호와 이레의 복을 주옵소서.

사랑이 많으신 예수님의 이름으로 감사하며 기도합니다. 아멘.

하나님은 세상을 기도로 조성하신다. _이 엠 바운즈

8월 28일 하나님의 선하심을 맛보게 하옵소서

믿음으로 말미암아 그리스도께서 너희 마음에 계시게 하옵시고 너희가 사랑 가운데서 뿌리가 박히고 터가 굳어져서 능히 모든 성도와 함께 지식에 넘치는 그리스도의 사랑을 알아 그 넓이와 길이와 높이와 깊이가 어떠함을 깨달아 하나님의 모든 충만하신 것으로 너희에게 충만하게 하시기를 구하노라 (에베소서 3:17-19)

우리에게 참 소망과 은혜를 주시는 하나님,
오늘도 우리들을 먹이시고, 입히시고 인도하여 주심을 감사드립니다.
저희들이 주님 앞에서 긍정적인 생각을 가지고 비전 있는 삶을 살게 하시고 마음이 활짝 열려 있도록 축복하여 주옵소서. 저희들은 작은 일도 염려하며 소심하게 살 때가 너무나 많습니다. 골리앗 앞에서 다윗처럼 담대하게 하시고, 강적 앞에서도 위축 들지 않도록 담대함을 주옵소서. 오직 믿음으로 강하게 하시어서 하나님의 음성을 듣고 주님의 선하심을 맛보면서 동행하는 하루하루가 되게 하여 주옵소서.

우리를 먹이시고 입히시는 하나님의 섭리와 사랑을 알게 하시고, 모든 것을 주님 앞에 맡길 수 있게 하여 주옵소서. 가정의 일, 일터의 일, 이웃과의 일, 교회의 일, 이 모든 것을 주께 맡기고, 행진하듯 살아가게 하여 주옵소서. 주님과 기쁨으로 동행하게 하여 주옵소서. 에녹과 같이 임마누엘의 하나님을 체험하는 하루가 되게 하여 주옵소서.

오늘도 맡겨진 일들을 잘 감당하게 하시고 직장에서 인정받는 종으로 사용하여 주옵소서.
사랑이 많으신 예수님의 이름으로 감사하며 기도합니다. 아멘.

참 기도의 진실성은 믿음에 있고, 주님을 기다리는데 있다. _마이클 몰리노스

8월 29일 — 내 마음을 씻어 주옵소서

네가 들어와도 복을 받고 나가도 복을 받을 것이니라 (신명기 28: 6)

전능하신 만군의 하나님,
우리에게 하나님의 의를 입혀주셔서 의인으로 살게하시고, 의인으로서 하나님 앞에서 누릴 은혜와 복을 주시니 감사합니다. 저희들은 생각하는 바도 부패하고, 보는 바도 육신을 위해 보며, 정욕을 위한 것들에게 마음을 빼앗긴 채 살아감으로 저희들의 삶이 악인들보다 별로 나은 것이 없지만, 이토록 붙잡아 두시니 감사합니다.
사랑의 주님, 저희들이 주님의 뜻을 이루며 살 수 있도록 강한 믿음을 주시고 오직 여호와를 기쁘시게 하는 삶을 허락하여 주옵소서.
오늘도 하루의 삶을 이뤄갈 때 악인과 구별되어서 악한 것들을 이길 수 있게 능력도 주옵소서. 그리하여 열매 맺는 생활이 되게 하여 주옵소서. 우리를 하나님의 궁전에 심겨진 종려나무나 백양목처럼 아끼시고, 높이시고, 그 풍성한 열매 맺게 하심을 감사합니다. 하나님의 구원하심과 은혜를 믿음의 눈으로 바라보며, 소망을 품고 감사하는 자녀들에게 항상 열매 맺고, 영육 간에 생명력이 있어 상록수와 같은 삶이 되도록 축복하여 주옵소서. 복 받는 저희들이 되게 하여 주옵소서. 네가 들어와도 복을 받고 나가도 복을 받을 것이니라. 저희가 가정에 들어와도 나가도 복을 받게 하여 주옵소서.
사랑이 많으신 예수님의 이름으로 감사하며 기도합니다. 아멘.

참된 기도는 곧 예배의 행위이다. _아더 핑크

8월 30일 — 내 마음을 새롭게 하옵소서

그리스도께서 약하심으로 십자가에 못 박히셨으나 오직 하나님의 능력으로 살으셨으니 우리도 저의 안에서 약하나 너희를 향하여 하나님의 능력으로 저와 함께 살리라 (고린도후서 13:4)

소망으로 인도하시는 하나님,
저희들로 하여금 부모님들을 통해 하나님의 사랑을 바라볼 수 있게 하시고, 자녀들을 통해 하나님 자녀 됨의 권리와 책임을 깨닫게 하심을 감사합니다. 어제나 오늘이나 영원토록 한 결 같이 우리를 안으시고, 품으시고, 붙잡고 인도하시는 하나님의 그 깊고 넓은 사랑을 바라볼 수 있는 심령이 되게 하여 주옵소서. 우리가 넘어질 때마다 손잡아 일으켜 주시는 하나님의 손을 보게 하여 주옵소서.
아플 때 고쳐주시는 하나님의 능력을 믿게 하여 주옵소서. 눈물 날 때 눈물을 씻어주시며, 고통당할 때 위로하시는 하나님의 변함없는 사랑을 믿게 하여 주옵소서. 우리에게 부귀와 장수와 건강과 즐거움과 평강을 주고 계시는 주님을 보면서 하나님의 영광을 새 노래로 찬양하는 저희들에게 임마누엘의 은혜를 누리게 하여 주옵소서.
오늘도 저희들, 하나님의 말씀을 통해서 복음의 능력을 체험하게 하시고 말씀으로 무장된 신앙생활이 되게 하여 주옵소서. 그리하여 주님의 유용한 도구로 쓰임 받게 하시어서 직장에서도 맡겨진 일에 헌신하는 일군으로 사용하여 주옵소서. 또한 직장의 모든 동료들의 가정에도 복을 내려 주옵소서.
예수님의 이름으로 감사하며 기도합니다. 아멘.

참된 기도는 오로지 하나님만을 기대하는 태도를 요구한다. _루이스 채퍼

8월 31일   세미한 음성을 듣게 하옵소서

내 영혼아 네가 어찌하여 낙망하며 어찌하여 내 속에서 불안하여 하는고 너는 하나님을 바라라 나는 내 얼굴을 도우시는 내 하나님을 오히려 찬송하리로다 (시편 42:11)

우리의 즐거움이 되시는 하나님,
이 세상에 사는 우리를 악한 세상에 속하지 않도록 하시고, 하늘의 거룩한 시민권자로 붙들어 주심을 감사합니다. 우리의 영혼을 성숙하게 하시고, 하늘에 속한 자의 마음과 삶을 일치하여 살아 갈 수 있도록 도와주옵소서. 우리의 영혼이 주님이 기뻐하시는 바를 구하게 하여 주옵소서. 우리 마음의 눈이 주님의 능력의 역사를 보게 하여 주옵소서. 우리의 몸이 거룩한 산제사를 드리는 자요, 제물이 되게 하여 주옵소서. 먹고 마시는 일 때문에 어두워진 우리의 영혼을 주님의 진리의 등불로 밝혀주옵소서. 주님의 진리의 말씀은 우리의 발의 등이요, 길의 빛이 되심을 믿습니다. 천지는 없어지겠으나 말씀은 영원무궁토록 살아있어, 우리의 길이요, 진리요, 생명 되심을 믿습니다.
사랑의 주님, 우리를 감동하셔서 세상의 악을 보며 쉽게 분노하고, 절망하는 육신의 본질을 초월하여, 합력하여 선을 이루시며 세상을 다스리시는 하나님의 섭리를 보게 하여 주옵소서. 저희들이 육신의 안위를 위해서 악과 타협하거나 악에게 굴복하지 않고, 말씀을 따르기 위해 손해를 본다 할지라도 진리의 편에 굳게 서게 하여 주옵소서. 말씀을 따라, 사랑하고, 용서하고, 온유하고 겸손하게 주님의 편에 서서 주님의 약속된 위로의 복을 받게 하여 주옵소서.
사랑이 많으신 예수님의 이름으로 감사하며 기도합니다. 아멘.

기도하지 않으면 결코 이루어지지 않을 것이다. _스탠리 존스

9월

내 마음이 평화를 느끼게 하옵소서
내적 평안을 누리게 하소서 (용혜원)

울창한 숲길을 산책하듯이
내 영혼을 새롭게 하사
내적 평안을 주시는 주님의 평안을
날마다 누리며 살게 하소서

나의 잘못과 실수로
주님이 더럽혀 지는 일이
일어나지 않게 하여 주시고
건전하고 긍정적인 사고로
주님께 나아가게 하소서

수많은 사람들 틈 속에서도
나를 기억하여 주시고 평안을 주시는
주님을 기억하며 주 안에서
살고 있음을 기뻐하게 하소서
주님이 주시는 내적 평안을 누리게 하소서

9월 1일   예수님의 손길로 싸매어 주옵소서

야베스가 이스라엘 하나님께 아뢰어 이르되 주께서 내게 복을 주시려거든 나의 지역을 넓히시고 주의 손으로 나를 도우사 나로 환난을 벗어나 내게 근심이 없게 하옵소서 하였더니 하나님이 그가 구하는 것을 허락하셨더라 (역대상 4:10)

우리에게 생명을 주시고 참 소망을 주시는 하나님,
우리를 사랑하시고, 은혜로 복 주심을 감사합니다. 저희들이 힘차게 하루를 시작하지만, 실망으로 하루를 맞는가 하면, 반대로 두려움으로 나섰다가, 형통으로 하루를 맞이하기도 합니다. 이런 일관성 없는 생활로 인하여 때때로 저희들, 어려움을 겪기도 하지만, 매일 생산적인 삶을 살도록 이끌어 주심을 감사드립니다.
간구하기는 이런 저희들에게 주의 뜻을 성취하게 하시고, 소망 가운데 살게 하여 주옵소서. 바라기는 저희들의 생활이 주님의 은혜를 덧입고 언제나 생산적이며, 역동적인 생활이 되도록 축복하여 주옵소서.
사랑의 주님, 주님은 저희들의 생활에 인도자요, 보호자요, 빛이요, 생명이오니 주님의 말씀을 따라서 살아가는 믿음을 주옵소서. 사람들을 미워하고, 불신하고, 투쟁하고, 갈등하는 세상이지만, 그 안에 빠지거나 넘어지지 않도록 붙들어 주옵소서. 저희들이 세상 사람들의 유혹에 빠지지 않게 하시고, 말씀을 따라 생명의 길을 인도하여 주옵소서. 오늘도 하나님을 의지하며 살아가오니 성령 하나님께서 지혜와 총명을 주시고 그 말씀대로 살아 갈수 있도록 우리 가정에 평안의 복을 주옵소서. 자녀들에게도 야베스처럼 환난이 없게 하시고, 지경을 넓혀 주시어서 복에 복을 더하여 주옵소서. 사랑의 날개로 인도하여 주옵소서.
예수님의 이름으로 감사하며 기도합니다. 아멘.

> 기도드릴 때는 하나님 앞에 서 있다고 생각하라. _카르타고의 키프리안

9월 2일　슬픔이 변하여 춤이 되게 하옵소서

하나님의 나라는 말에 있지 아니하고 오직 능력에 있음이라 (고린도전서 4:20)

알파와 오메가 되시는 하나님,
오늘 하루도 믿음으로 하루를 시작하게 하시니 감사합니다. 하나님께서 이스라엘 민족을 애굽에서 인도하여 내시고 홍해를 건너서 만나를 주시며, 구름기둥과 불기둥으로 살게 하여 주시니 감사합니다.
이 시간 영안을 열어 주시어서 주님의 세계를 보게 하시고, 날마다 주의 인도하심을 믿고 따라가게 하여 주옵소서. 오늘도 직장에서 위기를 만날 때 불안하지 않게 하시고 위기가 곧 기회라는 것을 알고 당당하게 나가게 하여 주옵소서. 하나님께서 다니엘에게 사자를 보내 주신 것처럼, 위기가 곧 굳건한 반석 위에 서는 지혜를 허락하여 주옵소서. 무엇이든지 염려하지 말고 기도하라고 하셨으니, 우리의 염려를 주님께 맡기고, 늘 감사하면서 열매를 맺으며 살게 하여 주옵소서.
이 시간 저희 연약함을 놓고 기도합니다. 믿음이 부족하여서 걱정이 많고, 의심이 많아서 작은 일에도 흔들립니다. 오셔서 마음을 강하게 붙들어 주시고, 지혜와 능력을 주시어서 담대하게 일처리를 잘 할 수 있도록 은사를 주옵소서. 오늘 하루도 저희 가정과 자녀들에게 복을 주시고, 강하고 담대하게 온전히 주님을 믿으면서 앞으로 나가는 하루가 되게 하여 주옵소서.
사랑이 많으신 예수님의 이름으로 감사하며 기도합니다. 아멘.

> 기도할 때, 듣는 귀가 가장 중요하다. 귀는 혀와 동일하게 중요하나 귀가 가장 먼저이다. 우리는 하나님 말씀에 귀 기울여야 한다. _S. D. 고든

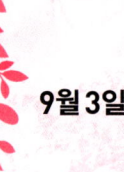

9월 3일

여호와를 앙망하는 자가 되게 하옵소서

피곤한 자에게는 능력을 주시며 무능한 자에게는 힘을 더하시나니 소년이라도 피곤하며 곤비하며 장정이라도 넘어지며 자빠지되 오직 여호와를 앙망하는 자는 새 힘을 얻으리니 독수리의 날개 치며 올라감 같을 것이요 달음박질하여도 곤비치 아니하겠고 걸어가도 피곤치 아니하리로다 (이사야 40:29-31)

인생을 주관하시는 하나님,
우리를 지켜주시고, 인도하여 주심을 감사합니다. 오늘 하루도 직장에 출근하여 기도로 시작하오니 이성의 눈으로는 볼 수 없는 것들을 영적인 눈으로 볼 수 있게 하여 주옵소서. 또한 우리가 계획하는 일들을 간섭하셔서 내 뜻대로 되지 않고 주님의 뜻대로 모든 것을 이루게 하여 주옵소서. 우리들로 하여금 주님께서 허락하신 일들을 계획 할 때 마다, 낙심하기 보다는 앞에 있는 비전을 가지고 한걸음씩 앞으로 전진하여서 열매를 맺는 생활로 인도하여 주옵소서.
간구하오니 우리 자신의 한계를 극복하고, 입을 크게 열어서 더 큰 꿈을 가지고, 하나님의 능력을 사모하는 믿음을 주옵소서. 주님의 능력을 온전히 의지하며, 우리 자신과 모든 일을 맡길 수 있는 믿음을 주옵소서.
사랑의 주님, 저희들, 세상의 빛과 소금으로 세움을 받았사오니 이 시간 저희들에게 믿음의 눈을 주시어서 그 뜻대로 살 수 있도록 명철과 지혜를 허락하여 주옵소서. 오늘도 주님의 나라를 위해서 쓰임 받는 도구가 되게 하시고, 복 있는 삶을 살게 하여 주옵소서. 우리 가정에도 복을 주옵소서. 범사에 감사하는 자녀들이 되게 하여 주옵소서.
거룩하신 예수님의 이름으로 감사하며 기노합니다. 아멘.

기도가 죽은 습관이 되어버리는 것을 항상 두려워해야만 한다. _톨스토이

9월 4일 강하고 담대하게 하옵소서

여호와와 그 능력을 구할지어다 그 얼굴을 항상 구할지어다 (시편 105:4)

인간의 흥망성쇠를 가지신 주님,
예루살렘과 바벨론의 역사의 명암을 주관하셨듯이, 오늘의 현대사도 하나님께서 주관하심을 믿습니다. 역사에는 의로운 역할을 한 사람과, 악역을 맡은 사람들이 있어서 하나님께 쓰임 받았던 것처럼, 오늘의 역사 또한 그러한 줄 믿습니다.
저희들이 악역을 맡지 않게 하여 주옵소서. 하나님의 권능 앞에 겸손하며, 하나님의 뜻에 순종하여 거룩한 주역이 될 수 있기를 원합니다. 한치 앞을 내다 볼 수 없던 바벨론의 포로 된 자들에게, 70년 후의 해방에 필요한 준비를 하게 하셨던 것처럼, 오늘 우리도, 범사를 하나님께 맡깁니다. 우리의 생활이 지혜로운 생활이 되게 하시어서 반석위에 세운 집처럼 영원을 바라보며 믿음으로 바라보게 하여 주옵소서. 믿음은 바라는 것들의 실상이요 보지 못하는 것들의 증거라고 하였사오니,
비록 내 눈에 보이지 않지만 말씀의 약속을 믿고 천국 백성으로 당당하게 살게 하여 주옵소서. 또한 우리민족을 축복하시고 나라와 민족을 위해서 일하는 위정자들에게 지혜를 주시어서 안정된 나라가 되게 하시고, 정치, 경제, 문화, 사회가 균형을 이루어서 현 시대의 어려움을 잘 극복 할 수 있도록 인도하여 주옵소서.
예수님의 이름으로 감사하며 기도합니다. 아멘.

기도가 여러분의 운전대입니까? 아니면 예비 타이어입니까? _코리 텐 붐

9월 5일   영혼에 빛으로 축복하옵소서

여호와는 나의 능력과 찬송이시요 또 나의 구원이 되셨도다 의인의 장막에 기쁜 소리, 구원의 소리가 있음이여 여호와의 오른손이 권능을 베푸시며 여호와의 오른손이 높이 들렸으며 여호와의 오른손이 권능을 베푸시는도다 (시편 118:14-16)

우리의 소망이 되신 사랑의 주님,
우리가 어지러운 세파에 시달리지만 침몰 당하지 않게 하시고, 소망의 등불을 밝혀주심을 감사합니다. 우리의 영혼이 항상 주님의 말씀의 빛으로 환히 빛나게 하여 주시고, 어두운 세상 때문에 어두워 지지 않고, 오히려 세상을 밝히는 빛의 사명을 감당할 수 있게 하여 주옵소서. 원수들이 비난하고, 조롱하고, 회유하고, 협박할 때, 우리도 믿음의 선조들처럼 열린 하늘을 통해 주님이 주시는 소망을 바라보게 하여 주옵소서.
세상은 탄식을 말할지라도, 우리는 감사와 더불어 하나님의 영광을 찬송할 수 있게 하여 주옵소서. 사랑의 주님, 큰 기대로 꿈을 가지고 일터에 나섰다가 상처입고 실망 중에 기진하는 저희들에게 낙심하지 말게 하시고 믿음과 용기를 주셔서 어떤 어려움도 이길 수 있는 믿음을 허락하여 주시기를 원합니다.
직장에서, 때때로 힘든 일을 만날 때에, 또는 동료들에게 비방을 받을 때가 있습니다. 그때에도 슬기로운 믿음을 주시어서 수치와 망신을 당하지 않도록 지혜를 주옵소서. 이 시간 저희 자녀들을 주님께 맡깁니다. 자녀들에게 지혜를 주시고 복을 주시어서 지혜자라로 성장 할 수 있도록 큰 은혜를 베풀어 주옵소서. 그리하여 우리의 가정이 범사가 잘되도록 축복하여 주옵소서.
예수님의 이름으로 감사하며 기도합니다. 아멘.

> 기도는 감옥을 하늘의 입구로 바꾸기도 한다. _R. A. 토레이

9월 6일 참된 쉼과 안식을 주옵소서

여호와와 그 능력을 구할지어다 그 얼굴을 항상 구할지어다 (역대상 16:11)

사랑의 하나님,
오늘도 하루의 일과를 시작하게 하시니 감사를 드립니다. 저희들에게 사랑할 가족을 주시고, 이웃을 주심을 감사합니다. 가족과 이웃을 위해서 기도 할 때, 우리의 옛 사람을 벗겨주시고, 새사람을 입혀주시어서 가정과 자녀들이 참된 기쁨을 얻게 하여 주옵소서.
세상이 점점 세속주의 적으로 흘러감을 보게 됩니다. 자신에게 유익이 되면 받고, 유익이 없으면 쉽게 저버립니다. 부모와 자식, 형제들이 서로 인륜을 저버리고, 하나님의 뜻을 저버립니다. 저버림으로서 행복을 찾으려는 어리석은 생각을 불태워버리게 하시고, 하나님의 법으로 행복의 길을 알게 하여 주옵소서.
저희들이 어리석은 세상풍조를 따라가지 않게 하시고, 모양이라도 닮거나, 타협하지 않게 하여 주옵소서. 예수 그리스도의 사랑과 용서와 겸손함을 옷 입어 참된 행복을 지킬 수 있게 하여 주옵소서. 정욕의 노예가 되어 어두워져 가지 않게 하시고, 오직 주님의 빛으로 참 자유를 누리며, 행복을 지키며 살게 하여 주옵소서. 그리하여 하나님의 자녀로서 빛과 소금의 역할을 잘 감당하게 하여, 주님이 주신 복을 받는 가정이 되어서 주는 자로 살게 하여 주옵소서.
사랑이 많으신 예수님의 이름으로 감사하며 기도합니다. 아멘.

기도는 어떤 목적을 위한 수단이 될 수가 없다. 기도는 그 자체가 하나의 목적이다. _라즈니시

9월 7일

더 좋은 길로 인도하옵소서

그는 하나님께 기도하므로 하나님이 은혜를 베푸사 그로 자기의 얼굴을 즐거이 보게 하시고 사람에게 그 의를 회복시키시느니라 (욥기 33:26)

소망으로 인도하시는 하나님,
여기까지 에벤에셀의 은혜로 인도하여 주시니 감사합니다.
저희들에게 날마다 은혜를 주시어서 악한 세력의 침투와 부패함을 막아주시고, 빼앗긴 것은 다시 찾아 회복시키시고, 더 좋은 길로 인도하여 주시는 은혜를 감사합니다. 저희들이 때때로 미련하여서 앞이 보이지 않을 때 모든 것을 주님께 맡기오니 해결하여 주시고 형통하게 하여 주옵소서.
우리의 마음에 에벤에셀의 믿음의 돌비를 세우셔서 살아계신 하나님을 더욱 의지하는 믿음의 자녀들이 되게 하여 주옵소서. 세상에서 유행하는 것들에게 마음을 빼앗기지 않게 하시고, 어제나, 오늘이나 영원토록 변함없이 사랑과 은혜를 베푸시는 에벤에셀의 주님을 바라보며 살게 하여 주옵소서. 주님께만 소망이 있고, 꿈이 있고, 복된 길이 있음을 믿습니다.
이 시간 간구하기는 믿음을 잃고 방황하는 자녀들을 회복시켜 주시어서 주님을 바라보게 하여 주옵소서. 저희 가정에게 복을 주시고, 자녀들에게 복을 주시어서 하는 일마다 감사가 있게 하시고, 온전히 주님을 잘 섬기는 가정이 되게 하여 주옵소서.
예수님의 이름으로 감사하며 기도합니다. 아멘.

기도는 우리의 매일의 일과이며 습관이며 사명이다. _찰스 스펄전

9월 8일

낙망 중에 하나님을 찬양하게 하옵소서

내 영혼아 네가 어찌하여 낙망하며 어찌하여 내 속에서 불안하여 하는고 너는 하나님을 바라라 나는 내 얼굴을 도우시는 내 하나님을 오히려 찬송하리로다 (시편 42:11)

복의 근원이 되시는 사랑의 하나님,
오늘 하루도 주님이 복 주시는 하루임을 믿고 감사를 드립니다. 세상 끝 날까지 항상 너희와 함께 하신다고 하였사오니, 항상 함께하시는 주님의 은혜로 시작한 하루가 새 일을 이루는 시간이 되게 하여 주옵소서.
이 시간 저희들에게 찾아오시어서 세상에서 부딪히며 몸에 밴 세속주의 냄새를 말끔히 씻겨 주시어서, 마음과 생각이 정결하게 하시고, 구별된 천국시민의 냄새를 풍기게 하여 주옵소서. 이제 저희들이, 사나와진 세상적인 눈빛이 사랑스런 눈빛으로 바뀌게 하시고, 거친 말씨가 온유한 말로 바꾸어져서, 사람들을 만날 때 마다, 온유한 심령으로 주님의 사랑을 닮아가는 자녀로 바꾸어지게 하여 주옵소서.
이 시간 하나님을 경외하고 하나님의 뜻을 구하는 칭찬받는 사람으로 변화시켜 주옵소서. 오늘 하루도 하나님께서 주시는 복을 온 가족과 함께 누리며, 행복한 가정을 이루게 하여 주옵소서.
사랑의 주님, 저희 가정을 위하여 기도합니다. 결실한 포도송이 같은 아내, 태의 기업인 자녀들을 축복하여 주시어서 감람나무 같이 번성하게 하여 주옵소서. 저희 자녀들이 시냇가에 심겨진 나무처럼 번성하고 결실하는 자녀들이 되게 하시고, 때를 따라서 열매를 맺는 자녀들과 가정이 되도록 축복하여 주옵소서.
예수님의 이름으로 감사하며 기도합니다. 아멘.

기도는 서로 사랑하는 두 인격 사이의 대화이다. _로잘린 링커

9월 9일 오직 예수님을 의지하게 하옵소서

우리가 선을 행하되 낙심하지 말지니 피곤하지 아니하면 때가 이르매 거두리라 (갈라디아 6:9)

생명의 근원이 되시는 하나님,
우리를 소중하게 사랑하시고, 보호하시며, 번성하게 하시는 은혜를 감사합니다. 저희가 행한 바를 보면, 책망 듣기에 당연한 삶이지만, 주님께서 우리의 잘못까지도 합력하여 선이 되게 하셔서, 나쁜 것은 고치시고, 좋은 것은 열매를 맺게 하여 주시니 감사합니다.
저희가 주님께 받은 은혜를 누군가에게 베풀며 살게 하시고, 하나님의 뜻을 행할 수 있도록 은사와 능력을 주옵소서. 그리하여 병든 자를 위해서 기도 할 때에 기사와 표적이 일어나게 하시고, 문제가 해결되어서 많은 사람들을 주님께서 인도하게 하여 주옵소서. 저희 회사에 많은 직원들이 예수를 믿지 않고 있습니다. 회사에서 먼저 믿은 저희들에게 지혜를 주시어서 직장에서 일 할 때에 그들에게 구원의 복음을 전할 수 있게 하여 주옵소서.
저희들의 말과 행동에서 구원의 냄새가 나게 하시고, 복음을 전하여 하나님 나라를 소개할 수 있게 하여 주옵소서. 그리하여 저희들이 복음의 대사로서의 선교적 사명감이 투철한 삶을 살게 하여 주옵소서. 오늘 하루도 모든 것을 맡깁니다. 길이 막힐 때 열어 주시고, 대적을 만날 때 두려워하지 않게 하시고, 강하고 담대하게 헤쳐 나갈 수 있도록 지혜를 주옵소서. 오늘도 건강의 복을 주시어서 피곤치 않게 하시고 자녀들이 복을 받게 하여 주옵소서.
예수님의 이름으로 감사하며 기도합니다. 아멘.

기도는 회복을 이끄는 생명의 밧줄과 본질적으로 연결되어 있다. _찰스 피니

9월 10일　낙심치 말고 기도하게 하옵소서

그러므로 너희에게 구하노니 너희를 위한 나의 여러 환난에 대하여 낙심치 말라 이는 너희의 영광이니라 (에베소서 3:13)

우리에게 참 소망을 주시는 하나님,
일할 수 있는 터전과 그 일을 감당할 수 있는 힘을 주심을 감사합니다. 주님께서 공급하시는 능력으로 건강한 영혼과 육체가 되게 하여 주옵소서. 저희의 가정은 경제적인 형편이 너무 어렵습니다.
이 시간 저희들에게 찾아오시어서 경제적인 문제를 해결하여 주시고, 복에 복을 더하여 주시어서 형통하게 하여 주옵소서. 사도 바울처럼 내가 비천에 처할 줄도 알고 풍부에 처할 줄도 알아 모든 일에 배부르며 배고픔과 풍부와 궁핍에도 일체의 비결을 배웠노라고 고백한 것이 우리의 고백이 되게 하여 주옵소서.
사랑의 주님, 이 시간 저희들을 성령의 사람으로 세워 주옵소서. 사람이든, 사건이든, 아무것도 두려워하지 않고 담대하게 복음을 전하며, 진리대로 바르게 살 수 있게 하여 주옵소서. 두 마음을 품어 마치 바람에 밀려 출렁이는 물결처럼 되지 않게 하시고, 하나님의 공의를 위해 살게 하여 주옵소서. 자신 만을 위대하게 여기던 생각을 철저하게 버리고, 우리로 하여금 오직 예수님, 오직 십자가의 믿음으로 승리하는 삶을 살게 하여 주옵소서. 강하고 담대하게 살게 하여 주시어서 복 받은 하루가 되게 하여 주옵소서.
사랑이 많으신 예수님의 이름으로 감사하며 기도합니다. 아멘.

기도는 단순한 기도를 넘어서 하나님과의 사귐이다. _노먼 해리슨

9월 11일

포기하지 않고 기도하게 하옵소서

우리가 선을 행하되 낙심하지 말지니 피곤하지 아니하면 때가 이르매 거두리라 (갈라디아 6:9)

인자와 성실이 풍성하신 하나님,
하나님의 은혜와 사랑을 감사드립니다. 오늘 하루도 성실하게 일하는 저희들을 붙잡아 주옵소서. 정직하게 살기를 힘쓰는 저희들에게 지혜와 명철을 주시고, 기도하는 것 마다 응답 받는 믿음의 사람이 되게 하여 주옵소서.
오늘도 일터에서 일할 때에 부지런하게 하시고, 일하는 손에 힘을 주시어서 피곤하지 않게 하여 주옵소서. 저희들이 세상에 살면서 유혹에 물들지 않기 위해서 말과 행동을 절제하고, 경건하기를 힘 쓸 수 있도록 신령한 은혜를 부어 주옵소서. 그리하여 악과 쉽게 타협하지 않게 하시고, 악인들의 형통함을 부러워하지 않고, 어두워져 가는 세상에 빛과 소금으로 살게 하여 주옵소서.
직장에서 일 할 때에 직원들이 잘될 때, 시기와 질투가 없게 하여 주시어서, 상대방을 욕하지 않게 하시고, 미워하지 않도록 마음과 생각을 붙들어 주옵소서. 이제는 잘되는 직원을 사랑하며, 저주하는 자를 오히려 축복하게 하시어서 그들을 더 사랑할 힘을 주옵소서.
사랑의 주님, 오늘 하루도 저희 가정을 인도하여 주시고, 자녀와 친족들에게 복을 주시어서 주님을 찬양하는 가정이 되게 하시고 기쁜 찬양을 올려드리는 가정들이 되게 하여 주옵소서.
예수님의 이름으로 감사하며 기도합니다. 아멘.

기도는 하늘로 가는 길을 우리에게 보여주나 찬양은 이미 그 곳에 가 있다. _에드워드 영

9월 12일 — 인내하며 기도하게 하옵소서

상한 갈대를 꺾지 아니하며 꺼져 가는 등불을 끄지 아니하고 진리로 공의를 베풀 것이며 그는 쇠하지 아니하며 낙담하지 아니하고 세상에 공의를 세우기에 이르리니 섬들이 그 교훈을 앙망하리라 (이사야 42:3-4)

우리의 즐거움이 되시는 하나님,
오늘 하루도 저희들에게 하나님의 말씀의 진리를 알게 하시니 감사를 드립니다. 저희들이 하루하루 살면서 참된 길을 잃고 방황하는 우리의 영혼이 주님의 진리 안에서 바르게 살게 하여 주옵소서. 낯선 땅 가나안에 들어간 이스라엘 백성들에게 주신 말씀처럼, 하나님의 말씀대로 순종하여 실천하는 저희들이 되게 하여 주옵소서.

질병을 가지고 주님을 찾고, 주님의 말씀에 순종하여 중풍 병자를 고친 것처럼, 실로암 물에 가서 씻고 눈을 뜬 맹인처럼, 주님의 부르시는 음성을 듣고 무덤에서 살아나온 나사로처럼, 우리 마음에 드리운 불신을 벗고, 말씀만 의지하여 순종하는 믿음을 주옵소서. 모든 수단과 방법을 다하여 수고했으나, 얻은 것이 없는 베드로에게 주신 말씀처럼, 저희들도 일 할 때에 말씀에 의지하여 그물을 내리게 하여 주시어서 풍성한 은혜를 누리게 하여 주옵소서.

오늘 하루도 주님께 하루의 일과를 맡깁니다. 찾아오셔서 성령을 부어 주시어서 하나님의 말씀을 사랑하며, 말씀을 음미하고, 찬양하는 사람이 되게 하시고 저희에게 약속하신 복을 베풀어 주옵소서. 그리하여 주님이 약속하신 하늘의 복을 받게 하여 주시어서 풍성한 삶을 살게 하여 주옵소서. 하루를 성실하게 살기로 다짐하는 저희들에게, 주님의 뜻을 따라 살게 하여 주시고, 감사하면서 살아갈수록 성령 충만함으로 인도해 주옵소서.

능력이 많으신 예수님의 이름으로 감사하며 기도합니다. 아멘.

기도는 하나님께 마음을 열어, 우리의 텅 빈 영혼을 하나님으로 채우는 도구이다. _존 번연

9월 13일
마음이 상한 자를 구원하여 주옵소서

여호와는 마음이 상한 자에게 가까이 하시고 중심에 통회하는 자를 구원하시는도다 (시편 34:18)

사랑과 소망 가운데 계시는 하나님,
우리에게 의인의 옷을 입혀 주시고 형언할 수 없는 은혜를 베풀어 주심을 감사합니다. 또한 우리에게 긍휼과, 겸손과, 온유와, 오래 참음의 옷을 입혀주심으로 남을 용서하는 은혜주심을 감사드립니다.
저희들, 때로는 밤잠을 이루지 못할 만큼, 말의 상처로 인하여 고통 때문에 힘들 때도 많지만 그때에도 붙들어 주심을 감사드립니다.
사랑의 주님, 바라기는 저희들의 고통을 모두 씻어주시고, 무거운 짐을 주님 앞에 온전히 내려놓게 하셔서 의인다운 삶을 살게 하여 주옵소서. 이제는 악에서 떠나게 하시고, 지혜롭게 하시어서 불의한 세계에서 고통당하는 저희들에게 자유의 길을 가르치며, 복을 받도록 기도의 중보자로 살게 하여 주옵소서.
이 시간 저희들에게 찾아오시어서 우리 안에 있는 두려움을 몰아내어 주시고, 평강을 누릴 수 있는 마음도 주옵소서. 의롭고 슬기로운 청지기로 살게 하여 주시고, 주님 안에서 하늘의 복과 땅의 복을 받게 하여 주옵소서. 사랑하는 자녀들에게도 복을 주시어서 너그러운 마음을 주시고, 관용하는 마음으로 세상에서 승리하게 하여 주옵소서.
사랑이 많으신 예수님의 이름으로 감사하며 기도합니다. 아멘.

기도란 하나님의 힘을 양도받은 것이다. _찰스 트럼불

9월 14일 모든 염려를 주께 맡기게 하옵소서

네 짐을 여호와께 맡겨 버리라 너를 붙드시고 의인의 요동함을 영영히 허락지 아니하시리로다 (시편 68:19)

우리를 사랑하시는 하나님,
지난 한 주간도 기도하게 하셔서 하늘의 지혜를 허락하여 주심을 감사드립니다.
또한 우리의 힘에 부치는 일들을 주님의 은혜로 이루어 가며, 포기할 수밖에 없는 일들도 형통함을 얻게 하시니 감사합니다.
우리 믿음의 선배들이 기도를 통해 그 어떤 어려움 속에서 구하고, 찾고, 두드릴 때 응답해 주신 것처럼 오늘의 번영과 축복을 하나님의 영광을 위하여 사용하게 하시고, 부르심의 역할을 잘 감당 할 수 있는 민족이 되게 하여 주옵소서. 오늘도 구하고 찾고 두드리는 저희들에게 좋은 것을 주시고, 이미 받은 복이 신령한 열매를 맺기 위한 씨앗들이 되게 하여 주옵소서. 이 시간 기도하는 저희들에게 좋은 것을 얻어 가족이 함께 누리는 복을 주옵소서.
오늘도 저희들을 하나님의 도구로서 더욱 능력 있게 사용하시고 맡겨진 일들을 가지고 최선을 다하여 직장에서 쓰임 받는 은혜를 주옵소서. 또한 저희 가정을 축복하여 주시고 자녀들에게 풍성한 은혜를 더하여 주옵소서.
예수님의 이름으로 감사하며 기도합니다. 아멘.

기도란 예수 그리스도의 능력을 붙잡는 손이다 _죠지 뮬러

9월 15일

오직 소망의 주님을 바라보게 하옵소서

너희 마음을 위로하시고 모든 선한 일과 말에 굳게 하시기를 원하노라 (데살로니가후서 2:17)

은혜가 풍성하신 하나님,
우리에게 성령의 은혜를 주셔서 하나님의 뜻과 사랑을 알고 깨닫게 하여 주심을 감사합니다.
세상에서의 으뜸 됨을 추구하느라 둔하여진 우리의 경건의 능력을 새롭게 빚어 주옵소서. 묵은 땅을 성령님의 쟁기로 갈아엎어 주시어서, 성령의 열매를 맺기 위하여 말씀의 씨앗을 뿌리기 원합니다. 새 사람의 옷을 입고, 새 사람의 향기로 이 세상의 악취를 몰아낼 능력 있는 삶을 살게 하여 주옵소서.
저희들이 온유하고 겸손하고 자비로워서 축복하는 사람이 되게 하시고, 언어의 향기를 주어서 사람들에게 덕 있는 말을 하게 하여 주옵소서.
특별히 사람들에게 관용하게 하시어서 다른 사람들을 품어줄 넓은 마음도 주옵소서. 오늘도 하루의 일과 가운데서 생겨난 분노를 주님의 말씀으로 씻어주시고, 일흔 번씩 일곱 번을 용서하며, 해가 지기까지 분노의 감정을 품지 않게 하여 주옵소서. 그리하여 가장 가까운 가족들이 분노의 표적이 되지 않게 하시고, 화목하고 사랑하며, 행복을 함께 누릴 수 있는 은혜를 선물로 주옵소서. 사랑의 복이 되어서 사랑이 넘치는 사람으로 쓰임 받게 하여 주옵소서.
우리의 소망이신 예수님의 이름으로 감사하며 기도합니다. 아멘.

기도하는 사람은 멈춰선 듯이 보이지만, 계속 전진한다. _레이몬드 W. 바버

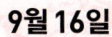

9월 16일

환난 중에 있는 자들을 축복하옵소서

찬송하리로다. 그는 우리 주 예수 그리스도의 하나님이시요 자비의 아버지시요 모든 위로의 하나님이시며 우리의 모든 환난 중에서 우리를 위로하사 우리로 하여금 하나님께 받는 위로로써 모든 환난 중에 있는 자들을 능히 위로하게 하시는 이시로다 (고린도후서 1:3-4)

우리를 소망으로 인도하시는 하나님,
우리에게 송이 꿀보다 더 단 말씀을 주시고, 우리의 영혼을 강건하게 하시며, 앞길을 인도해 주심을 감사합니다. 비록 세상에서 유식하고 유력한 자라 할지라도 진리를 깨닫게 하셔서, 성삼위 하나님을 만나게 하여 주옵소서.
저희들을 지혜롭게 하시며, 우리에게 기쁨을 주시는 말씀으로 하나님의 사랑을 알게 하시고, 하늘나라의 기쁨에 참여하게 복음을 증거 하는 사람이 되기 원합니다.
우리의 영혼을 성령 충만하게 하셔서 영의 눈과 귀를 밝혀주시고, 우리들로 하여금 인류의 역사와 개인의 삶을 주관하시는 주님의 거룩하신 역사를 알게 하여 주옵소서. 그리하여 부패한 이 시대에 상한 심령을 위로하여 주옵소서.
사랑의 주님, 저희들에게 하나님을 사랑하며 형제를 사랑하기에 방해되는 것들을 제거하여 주시고, 하나님 앞에서 형제들을 사랑하는 진실한 믿음의 사람이 되게 하여 주옵소서. 때로는 밉고 원망스럽고, 원수 같은 사람이라 할지라도 우리를 사랑하시는 주님의 사랑으로 용서하며, 축복할 수 있게 하여 주옵소서. 말씀 안에서 거하는 자녀들에게 상급을 베풀어 주옵소서.
예수님의 이름으로 감사하며 기도합니다. 아멘.

· 기도의 명언 : 그렇다, 우리를 절망으로부터 구하는 유일한 것-그것은 기도이다. _스테펜 올포드

9월 17일 위로하는 사람이 되게 하옵소서

너희 하나님이 가라사대 너희는 위로하라 내 백성을 위로하라 (이사야 40:1)

말씀으로 우주를 창조하시고 통치하시는 하나님,
주님의 헤아릴 수 없는 능력과 섭리로, 오늘도 하루를 살게 하시니 감사를 드립니다.
이 시간 저희들이 우리의 영혼의 주인이 되시는 하나님을 찬양합니다. 우리에게 말씀을 주시고, 말씀이 육신이 되셔서 예수님께서 우리에게 오심으로 말미암아 우리가 구원받은 감격을 순간순간 느끼게 하시니 감사합니다.
지식이나, 물질이나, 강함이나, 세상의 어떠한 것으로도 알거나 믿을 수 없는 하나님의 세계를 알게 하시어서 하나님의 무조건적인 사랑으로 우리가 복된 삶을 소유하고 누리게 하여 주옵소서.
우리의 삶이 하나님을 찬양하는 수금이 되며, 열줄 비파가 되며, 나팔이 되게 하여 주옵소서. 우리가 성삼위 하나님을 기뻐하며, 하나님의 법을 사랑하면서 행복한 삶을 살게 하여 주옵소서. 우리 입에서 새 노래의 고백이 끊이지 않게 하시고, 즐거운 찬양의 물줄기가 마르지 않게 하셔서 늘 감사와 찬양을 드리며 살게 하여 주옵소서. 감사와 찬양이 있는 삶속에서 신령한 기쁨을 누리게 하여 주시고, 하늘의 복으로 저희들을 축복하여 주옵소서. 복에 복을 더하여 주시어서 형통한 삶이 되게 하여 주옵소서.
사랑이 많으신 예수님의 이름으로 감사하며 기도합니다. 아멘.

모든 기도는 인간의 뜻을 바꿔 하나님의 뜻에 복종시키도록 하는 것이다. _F. W. 로벗슨

9월 18일

은혜의 복을 주옵소서

나를 더욱 창대하게 하시고 돌이키사 나를 위로하소서 (시편 71:21)

인생의 도움이신 하나님,
우리를 자녀 삼으시고 예비하신 은혜와 사랑을 풍성히 부어주시니 감사합니다. 우리의 눈과 귀를 밝혀주셔서 하나님께서 하시는 일을 보며, 하나님께서 말씀하시는 세미한 음성을 놓치지 않고 들을 수 있게 하여 주옵소서.
저희들이 세속적인 사람이 되지 않게 하시고, 흔들림이 없는 의로운 자로 살게 하시어서 복주시기에 합당한 자녀로서 살게 하여 주옵소서. 오늘도 야베스처럼 복에 복을 받는 사람이 되게 하시며, 들어가도 나가도 복을 받는 일꾼이 되게 하여 주옵소서.
저희들이 오늘도 성령 충만한 사람이 되게 하셔서 의로움과 악함을 판단하는 지혜를 주시고, 의로운 자 편에 서며 의로운 삶을 실천할 수 있는 능력을 주옵소서.
이 시간 우리 마음에 남아있는 더러운 죄악들을 정결하게 하시고, 물과 성령으로 정결케하여 주시어서 의인의 복을 누리게 하여 주옵소서.
기름진 복으로 축복하여 주시어서 하나님의 사람으로서 부족함이 없도록 살게 하여 주옵소서. 하나님의 은혜로 살게 하여 주옵소서.
예수님의 이름으로 감사하며 기도합니다. 아멘.

진정한 기도는 그의 입술의 말이 아니라 그 사람의 마음자세에 있다. _어니스트 티틀

9월 19일　　우리의 기도를 응답하옵소서

히스기야가 얼굴을 벽으로 향하고 여호와께 기도하여 너는 가서 히스기야에게 이르기를 네 조상 다윗의 하나님 여호와께서 이같이 말씀하시기를 내가 네 기도를 들었고 네 눈물을 보았노라 내가 네 수한에 십오 년을 더하고 (이사야 38:2-5)

거룩하신 삼위의 하나님,
우리도 주님의 음성을 들으며, 주님의 발걸음을 따라 살 수 있도록 인도하여 주심을 감사합니다.
이 시간 간구하오니 저희들의 인간적인 생각을 고치셔서, 주님 앞에 깨끗하고 준비된 영혼으로 나아가게 하시고, 그릇된 삶 때문에 주님을 피하고 숨어버리는 자가 되지 않게 하여 주옵소서. 주님을 떠나서는 새로워짐이 없으며, 주님의 사유하심이 없이는 새로운 기회가 없음을 믿습니다. 오늘 하루의 삶을 이 모습 이대로 드립니다.
저희들이 거룩한 백성으로서의 현주소를 다시 찾을 수 있게 해주시고, 주님 안에서 주시는 평강을 누리게 하여 주옵소서. 세상에서 상처받은 우리의 영혼을 치료하여 주옵소서. 세상의 유행에 오염된 마음을 정화해 주시고, 자신의 한계 앞에서 실망한 우리에게 성령의 능력을 부어주시어서 능력 있는 생활이 되게 하여 주옵소서.
저희들의 마음을 감찰하시고, 평탄함으로 이끄시는 주님의 이름을 찬양합니다. 이 시간 주님을 찬양하오니 오늘 하루도 활동영역이 더욱 크게 하시고, 맡겨진 일을 잘 감당할 수 있도록 은혜를 더하여 주시어서 능력 있게 하여 주옵소서. 또한 저희 가정에도 복을 더하여 주옵소서.
예수님의 이름으로 감사하며 기도합니다. 아멘.

이 우주에서 크신 하나님을 이기는 유일한 능력은 믿음의 기도뿐이다. 기도야말로 최고의 치료책이다. _로버트 홀

9월 20일 — 구하는 기도를 들어 주옵소서

여호와여 백성이 환난 중에 주를 앙모하였사오며 주의 징벌이 그들에게 임할 때에 그들이 간절히 주께 기도하였나이다 (이사야 26:16)

알파와 오메가 되시는 하나님,
어제나 오늘이나 영원토록 우리를 인도하시는 하나님께 감사를 드립니다. 저희들은 연약하여 새로운 각오를 거듭해 보지만, 실패가 거듭될 때마다 스스로 실망합니다.
저희들이 말을 할 때 이치에 맞는 언어를 구사하기 원하지만, 말로 이웃에게 상처를 주고 큰 후회를 남깁니다. 심지어 하나님께 서원하고 다짐하면서도 돌아서면 잊는 일을 거듭합니다.
또한 저희들이 어려운 이웃들을 만날 때 마다 위로하고, 격려하고, 축복하고, 사랑하려 했으나, 상처내고, 절망시킬 때가 너무나 많습니다. 이러한 저희들을 불쌍히 여기시고 저희들의 인격을 다듬어 주셔서 말과 삶이 진실하게하시고 하나님과 사람 앞에 기쁨이 되는 생활이 되게 하여 주옵소서.
저희들이 자신들의 의지를 기대하거나, 불신앙적 오류를 반복하지 않게 하시고, 성령님의 감동으로 인도하심을 따라 살아 갈 수 있게 하여 주옵소서. 오늘도 하나님의 뜻을 따라서 살게 하시고 언제나 말씀에 잘 순종하여 주님을 온전히 섬기는 믿음의 사람이 되게 하여 주옵소서. 오늘 하루도 무엇을 하던지 들어와도 복을 받고 나가도 복을 받을 받게 하여 주옵소서.
사랑이 많으신 예수님의 이름으로 감사하며 기도합니다. 아멘.

하나님의 사람은 기도의 골방에서 만들어 진다. _이 엠 바운즈

9월 21일

죄와 사망의 법에서 자유케 하옵소서

그러므로 이제 그리스도 예수 안에 있는 자에게는 결코 정죄함이 없나니 이는 그리스도 예수 안에 있는 생명의 성령의 법이 죄와 사망의 법에서 너를 해방하였음이라 (로마서 8:1)

거룩하신 여호와 하나님,
이 시간에도, 저희에게 위로와 소망의 말씀 주심을 감사합니다. 저 먹구름 너머에 눈부신 태양이 비취고 있는 것처럼 이 어두운 세상에 저희가 살고 있지만, 비교할 수 없는 완전한 행복의 쉼터가 있음을 알게 하시며 소망을 품고 살게 하심을 감사합니다. 저희들은 주님의 모든 약속의 말씀을 믿습니다. 저희들을 위해 예비하신 처소가 오늘도 완성되고 있음을 믿으며, 주님의 다시 오심이 멀지 않았음도 믿습니다. 그 시점은 알 수 없으나, 날로 더 가까워지고 있음을 믿습니다. 주님께서 천군천사와 함께 영광중에 오실 날이 매우 가까움을 믿습니다. 그날과 그 시간은 모르지만 더욱더 주님을 사랑하게 하시고 말씀에 붙들려서 하나님의 거룩하신 뜻을 분별하고 세속적인 세상에서 담대하게 살도록 성령을 부어주옵소서.
오늘도 이 시대를 살아가는 저희들에게 위로와 소망의 메시지를 중단 없이 전하는 전도자가 되게 하여 주시어서, 강력한 나팔로 쓰임 받게 하여 주옵소서. 이일로 인하여 복음을 듣는 사람들의 가정에 세상이 주지 못할 그리스도의 평강이 넘치게 하여 주옵소서. 전하는 자나 듣는 자가 모두 복을 받게 하여 주옵소서. 또한 복음 전하는 자들에게 견고한 믿음을 주시고, 이루시는 하나님의 역사를 체험하게 하여 주시어서 주님의 도구로 사용되는 일꾼이 되게 하여 주시옵소서.
예수님의 이름으로 감사하며 기도합니다. 아멘.

뜨거움이 없는 기도는 항상 하늘에 닿기 전에 얼어버린다. _토마스 브룩스

9월 22일

마음의 모든 파도를 잔잔케 하여 주옵소서

그 잃어버린 자를 내가 찾으며 쫓긴 자를 내가 돌아오게 하며 상한 자를 내가 싸매어 주며 병든 자를 내가 강하게 하려니와 살찐 자와 강한 자는 내가 멸하고 공의대로 그것들을 먹이리라 (에스겔 34:16)

인생을 주관하시는 하나님,
이 시간도, 저희들을 보호하시고, 인도하시고, 복 주심을 감사드립니다. 저희들의 마음에 주님이 살아계시오니, 주님과의 대화가 날마다 일상생활이 되어서 생활이 복 받게 하여 주옵소서. 그리하여 언제나 기쁠 때나, 슬플 때나, 어려움에 처하거나, 앞길이 막힐 때에도 주님을 찾으며, 주님을 만나게 하여 주옵소서.
마음에 쌓인 많은 계획을 주님 앞에 내놓는 믿음을 주시고, 온전하신 주님의 뜻이 우리들의 삶 속에서 이루어지게 하여 주옵소서. 다만 함께 하시는 주님을 따라가며 감사하고 찬양하게 하여 주옵소서.
저희들이 주님을 오늘도 의지하오니 우리의 산성이 되시고, 피할 바위가 되시며 돕는 분이 되어 주시어서 주님이 우리와 동행하심으로 아멜렉과 같은 대적 앞에서도 강한 손으로 붙드셔서 승리하게 하옵소서. 오늘도 주님과 동행함으로 믿음으로 주님을 사랑하고 찬양하며, 이웃을 사랑하고, 이웃과 함께 천국의 기쁨을 나누게 하여 주옵소서.
오늘도 하루의 시간들이 복되게 하시고 하나님의 임재 속에서 맡겨진 일 들을 잘 감당하게 하여 주옵소서. 저희들에게 복을 주시고, 가정에도, 직장에도 복을 더하여 주옵소서.
사랑이 많으신 예수님의 이름으로 감사하며 기도합니다. 아멘.

자신을 감동시킬 수 없는 기도는 결코 하나님을 감동시킬 수 없다. _워치만 니

9월 23일 — 형통한 복을 주옵소서

하나님이 노아와 그 아들들에게 복을 주시며 그들에게 이르시되 생육하고 번성하여 땅에 충만하라. 너희는 생육하고 번성하며 땅에 가득하여 그 중에서 번성하라 하셨더라 (창세기 9:1, 7)

우리를 사랑하시는 하나님,
우리가 세상을 사는 동안 안전하게 하시고, 번성하게 하시고, 형통하게 하시는 은혜와 섭리를 감사합니다. 하나님께서 오늘도 저희들을 지켜주시고, 시냇가에 심은 나무처럼 시절을 좇아서 열매를 맺는 생활이 되게 하여 주시니 감사합니다.
오늘도 직장에서 일 할 때에 지혜롭게 하시며, 형통하게 하시고, 영혼이 잘됨 같이 범사가 잘되도록 복을 내려 주옵소서. 그리하여 직장에서 이말 저말이 많아도 번거로운 생각을 접고, 겸손하게 하나님께서 인도하여 주시는 모든 것을 맡기면서 믿음으로 승리하게 하여 주옵소서.
오늘도 하나님의 말씀은 우리를 인도하시고, 우리를 보호하시고, 우리의 길을 밝히시는 등불이요 빛이심을 믿습니다. 우리의 영혼을 붙드셔서 하나님의 명령을 지키게 하시고, 하나님의 법을 떠나지 않고 항상 마음에 새기며 살게 하여 주옵소서. 오늘 하루도 보고, 듣고, 손으로 만진 것들에게 우리의 영혼이 미혹되어 더럽혀지지 않게 하여 주시어서 말씀으로 굳건하게 서게 하여 주옵소서.
하나님의 말씀대로 사랑하고, 용서하고, 말씀을 믿고, 말씀이 인도하는 평안한 길을 가게 하여 주옵소서. 직장에서 승리하게 하시고 있는 자리에서 복을 더하여 주옵소서.
거룩하신 예수님의 이름으로 감사하며 기도합니다. 아멘.

> 기도의 목표는 하나님께서 들으시는 것이다. _이 엠 바운즈

9월 24일 — 희망을 품고 살게 하옵소서

여호와는 마음이 상한 자에게 가까이 하시고 중심에 통회하는 자를 구원하시는도다 (시편 34:18)

선한 목자이신 하나님,
우리를 지으시고, 소유 삼으시고, 우리의 통치자시요 목자가 되시는 주님께 감사를 드립니다. 저희들이 생활에서 하나님을 즐거워하고, 하나님을 찬송하는 자로서 부족함이 없기를 원합니다. 우리가 주님의 궁정에서 주님을 송축하기에 모자람이 없도록 이 시간 우리를 새롭게 하여 주옵소서. 우리의 영혼과 삶에 은혜의 강물이 넘쳐나게 하여 주옵소서. 성령의 바람을 불어넣으시고, 성령의 사람으로 회복하여 주시어서 날마다 새로워지게 하여 주옵소서.
우리의 강퍅한 마음을 녹여주옵소서. 원망과, 시비와, 정죄하는 마음과 말로서 하나님과 사람 앞에서 부끄러움을 자행하지 않게 하여 주옵소서. 주님의 겸손하심과 온유하심, 오래 참으심과 온전하신 사랑을 알게 하여 주옵소서. 주님께서 바로 내 곁에 계심을 알고, 감정과 행동을 절제하며 살게 하시고, 진리의 사람으로 살게 하여 주옵소서. 우리가 하나님의 사람으로 회복하도록 도와주옵소서. 그리하여 마음의 문을 넓게 열어, 사랑하고 용서하는 사람이 되게 하여 주옵소서. 이 아침에도 주님을 바라보오니, 하나님의 음성을 들으며 행복한 하루를 시작하고, 저녁 시간에도 기도로 하루의 일과를 마치게 하여 주옵소서. 오늘도 복을 주심을 감사드립니다.
예수님의 이름으로 감사하며 기도합니다. 아멘.

단 하나의 하늘에 올려진 고마워하는 생각이 완전한 기도이다. _레싱

9월 25일

사랑과 용기를 주옵소서

내가 확신하노니 사망이나 생명이나 천사들이나 권세자들이나 현재 일이나 장래 일이나 능력이나 높음이나 깊음이나 다른 아무 피조물이라도 우리를 우리 주 그리스도 예수 안에 있는 하나님의 사랑에서 끊을 수 없으리라 (로마서 8:38-39)

생명의 근원이 되시는 하나님,
오늘도 하나님의 경륜을 믿고, 새롭게 하루를 시작하게 하시니 감사합니다. 저희들, 생활 속에서 사람을 대하는 관계 속에 하나님의 섭리가 계심을 믿습니다. 살아있다는 사실이 곧 하나님의 은혜의 선물인줄 믿습니다. 저희들은 욕심이 많아서 힘 있을 때는 쉬는 것을 무서워하고, 병들었을 때는 땀 흘려 일하는 것을 부러워하는 우리들의 어긋난 마음가짐도 고백합니다. 이런 저희들의 어리석음을 불쌍히 여겨주옵소서. 저희들이 하나님의 영을 소유한 사람으로서 기뻐할 바를 기뻐하며, 선한 바를 즐겨 할 수 있는 깨끗한 마음을 주옵소서.
시종을 쉽게 판단할 수 없는 하나님의 섭리를 가지고, 지혜가 없어서 어리석은 사람이 되지 않도록 지켜 주옵소서. 오늘도 먹고, 수고하고, 즐거움을 느끼는 곳에서 하나님의 은혜와 사랑을 깨닫는 지혜를 허락하여 주옵소서. 오늘 하루 동안에도 범사에 감사함으로, 누구를 만나든지 사랑하며, 너그러워지는 생활이 되게 하시고 서로 존경하며 격려하며 용기를 주는 생활이 되게 하여 주옵소서. 우리 주변에 힘들어하는 이웃들이 많이 있습니다. 사랑의 주님이 이 시간 찾아가 주시어서 힘과 용기를 주시고, 그 어려움을 넉넉히 이기는 믿음을 주시이서 승리하게 하여 주옵소서. 오늘도 저희 가정에 복을 주시고 자녀에게도 하늘의 복으로 축복하여 주옵소서.
사랑이 많으신 예수님의 이름으로 기도합니다. 아멘.

사랑이 지나치는 법은 없다. 기도가 지나치는 법은 더욱 없다. _빅토르 위고

9월 26일 나를 붙들어 주옵소서

여호와여 아침에 주께서 나의 소리를 들으시리니 아침에 내가 주께 기도하고 바라리이다
(시편 5:3)

인자와 사랑이 풍성하신 하나님,
우리를 고아와 같이 버려두지 않으심을 감사합니다. 낮과 밤에도 가리지 않으시며, 산과 바다도, 도시와 시골도 상관없이 언제 어디서나 우리가 있는 곳을 지켜주심을 감사합니다. 하나님께서 살피시고 그 처한 상황을 감당하게 하셔서, 그것이 미래에 복 받을 동기가 되며 기회가 되게 하심을 감사합니다. 항상 저희들이 하나님의 사랑을 믿지 못하고, 감사하지 못하는 우리의 불신앙을 고백합니다. 이 시간 찾아오시어서 용서하여 주옵소서. 저희들이 언제나 육신의 정욕과, 안목의 정욕과, 이생의 자랑에 노출되어 실족함을 거듭하오나, 저희들은 연약하여서 스스로 설 수 없음을 고백합니다. 선줄로 알거나 된 줄로 아는 교만한 마음을 주님 앞에서 낮출 수 있게 하여 주옵소서. 그리하여 하나님께서 우리를 안으시고 품으셔서 주님을 영화롭게 할 수 있게 하여 주옵소서.
이 시간 주님의 그늘을 벗어나 어두움에 있는 자녀들이 있다면, 그들을 성령의 불로 녹여 주시어서 어두움 속에서 벗어나게 하시고 환난의 바람을 잠재워 주옵소서.
세상을 출입하는 우리의 발길이 이제는 양의 문을 통해 하나님의 궁정을 출입하며 사는 자 되게 하여 주옵소서. 오늘도 주님을 바라보는 저희들에게 은혜를 주시어서 범사가 잘되도록 축복하여 주옵소서.
예수님의 이름으로 감사하며 기도합니다. 아멘.

> 아버지와 같이 있기를 바라는 것 이외의 것을 바라지 않는 것이 기도의 가장 기본적인 의식이다. _랙스데일

9월 27일

민족을 치유하고 붙들어 주옵소서

여호와여 나의 기도를 들으시며 나의 부르짖음에 귀를 기울이소서 내가 눈물 흘릴 때에 잠잠하지 마옵소서 (시편 39:12)

사랑과 은혜가 많으신 하나님,
저희들에게 하나님의 사랑을 알게 하여 주시니 감사합니다. 하나님 나라의 시민으로 매주 주님께 예배드리며 천국을 소유한 하나님의 자녀가 되기 원합니다. 천국 백성으로 살게 하여 주옵소서.
우리 민족을 불쌍히 여기시서, 북녘 땅의 우상을 박멸시켜 주시고, 꺼져가는 심지요, 상한 갈대와 같은 북녘동포들의 눈에서 눈물을 닦아 주시고, 자유를 마음껏 숨 쉬게 하여 주옵소서.
이 땅의 교회를 넘어뜨리는 사탄 마귀들을 파멸 시키시고, 하나 된 통일 한국을 이루어 주옵소서. 또한 세계 각처에 흩어져서 살아가는 우리 민족들이 어디에 살던지 주님을 찬양하게 하시고 그 땅에서 용기를 잃어버리지 않고, 소망을 가지고 승리하게 하여 주옵소서.
이 시간 세상에 집착하며, 온갖 문제에 어려움을 당한 이웃들이 있습니다. 그들에게 큰 믿음을 주시고 낙심하지 않고 용기를 얻어서 더욱 더 나은 본향을 사모하며 참된 쉼과 평화를 누리게 하시고, 감사하면서 어려움을 모두 잘 극복하는 믿음의 종들이 되도록 축복하여 주옵소서.
예수님의 이름으로 감사하며 기도합니다. 아멘.

우리가 기도하지 않는 이유는 예수님의 능력과 말씀을 믿지 않기 때문이다. _오스왈드 챔버스

9월 28일　말씀으로 형통하게 하옵소서

내 의의 하나님이여 내가 부를 때에 응답하소서 곤란 중에 나를 너그럽게 하셨사오니 나를 긍휼히 여기사 나의 기도를 들으소서 (시편 4:1)

은혜로우신 사랑의 주님,
저희들에게 생명의 말씀을 먹게 하시고, 하루의 문을 열어주심을 감사합니다. 오늘 하루도 하나님의 자녀인 저희들에게 육체적인 삶에서부터 영혼의 삶까지 주관하시며, 복 주심을 믿고 감사드립니다.
믿음 없이 세상을 보면, 한 치 앞도 내딛을 수 없지만, 저희들에게 향하신 하나님의 사랑과 은혜 때문에 언제, 어디서나 담대함을 얻어 살아갈 수 있습니다. 어제나 오늘이나 영원하도록 변함없으신 하나님의 사랑을 믿습니다. 모세와 여호수아와 함께 하셨듯이, 오늘도 저희와 함께 하심을 믿습니다. 먼저, 저희들 안에 자리 잡은 죄의 뿌리를 뽑아주시고, 또한 용서하시며, 새롭게 하셔서 주님의 사람이 되게 하시고, 영육간의 삶을 풍성하게 하시는 주님을 바라보게 하여 주옵소서. 저희들의 영혼을 강하고 담대하게 하여 주옵소서.
오늘 하루도 말씀으로 형통하게 하시고, 거룩하신 주님의 도구로서 쓰임 받는 사람이 되게 하여 주옵소서. 임마누엘의 하나님과 동행하는 하루가 되게 하여 주옵소서. 자녀들로 하여금 주님의 사랑의 음성을 듣게 하시고, 하루를 주님께 맡겨 승리의 열매를 맺게 하여 주옵소서. 하늘의 복을 받게 하여 주옵소서. 사랑과 은혜가 풍성하신 예수님의 이름으로 기도드립니다. 아멘

> 기도에 대한 하나님의 응답을 빼놓곤 이 나라에 들어오는 것은 모두 세금이 매겨진다. _마크 트웨인

9월 29일 — 택하신 자들을 인도하옵소서

나로 주의 택하신 자의 형통함을 보고 주의 나라의 기업으로 즐거워하게 하시며 주의 기업과 함께 자랑하게 하소서 (시편 106:5)

복의 근원이신 사랑의 주님,

거친 세상에서 저희들을 보호하셔서 하나님의 자녀로 살게 하시니 감사합니다. 찬양으로 주님을 높이며, 기도로 하나님의 신령한 교제를 나누게 하여 주옵소서. 위로부터 내리시는 신령한 말씀으로 하나님의 음성을 듣게 하여 주옵소서.

은혜가 있고, 사랑이 있고, 용서가 있고, 구속의 약속이 있음을 믿기에, 몸으로 드릴 거룩한 산 예배를 드리기 원합니다. 저희들이 거룩한 산 재물로서 영적 예배를 드리는 믿음을 허락하여 주옵소서.

저희들이 입술과 눈빛, 얼굴과 행동으로 상대방의 영혼을 헤치지 않게 하시고, 부끄러운 말이나, 실수를 저지르지 않게 하시며 참지 못하여 어리석은 행동을 하지 않게 하여 주옵소서. 저희들의 허물을 용서하여 주옵소서. 이제는 저희들이 성령의 보혈로 깨끗해 지게하시고, 생활 속에서 마음의 평화를 허락하여 주시어서 기쁨이 충만하게 하여 주옵소서.

이 시간 간구하기는, 저희들이 생활 속에서 하나님의 복을 받아서 많은 사람들에게 나누어 주는 믿음의 사람이 되게 하여 주옵소서.

사랑이 많으신 예수님의 이름으로 감사하며 기도합니다. 아멘.

> 기도 때문에 치러야 할 불편을 생각지 마라. 하나님은 당신을 기도하게 하기 위해 모든 것을 희생하셨다. _오스왈드 챔버스

9월 30일

주님을 본받게 하옵소서

우리가 살아도 주를 위하여 살고 죽어도 주를 위하여 죽나니 그러므로 사나 죽으나 우리가 주의 것이로라 (로마서 14:8)

소망으로 인도하시는 하나님,
오늘 하루도 저희들을 품으시고 축복하여 주시니 감사합니다. 저희들에게 영생을 주시기 위해 온갖 고난을 감당하신 우리 주님의 은혜를 생각할 때마다, 깊이를 헤아릴 수 없는 하나님의 사랑에 감사드립니다.
오늘도 주님의 흘리신 보혈에 부끄럽지 않은 모습으로 살게하시고, 신실한 삶을 살도록 능력을 주옵소서. 주님을 본받아, 주님의 자취를 따라가게 하여 주옵소서. 고난 중에도 결코 죄를 짓지 않으신 주님처럼 살게 하여 주옵소서. 결코 거짓을 말하지 않으신 주님처럼 사실만을 말하게 하여 주옵소서. 욕을 먹고 위협을 받을지라도 욕하거나 폭력을 사용하지 않게 하여 주옵소서. 오직 모든 것을 알고 계신 하나님께 온전히 맡기고 살게 하여 주옵소서.
사랑의 주님, 저희들에게 인내할 힘을 주시고, 모든 고난을 이길 수 있게 하여 주옵소서. 하나님께서 기뻐하시고, 아름답게 여기시는 선을 행할 능력을 주옵소서. 우리 주님처럼 말하고, 듣고, 행할 선한 양심과 믿음을 주옵소서. 주님을 닮아, 주님 가신 길을 기쁘게 걷게 하여 주옵소서. 하나님을 기쁘시게 하는 믿음의 종이 되게 하여 주옵소서. 이 시간 온전히 주님을 따르는 저희 자녀들에게 넉넉한 지혜를 내려 주시고 하늘의 복과 땅의 복을 주옵소서.
예수님의 이름으로 감사하며 기도합니다. 아멘.

> 기도가 사물을 변화시키는가? 아니다. 기도는 인간을 변화시키고, 그 변화된 인간이 사물을 변화시킨다. _워치만 니

10월

내 마음이 은혜를 알게 하옵소서
예수 그리스도를 온전히 찬양하게 하소서 (용혜원)

이 땅에 구주로 오신 주님
주님을 온전히 찬양하게 하소서
생명의 주님 구원의 주님을
온전히 찬양하게 하소서

예수 그리스도로 기쁨을 얻게 하시고
길 잃은 양을 찾는 기쁨에
우리도 동참하게 하여 주소서
예수 그리스도의 일하심에 동참하게 하소서

오 주여, 내 마음에 오소서
오 주여, 내 마음에 오소서
내 마음에 찾아오신 예수 그리스도를
온전히 찬양하게 하소서

10월 1일 구원에 이르도록 자라게 하옵소서

갓난아이들같이 순전하고 신령한 젖을 사모하라 이는 이로 말미암아 너희로 구원에 이르도록 자라게 하려 함이라 (베드로전서 2:2)

은혜로우신 하나님,
오늘도 주님과 함께 동행하게 하시고 주님의 손길로 인도하여 주시니 감사합니다.
저희들에게 생명의 말씀을 주시고, 말씀을 따라 하나님께서 기뻐하시는 일을 하며, 그 길을 따라갈 수 있도록 성령님께서 인도하여 주심을 감사드립니다. 저희들이 진리를 따라 살기에 부족함이 없도록 성령 하나님께 붙들어 주시고, 날마다 선한 길로 인도하여 주옵소서.
이 시간 간구하기는, 저희들 안에 남아 있는 육체의 더러운 생각들을 성령의 물로 씻으시고, 불로 태워주시어서 정결하게 하여 주옵소서. 사랑의 주님, 날로 악해져 가는 험한 세상에서 안전하게 살며, 바른 길을 가도록 인도하여 주옵소서.
오늘 하루도, 저희들 마음의 소원이 말씀 안에서 이루어져 열매 맺게 하여 주옵소서. 또한 부족한 종에게 성령으로 충만하게 하여 주시어서, 유혹에 빠지지 않게 하시고, 말씀으로 무장되어서 언제나 주님의 음성을 듣게 하여 주옵소서. 그리하여 무엇이든지 주님께 맡기고 구하여 응답받으며 살게 하여 주시고, 오늘도 하늘의 복을 허락하여 주옵소서.
거룩하신 예수님의 이름으로 감사하며 기도합니다. 아멘.

> 자신의 생명과 자신의 문제를 송두리째 하나님께 맡길 수 있는 사람은 믿음이 큰 사람이다. 반면에 맡기지 못하는 사람은 그 대신 자신이 그 짐을 근심하며 지고 가야 한다. _죠지 뮬러

10월 2일   오직 주님만 의지하게 하옵소서

내가 여호와께 아뢰되 주는 나의 주시오니 주밖에는 나의 복이 없다 하였나이다 (시편 16:2)

은혜가 풍성하신 하나님,
오늘도 하루의 삶을 주님과 함께 시작하게 하시니 감사합니다. 믿음의 가정인 저희들에게 지혜 있는 생활을 하게 하시고, 성령으로 충만하여져서 믿음으로 살아가는 가정과 자녀들이 되게 하여 주옵소서.
특별히 이 민족을 기억하여 주시사 어려움이 없도록 인도하여 주옵소서. 사랑하는 우리 민족이 살아계신 하나님의 음성을 듣고, 하나님의 뜻을 따라, 복음을 전하는 민족이 되게 하시고 모든 가정의 형편들이 형통하게 하여 주옵소서. 주님을 향한 마음과 믿음을 더하여 주시사 어느 곳에 있던지 형통하게 하시고 시냇가에 심은 나무처럼 시절을 좇아서 열매를 맺는 은혜를 더하여 주옵소서.
저희들이 성령의 사람이 되어서 빛과 소금의 역할을 잘 감당하게 하시고, 구원의 하나님을 날마다 의지하면서 찬송하게 하여 주옵소서. 저희들의 믿음이 연약하오니 성령 하나님께서 날마다 저희들을 반석 같은 믿음 위에 세워주시어서, 좌로나 우로나 치우치 않고, 강하고 담대하게 주님만을 따라가는 믿음의 사람이 되게 하여 주옵소서. 성령의 인도하심을 따라 바른길을 가게 하시고, 주님께서 주시는 은혜 안에 살게 하여 주옵소서.
거룩한 주 예수님의 이름으로 감사하며 기도드립니다. 아멘.

> 기도는 혼을 지키는 성채이다. _아우구스티누스

10월 3일　주여, 저희에게 복을 주옵소서

여호와로 자기 하나님을 삼은 나라 곧 하나님의 기업으로 빼신바 된 백성은 복이 있도다
(시편 33:12)

소망으로 인도하시는 하나님,
오늘도 저희들을 향하신 하나님의 세밀하신 섭리의 손길을 감사드립니다. 또한 저희들을 인도하여 주시사 하루하루의 삶속에서 하나님의 사랑을 누리게 하심을 감사드립니다. 저희들이 무엇을 계획하던지, 생각하고 바라는 것보다 풍족하게 인도하여 주심을 감사드립니다. 또한 저희들이 최선을 다 할 때 우리가 생각한 것보다 더 좋은 것을 허락하여 주심을 감사드립니다. 저희들이 주님의 다스리심을 보고, 알고, 믿게하여 주옵소서. 비록 비천하고 어리석어도 주님께서 저희들에게 순간순간 지혜를 주시어서 삼손처럼 어리석음에 빠지지 않게 하시고, 기도온처럼 맡겨진 일에 최선을 다하는 은혜를 주시어서 여호와 이레, 하나님이 이렇게 준비한 것을 이루었다고 간증하는 믿음의 사람이 되게 하여 주옵소서.
능력 주시는 주님 안에서 모든 것을 할 수 있다고 하였사오니 기도한 것이 이루어지게 하여 주옵소서. 오늘도 저희들, 일터에서 사람들을 사랑하면서, 주님의 은혜를 누리는 복된 하루가 되게 하여 주옵소서. 저희들에게 지혜와 명철을 주시고, 머리가 될지언정 꼬리가 되지 않도록 성령의 열매와 빛의 열매를 맺게 하여 주옵소서. 나의 하나님이 그리스도 예수 안에서 영광 가운데 그 풍성한 대로 너희 모든 쓸 것을 채우시리라(빌 4:19) 라고 말씀하였사오니 부족한 것들을 채워 주시고 풍성하게 하여 주옵소서.
사랑이 많으신 예수님의 이름으로 감사하며 기도드립니다. 아멘.

기도는 괴로움을 가볍게 하고 환희를 순화시킨다. 그것은 혼을 즐겁게 하고, 마음에 하늘의 향기를 뿌린다. _F. R. 람네

10월 4일　시온의 대로가 있게 하옵소서

주께 힘을 얻고 그 마음에 시온의 대로가 있는 자는 복이 있나이다 (시편 84:5)

은혜로우신 하나님 아버지,
오늘도 성령님의 감동으로 믿음 안에서 하루를 시작하게 하시니 감사합니다. 저희들이 직장에서 세상적인 것들과 부딪힐 때마다, 마음이 상하거나 실망하지 않게 하여 주옵소서. 오히려 거기서 주님의 음성을 듣게 하시고, 저희들의 영혼을 새롭게 하셔서 믿음으로 감사하며, 기뻐하며, 마음의 평안을 누리게 하여 주옵소서. 저희들의 속사람을 강건하게 하여 주옵소서. 하나님의 사람으로서 부끄러움 없게 하여 주옵소서.
세상의 고난을 피해가려고 힘겨운 투쟁을 하기 보다는 고난 앞에 떨거나 겁먹지 않고, 나사렛 예수님의 이름으로 승리하는 믿음의 사람이 되게 하여 주옵소서. 오늘도 저희들의 영혼이 세상에 취하지 않도록 일깨워 주시고, 동행하여 주시어서, 직장에서나, 가정에서, 맡겨진 일에 최선을 다하게 하여 주시고, 저희 가정에도 복을 주셔서 귀한 사명을 잘 감당하도록 축복하여 주옵소서. 오늘도 믿음으로 구원의 감격을 가지고, 찬송하면서 주님과 동행하는 생활이 되게 하여 주옵소서. 특별히 주님의 은혜를 사모하는 가족들에게 복을 주시고, 주위의 환경과 상황으로부터 눈을 돌려, 모든 것을 지배하시며 다스리시는 주님의 능력을 바라볼 수 있게 하여 주시옵소서.
예수님의 이름으로 감사하며 기도드립니다. 아멘.

기도는 곧 능력이다. _피터 티네커

10월 5일 빛과 사랑으로 살게 하옵소서

할렐루야, 여호와를 경외하며 그 계명을 크게 즐거워하는 자는 복이 있도다 (시편 112:1)

인자하시고 거룩하신 하나님,

오늘도 성경을 읽으며, 말씀으로 하루를 시작하게 하시니 감사합니다. 이 시간 거룩한 주님께서 하늘의 아버지가 되심에 감사하며, 영생을 얻고 하나님의 자녀 된 것을 감사드립니다. 저희들이 험한 세상에서 살지만 천국 시민이 된 것을 감사합니다. 언제나 주님과 신령한 교제를 할 수 있음을 감사합니다. 예전에는 지난날에 받은 복 때문에 감사했으나, 이제는 오직 하나님의 사랑과 은혜로 인하여 감사함으로 살게 하여 주시니 감사합니다. 저희들이 이 세상 살면서 무엇을 하던지 주님과 동행하여 주심을 감사합니다. 그러나 저희들이 말씀을 의지하면서도 열매 맺지 못하고 사는 허물 많은 죄인들 입니다. 이 시간 저희들에게 은혜를 주시어서 허물이 사함을 받고, 행함의 열매가 있게 하여 주옵소서. 이제는 저희들이 말로나 혀로가 아닌 진실한 마음에서 우러나오는 사랑을 하게 하여 주옵소서. 이제는 우리가 이런 어리석음 버리고, 하나님과 신령한 사랑의 교제를 갖게 하시고, 모든 일에 감사하며 기쁘게 살게 하여 주옵소서. 오직 주님의 자비로우시고 인자하심처럼 저희들도 서로 사랑하게 하여 주시어서 감사하는 생활이 계속 되게 하시고 복을 받는 하루가 되게 하여 주옵소서.

예수님의 이름으로 감사하며 기도드립니다. 아멘.

> 기도는 우리가 믿음을 발견한 주님의 복음에 들어가는 보물을 파내는 것이다. _칼빈

10월 6일 복 받은 백성들이 되게 하옵소서

이러한 백성은 복이 있나니 여호와를 자기 하나님으로 삼는 백성은 복이 있도다 (시편 144:15)

진리와 능력으로 역사하시는 하나님,
오늘 하루도 기도로 시작하게 하시니 감사를 드립니다. 오늘도 주님의 인도하시는 사랑 안에 살게 하시니 감사합니다. 저희들은, 주님을 떠나서는 한 시도 살수 없사오니, 온전히 주님을 의지 하면서 살게 하여 주옵소서. 이 시간 저희들의 마음을 붙들어 주시고, 하나님의 사람으로서 부끄럼 없는 삶을 살게 하여 주옵소서. 죄악이 싹트지도 못하게 하시고, 성령의 능력으로 열매 맺는 삶을 살게 하여 주옵소서.

오늘 하루도 주님께 모든 것을 맡깁니다. 일터에서 사람들을 만날 때에 좋은 사람을 만나게 하여 주시어서, 선한 결과를 가져 올수 있도록 축복하여 주옵소서. 때로는 기대와는 달리 고통을 주는 사람과 일할 때가 있습니다. 그때에도 낙심하지 않게 하시고 오히려 모든 것이 합력하여 선을 이루어서 선한 결과를 만들게 하여 주옵소서. 그리하여 복 받은 사람이 되게 하여 주시고 내 안에 계시는 성령 하나님을 찬양하며 주신 복에 감사하는 믿음의 사람이 되게 하여 주옵소서. 구한 것들이 응답을 받으며 감사하면서 살도록 복을 내려 주옵소서. 자녀들에도 복을 주시고, 일터에도 복을 주옵소서.

사랑이 많으신 예수님의 이름으로 감사하며 기도드립니다. 아멘.

> 물질에 욕심이 없는 사람은 찾아보기란 심히 어렵다. 물질에 대해서 하나님과 자신의 양심 앞에 한치의 부끄러움 없이 살아가는 사람은 기도의 응답을 자주 체험할 수 있는 사람 중 한 사람이다. _죠지 뮬러

10월 7일

지혜를 얻게 하옵소서

지혜를 얻은 자와 명철을 얻은 자는 복이 있나니 이는 지혜를 얻는 것이 은을 얻는 것보다 낫고 그 이익이 정금보다 나음이니라 (잠언 3:13-14)

생명의 복을 주시는 하나님,
오늘도 주님과 동행하게 하시고 인도하여 주심을 감사합니다. 이 시간 저희들의 눈을 열어서 영적인 안목을 열어 주시어서, 경건하게 살게 하시고, 주님의 능력을 맛보며 살게 하여 주옵소서.
저희를 세상에 보내시고, 주님의 자녀로 부르셔서 직장에서 일하게 하신 대에는 하나님의 깊으신 경륜과 섭리가 계신 줄을 확실히 믿습니다. 저희가 구하기 전에 저희에게 필요한 것들을 벌써 아시고, 예비하신 대로 때를 따라 공급하심을 확실히 믿습니다. 이 시간 간구하오니, 저희들의 기도를 들으시고 인도하여 주시어서 여호와 이레로 예비하셔서 안겨 주옵소서.
저희들이 범사에 감사하게 하시고, 믿음의 자녀들로 든든히 서게 하여 주옵소서. 소유의 넉넉함 때문이 아니라 오직 하나님 때문에 기뻐하면서 주님의 능력을 힘입은 사람으로 살게 하여 주옵소서. 주님께서 베푸시는 참된 은혜와 사랑을 누리게 하여 주옵소서. 저희들이 복 받은 사람이오니 더욱 하나님이 주신 복을 누리며 살 수 있도록 풍성한 은혜를 베풀어 주옵소서. 일터와 가정에도, 복을 주시고, 자녀들에도 복을 주시어서 언제 어디서나, 형통하게 하여 주옵소서. 간구하는 것 마다 이루어지게 하여 주옵소서.
사랑이 많으신 예수님의 이름으로 기도드립니다. 아멘.

> 자신의 요구보다 주님의 요구를 먼저 생각하고 주의 뜻을 구하는 사람은 하나님 앞에 크게 인정받고 사랑 받을 수 있다. _조지 뮬러

10월 8일 어려움과 역경을 이기게 하옵소서

내가 알기에는 나의 구속자가 살아 계시니 후일에 그가 땅 위에 서실 것이라 (욥기 19:25)

거룩하신 사랑의 하나님,
이번 한 주간도 저희들의 생명을 주관하시고, 복된 길로 인도해 주시니 감사합니다. 연약해진 저희들을 불쌍히 여기시고, 신령한 은혜로 채워주셔서 부르신 뜻에 합당한 열매를 맺게 하여 주시기 원합니다.
오늘도 저희들에게 초대교회 성도들에게 부어주신 성령의 기름을 부어 주시사, 자녀들은 예언하게 하시고, 청년들은 환상을 보며, 노인들은 꿈을 꾸는 역사가 나타나서 하시어서 복음을 증거하는 증인으로 살게 하여 주옵소서.
저희가 섬기는 교회의 주의 종들을 축복하여 주시어서, 몸 된 제단에서 양식이 강물처럼 흘러넘치는 제단이 되게 하여 주옵소서. 저희들이 먹고 마실 때의 감격과, 기쁨과, 결심이 이 한 주간 생활 속에서도 표현되게 하시고, 열매를 맺는 하루가 되게 하여 주옵소서. 저희가 섬기는 교회에게 복을 주시어서 날마다 주의 능력이 임하게 하시고, 어려움을 당한 주의 백성들에게도 찾아오시어서 어려움의 문제를 잘 극복하게 하시고, 하나님의 능력으로 문제를 잘 해결 되도록 인도하여 주옵소서. 저희 교우들의 가정에 슬픔이 변하여 춤이 되며, 어두운 그늘을 벗기시고, 기쁨의 옷을 입혀 주옵소서. 슬픈 노래를 그치고, 주님을 찬송하는 자녀들에게 평안한 하루가 되게 하여 주옵소서. 또한 저희 가정에도 복을 내려 주옵소서.
예수님의 이름으로 감사하며 기도드립니다. 아멘.

성령의 지배를 받는 생활은 진정한 그리스도인의 삶으로 결코 세상과 마귀에게 지배를 당하지 않는다. _죠지 뮬러

10월 9일

마음속에 평안함과 기쁨을 주옵소서

내가 죽지 않고 살아서 여호와의 행사를 선포하리로다 (시편 118:17)

사랑의 하나님!
우리 민족을 사랑하시고 인도하여 주신 하나님의 은혜와 사랑을 감사를 드립니다. 오늘은 한글날입니다. 저희민족에게, 위대한 조상을 주셔서 아름다운 한글을 만들게 하신 것을 감사드립니다. 오천년 역사를 이어온, 우리 민족에게 자랑스러운 한글 로 하나님의 말씀인 성경을 한글로 번역하여 누구나 쉽게 볼 수 있게 하심을 감사합니다.

이 시간 우리 민족을 긍휼히 여기셔서 세계인들 앞에 더욱 떳떳한 국민이 되어서 복음을 증거하는 민족이 되게 하시고, 온 세상에 복음을 증거 할 수 있는 권세를 허락하여 주옵소서. 그리하여 복음을 온 세상에 전파하여 위대한 유산을 물려주는 사람들이 되게 하여 주옵소서. 오늘도 저희가 머무는 작은 공간에도 주님이 임재 하셔서 예수 그리스도의 사랑의 마음을 본받게 하여 주옵소서.

오늘 하루를 살 때에도 건강한 육신과 건강한 영혼으로 살게 하옵소서. 저희들에게 주님의 능력과, 사랑과, 은혜로 충만하게 하여 주시어서 은혜와 평강으로 살게 하여 주옵소서. 저희들의 염려와 걱정, 소원과 무거운 짐, 장래의 모든 것들을 주님께 맡겨드립니다. 문제는 해결하여 주시고, 소원은 이루어 주시어서 좋은 것으로 만족하게 하여 주옵소서.

예수님의 이름으로 기도합니다. 아멘.

하나님 한 분만을 유일한 도움으로 삼으면 미래에 대한 불안이나 현재의 불만이 모두 없어진다. 왜냐하면 하나님 아버지께서 친히 그의 인생을 책임져 주시기 때문이다. _죠지 뮬러

10월 10일 기쁨으로 섬기게 하옵소서

기쁨으로 여호와를 섬기며 노래하면서 그 앞에 나아갈지어다 (시편 100:2)

소망을 주시는 하나님,
오늘 하루도 하나님의 다스리심과, 주님의 나라가 저희들에게 임하기를 원합니다. 저희 민족에게 주신 구원의 복음이 온 세상에 전파되어서, 하나님을 사모하는 민족들이 되기를 원합니다. 먼저 저희들이 주님의 백성으로 확실한 믿음을 갖게 하시고, 무엇을 하든지 육체의 소욕과 이성의 요구가 우선되지 않게 하여 주옵소서. 오직 하나님을 의지하며, 주님의 뜻을 따르며 살게 하여 주시기를 원합니다. 저희들의 마음과 행동이 진실하고 깨끗하게 되어서 인정받는 하나님의 백성으로 살게 하여 주옵소서. 굽은 길이 아닌 정도를 걷게 하셔서 그 길이 첩경이 되게 하여 주옵소서.
마귀가 꾸며놓은 궤계에 넘어지지 않게 하시고, 마귀의 편법에 벗어나서 진리를 따라 십자가를 지고, 하나님의 선하심을 기다리며, 살게 하여 주옵소서. 대장되신 주님을 따르기를 원하오니, 자녀들에게도 주님을 따르는 자녀가 되게 하시고, 무엇을 하던지 하나님의 뜻 안에서 존귀와 영광을 드러내게 하여 주옵소서. 기쁜 노래로 주님의 영광을 드러내게 하시며, 범사가 잘되게 하셔서 자녀들도 믿음으로 승리하게 하여 주옵소서. 간절히 소원하기는 자녀들이 미래에 대한 소망을 품게 하시고 주님에게 귀하게 쓰임 받는 자녀가 되게 하여 주옵소서. 주님의 축복을 받게 하여 주옵소서.
예수님의 이름으로 감사하며 기도드립니다. 아멘.

> 사람이 자기의 의견과 소원을 초월하여 자기의 마음을 향상 시키고 자기의 주의를 하나님께 집중시키는 것이 기도의 제일 중요한 일이다. _티틀

10월 11일 — 영원한 즐거움을 주옵소서

> 주께서 생명의 길로 내게 보이시리니 주의 앞에는 기쁨이 충만하고 주의 우편에는 영원한 즐거움이 있나이다 (시편 16:11)

생명의 근원이신 하나님,
지금까지 살아온 것이 우리 주님의 넓으신 은혜임을 아오니 감사를 드립니다. 어떤 모습으로 살아가든지 받아주시고, 나무라지 않으시는 여호와의 은혜에 감사를 드립니다. 오늘도 주님께서 주시는 하루의 삶을 통해서, 하나님께 영광을 드러내게 하시며, 하나님의 자녀로서 빛의 본분을 다하는 생활이 되게 하여 주옵소서. 저희 가정에 찾아오시어서 자녀들에게 힘을 주시고, 하나님을 모신 자녀들이 이 땅에서 긍지를 가지고 살게 하여 주옵소서.

바라기는, 저희 가정에 부모의 권위가 살아 있게 하시고, 부모의 사랑이 흘러서 자녀들의 효도가 있게 하시고, 가정의 질서가 바로 서게 하여 주옵소서. 또한, 주님을 모신 가정다움의 질서가 세워지고, 책임이 지켜지게 하여 주옵소서. 악한 세상에서 빛과 소금이 되기에 부족함이 없게 하여 주옵소서. 가족들이 서로 신뢰하고, 위로하며, 서로의 짐을 지는 가정이 되게 하여 주옵소서. 오늘 하루도, 무엇을 하든지, 주님의 은혜 안에 든든히 서게 하시고, 모든 가족들에게 건강을 주시며, 영과 육이 강건하게 하여 주옵소서. 또한 저희 가정이 복된 가정이 되어서 가족 간에 안정되고 형통하여 주님의 복음을 증거하는 가정으로 세워주옵소서. 믿음으로 승리하는 가정, 빛과 소금의 가정이 되도록 축복하여 주옵소서.

사랑이 많으신 예수님의 이름으로 감사하며 기도드립니다. 아멘.

기도는 인간의 능력이 끝나는 곳에서 시작된다. _노만 빈센트

10월 12일 — 즐거운 가정 되게 하옵소서

내 마음이 이스라엘의 방백을 사모함은 그들이 백성 중에서 즐거이 헌신하였음이라 여호와를 찬송하라 (사사기 5:9)

영광을 받으시기에 합당하신 하나님,
오늘도 하나님의 은혜 속에서 살게 하시니 감사합니다. 간구하기는 저희들, 오늘 하루도 보이는 이 세상에 얽매이지 않게 하시며, 하나님의 신령한 은혜 안에서 주님과 더불어 살게 하여 주옵소서.
저희들을 부르셔서 의롭다 하시며, 친히 준비시켜 사용하시고, 저희들의 헌신을 받으시며, 그 거룩하신 구원의 역사에 사용해 주심을 감사합니다. 저희들이 주님의 은혜를 받은 사람으로서 일터에서, 빛과 소금됨의 본분을 다하게 하시고, 구원의 역사에 귀히 쓰임 받게 하여 주옵소서.
오늘도 우리가 직장에서 새 힘을 얻게 하시고 은혜의 통로가 되게 하시어서 거룩한 도구로서 사용하여 주옵소서. 여러모로 힘든 상황에 처하는 저희 자녀들에게 늘 함께 하여 주시어서 힘들고 어려워도 오직 주님을 의지하고 바라보며 살게 하여 주옵소서. 그리하여 저희들이 반석이신 주님을 의지하여 평강을 누리게 하여 주옵소서. 저희들이 이 세상의 것들로 인하여 연약해지는 마음을, 믿음으로 담대하게 하여 주시고, 주님의 은혜의 생수를 마시게 하시어서, 몸과 마음에 평안을 내려 주옵소서. 사랑하는 자녀들에게도 복을 내려 주옵소서.
예수님의 이름으로 감사하며 기도드립니다. 아멘.

기도는 하늘에 계신 아버지 품 안에서 영혼이 호흡하는 것이다. _토마스 왓슨

예수만 섬기는 가정이 되게 하옵소서

10월 13일

예수께서 대답하여 가라사대 기록하기를 주 너의 하나님께 경배하고 다만 그를 섬기라 하였느니라 (누가복음 4:8)

인생의 도움이신 하나님,
오늘 하루도 빛 가운데서 살아가도록 인도하여 주시니 감사합니다. 이 시간 저희들에게 생명의 말씀으로 불확실한 인생길을 넉넉히 이기며 살게 하시니 감사를 드립니다.
저희들은 연약하여서 상식으로 판단하고, 세상 철학이나, 윤리나, 도덕을 최고의 가치로 삼았던 저희들에게 영원토록 변함없는 진리를 알게 하시며, 그 능력을 힘입어 살게 하시니 감사합니다. 저희들의 불신에 찬 마음을 열어 주셔서, 언제나 믿음으로 주님을 모시며 살아갈 때 영원토록 저희 안에 계시어서, 저희들이 인생길에서 근심하지 않도록 지켜 주옵소서. 주님의 뜻에 순종하며, 주님과 함께 살게 하여 주옵소서.
저희들이 악인의 형통함을 부러워하거나, 악인의 쾌락에 물들거나, 악인의 언어생활에 빠져들지 않도록 지켜 주옵소서. 돋는 햇볕과 같이 의인의 길을 가며, 광명한 빛 가운데 살게 하여 주옵소서.
저희들이 범사에 주님의 뜻을 깨닫게 하시고, 성령님의 감동하심에 순종하여 행복을 알게 하여 주옵소서. 가정과 직장에도 복을 주시고 사람을 만날 때마다 지혜롭게 하여 주옵소서.
예수님의 이름으로 감사히며 기도드립니다. 아멘.

기도는 사람을 깨끗이 하는 자신에게 들려주는 설교이다. _리비텔

10월 14일
주여, 저희에게 복을 내려 주옵소서

모세가 이르되 각 사람이 그 아들과 그 형제를 쳤으니 오늘날 여호와께 헌신하게 되었느니라 그가 오늘날 너희에게 복을 내리시리라 (출애굽기 32:29)

인생을 다스리시는 하나님,
우리를 눈동자처럼 지키시고, 은혜를 부어 주시니 감사합니다. 저희들은 이기적이어서 더 나은 가정 형편과 가족들의 행복을 위해서 불우한 환경을 아랑곳하지 않고, 자기 욕심으로 살아온 저희들입니다. 이런 저희들을 용서하여 주옵소서.
오늘도 저희들에게 피곤에 지치지 않도록 하나님께서 새 힘을 부어주옵소서. 희생적인 사랑과 열심에도 불구하고, 이웃들 때문에 고통당할 때도 있습니다. 그때에도 견고한 믿음과 새 힘을 주시어서 주님의 위로와 사랑으로 품어 주시고. 손으로 감싸주시고, 치료의 손길로 연약함을 고쳐 주옵소서. 이 시간 저희 몸이 연약합니다. 감기 몸살로 무척 피곤하고 힘이 없사오니, 면역체계를 치료하여 주시어서 바이러스를 이기게 하시고, 빨리 회복되게 하여 주옵소서. 특별히, 저희 동료 중에 몸이 병들어서 치료중인 직원들이 있습니다. 이 시간 찾아 가시어서 고쳐주옵소서. 또한 여러 가지 질병으로 힘들어 하는 직원들에게 주님의 섬세하신 사랑의 손길로 치유의 은혜를 체험하게 하여 주옵소서. 그리하여 힘을 얻고, 소망 중에 살며, 늘 위로 받게 하여 주옵소서. 그리하여 우리의 소망이 되시며, 행복의 주인 되시는 주님 안에서 모든 자녀들이 평강을 누리게 하여 주옵소서. 또한 저희들에게 건강의 복을 주옵소서.
예수님의 이름으로 감사하며 기도드립니다. 아멘.

기도는 교회의 원동력이다. _마틴 루터

10월 15일 주여, 능력과 권세를 주옵소서

예수께서 열 두 제자를 불러 모으사 모든 귀신을 제어하며 병을 고치는 능력과 권세를 주시고 하나님의 나라를 전파하며 앓는 자를 고치게 하려고 내어 보내시며 이르시되 여행을 위하여 아무것도 가지지 말라 지팡이나 주머니나 양식이나 돈이나 두 벌 옷을 가지지 말며 (누가복음 9:1-3)

사랑이 풍성하신 하나님,
저희들을 주님의 자녀 되게 하시고 인도하여 주시니 감사를 드립니다. 이 시간 저희들은 말과, 생각과, 행하는 것이 주님 앞에 얼굴을 들 수 없는 죄인임을 고백하지 않을 수 없습니다. 그럼에도 불구하고 저희들을 구원의 복음 전하는 일꾼으로 부르신 것을 생각할 때 감사를 드립니다. 그러나 저희들은 단지 감사하고 감격할 뿐, 말과 마음에 그쳤고, 늘 주님이 가르친 바대로 살지 못하였으며, 믿는 바대로 살지 못하였습니다. 또한 저희들이 하나님께서 뜻하시는 바가 무엇인지 알려고 하지도 않았는가 하면, 비록 알았어도 거역하며 살아왔습니다. 말하라 하실 때 말하지 않았고, 가라 하실 때 가지 않았으며, 하라 하실 때 핑계 삼아 피했으며, 참음보다 성급했고, 십자가 앞에서 주저했습니다. 겸손하지 못했고, 정직하지 못했고, 본분을 다하지도 못했습니다.
이 시간 찾아오시어서 연약한 저희들을 성령의 은혜로 붙들어주시어서 주님의 말씀대로 순종하며 살게 하여 주옵소서. 그리하여 주님이 쓰시기에 합당한 사람으로 다시 빚어주옵소서. 주님 앞에 새로워지기 위해 간구하는 저희들에게 성령의 기름을 부어 주옵소서. 오늘 하루도 모든 것을 주님께 맡깁니다. 성령으로 축복하시고 은혜를 부어주옵소서. 저희 가정과 자녀들에게도 은혜의 복을 주옵소서.
예수님의 이름으로 감사하며 기도드립니다. 아멘.

기도는 조용히 문을 열고서 하나님께서 계시는 곳으로 들어가는 것이다. _마틴 루터

10월 16일

현실을 두려워하지 않게 하옵소서

내가 사망의 음침한 골짜기로 다닐지라도 해를 두려워하지 않을 것은 주께서 나와 함께 하심이라 주의 지팡이와 막대기가 나를 안위하시나이다 (시편 23:4)

사랑과 은혜가 풍성하신 하나님.
저희들이 새로운 날을 맞이하여 직장에 출근하여 일하게 하시니 감사를 드립니다.
이 시간 부족한 종에게 찾아오시어서 연약한 저희들을 긍휼이 여기시고 인자와 긍휼로 관을 씌우시며 좋은 것으로 소원을 만족케 하여 주옵소서. 직장에서 일 할 때에 어떤 어려움에 처하든지 낙심하지 않게 하시고, 다시 일어나서 희망과 믿음을 갖게 하여 주옵소서. 결국 믿음이 승리한다는 것을 알게 하여 주옵소서. 이제는 믿음을 갖게 하시고 현실을 두려워하지 않게 하여 주옵소서.
수고하고 무거운 짐 진 자들아 다 네게로 오라고 하신 주님, 이 시간 저희들은 무거운 짐을 짊어지고 왔습니다. 업무의 무거운 짐과 건강의 연약함, 걱정 근심을 가지고 왔습니다. 이 무거운 짐을 주님 앞에 내려놓사오니 맡아주시고 가볍게 하여 주옵소서. 저희의 짐을 맡아 주옵소서. 회사에서 새로운 업무를 할 때에도 현실에 두려워하지 않게 하시고 평안을 주시어서 업무에 찌들지 않도록 지혜를 주옵소서. 어떤 일을 하던지 저희의 힘으로 되지 않을 때가 많습니다. 그때마다 성령 하나님께서 함께 하여 주옵소서. 참된 자유와 마음의 평안을 주옵소서. 오늘 하루도 저희 가정과 자녀들에게 복을 주옵소서.
사랑이 많으신 예수님의 이름으로 기도합니다. 아멘.

기도는 하나님의 전능을 배우는 기념품이다. _마틴 루터

10월 17일   우리의 자녀를 축복하옵소서

야베스가 이스라엘 하나님께 아뢰어 가로되 원컨대 주께서 내게 복에 복을 더하사 나의 지경을 넓히시고 주의 손으로 나를 도우사 나로 환난을 벗어나 근심이 없게 하옵소서 하였더니 하나님이 그 구하는 것을 허락하셨더라 (역대상 4:9-10)

온 우주에 주인이신 하나님,
오늘도 주님 앞에 사랑하는 나의 자녀를 위하여 간구합니다. 이 시간 찾아오시어서 저희의 자녀가 인생의 목적을 바로 깨닫게 해주시고, 자신을 지으신 주님을 바라보며 살게 하여 주옵소서.
저희들, 하나님을 아버지라고 부르오니, 하나님의 사랑, 능력, 지혜를 마음껏 사용하는 사람들이 되기를 원합니다. 사랑의 주님, 저희 자녀들의 삶속에서 하나님께서 동행하여 주시어서 언제나 지혜롭게 하시고, 날마다 하나님의 은혜 아래서 담대하게 살아가게 하여 주옵소서.
저희들의 삶이 고달플 때 쉬게 하시고, 방황 할 때 길을 열어 주시어서 항상 여호와를 앙망하며 살게 하여 주옵소서. 언제나 하나님의 보호를 받으며 살게 하여 주옵소서. 저희들에게 자녀를 양육하는 은혜를 주셨사오니 맡겨주신 자녀들이 신앙으로 살아가도록 인도하여 주시고, 하나님 앞에서 축복받은 삶을 살도록 자녀들에게 복에 복을 더하여 주옵소서. 그 복으로 인하여 유혹에 빠지지 않게 하시고 하나님께서 주시는 평안을 잃지 않게 하여 주옵소서. 또한 하나님의 능력으로 재물을 얻어서 헛되이 살지 않게 하여 주옵소서.
사랑이 많으신 예수님의 이름으로 기도합니다. 아멘.

그대가 무릎을 꿇고 기도한다면 비틀거릴 수 없을 것이다. _마틴 루터

10월 18일 주님을 온전히 따르게 하옵소서

두 세 사람이 내 이름으로 모인 곳에는 나도 그들 중에 있느니라 (마태복음 18:20)

소망을 주시는 하나님,
오늘도 하나님께서 저희들을 여기까지 인도하여 주심을 감사드립니다. 세상 풍조에 젖어버린 우리의 심령이 주님 앞에 온전한 제물이 되게 하여 주옵소서. 우리 자신들의 과거를 돌이켜 보면, 하나님의 말씀을 들으려 하지 않고, 오히려 거역하기를 두려움 없이 행했습니다.
이 시간 찾아오시어서 변질된 마음을 정결하게 하시고 성령으로 충만하게 하여 주옵소서. 또한 잃어버린 영성도 되찾게 하여 주시고, 겸손함과 온유함도 되찾게 하여 주옵소서. 오래 참지 못하고, 미워하고, 비판만 하는 그릇된 마음에서 벗어나서, 사랑으로 용납하고, 성령 안에서 하나 되는 은혜를 부어 주옵소서.
다시 회복할 힘과 능력을 주시고, 주님의 자녀요, 대사요, 친구로서 그 됨됨이를 다시 세우게 하여 주옵소서. 우리들의 마음을 붙드시고, 성령으로 들어와 사랑으로 충만한 자가 되게 하여 주옵소서. 하나 된 가정, 하나 된 교회, 하나 된 직장, 하나 된 나라와 민족이 되어서 행복한 공동체가 되게 하여 주옵소서. 간구하기는, 저희 가정이 믿음으로 살아 갈 때 자녀들이 하나 되게 하시고 거룩하신 주님의 말씀에 철저히 순종하는 자녀들이 되어서 맡겨진 일에 충성하는 자녀들이 되게 하여 주옵소서.
예수님의 이름으로 감사하며 기도합니다. 아멘.

무릎을 꿇은 그리스도인은 발돋움을 한 천문학자 보다 더 멀리 본다. _토플레디

10월 19일 — 사랑 안에서 살게 하옵소서

형제들아 우리가 너희에게 구하노니 너희 가운데서 수고하고 주 안에서 너희를 다스리며 권하는 자들을 너희가 알고 저의 역사로 말미암아 사랑 안에서 가장 귀히 여기며 너희끼리 화목하라 (데살로니가전서 5:12-13)

인자와 성실이 풍성하신 하나님,
우리를 주님의 것으로 삼으시고 권능으로 우리를 보호하시며, 언제나 우리를 도우시는 주님을 찬양합니다. 이 시간 우리로 하여금 시절을 좇아 열매를 맺는 복을 간구하오니 우리의 영적 안목을 밝혀 주시어서 마음이 넓어지게 하시고, 성령으로 인하여 가정과 교회, 일터와 직장이 주님의 축복을 받게 하여 주옵소서. 그리하여 들에 핀 백합화를 입히시고, 공중에 나는 새를 먹이시며, 우리들 머리털의 수효까지도 다 세시는 사랑으로 은혜를 베풀어 주옵소서.
우리가 고아처럼 버려진 존재가 아님을 알고, 주님의 사랑을 확신하는 가운데 성령 충만한 자녀로 살게 하여 주옵소서. 사랑의 주님, 우리들이 주님을 영화롭게 해드리기 원합니다. 부르심에 응답하여 우리의 서원으로 구한 것을, 그 서원으로 이루어 드리는 신실한 종이 되게 하여 주옵소서. 오늘도 저희들을 축복하여 주시사 생활이 날마다 더 윤택하게 하시고, 지평이 넓어져서 귀하게 쓰임 받는 사람으로 축복하여 주옵소서. 그리하여 저희들이 하는 일을 통해서 하나님께 영광을 돌리고, 바른 길에 서도록 믿음을 부어 주옵소서. 하나님과 더 많이 섬기는 수고와 땀이 있게 하여 주옵소서. 또한 저희들에게 성령을 부어주시어서 하나님의 은사와 능력을 가지고 주님의 뜻을 온전히 따르게 하여 주옵소서.
거룩하신 예수님의 이름으로 감사하며 기도합니다. 아멘.

기도는 영적 생명의 맥박이다. _앤드류 머레이

10월 20일 상한 마음을 치유하여 주옵소서

여호와께서 예루살렘을 세우시며 이스라엘의 흩어진 자를 모으시며 (시편 147:2)
상심한 자를 고치시며 저희 상처를 싸매시는도다 (시편 147:3)

참 소망 기쁨이 되시는 하나님,
우리에게 목마르지 않도록 생명의 양식을 주시고 영생을 선물로 주심을 감사드립니다. 저희들이 생명의 떡을 먹고 살아 갈 때에 우리의 영성이 쇠태하지 않게 하시고 생명력 넘치는 힘을 주시어서 주님의 말씀을 더 많이 하게 하여 주옵소서.
사랑의 주님, 저희들이 하나님의 말씀을 가감하는 거짓 교사가 되지 않게 하시고, 거짓 진리를 구분하지 못하고 넘어지지 않도록 지켜 주옵소서. 온 천하를 얻고도 목숨을 잃으면 유익함이 없다고 하였사오니, 우리의 육체도 하나님의 성전일 뿐만 아니라 장차 부활 할 몸이기에 소중함을 알게 하여 주시어서 바르게 살게 하여 주옵소서. 또한 저희들이 몸과 마음이 성결하여서 주님에게 귀하게 쓰임 받게 하여 주옵소서.
오늘도 경험하는 일들을 통해 신령한 은혜를 맛보게 하시고, 주님의 음성을 듣게 하시어서, 범사가 복을 받아서 하나님을 찬양하면서 살게 하여 주옵소서. 오늘 하루도 저희의 모든 계획들을 하나님께 맡깁니다. 이 계획들이 주안에서 이루어지게 하여 주옵소서. 저희 가정에 복을 주시고 자녀들이 하는 일마다 형통하게 하시고, 시냇가에 심은 나무처럼 열매를 맺게 하여 주옵소서. 오직 하나님의 말씀으로 자녀들이 복을 받게 하여 주옵소서.
사랑이 많으신 예수님의 이름으로 감사하며 기도합니다. 아멘.

기도는 축복의 씨앗에 물을 주는 것이다.

10월 21일 — 충성된 삶을 살게 하옵소서

여호와는 하나님이시라 우리에게 비취셨으니 줄로 희생을 제단 뿔에 맬지어다 (시편 118:27)

인생의 도움이신 하나님,
오늘 하루도 때를 따라 도우시고, 비와 이슬을 내려 주심을 감사를 드립니다. 요란한 세상에서 들려오는 소리를 귀 기울이지 않고, 성령께서 주시는 음성을 들으며 주님과 함께 살게 하여 주옵소서. 주님이 주시는 말씀을 묵상하면서 용기와 소망을 얻게 하여 주옵소서.
우리에게 큰 믿음을 주시고, 하나님의 사랑을 의심하지 않게 하여 주옵소서. 우리가 쉽게 다른 사람을 판단하고 정죄하는 나쁜 습관을 버리게 하시고, 하나님의 크신 사랑을 알아서 다른 사람들을 세우며 높여 줄줄 아는 성숙한 믿음을 주옵소서. 그리하여 내 안에서 천국이 이루지게 하여 주옵소서. 주님께서 십자가의 구속으로 이루신 화평을 실천하면서 영광을 드러내도록 축복하여 주옵소서.
간구하기는 저희 자녀들에게 복을 주시되 선한 것과 악한 것을 분별할 줄 아는 영분별의 은사를 주시어서 악한 마귀가 틈타지 못하도록 지켜 주옵소서. 저희 가정이 들어와도 복을 받고 나가도 복을 받는 가정이 되게 하시고, 오직 하나님의 말씀으로 자녀들이 복을 받아 복을 누리게 하여 주옵소서.
사랑이 많으신 예수님의 이름으로 감사하며 기도합니다. 아멘.

나는 하루에 3시간을 기도한다. 나는 내가 많은 일로 분주할 때 4시간을 기도한다. 왜냐하면 더 많은 일을 더 잘하기 위해서 더 많은 하나님의 은총과 도우심을 구해야 할 필요가 있기 때문이다. _마틴 루터

10월 22일 · 기쁨으로 승리하게 하옵소서

> 보라 하나님은 나의 구원이시라 내가 의뢰하고 두려움이 없으리니 주 여호와는 나의 힘이시며 나의 노래시며 나의 구원이심이라 그러므로 너희가 기쁨으로 구원의 우물들에서 물을 길으리로다 (이사야 12:2-3)

소망으로 인도하시는 하나님,
오늘도 저희들에게 햇볕을 주시고, 열매를 맺도록 인도하여 주시는 주님께 감사와 영광을 드립니다.
이 시간 저희들에게 연약한 몸과 마음에 성령의 단비를 적셔주셔서 생명이 소생하게 하여 주옵소서. 우리가 때로는 절망하고 포기해버릴 때에도 주의 강줄기를 트시고, 단비로 채워주시어서 생명과 소망의 열매를 거둘 수 있도록 붙잡아 주옵소서.
우리가 행복하기를 원하셔서 우리에게 말씀의 양식을 주시고, 그 행복이 참된 기쁨과, 건강한 행복이 되도록 성령의 생수로 말씀의 능력을 우리의 영혼에 부어주시니 감사합니다. 저희들에게 사랑과 은혜를 주심으로 우리의 영혼이 잘 되게 하시고, 또한 범사에 복을 주시어서, 육체도 강건하게 하여 주옵소서. 저희들이 하나님의 은혜 때문에 찬송할 이유가 있음을 고백하오니, 주님의 은혜를 찬양함이 하늘보좌에 이르게 하여 주옵소서. 오늘도 하루의 삶 가운데 하나님의 은택을 입혀주시고 자녀들과 가정에 즐거운 찬송이 흐르게 하여 주옵소서. 오늘도 하루의 생활이 진리 안에서 형통하게 하여 주시고 우리 가정에 복을 주옵소서.
예수님의 이름으로 감사하며 기도합니다. 아멘.

우리가 어디서 무엇을 하며 분주한 삶을 살더라도 결코 소홀히 할 수 없는 세 가지가 있다. 그것은 바로 하나님을 묵상하는 것과 영적인 독서를 하는 것과 마음을 쏟아 기도하는 것이다. _성 어거스틴

10월 23일 주여, 산업에 복을 주옵소서

여호와는 그들의 힘이시요 그 의 기름 부음 받은 자의 구원의 요새이시로다 주의 백성을 구원하시며 주의 산업에 복을 주시고 또 그들의 목자가 되시어 영원토록 그들을 인도하소서 (시편 28:8-9)

은혜와 사랑이 많으신 하나님,
저희들을 부족함이 없도록 때를 따라 도와주시고 일용할 양식 주심을 감사드립니다.
저희들은 늘 주님께 감사하면서 살아야 되지만 우리의 욕심이 커가므로 가진 것을 감사하지 못하고, 오히려 부족하다고 생각하는 어리석은 자들입니다. 이 시간 오셔서 우리에게 필요한 것을 넉넉히 주시고 나누게 하시고, 베푸는 자가 되게 하여 주옵소서. 우리의 굳어진 마음에 성령의 단비로 적셔 주셔서, 눈에 보이는 소유 속에서 보이지 않는 하나님의 뜻을 발견할 수 있도록 지혜를 주옵소서.
또한 우리로 하여금 이웃과 더불어 살며, 이웃을 사랑하도록 내려주신 영육간의 복을 아낌없이 나누는 마음을 갖게 하여 주옵소서. 지금 베풀어야 할 사랑을 미루지 말게 하여 주옵소서. 이기려 노력하기보다는 온유하며, 거짓됨은 모양은 버리게 하시고, 하나님 앞에서 정직한 자로서 주님의 사랑 받는 삶을 살게 하여 주옵소서. 그리하여 성령 충만하게 하시고 일마다 때마다 간섭하여 주시어서 성령의 열매를 많이 맺을 수가 있게 하여 주옵소서. 오늘도 거룩하신 은혜를 기다립니다. 저희들이 진리를 따르는 도구가 되어서 하나님의 영광을 드러내게 하시고, 온유하고 겸손하여서 사랑의 빚을 갚게하여 주옵소서.
거룩하신 예수님의 이름으로 감사하며 기도합니다. 아멘.

> 기도는 내 필요에 의하여 하나님을 내 편으로 만드는 것이 아니라 하나님의 뜻에 나를 조정해 맞추는 일이다. _D. L. 무디

10월 24일   입술의 범죄를 용서하옵소서

나의 하나님이 그리스도 예수 안에서 영광 가운데 그 풍성한 대로 너희 모든 쓸 것을 채우시리라 (빌립보서 4:19)

존귀하신 하나님,
우리에게 신령한 은혜를 보고, 들을 수 있는 지혜주심을 감사합니다. 말하고 싶어도 말할 수 없고, 보고 싶어도 못 보며, 듣고 싶어도 못 듣는 분들을 생각하면 이렇게 보고 듣고 말할 수 있는 것만으로도 감사합니다. 이 소중한 은혜를 가지고 감사하면서 하나님을 찬양할 수 있도록 우리의 입술에 파수꾼을 세워주옵소서.
저희들이 칭찬하고, 축복하며, 유익을 주며, 사랑이 담긴 선한 말을 하는 복된 입이 되게 하여 주옵소서. 상처를 치유하고, 생명을 살리는 복된 입술이 되게 하여 주옵소서. 오늘도 생각 없이 내뱉는 말로 생명을 해치고, 이웃을 이간하며, 절망하게 하는 입술에 제갈을 물려주어서 언어생활에 덕을 세우게 하여 주옵소서. 우리들이 말을 절제하며, 선하게 행동하여 이웃들에게 기쁨과 유익을 주며, 행복과 평화를 추구하는 자가 되게 하여 주옵소서.
이 시간 우리의 생각을 주님 앞에 내려놓습니다. 주님의 주권으로 간섭하여 주시고 저희들에게 일용할 양식과 복을 내려 주시어서, 먹을 것 때문에 염려하지 않게 하시고, 주는 자가 되게 하여 주옵소서. 오늘도 주님을 나의 왕, 나의 하나님으로 모시고 기쁘게 살기 원합니다. 오늘도 저희들에게 성령으로 인도하여 주옵소서.
예수님의 이름으로 감사하며 기도합니다. 아멘.

기도는 세계를 움직이는 손을 움직이게 한다. _왓슨

10월 25일 쉴 만한 물가로 인도하옵소서

여호와는 나의 목자시니 내가 부족함이 없으리로다 그가 나를 푸른 초장에 누이시며 쉴 만한 물가로 인도하시는도다 내 영혼을 소생시키시고 자기 이름을 위하여 의의 길로 인도하시는도다 (시편 23:1-3)

사랑과 은혜의 하나님,
우리를 사랑하시되 그 깊이와 높이와 넓이를 측량할 수 없이 사랑하심을 감사합니다.
항상 주의 은혜와 사랑을 기억하며, 삶의 현장에서 깨닫고 체험함으로 항상 주의 임재를 확신하며, 주님과 함께 살게 하여 주옵소서. 저희들이 언제 어디서나 주님과 동행하며, 주님께 영광돌리기에 부족함이 없게 하여 주옵소서. 저희 가정에도 복을 주시고, 자녀들에도, 부모님에게도 항상 기쁨과 형통함의 복을 주옵소서.
하나님을 버리고 세상에 나아간 자녀들에게 주님의 보호와 은혜를 베풀어 주옵소서. 기뻐하며 즐거워 할 수 있도록 지켜 주옵소서. 주님을 사랑하며 주님께 피하는 진실한 자녀들에게 영혼과 범사에 복을 주시고, 건강한 몸과 영혼이 누리는 기쁨이 있게 하여 주옵소서. 오늘도 주님의 은혜와 사랑으로 행복하게 살면서, 매 시간이 즐거운 시간이 되게 하여 주옵소서. 그리하여 저희들이 관용하며, 너그럽게 행하기를 원합니다.
진리를 잃거나 등지고 어두움 속에 숨은 저희들의 마음을 밝혀주시고 주님처럼 온유하고 겸손하며 사랑하게 하여 주옵소서.
예수님의 이름으로 기도합니다. 아멘.

아침 기도는 은혜와 축복의 열쇠요, 저녁 기도는 안전과 보호의 자물쇠다. _존 번연

10월 26일 감사함으로 승리하게 하옵소서

시와 찬미와 신령한 노래들로 서로 화답하며 너희의 마음으로 주께 노래하며 찬송하며 범사에 우리 주 예수 그리스도의 이름으로 항상 아버지 하나님께 감사하며 그리스도를 경외함으로 피차 복종하라 (에베소서 5:19-21)

인간의 생사화복을 다스리시는 하나님,
저희들에게 새 날을 열어주시니 감사합니다. 우리의 범사가 주님의 뜻을 이루는 거룩한 도구가 되게 하셔서, 쓰임 받는 사람이 되게 하여 주옵소서. 특별히 우리가 하나님으로부터 쓰임 받을 때 악역으로 쓰임 받지 않게 하여 주시고, 하나님의 선한 역사를 위하여 선한 역할을 맡게 하여 주옵소서.
하나님의 마음에 들었던 다윗을 생각할 때마다 용기를 얻고 도전을 받습니다. 외모가 아닌 내면의 사람을 보시는 주님의 선택의 기준에 적합한 우리가 되게 하여 주옵소서. 하나님의 은혜를 받아들였던 다윗처럼 우리도 하나님께서 인정하시는 신앙적 사람이 되게 하여 주옵소서.
저희들이 주님을 사랑합니다. 하나님의 뜻을 사랑합니다. 하나님께 쓰임 받음을 원합니다. 이 시간 우리로 하여금 하나님의 마음에 드는 사람 되게 하여 주시고, 하나님의 복된 역사를 이루는 도구가 되게 하여 주옵소서. 저희들에게 복을 주시어서 주님이 주시는 복이 전수 되게 하시고, 복을 받을 자가 되어서 하나님의 말씀을 생명처럼 여기는 자녀가 되게 하여 주옵소서. 그리하여 믿음의 본을 가지고 온전히 주님을 따르게 하여 주옵소서.
거룩하신 예수님의 이름으로 감사하며 기도합니다. 아멘.

그리스도께서 전파하시기 전에 기름부음을 기다리셨다면 어느 젊은이건 역시 성령으로 기름 부음을 받을 때 까지는 아무도 설교해서는 안 된다. _F. B. 마이어

10월 27일
하나님의 은혜 아래 살게 하옵소서

오라 하시는도다 듣는 자도 오라 할 것이요 목마른 자도 올 것이요 또 원하는 자는 값없이 생명수를 받으라 하시더라 (요한계시록 22:17)

우리의 왕이신 하나님,
매일 같이 우리를 붙잡아주시고 하나님의 은혜 안에 살게 하시니 감사합니다. 오늘 하루도, 하나님의 섭리의 아래서 살아가는 믿음의 사람이 되게 하여 주옵소서. 하루의 삶이 헛된 시간이거나, 헛된 일이 되지 않게 하시고, 필연적인 하나님의 인도하심과 섭리의 삶이 되게 하여 주옵소서. 우리 안에 세상적인 헛된 가치가 깃들거나, 세상 속으로 깊이 빠져 들어가지 않게 하여 주옵소서. 사랑의 주님, 하나님의 뜨거운 사랑을 감격했던 첫사랑의 베델을 기억하며, 세상살이로 무뎌진 우리의 영혼을 쇄신시켜 주시기를 원합니다. 인간적인 우리의 모습을 모두 맡기오니 정결하게 하시고, 성령으로 충만하게 하여 주시어서 성령의 열매를 맺는 믿음의 사람이 되게 하여 주옵소서. 오늘 하루도 주님과 동행하면서 하나님 앞에 깨끗하고 정직하게 살도록 인도하여 주옵소서. 그리하여 이성적으로는 살지 않게 하시고 온전히 주님의 말씀에 순종하여 주님의 뜻을 짊어지고 나아가게 하여 주옵소서.
특별히 주님의 은혜를 사모하는 아내에게 복을 주시고, 주위의 환경과 상황으로부터 눈을 돌리려는 자녀들에게 성령께서 붙들어 주시어서 주님의 다스림을 받는 자녀가 되게 하여 주옵소서.
거룩하신 예수님의 이름으로 기도합니다. 아멘.

성령은 기계 문명 위에 임하지 않고, 계획에 부어지지 않고, 간절히 기도하는 사람에게 부어진다. _이 엠 바운즈

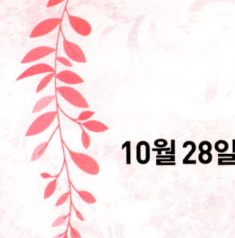

10월 28일 — 감사하며 살게하옵소서

감사함으로 그 문에 들어가며 찬송함으로 그 궁정에 들어가서 그에게 감사하며 그 이름을 송축할지어다 (시편 100:4)

거룩하신 사랑의 하나님,
오늘도 새날을 허락하시고 새롭게 결심하면서 주님 앞에 기도하게 하시니 감사를 드립니다. 저희들 매일 기도하지만 타성화 되어서 습관화된 신앙을 버리고 거짓이 없는 마음과, 깨끗한 말과, 행동으로 살기를 원합니다.
사랑의 주님, 오늘 하루도 주님의 지혜를 배우게 하여 주옵소서. 어떤 사람을 만나거나, 어떤 상황을 맞을 때, 주님의 관점을 갖게 하여 주옵소서. 저희들이 위로 받아야 하며, 보호받고, 치유함을 받고, 행복해져야 할 필요를 알게 하여 주옵소서. 굳게 닫힌 우리의 마음을 열고, 주님의 지혜와 사랑으로 사랑하게 하여 주옵소서. 사랑의 주님, 성령님께서 저희들에게 깨닫는 지혜를 주옵소서. 또한 저희들이 성령의 인도하심으로 굽은 길을 가지 않게 하여 주옵소서. 깨끗하며 정직한 마음으로 말하며, 행하게 하여 주옵소서. 저희 가족에게는 여호와께서 이루어주신 것들이 너무나 많습니다. 모두가 감사할 것뿐입니다. 이제 하나님께서 주신 것들로 말미암아 찬송하는 자녀들이 되게 하시고, 영원히 주님께 감사하는 자녀들이 되게 하옵소서.
예수님의 이름으로 감사하며 기도합니다. 아멘.

매일 아침 복음의 사신들은 주 앞에 무릎을 꿇고 당신께 대한 헌신의 서약을 새롭게 할 때에 그리스도께서는 그들에게 부흥케 하고 성화케 하는 능력과 함께 당신의 성령의 임재를 허락하실 것이다. _엘렌지 화잇

10월 29일

믿음대로 되게 하옵소서

저희가 평온함을 인하여 기뻐하는 중에 여호와께서 저희를 소원의 항구로 인도하시는도다 (시편 107:30)

능력과 지혜가 많으신 하나님,
이 시간에는, 귀먹고 어눌한 자를 데리고 주님 앞에 나온 사람들처럼 간절한 심정으로 간구합니다.
병든 몸 때문에 눈물짓는 환우들을 치유하여 주시어서 몸과 마음이 건강하게 하여 주옵소서. 산을 명하여 바다에 던지라 하면 그대로 되리라 고 주님이 말씀하였사오니 이 시간 몸이 부자유한 환우들에게 은혜를 베풀어 주옵소서. 그리하여 구원받게 하시며, 치유받게 하여 주옵소서. 간구하오니 우리의 기도를 들어주시어서 믿는 자에게는 능치 못함이 없게 하여 주옵소서. 병들고 어려움 가운데 있는 환우들에게, 에바다라고 명하여 주옵소서. 달리다굼이라고 명하여 주옵소서. 나사로야, 나오라고 명하여 주옵소서. 네 침상을 들고 가라고 명령하여 주옵소서. 그리하여 환우에게 베푸시는 치유의 능력과 은혜를 허락하여 주옵소서.
특별히 내 안에 계시는 성령 하나님께서 일하고 계심을 알게 해 주시옵소서. 무엇이든지 주님께 맡기고 구하여 응답하심에 감사하며 살게 하여 주시고 복을 내려 주옵소서. 자녀들에게도 이런 복을 주시어서 모든 질병이 고침 받게 하시며, 주님의 능력으로 온전히 치유되어서 더럽고 추한 악병이 떠나 가게하여 주옵소서.
우리의 질병을 고치시는 예수님의 이름으로 감사하며 기도드립니다. 아멘.

가장 위대한 유산은 기도를 물려주는 것이다. _이블린 크리스텐슨

10월 30일 주여, 위로하는 힘을 주옵소서

여호와여 주는 겸손한 자의 소원을 들으셨으니 저희 마음을 예비하시며 귀를 기울여 들으시고 (시편 10:17)

자비하시고 거룩하신 하나님,
언제나 우리를 붙들어 주시고, 주님의 은혜와 사랑 안에 인도하여 주심을 감사합니다. 오늘도 하나님의 사랑을 받으며, 하나님과 동행하며 사는 신령한 은혜를 경험하게 하여 주시니 감사를 드립니다. 이 시간 간구하기는 세상의 헛된 가치에 속아, 마음 상한 자녀들을 위로하여 주옵소서. 그들을 돌이켜 하나님의 뜻 안에서 바른 삶을 살 수 있도록 마음을 열어주옵소서.
믿음의 주요 온전케 하시는 주님을 통해 지나온 시간을 정리하며, 소망을 갖게 하여 주옵소서. 사랑의 주님, 어떠한 난관도 주님께는 기회가 되며, 어떠한 환난도, 주님께는 기쁨의 소재가 됨을 믿습니다. 지난날, 우리가 생각하며, 계획하고, 실천한 일들에서 드러난 시행착오들을, 이 시간 주님의 손에 맡깁니다. 모든 것을 가능하게 하신 주님의 은혜를 체험함으로 위로받게 하시고, 나아가 이웃을 위로할 수 있는 마음을 주옵소서.
하루의 생활을 주님께 맡기고 시작하는 자녀들에게 임마누엘 하나님이 동행하여 주시고, 마음에 평강과 지혜를 주시어서 하고자 하는 일을 잘 감당하여 하나님께 영광을 돌리게 하여 주옵소서.
사랑이 많으신 예수님의 이름으로 감사하며 기도합니다. 아멘.

> 기름부음은 배워지는 것이 아니며 기도로서만 얻어지는 것이다. 기름부음은 기도로 싸워서 승리를 얻은 투사, 설교자를 위한 하나님의 기사도이다. _레오날드 레이븐 힐

10월 31일 하나님의 뜻대로 살게 하옵소서

> 여호와여 내가 주께 대한 소문을 듣고 놀랐나이다 여호와여 주는 주의 일을 이 수년 내에 부흥케 하옵소서 이 수년 내에 나타내시옵소서 진노 중에라도 긍휼을 잊지 마옵소서 (하박국 3:2)

알파와 오메가 되시는 하나님,
우리에게 성령님을 보내 주셔서 하나님의 자녀로 삼아주신 것을 감사드립니다. 이 시간 저희들이 간구하기는 언제나 생명의 말씀을 묵상하며, 진리의 길을 따라 기쁘고 즐겁게 축제의 삶을 살 수 있게 하여 주옵소서.
오늘도, 하나님의 사랑을 받으며 하루를 시작하오니 찾아오시어서 하나님의 거룩한 모습과, 말씀과, 뜻을 보여주시고, 알려주시어서 하나님의 뜻대로 사는 하루가 되게 하여 주옵소서. 우리로 하여금 눈에 보이는 것들에 얽매이지 않게 하시고, 실망하거나, 낙망하지 않게 해 주시며, 영원한 것을 지향하는 미래지향적 소망 안에서 살게 하여 주옵소서.
우리의 마음과 얼굴과 삶에 드러나는 기쁨으로 주님나라를 보여주는 삶을 살게 하여 주옵소서. 하나님의 은혜를 즐거워하며, 하나님과의 화평을 즐거워하며, 하나님의 영광을 바라며, 모든 것을 합력하여 선을 이루시는 하나님의 사랑을 깨닫고 깊이 체험하는 은혜를 허락하여 주옵소서. 오늘도 하나님의 소망을 간구하는 자녀들에게 성령의 열매를 맺도록 축복하여 주옵소서. 자녀들이 어려서부터 부모님께로부터 물려받은 귀한 믿음을 소중히 여기고, 온전히 하나님을 경외하면서 살게 하여 주옵소서.
이 모든 간구를 예수님의 이름으로 기도드립니다. 아멘.

기도는 하나님의 심정에 이르게 하는 것이다. _제레미 테일러

11월

내 마음이 욕심을 버리게 하옵소서
우리를 날마다 새롭게 하여 주시는 주님 (용혜원)

우리를 날마다 새롭게 하여 주시는 주님
주님 앞에 예배드리기를 원하오니 받아 주소서
우리의 몸과 마음과 온 영혼으로
예배드리게 하여 주시기를 원합니다

우리의 모습이 언제나
주님의 모습을 닮아가게 하여 주시고
주님 보시기에 아름다운 삶을 살게 하소서
강하고 담대한 믿음을 주셔서
오직 예수로 살게 하여 주소서

우리의 믿음이 날마다 성장하게 하여 주시고
사명을 잘 감당하게 하소서

11월 1일 — 정결한 복을 주옵소서

이스라엘의 찬송 중에 거하시는 주여, 주는 거룩하시니이다 (시편 22:3)

사랑과 은혜가 풍성하신 하나님,
오늘 하루도 하나님을 찬양하며, 즐거운 마음으로 살게 하시니 감사합니다. 이 시간 부족한 저희에게 성령 충만한 일군이 되게 하시고, 우리의 속사람이 깨끗하게 하여 주옵소서. 이 모습 이대로 주님 앞에 드리오니, 새롭게 빚어주시고, 깨끗한 의의 옷을 입혀 주셔서 주님의 대사로 살게 하여 주옵소서. 오늘 하루의 삶이 주의 백성으로 합당한 삶이 되게 하시고, 주님이 주시는 복을 받게 하여 주옵소서.
언제나 거룩하신 주님 앞에서 나 자신을 바라볼 때, 주님께서는 저희들에게 형제를 사랑하라고 하였지만 형제들을 미워하였습니다. 무엇인가 된 줄로 알고, 서 있는 나 자신을 불쌍히 여겨주시고, 낮아지게 하여 주옵소서. 나를 드러낸 언행심사를 새롭게 하시고, 성삼위 하나님의 영광을 드러내기에 부족함이 없게 하여 주옵소서. 그리하여 베푸신 은혜를 항상 기억하게 하시고, 지혜롭게 살게 하여 주옵소서. 저희가 주님 앞에서 복 있는 사람, 사랑의 향기를 드러내는 사람이 되게 하시고, 그리스도의 흠 없는 백성으로서 합당하게 살게 하여 주옵소서. 오늘 하루도 거룩한 백성으로 살아 갈수 있도록 하늘의 복과 땅의 복을 주옵소서. 사랑하는 자녀들을 기억하여 주시사, 학교에서, 일터에서 무엇을 하던지 주님의 사람으로 능력 있게 하여 주옵소서.
거룩하신 예수님의 이름으로 감사하며 기도합니다. 아멘.

기도는 인생 생애에 가장 소중한 일이다. 만일 단 하루라도 기도를 소홀히 한다면 신앙의 정열을 잃을 것이다.

11월 2일 주여, 저희가 복을 받게 하옵소서

우리 하나님이여 지금 주의 종의 기도와 간구를 들으시고 주를 위하여 주의 얼굴빛을 주의 황폐한 성소에 비취시옵소서 (다니엘 9:17)

존귀하신 사랑의 주님,
오늘도 저희들을 지켜 주시고, 보호하여 주심을 감사드립니다.
주님께서는 우리의 가는 길을 아시오니, 부족함을 채우시고, 힘겨운 것들을 감당할 수 있는 힘을 주옵소서. 혹시 믿음이 약해져서 힘을 잃은 자녀들이 있다면, 이 시간 찾아오시어서 그들에게 힘과 용기를 주옵소서. 벳세다 광야, 빈 들에서 낮의 뜨거움과, 밤의 추위에도 아랑곳 하지 않고, 사흘을 주님과 함께 있을 때 불쌍히 여기사 오병이어를 통해서 오천 명을 먹이시고 열두 바구니를 남게 하신 것처럼, 저희들을 세밀하게 보살펴 주옵소서.
이 시간 간구하기는, 양식이 없어서 어려움 속에 있는 사람들의 형편을 보살펴주시고, 일용할 양식을 주시어서 영의 양식과 육의 양식으로 채워주옵소서. 또한 거룩하신 주님을 밝히 볼 수 있게 하여 주옵소서.
모든 생활의 현장에서, 믿음의 주요 온전하게 하시는 주님을 바라보며, 담대한 믿음과 용기를 소유하고 평안을 누리게 하여 주옵소서. 또한 주님이 주시는 복을 받게 하여 주시어서 믿음으로 말하고, 믿음으로 행동하도록 도와주옵소서.
사랑이 많으신 예수님의 이름으로 감사하며 기도합니다. 아멘.

우리가 기도로써 물을 주고 가꾸는 것을 잊어버릴 때 그 삶은 말라죽기 마련이다.

11월 3일 — 진실하게 사랑하는 자가 되게 하옵소서

온 땅이 주께 경배하고 주를 찬양하며 주의 이름을 찬양하리이다 할지어다 (시편 66:4)

생명의 근원이 되시는 하나님,
오늘 하루도 믿음으로 시작하게 하시니 감사를 드립니다. 새벽 기도이후에 일터로 나가게 하시고, 직장에서 사람들과 함께 교제하며 살게 하시니 감사합니다.
오늘도, 복음 안에서 예배자의 삶을 살기에 부족함이 없도록 성령을 충만히 부어주옵소서. 선교지에서나, 학원에서, 일터에서 복음을 전하는 세우신 종들을 붙들어 주시고, 성령 충만한 종들로 축복하여 주옵소서. 사랑의 주님, 우리가 그리스도와 함께 십자가에 죽고, 그리스도와 함께 부활에 참여하는 자로서, 현실적인 삶의 현장에서 주님의 돌보심을 느끼게 하여 주옵소서.
저희들이, 말하고 행하는 삶 속에서 육신의 정욕을 죽이며, 신령한 인격이 살아 숨 쉬는 천국시민 다움을 드러내게 하여 주옵소서. 또한 저희들이 우리 주님의 계명을 따라 이웃을 사랑하게 하여 주옵소서. 직장과, 사업현장과, 가정에서 이기심과, 미움과, 원망의 마음이 사라지게 하시고, 오직 성령으로 깨끗하게 하여 주시어서 진실한 믿음의 사람이 되게 하여 주옵소서. 자녀들로 하여금 주님의 사랑을 받기에 부족함이 없게 하시고, 하나님의 사랑을 받은 자답게 사랑하게 하여 주옵소서. 형통하게 하여 주옵소서. 건강하게 하여 주옵소서.
사랑이 많으신 예수님의 이름으로 감사하며 기도합니다. 아멘.

간구하는 것은 하나님 나라의 법칙이다. _찰스 스펄전

11월 4일 — 야굴의 기도가 나의 기도가 되게 하옵소서

찬양하라 하나님을 찬양하라 우리 왕을 찬양하라 하나님은 온 땅에 왕이심이라 지혜의 시로 찬양할지어다 (시편 47:6-7)

인자와 성실이 풍성하신 하나님,
오늘도 저희들의 생명을 주관하시고, 복된 길로 인도하여 주시니 감사합니다. 연약해진 저희들을 불쌍히 여기시고, 신령한 은혜로 채워주셔서 부르신 뜻에 합당한 열매를 맺게 하여 주시기 원합니다.
오늘 하루도 이 아름다운 아침을 보며 숨 쉬게 하심을 감사합니다. 계시된 말씀을 통하여 성령님의 감화와 음성을 듣게 하시고, 거룩하신 주님께 기도함으로 육신의 한계를 뛰어넘어 살게 하시는 은혜를 주옵소서. 하나님의 나라와 의를 아름답게 구하며 살았던 신앙의 선배인 야굴처럼, 우리도 그렇게 살게 하여 주옵소서. 야굴의 고민처럼, 우리 가 사는 시대에도 유혹의 환경이 곳곳에 널려있습니다. 출세와, 성공과, 이김을 위해서라면 거짓말을 마다않는 저희들입니다. 저희들이 하나님께서 미워하시는 거짓말을 하지 않고 살게 하시고, 진실을 말하며 거룩하게 살게 하여 주옵소서. 가난하여 도둑질하고, 비굴하며, 낙망하는 처지에 빠지지 않게 하시고, 부요함과 가난함이 주님 섬기는 데 걸림돌이 되지 않게 하여 주옵소서.
주님을 높이며, 주님을 찬양하는 삶을 살게 하여 주옵소서. 이제는 주님을 기쁘시게 하는 일군이 되게 하시고, 주님의 영광을 위하여 사는 종이 되게 하여 주옵소서. 기도하는 자녀들에게 하나님의 평강과 은혜를 주옵소서.
사랑이 많으신 예수님의 이름으로 기도합니다. 아멘.

> 가장 위대한 유산은 기도를 물려주는 것이다. _이블린 크리스텐슨

11월 5일 맡겨진 일에 능력을 주옵소서

수고하고 무거운 짐 진 자들아 다 내게로 오라 내가 너희를 쉬게 하리라 나는 마음이 온유하고 겸손하니 나의 멍에를 메고 내게 배우라 그러면 너희 마음이 쉼을 얻으리니 이는 내 멍에는 쉽고 내 짐은 가벼움이라 하시니라 (마태복음 11:28-30)

긍휼이 풍성하신 하나님,

우리를 부르시고, 인도하시는 주님의 은혜와 사랑에 감사드립니다. 사랑의 주님, 저희들은 안일을 위해서 수단 방법을 가리지 않고 살지만 하나님의 영광을 위해서는 살지 못했습니다.

이 시간 저희들을 불쌍히 여겨 주시어서 이제는 주님을 위해서 그 나라와 그 의를 구하는 굳건한 믿음을 더하여 주옵소서. 사랑의 주님, 저희들이 하나님의 사랑을 실천할 때 주저하는 마음을 붙잡아 주시어서, 오직 하나님의 의를 사모하면서 거룩하게 사는 믿음을 더하여 주옵소서. 그리하여, 하나님께서 원하시는 진실함을 행하게 하시고, 거짓을 미워하며, 정직하게 사는 은혜를 주옵소서. 이제는 더 많은 사람들을 위해서 기도하며, 헌신하면서 사랑하면서 살게 하여 주옵소서. 또한 주의 일에 사명에 대한 책임을 소홀히 하지 않게 하여 주옵소서.

저희 가족과, 이웃과, 이 나라와, 민족과 세계를 향하여 주님께서 우리에게 주신 경륜을 따라 충성하며 살게 하여 주옵소서. 오늘 하루도, 우리를 새롭게 하시고, 하나님의 은혜로 살게 하여 주옵소서.

예수님의 이름으로 감사하며 기도합니다. 아멘.

> 기름부음은 기도로 싸워서 승리를 얻은 투사, 설교자를 위한 하나님의 기사도이다. _레오날드 레이븐 힐

11월 6일 자녀들에게 참된 복을 주옵소서

피곤한 자에게는 능력을 주시며 무능한 자에게는 힘을 더하시나니 소년이라도 피곤하며 곤비하며 장정이라도 넘어지며 자빠지되 오직 여호와를 앙망하는 자는 새 힘을 얻으리니 독수리의 날개 치며 올라감 같을 것이요 달음박질하여도 곤비치 아니하겠고 걸어가도 피곤치 아니하리로다 (이사야 40:29-31)

소망을 주시는 하나님,
우리를 붙드시고, 인도하여 주시어서 사랑과 은혜 가운데 살게 하여 주시니 감사합니다. 오늘도 저희들 주님의 신령하신 뜻을 따라 열매 맺는 삶이 되게 하여 주옵소서. 육신의 감각적인 욕구를 떨쳐버릴 믿음과 용기도 허락하여 주옵소서. 이 시간 저희 자녀들을 위하여 기도합니다. 그들의 대화나, 생각이나, 행하는 바를 보면 악한 세대에 처한 그들이 미덥지 못합니다. 따라서 부모와 자녀 사이의 불신과, 갈등의 골도 깊어 갑니다. 우리의 자녀들을 맡기오니 주님께서 붙들어 주옵소서. 사랑하는 우리의 자녀들이 육신의 즐거움을 따라 본능적으로 살아가는 사람이 되지 않게 하시고, 영원한 하나님의 뜻 안에 사는 경건한 사람들로 인도하여 주옵소서.
악인의 길을 따르거나, 교만한 자로 서지 않고, 악은 모양이라도 닮지 않게 하여 주옵소서. 화살 같이 지나가는 젊음을 자랑하지 말게 하시고, 오직 주님을 자랑하게 하여 주옵소서. 오늘 하루도, 하나님의 자녀들이 강건하게 하시고, 또한 저희 가정이 오직 한분뿐인 주님으로 만족하며, 참된 평화와 즐거움을 누리게 하여 주옵소서. 사랑의 주님, 저희 자녀들이 하나님의 인도하심을 따라서 맡겨진 일들을 책임 있는 자세로 살게 하여 주옵소서. 오늘 하루도 자녀들이 사랑의 열매를 거두게 하시고, 복을 받게 하여 주옵소서.
사랑이 많으신 예수님의 이름으로 감사하며 기도합니다. 아멘.

기도는 내 필요에 의하여 하나님을 내 편으로 만드는 것이 아니라 하나님의 뜻에 나를 조정해 맞추는 일이다. _무디

11월 7일 — 성령 충만한 복을 주옵소서

> 백성이 율법의 말씀을 듣고 다 우는지라 총독 느헤미야와 제사장 겸 학사 에스라와 백성을 가르치는 레위 사람들이 모든 백성에게 이르기를 오늘은 너희 하나님 여호와의 성일이니 슬퍼하지 말며 울지 말라 하고 (느헤미야 8:9)

우리에게 산 소망이 되시는 하나님,

오늘 하루도 주님과 함께 동행하게 하시니 감사를 드립니다. 여기까지 인도하심도 주님의 은혜요, 주님의 능력입니다.

지금 까지 저희들을 위해서, 모든 것을 준비하시고 여호와이레의 은총으로 살게 하시니 감사합니다.

또한 저희들을 지금까지 인도하여 주시어서 직장에서 귀하게 쓰임 받게 하시고, 승진하게 하시니 감사를 드립니다. 저희들이 기도 할 때 마다 주님은 우리에 생명의 젖줄이 것을 알고 간구하오니, 말씀으로 은혜를 주시고, 성령과 능력으로 영육 간에 복을 허락하여 주옵소서.

이 시간 저희들을 위하여 간구하오니, 년 초에 새운 것들이 이루어지게 하시고, 매일 간구하는 것 마다 풍성한 열매를 거두게 하여 주옵소서. 그리고 그 응답으로 오늘의 생활 현장에서 복을 누리며 살게 하여 주옵소서.

또한 사랑으로 저희들을 품어주시어서 날마다 성령 충만하도록 붙들어 주시고, 새롭게 하시는 성령께서 저희들에게 성령의 열매를 맺게 하여 주옵소서.

사랑이 많으신 예수님의 이름으로 감사하며 기도합니다. 아멘.

성령은 기계 문명 위에 임하지 않고, 계획에 부어지지 않고, 간절히 기도하는 사람에게 부어진다. _이 엠 바운즈

11월 8일　복 받은 사람이 되게 하옵소서

할렐루야 하늘에서 여호와를 찬양하며 높은 데서 찬양할지어다 그의 모든 사자여 찬양하며 모든 군대여 찬양할지어다 (시편 148:1-2)

인생을 주관하시는 하나님,
오늘도 주님 안에서 하루를 시작하게 하시니 감사합니다. 지난 한 주간 몸이 성치 못하여 주님을 섬길 기회를 갖지 못하고 있다가 직장에 나와서 일하고 있사오니 찾아오시어서 위로하여 주시고, 더욱더 주님의 일을 잘 감당 할 수 있도록 건강의 복을 주옵소서. 오늘도, 새벽기도 시간에 생명의 말씀을 공급받게 하시고 구원과 소망의 은혜를 주시어서 새 힘을 얻게하여 주시니 감사를 드립니다.
오늘 하루도 직장에서 말씀으로 충만하게 하여 주시어서 그리스도 예수 안에서 부족함이 없게 하시고 날마다 감사하면서 살게 하여 주옵소서. 저희들이 날마다 주님의 사랑을 덧입기를 원합니다. 하나님을 만나기 원합니다. 우리들이 진실한 말과, 생각과, 행동으로 주님을 사랑하게 하시고, 무슨 일에서나, 어떤 상황에서나. 하나님을 찾으며, 주님께 더 가까이 나아가는 삶을 살게 하여 주옵소서. 그리하여 하나님께서 주신 거룩한 재물, 깨끗한 의를 누리게 하여 주옵소서. 오늘 하루도 주님의 복 받은 사람, 복 받은 가정이 되게 하여 주옵소서. 저희 자녀들의 생활현장에 찾아가시어서 연약한 육체로 힘들어 하고 있사오니, 상한 마음들을 치료하여 주시고, 밖에서 입은 상처를 치유 받게 하여 주옵소서. 성령과 은혜로 강건하게 하여 주옵소서.
예수님의 이름으로 감사하며 기도합니다. 아멘.

열렬히 기도하는 300명의 기도 용사를 보이면서 이것이 우리 교회의 동력 공장입니다. _스펄전

11월 9일 주님의 음성을 듣게 하옵소서

예수께서 그들에게 이르시되 항아리에 물을 채우라 하신즉 아귀까지 채우니 이제는 떠서 연회장에게 갖다 주라 하시매 갖다 주었더니 연회장은 물로 된 포도주를 맛보고도 어디서 났는지 알지 못하되 물 떠온 하인들은 알더라 (요한복음 2:7-9)

은혜로우신 하나님,
하나님의 자녀로 살게 하시니 감사합니다. 오늘 하루도 몸으로 부딪히는 것들로 인하여 영적 것들이 둔해지지 않게 하여 주옵소서. 우리가 일터에서 무엇을 하던지 영적인 산제사를 드릴 때 날마다, 주님의 음성을 들으며, 주님의 모습을 뵈오며, 성령의 역사를 전인격적으로 체험하게 하여 주옵소서. 잔칫집 하인처럼 주님의 말씀에 순종하다가 표적을 눈으로 보게 하신 것처럼 우리 삶의 현장들이 주님을 만나는 일터가 되게 하여 주옵소서.
오늘도 저희들, 기도하다가 주님의 세미한 음성을 듣기 원합니다. 부르짖을 때 응답하여 주시고, 구하고 찾을 때에 만나게 하여 주옵소서. 연회장도 모르는 천국의 비밀을 아는 하인과 같이, 우리도 영적 지식을 갖추게 하여 주옵소서. 사랑의 주님, 가나 혼인잔치에 포도주가 떨어졌을 때 채워라. 떠다주어라 라고 명하여 주신 것처럼 언제나 좋은 것들을 맛보며 살 수 있도록 저희가 순종하게 하여 주옵소서. 천국의 비밀을 알게 하여 주옵소서.
성경에 나오는 순종의 사람처럼, 저희들도 주님께서 맡겨진 일들을 잘 감당하여서 천국의 일꾼으로 부끄럽지 않은 일군이 되게 하여 주옵소서. 가정과 자녀들 위에 함께하시고, 저희의 일터에서도 주님과 함께 일하게 하여 주옵소서.
예수님의 이름으로 감사하며 기도합니다. 아멘.

천사의 지능이 있어도 은밀한 성경연구와 기도시간이 없다면 아무 것도 할 수 없다. _찰스 피니

11월 10일 — 가정과 일터에 형통의 복을 주옵소서

온 땅의 주 여호와의 궤를 멘 제사장들의 발바닥이 요단 물을 밟고 멈추면 요단 물 곧 위에서부터 흘러내리던 물이 끊어지고 한 곳에 쌓여 서리라 (여호수아 3:13)

인생의 도움이신 하나님,
주님의 신령한 뜻을 항상 들려주시고 의의 길로 인도하셔서 주님의 품 안에 살게 하심을 감사합니다. 저희들이 하나님이 말씀을 읽을 때마다, 주님의 음성을 들을 수 있도록 우리의 심령을 깨끗하게 하여 주옵소서.
이스라엘 백성이 요단강을 건너는 모습을 통해 우리의 마음을 두드리시는 하나님의 음성을 듣기 원합니다. 하나님께서 여호수아에게 말씀하신 후, 여호수아가 백성과 제사장들에게 지시하는 일련의 대화와, 순종하는 제사장들을 보며 주님이 하시는 일에 쓰임 받는 사람이 되기를 간절히 원합니다.
하나님의 법궤를 메고 요단강을 들어 간 것 같이, 주님의 말씀에 순종을 배우기 원합니다. 저희 어디에서나, 앞서가는 자의 희생과 책임 있는 행동을 닮기 원합니다. 온 백성이 다 건너기까지 강의 가장 깊은 곳에 우뚝 선 제사장들의 희생적 봉사와 믿음을 닮기 원합니다.
귀한 믿음으로 이 시간 간구하는 종에게 복을 주시고 가정과 일터에도 형통의 복을 주옵소서. 또한 능력주시는 하나님 안에서 무엇이든지 할 수 있다는 믿음과, 베푸시는 은혜를 내려 주옵소서.
예수님의 이름으로 감사하며 기도합니다. 아멘.

> 기도가 대화인 것은 그와 이야기하기 때문이다. _빌리 그레이엄

11월 11일

주님의 첫사랑을 잊지 않게 하옵소서

여호와여 내가 주께 대한 소문을 듣고 놀랐나이다 여호와여 주는 주의 일을 이 수년 내에 **부흥케 하옵소서** 이 수년 내에 나타내시옵소서 진노 중에라도 긍휼을 잊지 마옵소서 (하박국 3:2)

자비하신 사랑의 주님,
우리들을 주님의 십자가 구속의 은혜로 부르셔서, 하나님을 주님으로 부르며 신앙생활을 하게 하시니 감사합니다. 저희들, 처음 부르심을 받고, 주님 사랑하던 첫사랑을 잊지 않게 하여 주옵소서. 은혜의 강물에 젖은 충만한 기쁨과 순결함으로 모든 세상일을 지배하며 살게 하여 주옵소서.
처음과 나중이 한결같은 심지가 견고하여, 믿음과, 사랑과, 헌신과 충성을 다짐하지만, 어느덧 변질된 자신을 보면 부끄러움을 금할 수 없습니다. 또한 성령님의 충만함도, 말씀의 진리를 의지하는 힘도, 어느덧 희미해져 있음을 발견합니다. 열심은 힘을 잃었고, 뜨겁던 영성은 시들해졌습니다. 이런 저희들을 불쌍히 여겨 주옵소서.
사랑의 주님, 지금까지 믿음으로 살지 못하여, 성령님을 근심시켜 드린 것을 고백합니다. 우리 안의 무관심, 미움, 정죄함, 원수 맺는 육체의 소욕의 결과임을 고백합니다. 이제는 이런 게으름을 버리고, 가족과 이웃과 교회의 지체들을 사랑하며 하나님의 뜻을 온전히 따르게 하여 주옵소서. 말로나 혀가 아닌 몸과 재물로 진실하게 행함으로 사랑하게 하여 주옵소서. 오늘도 마음을 다스려서 감사하면서 살게 하여 주시고, 자녀들에게도 복을 주시어서 주안에서 형통하게 하여 주옵소서.
사랑이 많으신 예수님의 이름으로 기도드립니다. 아멘.

아무 데도 갈 데가 없어 막연할 때 나는 여러 번 무릎을 꿇게 됩니다. 나의 지혜와 주위 모든 것이 감당하기에 너무 벅찰 때, 나는 기도에 의지합니다. _에이브러험 링컨

11월 12일   하나님을 찬양하게 하옵소서

여호와의 크고 두려운 날이 이르기 전에 해가 어두워지고 달이 핏빛같이 변하려니와 누구든지 여호와의 이름을 부르는 자는 구원을 얻으리니 이는 나 여호와의 말대로 시온 산과 예루살렘에서 피할 자가 있을 것임이요 남은 자 중에 나 여호와의 부름을 받을 자가 있을 것임이니라 (요엘 2:31-32)

우리의 즐거움이 되시는 하나님,
오늘 하루도 아름다운 아침을 열어주시니 감사합니다. 우리의 삶으로 하나님을 즐거워하며, 영화롭게 해드리는 하루가 되게 하여 주옵소서. 겉과 속이, 일치한 사랑으로 살게 하여 주시어서 언행심사가 동일하게 하여 주옵소서. 하나님의 마음을 흡족하게 해드릴 믿음과, 고백과, 생활이 되게 하여 주옵소서.
원수의 마음도 녹이며 화목하게 할 수 있는 능력의 비밀이 곧 하나님을 기쁘시게 하는 것이라고 말씀하였사오니, 우리에게 경건의 능력을 허락하여 주옵소서. 비록 부자가 아니어도 진실하게 하시고, 검은 돈에 눈이 어두워 불의를 도모하는 어리석은 사람이 되지 않게 하여 주옵소서.
저희들의 생각과 행함이 진실하고, 정직하게 하시고, 악은 모양이라도 버리게 하여 주옵소서. 비록 좁은 길이지만 생명의 길과 믿음의 길을 걷는 하나님의 사람됨을 지키며 살게 하여 주옵소서. 하나님의 인도하심에 자신의 계획을 포기할 줄 아는 경건의 능력과, 겸손함을 지닌 저희들이 되게 하여 주옵소서.
하나님께서 길을 인도하시니, 주님의 의로운 도구로 사용하시어서 부르심을 합당한 사람으로 살도록 복을 내려 주옵소서.
사랑이 많으신 예수님의 이름으로 감사하며 기도합니다. 아멘.

> 하나님은 더 많은 인내와 더 많은 경험과 더 많은 사랑과 소망을 주기 위해 우리를 기도라는 응접실로 초대하신다. _세실

11월 13일   가정에 축복을 내려주옵소서

이와 같이 너희도 너희 자신을 죄에 대하여는 죽은 자요 그리스도 예수 안에서 하나님을 대하여는 산 자로 여길지어다 (로마서 6:11)

소망으로 인도하시는 하나님,
우리를 인도하여 주시고 주의 백성으로 사용하여 주시니 감사합니다. 오늘도 저희들에게 말씀으로 영적지식을 더하시며, 성령님의 사람이 되도록 돌봐 주옵소서. 돌이켜보면 저희들의 앞길에 감당하기 어려운 일들도 많았으나, 지금 생각하면 하나님께서 선한 열매를 거두도록 모든 일을 도우셨습니다. 이 시간 허약해진 믿음을 고백합니다. 지난 시간들, 세속에 물들어 하나님의 뜻을 저버리며 살아온 저희들을 불쌍히 여겨주옵소서. 진리의 편에서 생각하고 행함이 마땅한 것을 알면서도 주님께서 주시는 세미한 음성을 들려주실 때, 깨닫지 못 했음을 용서하여 주옵소서. 이제는 주님의 말씀에 순종하며, 주님의 뜻에 신실하게 살게 하여 주옵소서.

사랑의 주님, 무엇보다도 하나님께서 우리를 부르신 사명, 곧 복음 전파하는 일에 충성하게 하여 주옵소서. 구원의 감격을 고백하며 살게 하여 주옵소서. 모세와 바울처럼 동족을 사랑하고, 동족의 구원을 위해 살신성인의 삶을 살게 하시고, 주님의 부르심에 기쁨으로 순종하게 하여 주옵소서. 오늘도 우리와 함께 하시며, 우리를 사랑하시고, 우리에게 은혜 베풀어 주옵소서. 일터에서 수고하는 부족한 종을 기억하시사 축복하여 주시고, 자녀들에게도 건강의 복을 내려 주옵소서.

우리를 구원하신 예수님의 이름으로 감사하며 기도합니다. 아멘.

기도는 하나님을 변하게 하는 것이 아니라 내 자신을 변하게 하는 것이다.

11월 14일   새사람의 옷을 입혀 주옵소서

그가 우리를 흑암의 권세에서 건져내사 그의 사랑의 아들의 나라로 옮기셨으니 그 아들 안에서 우리가 구속 곧 죄 사함을 얻었도다 (골로새서 1:13-14)

은혜로우신 사랑의 주님,
오늘도 저희를 부르셔서 은혜의 보좌로 나가게 하심을 감사합니다. 저희들 직장생활하면서 몸과 영혼이 말씀과 은혜에 목말라하고 있습니다. 이 시간 우리를 불쌍히 여겨주옵소서. 자녀로 대우해 주심을 믿기에 부끄러운 모습 이대로 주님의 이름을 부릅니다. 습관화 된 생각과, 잘못된 버릇이 되어버린 언어로 실수를 계속하는 저희들의 죄악 된 행동들을 고쳐주시어서, 주님의 합당한 인격의 사람으로 만들어 주옵소서.

사랑의 주님, 열매를 맺는 계절의 문턱에 서서 우리 자신을 살펴봅니다. 성령님께서 기대하시는 선한 열매가 우리 인격에 없을 뿐 아니라, 오히려 있어서는 안 될 죄악의 누추한 열매만 가득합니다. 심은 대로 거둘 것임을 고백하지 않을 수 없습니다. 그릇된 뿌리를 자르시고, 성령의 씨앗을 마음 밭에 뿌려 주옵소서.

이 시간 우리들 옛사람의 옷들을 벗겨주시고, 새사람의 옷들을 입혀 주옵소서. 오늘도 우리가 만나는 사람들과, 생활환경을 믿음으로 잘 감당하여 승리하게 하여 주옵소서. 오늘도 자녀들이 주님의 뜻을 따라 살게 하여 주시고, 또 사랑하며, 감사하면서 믿음으로 살아갈수록 성령 충만함을 허락하여 주옵소서.

예수님 이름으로 감사하며 기도합니다. 아멘.

믿음과 기도로 늘어진 손을 올리고 떨리는 무릎을 세우라. 당신은 어느 날 금식하며 기도해 본 적이 있는가? 은혜의 보좌를 흔들며 인내로 기다리라. 자비가 주어질 것이다. _요한 웨슬레

11월 15일
산을 움직일 만한 믿음을 주옵소서

예수께서 즉시 이르시되 안심하라 나니 두려워하지 말라 (마태복음 14:27)

인자와 성실이 풍성하신 하나님,
오늘도 하나님의 은혜로 하루를 시작합니다. 우리의 영혼을 온전하게 하시고, 성령 충만하게 하여 주옵소서. 고난과 역경 가운데서, 가까이 오시는 주님을 유령이라며 놀라던 제자들처럼, 어리석고 부패한 믿음을 흉내라도 내지 않게 하여 주옵소서. 안심하라. 내니 두려워 말라는 주님의 음성을 또렷이 들을 수 있는 밝은 영혼의 귀를 주옵소서. 그리하여 주님의 음성을 듣고 신뢰하며, 끝까지 말씀으로 승리하게 하여 주옵소서. 산을 움직일 만한 믿음을 허락하여 주옵소서.
이 시간 저희들이, 영육 간에 지쳐있을 때, 가까이 오셔서 내니 두려워 말라 하시며, 손잡아 주시는 주님을 만나기 원합니다. 오늘 하루도 주님을 부르는 저희들에게 능력의 손을 펴 주시어서 능력을 체험하게 하여 주옵소서. 이뿐 아니라, 고난 중에 만난 주님을 더욱 사랑하게 하여 주옵소서. 믿음 안에서 하나님께서 주시는 온전한 행복을 누리며 살게 하여 주옵소서.
또한 저희 가정과 자녀들에게도 하나님의 은혜가 흐르게 하시고 말씀의 능력으로 형통하게 하여 주옵소서. 오늘도, 저희들이 믿음으로 살아 갈 때 더욱더 주님의 뜻에 순종하기 원합니다. 하나님의 영광을 위하여 몸과 마음을 드리기 원합니다. 이 시간 오셔서 축복하여 주옵소서.
사랑이 많으신 예수님의 이름으로 감사하며 기도합니다. 아멘.

우리는 설교하고 멸망할 수 있으나 기도하고 멸망할 수는 없다. _레오날드 레이븐 힐

11월 16일

주여, 은혜 아래 살게 하여 주옵소서

하나님은 영이시니 예배하는 자가 신령과 진정으로 예배할지니라 (요한복음 4:24)

은혜가 풍성하신 하나님,
광야 같은 세상에서 성령의 은혜로 살게 하여 주시니 감사합니다. 오늘도 열심히 일하여, 주님 뵙기에 부끄럼이 없도록 저희들을 붙들어 주옵소서. 저희들의 하루하루 생활이 주님께 영광을 드릴 기회가 되게 하시고, 산제사가 되게 하여 주옵소서. 하나님의 뜻에 벗어나지 않게 하시고, 주님의 뜻에 순종하여 행복한 마음으로 살게 하여 주옵소서.

이 시간 연약해진 저희들을 불쌍히 여기시고, 신령한 은혜로 채워주셔서 부르신 뜻에 합당한 열매를 맺게 해 주시기 원합니다. 주님의 영광을 위해 산다고 하였으나, 내 생각대로 살았음을 고백합니다. 주님을 기쁘시게 한다고 했으나, 결과는 내 자신들의 기쁨을 위해 살았습니다. 저희들은 어리석어서 먹고 마시고, 시집가고 장가가며 거둔 것들로 가득하기만 합니다. 이제는 저희들이 세속적인 것들에 얽매이지 않게 하시고 주님의 능력을 덧입고 항상 영적인 눈이 열려있게 하여 주옵소서.

마음과, 눈빛과, 표정과, 몸짓으로 하나님과 이웃들 앞에서 진실하며, 사랑하게 하여 주옵소서. 오늘도 저희들을 축복하여 주옵소서. 자녀들이 잘되게 하시고, 일터에도 복을 주시고, 직장에도 복을 주시어서 형통하게 하여 주옵소서.

사랑이 많으신 예수님의 이름으로 감사하며 기도합니다. 아멘.

승리는 설교자의 발이 강단에 들어가기 전에 판가름이 난다. _레오날드 레이븐 힐

11월 17일 부활의 증인처럼 살게 하옵소서

> 내가 여호와께 청하였던 한 가지 일 곧 그것을 구하리니 곧 나로 내 생전에 여호와의 집에 거하여 여호와의 아름다움을 앙망하며 그 전에서 사모하게 하실 것이라 (시편 27:4)

우리에게 능력이 되시는 하나님,
우리의 삶을 주장하여 주시어서 모든 일들을 이루게 하심을 감사드립니다. 저희들, 하루하루의 생활이 부정적이지 않게 하시고 매일 긍정적으로 살게 하여 주시어서 주님을 찬양하며 살게 하여 주옵소서.
저희들의 믿음을 새롭게 하여 주시고, 주님이 주시는 신비로운 역사를 체험하게 하시어서 그 신비한 체험을 간증하며 살게 하여 주옵소서. 그리하여 저희들이 담대히 복음을 전하게 하시고, 표적을 원하는 사람들에게 거룩하신 주님의 손길을 드러내게 하여 주옵소서.
이제는 능력을 주시어서 범사가 형통하게 하여 주옵소서. 사랑의 주님, 저희 앞에 있는 큰 광풍을 잠재워 주시어서 모든 것이 주님의 손안에서 해결 되는 것을 깨닫게 하여 주옵소서. 그리하여 저희들이 주님의 능력을 의심하지 않게 하시고 담대히 주님의 증인이 되게 하여 주옵소서.
오늘도, 저희 가정에 은혜를 주시사 자녀들이 어디에 있던지 쓰임 받는 자녀들이 되게 하시고, 일터에서도 복된 하루가 되게 하여 주시어서 범사에 복을 더하여 주옵소서.
  예수님의 이름으로 감사하며 기도합니다. 아멘.

> 예수 그리스도의 이름으로 기도한다는 것은 우리가 예수 그리스도께서 무한한 예금을 해놓으신 천국 은행에 가는 것과 같습니다. _로레이

11월 18일 — 치유의 은혜를 주옵소서

> 찬양하라 하나님을 찬양하라 우리 왕을 찬양하라 하나님은 온 땅에 왕이심이라 지혜의 시로 찬양할지어다 하나님이 열방을 치리하시며 하나님이 그 거룩한 보좌에 앉으셨도다
> (시편 47:6-8)

사랑이 많으신 하나님,
주님의 은혜와 사랑을 감사합니다. 우리에게 믿음의 법칙을 주시고, 믿음 안에서 평강을 누리며 형통한 삶을 살게 하시니 감사합니다. 하나님의 말씀을 믿기만 하면 아브라함에게 약속하신 복을 누리게 하심을 감사합니다. 또한 믿는 자에게는 능치 못함이 없다는 하나님의 약속을 믿게 하심을 감사드립니다. 믿는 자에게 주시는 은사 또한 우리가 믿습니다. 믿음을 보시고 중풍병자를 고치신 것처럼, 우리에게도 믿음을 주시어서 열방을 치유하는 능력을 주옵소서. 이 세상 과학과 의술이 발달하더라도, 하나님의 자녀들은 하나님의 치유의 능력을 기대합니다.
이 시간 병든 자들에게는 치유의 은혜를 베풀어 주옵소서. 복음 전하시는 예수님을 따라가, 주님의 옷에라도 손대기를 갈망하던 그 무리들처럼, 저희들이 안수받기를 소원하오니 연약한 저희들이 질병으로 힘들어 할 때마다 주님의 치유하심을 허락하여 주옵소서. 오늘도 건강을 잃고 슬퍼하는 자녀들을 기억하시고, 찾아가 주시어서 연약한 질병을 고쳐 주옵소서. 그리하여 살아있는 믿음의 감격을 누리게 하여 주옵소서. 저희들에게 성령 하나님의 은사와 능력을 주시어서 주님의 뜻을 따르게 해 주시고, 진리 안에서, 상한 마음들을 치료하여 주옵소서.
예수님의 이름으로 감사하며 기도합니다. 아멘.

기도는 말보다 깊은 것입니다. 기도는 말로 고백되기 이전에 이미 마음속에 있었고 간구의 마지막 말이 입술에서 그친 뒤에도 기도는 여전히 우리의 영혼 속에 남아 있기 때문입니다. _오헬스비

11월 19일

가정과 자녀들에게 복을 주옵소서

이 날은 여호와의 정하신 것이라 이 날에 우리가 즐거워하고 기뻐하리로다 (시편 118:24)

온 우주에 주인이신 하나님,
우리에게 성령님을 보내주셔서 우리로 하여금 하나님의 자녀로 살도록 이끌어 주심을 감사합니다.
우리가 육신의 소욕을 따르지 않고, 성령님께서 역사하심을 따라 순종하며 살게 하여 주옵소서. 하나님의 깊은 것이라도 통달하여 성령님을 따르는 믿음을 주옵소서.
주님의 몸 되신 교회에 우리를 세우시고 세상으로 나가라 하심은 주님께서 이루신 구원의 역사에 수종을 들게 하심인줄 믿습니다. 주님의 뜻에 따라 쓰임 받게 하여 주옵소서. 주님께서 공급하시는 힘이 아니면 우리가 잠시도 존재할 수 없음을 압니다. 우리의 필요를 따라 준비하시고, 간구할 때마다 좋은 것으로 만족하게 하셔서 하나님의 영광이 되게 하여 주옵소서.
오늘도, 하루의 삶을 시작하는 자녀들이 좌절하지 않도록 용기를 주시고, 지혜를 허락하여 주옵소서. 또한 주님의 인도함을 따라서 간증하는 생활이 되게 하여 주옵소서. 오늘도 주님과 더불어 동행하는 자녀들이 되게 하시고 매일 주님 안에서 형통하게 하여 주옵소서.
예수님의 이름으로 감사하며 기도 합니다. 아멘.

해가 떠서 비칠 때 기도하지 못한 자는 구름이 일어났을 때에도 기도할 줄 모릅니다. _비델 올도

11월 20일 — 넉넉한 복을 주옵소서

또 여호와를 기뻐하라 저가 네 마음의 소원을 이루어 주시리로다 너의 길을 여호와께 맡기라 저를 의지하면 저가 이루시고 네 의를 빛같이 나타내시며 네 공의를 정오의 빛같이 하시리로다 (시편 37:4-6)

인간의 생사화복을 다스리시는 하나님,
오늘도 모든 것을 주님께 맡기고 하루를 시작합니다. 하나님께서 저희들의 주인이 되시고 다스려주시옵소서. 저희들이 하나님의 주권과 다스리심에 전 인격과 삶을 맡기오니 성령으로 충만하게 하시고 주님의 뜻에 순종하게 하여 주옵소서.
하나님의 깊으시고 원대하신 계획 앞에 저희들의 육체적 욕망을 포기하고, 그 대신 주님의 뜻대로 순종하기를 원합니다. 그동안 저희들은 무엇을 입을 까, 먹을까, 하면서 염려하면서 살고 있습니다. 이제는 이런 염려를 버리고 하나님의 뜻에 순종하는 삶을 살게 하여 주옵소서.
오늘 하루도 자신의 생각으로 살지 않도록 지켜주시고, 보호하여 주시어서 낙심하지 않고 성령의 인도하심을 따라서 주님과 동행하게 하여 주옵소서. 또한 저희들의 마음을 살피시고, 인간적인 어리석은 계획을 바로잡아 주옵소서. 주님은 과거와 현재와 미래를 모두 아시고, 완전무결하게 이루어 가시는 주님이시오니 저희들의 가정과 자녀들을 인도하여 주시고 축복하여 주옵소서. 저희들의 생활을 축복해 주시어서, 건강하게 하시며 주안에서 복을 받는 자녀들로 세워 주옵소서. 넉넉한 복을 부어주시어서 주님 때문에 만족하며 살게 하여 주옵소서.
거룩하신 예수님의 이름으로 기도합니다. 아멘.

믿음의 기도는 전능하신 여호와가 통치하시는 우주 속에서 유일한 능력입니다. 도야말로 최상의 영약이요, 치료제입니다. _로버트 홀

11월 21일   하늘과 땅의 복을 주옵소서

내 심령에 이르기를 여호와는 나의 기업이시니 그러므로 내가 저를 바라리라 하도다 무릇 기다리는 자에게나 구하는 영혼에게 여호와께서 선을 베푸시는도다 사람이 여호와의 구원을 바라고 잠잠히 기다림이 좋도다 (예레미야 애가 3:24-26)

사랑하시는 하나님,
우리에게 하나님의 법을 주시고 그 법을 따라 살게 하심을 감사합니다. 먼저 하나님의 법을 따르고, 자녀들 또한 주님을 따라 살게 하여 주옵소서. 주님께서 기뻐 받으시는 믿음과, 인격과, 생활이 있게 하여 주옵소서. 악한 세대가 당연시하는 온갖 저속한 풍조로부터 구별되게 하여 주시고, 강한 자 앞에서 비굴하고, 약한 자 앞에서 군림하는 기형인간이 되지 않게 하여 주옵소서.
우는 자와 함께 울고, 웃는 자와 함께 즐거워 할 수 있게 하여 주옵소서. 불평과, 원망과, 분노로 분장된 어둠 속의 사람들을 흉내 내지 않게 하여 주옵소서. 그들을 본받지 않게 하시고, 그들과 손잡지 않게 하여 주옵소서. 악한 풍속으로부터 구별되어 하나님의 진리의 빛 안에서 빛을 드러내는 빛의 자녀답게 살게 하여 주옵소서. 남의 빚에 보증이 되지 말라는 말씀을 깊이 묵상합니다. 속옷 달라는 이에게 오히려 겉옷까지 주라는 말씀을 기억하며, 빚보증의 불행의 올무를 막으시는 주님의 사랑에 응답하게 하여 주옵소서.
오늘 하루도, 우리를 지극히 사랑하시는 하나님의 말씀의 안에서 안전하고 평화로운 삶을 누리게 하시고 하늘의 복으로 축복하여 주옵소서.
사랑이 많으신 예수님의 이름으로 감사하며 기도합니다. 아멘.

참된 기도란 성령 하나님께서 성부 하나님께 성자 하나님의 이름으로 간구하는 것입니다. 그리고 성도의 마음은 성령의 기도실입니다. _사무엘즈 웨머

11월 22일 주님의 뜻을 알게 하옵소서

하나님은 우리의 피난처시요 힘이시니 환난 중에 만날 큰 도움이시라 (시편 46:1)

사랑의 하나님,
사랑과 은혜를 감사합니다. 계시된 말씀으로 저희들이, 어떻게 살아야 할지 알게 하시니 감사합니다. 온 우주를 소유하신 주님께서 오늘도 통치하고 계시오니 저희들에게 생수와 같은 은혜를 허락하여 주시고, 일용할 양식을 주옵소서. 지구촌에는 먹을 것이 없어서 아우성 거리는 난민들이 많이 있습니다. 그들에게 물과 양식을 주시고, 또한 질병으로 고생하는 사람들에도 면역체계가 형성되어서 더러운 질병을 이기게 하여 주옵소서. 지구촌에는 수많은 선교사들이 복음을 전하고 있습니다. 그들의 수고를 아시오니, 복음을 전 할 때에 용기를 주시고, 능력을 주시어서 악한 세력을 물리치고 주 예수의 능력이 임하여 사랑과 평화가 들어가게 하여 주옵소서.
저 북녘 땅에도 복음이 들어가게 하시어서 지하 교회에서 예배를 드리는 성도들이 지상에서 기쁨으로 예배 할 수 있는 그날이 오게 하여 주옵소서.
저희 자녀들을 위하여 기도합니다. 믿음의 조상 아브라함의 깨끗한 믿음을 본받아 믿음의 자손들이 되게 하시고, 주님의 귀한 도구로 사용하시어 주옵소서. 주님의 의로운 도구로 사용하여 주시고, 부르심을 받은 모든 가정들 위에 충만한 복을 내려 주옵소서.
거룩하신 예수님의 이름으로 감사하며 기도드립니다. 아멘.

기도는 약속을 간구하는 것이다. _존 트랩

11월 23일

주여, 저희 가정에 복을 주옵소서

환난 날에 나를 부르라 내가 너를 건지리니 네가 나를 영화롭게 하리로다 (시편 50:15)

은혜로우신 하나님 아버지,
이 고요한 아침에 하나님께서 우리의 아버지 되심과, 우리가 하나님의 자녀 됨을 알게 하시니 감사합니다. 오늘 하루도 자녀 됨의 본분을 다하기에 부족함이 없게 하여 주옵소서. 우리를 부르시고 자녀 삼으신 주님의 뜻과 목적을 알게 하시고, 아는 대로 실행하게 하여 주옵소서. 그 행함이 성실하게 하시고 그 하는 일들이 헌신과 충성 속에서 이루어지게 하여 주옵소서.
우리들도 주님께 받은 사명을 굳게 잡고 오직 주님만 바라보며 살게 하여 주옵소서. 그리하여 인생의 경주에서 낙오되지 않게 하여 주시고, 경주의 종착점을 똑바로 보며, 전진할 수 있게 하여 주옵소서.
사랑의 주님, 육체적으로 좋아 보이는 것으로부터 돌이켜 말씀을 지키는 자녀들에게 영혼이 잘됨같이 범사가 잘 되고, 강건하게 하여 주옵소서. 또한 우리 가정에도 복을 내려 주시어서 들어가도 복을 받고, 나가도 복을 받는 아름다운 가정이 되게 하여 주옵소서. 직장에도 복을 주시어서 산업이 복을 받게 하시고 성읍이 복을 받도록 축복하여 주옵소서.
이 시간 사랑하는 아내를 위하여 기도합니다. 건강의 복을 주시고, 가정에서, 일터에서, 어디에서나 주님이 동행하여 주옵소서.
사랑이 많으신 예수님의 이름으로 감사하며 기도합니다. 아멘.

> 기도에 대한 애착심이 강하다는 것은 기도하기를 좋아한다는 말이며 동시에 하나님과의 관계가 특별히 밀접하다는 것을 의미한다. _죠지 뮬러

11월 24일
주여, 저희에게 사랑의 마음을 주옵소서

시험을 참는 자는 복이 있도다 인정하심을 받은 후에 주께서 자기를 사랑하는 자들에게 약속하신 생명의 면류관을 얻을 것임이니라 (야고보서 1:12)

진리와 능력으로 역사하시는 하나님,

우리로 하여금 하나님의 사람으로 살게 하시니 감사드립니다. 오늘도 저희들 든든히 서가며, 맡기신 사명을 잘 감당하여, 하나님의 뜻에 부응하는 일군으로 축복하여 주옵소서.

온갖 미움과, 원망과, 갈등으로 얼룩진 고통스런 삶들이 변하여 하나님 나라의 평화를 누리는 삶들이 되도록 복을 내려 주옵소서. 혹시 이 아침에 집을 나서며 가슴에 고통을 안고, 우울한 하루를 시작하는 자녀가 있다면, 이제는 관용함으로서 평화를 만들게 하여 주옵소서.

상대방의 부족한 점이나, 미운 점들을 극대화하던 고집스런 마음을 변화시켜 주셔서 무엇이나 용서하며, 서로를 받아들여 가정의 평화를 이루게 하여 주옵소서. 서로 용서하고 사랑하여 하나님의 용서하심과 복 주심을 받아 누리는 자녀들이 되게 하여 주옵소서. 용서의 기쁨과 사랑의 행복을 경험하는 삶을 누리게 하여 주옵소서.

사랑의 주님, 저희들의 믿음이 하나님 앞에서 진실하고 깨끗하게 하여 주옵소서. 비록 겨자씨만큼 적으나 변질되지 않는 믿음과, 순수한 사랑을 가지고 승리하게 하옵소서.

사랑이 많으신 예수님의 이름으로 감사하며 기도합니다.

지금 내가 맡은 일 때문에 시간이 너무 부족하구나 하지만 나의 이 많은 업무와 막중한 사명을 감당하기 위해서 이제 두 배로 기도하리라. _마틴 루터

11월 25일   주여, 사랑과 평안을 주옵소서

나는 주의 힘을 노래하며, 아침에 주의 인자하심을 높이 부르리니, 주는 나의 산성이시며, 나의 환난 날에 피난처심이니이다 나의 힘이시여 내가 주께 찬송 하오리니 하나님은 나의 산성이시며 나를 긍휼히 여기시는 하나님이심이니이다 (시편 59:16-17)

사랑과 긍휼이 풍성하신 하나님,
오늘도 주님의 긍휼하심과 깊으신 사랑으로 품으시고, 인도하여 주심을 믿고 감사드립니다. 하나님께서 저희들을 사랑하심과 같이 우리도 주님을 닮기 원합니다. 이 시간 사랑의 주님께서 빛이 되심과 같이 우리도 작은 빛으로 빛을 반사하며 살게 하여 주옵소서. 거짓 없는 착한 양심으로 형제를 사랑하며, 나보다 낫게 여기며, 우애하고 존경하는 너그러운 마음을 가지게 하여 주옵소서. 세상을 사랑하여 육신의 자랑을 우선시하던 우리가, 주님의 섬기는 변화된 아름다운 삶을 살아서 사랑과 은혜가 풍성한 인격을 갖추도록 인도하여 주옵소서. 저희들은 세상에서 비할 수 없는 즐거움을 누리며, 행복을 누리며 살고 있습니다. 이제는 사랑 받기보다는 사랑을 주는 자로 살게 하여 주옵소서. 또한 남을 대접하면서 살게 하여 주옵소서. 사랑받기보다는 사랑의 열매를 맺으며 살게 하여 주옵소서.
이 시간 간구하오니, 저희 가정을 축복하시어, 경제적으로 어렵지 않게 하시고, 하늘의 복과 땅의 복으로 축복하여 주옵소서. 직장에도 복을 주시어서 일터가 복을 받게 하시고 산업이 복을 받아서 들어가도, 나가도 복을 받게 하여 주옵소서. 저희가 복 받는 일군이 되게 하시고, 복 받는 회사가 되게 하여 주옵소서.
사랑이 많으신 예수님의 이름으로 감사하며 기도합니다. 아멘.

기도는 직접 기도하기를 시도할 때 가장 좋은 것이다. _죠지 뮬러

11월 26일 — 위로의 은혜를 주옵소서

누가 우리를 그리스도의 사랑에서 끊으리요 환난이나 곤고나 핍박이나 기근이나 적이나 위험이나 칼이랴 (로마서 8:35)

우리의 즐거움이 되시는 하나님,
주님 안에서 하루를 시작하게 하시니 감사합니다. 우리의 실제 삶 속에서 행하고, 말하고, 마음을 결정할 때마다 성령님의 감동하심으로 갈 길을 밝히 보이시니 감사합니다.
저희들이 진리의 빛 가운데에 거할 수 있도록 인도하여 주옵소서. 따가운 햇볕에 순식간에 시드는 들풀 같은 악인의 길에 서지 않도록 하루의 삶을 지켜 주옵소서.
돋는 해처럼 어둠을 밝히며, 생명력을 공급받은 의로운 사람으로서 옳은 행실과, 말과, 마음으로 살게 하여 주옵소서. 언제 어디서나 누구에게나 필요한 사람으로 쓰임 받게 하여 주옵소서.
사랑의 주님, 길을 밝혀주시는 말씀으로 우리의 마음을 지키며, 말과 행위의 본을 삼아 자신을 옳게 지키고, 모든 사람에게 기여하는 삶을 살게 하여 주옵소서. 특별히 우리의 자녀들이 물거품 같은 세상의 유행을 버리고, 영원한 진리 편에 든든히 서게 하여 주옵소서. 우리가 하나님의 자녀로서 살아갈 때, 늘 마음을 새롭게 해 주시어서 감사하면서 살게 하여 주옵소서. 오늘도 은혜를 베푸시고 함께 하여 주옵소서.
사랑이 많으신 예수님의 이름으로 기도합니다. 아멘.

> 기도는 위기에 처한 우리가 해야 할 가장 진지한 일이다. _이 엠 바운즈

11월 27일 — 형통의 복을 내려 주옵소서

하나님께 가까이 함이 내게 복이라 내가 주 여호와를 나의 피난처로 삼아 주의 모든 행사를 전파하리이다 (시편 73:28)

생명의 복을 주시는 하나님,
오늘도 주님의 은혜 가운데 인도하여 주시니 감사를 드립니다.
어지러운 세상의 혼탁한 가치관 때문에 마음이 답답하고, 절망할 때도 낙심하지 않고 굳건히 서서 어려움을 잘 극복하여서, 주님의 음성을 듣고 승리하게 하여 주옵소서. 주님의 사역은 역사적 사실의 기록으로만 남는 것이 아니라, 누구든지 말씀을 믿는 사람들에게 주시는 능력인줄 믿습니다. 말씀이 내게 이루어짐을 믿는 믿음의 사람들로 우리를 변화시켜 주옵소서. 벙어리가 말하고, 소경이 보는 것을 보게 하여 주옵소서. 절망적인 질병에서 깨끗함을 받게 하시며, 잘못된 인간관계를 회복시켜 주시며, 침체한 사업 또한 형통한 복을 받게 하여 주옵소서.

오늘도 주님을 배반하지 않게 하시고, 온 가족이 서로 사랑하며 살게 하여 주옵소서. 또한 하나님이 사랑으로 이끌어 주시어서 언제나 바르게 생각하고, 언제나 성령의 위로를 받아 누리게 하옵소서.

제가 다니는 직장을 위해 기도합니다. 무슨 일을 하든지 마음을 다하여 주께 하듯 하라 고 하셨는데 단순히 직장을 위해서가 아니라 주님을 위해서 일하게 하시고, 일터에서 성실히 일하다가 주님의 영광을 드러내게 하여 주옵소서.
예수님의 이름으로 감사하며 기도드립니다. 아멘.

기도는 마음을 바치는 것이며, 내 자신을 전폭적으로 하나님 앞에 내어 놓는 것이다. _조지 뮬러

11월 28일 하나님을 가까이하게 하옵소서

하나님께 가까이 함이 내게 복이라 내가 주 여호와를 나의 피난처로 삼아 주의 모든 행사를 전파하리이다 (시편 73:28)

복의 근원이 되시는 하나님,
우리를 하나님의 자녀로 부르시고, 때를 따라 도우시는 은혜를 감사드립니다. 오늘도 주님의 사랑 안에서 살기에 부족함이 없게 하여 주옵소서. 우리 가정에 맡겨주신 일을 처리할 때마다 일을 완성하시는 하나님을 바라보며, 주님의 뜻을 우선하며 살기를 원하오니 저희들에게 우선순위를 알게 하시고, 거룩하신 주님의 뜻을 계획대로 순종하며 살게 하여 주옵소서.

이 시간 우리를 축복하시고 자녀들에게 복을 내려 주옵소서. 저희들을 선한 도구로 사용하시어서 부끄럼이 없도록 이끌어주시고, 신령한 능력을 입혀주옵소서. 주님을 바라보는 저희들의 소원을 이루어 주시어서, 온전히 주님을 의지 할 때에 평강을 내려주옵소서. 또한 주님을 사모하며 은혜를 기다리는 저희들에게 길을 열어주시어서 형통하게 하여 주옵소서.

오직 주님을 사랑하며, 즐거워하며, 의지하는 우리에게 하늘의 복을 내려주옵소서. 제가 몸담고 있는 직장에서, 제가 빛과 소금의 역할을 감당하는 일군이 되기를 원하오니. 일 할 때마다 지혜를 주시고, 명철하게 하여 주시어서 주님을 기쁘시게 하는 종이 되게 하여 주옵소서. 일에 실수가 없게 하여 주시고, 하나님께 주시는 지혜와 명철로, 맡겨진 모든 일들을 잘 감당하게 하시어서 하나님께 영광을 돌리게 하여 주옵소서.

사랑이 많으신 예수님의 이름으로 감사하며 기도합니다. 아멘.

기도의 조건은 유창한 언어를 구사하는 그런 것이 아니다. 기도는 말을 잘하는 사람의 것이 아니라 주님을 믿는 모든 그리스도인들의 특권이다. _죠지 뮬러

11월 29일

주여, 저희 기도를 들어 주옵소서

하나님이 레히에 한 우묵한 곳을 터치시니 물이 거기서 솟아 나오는지라 삼손이 그것을 마시고 정신이 회복되어 소생하니 그러므로 그 샘 이름은 엔학고레라 이 샘이 레히에 오늘까지 있더라 (사사기 15:19)

생명의 근원이신 하나님,
오늘도, 온갖 위험과 불의가 널려있는 어려운 세상에서 저희들을 항상 은혜로운 초장으로 부르시며, 목마른 영혼의 갈증을 풀어주시고, 영적 풍요로움으로 채워주심을 감사드립니다.
이 시간 저희들에게 찾아오시어서 세속에 깊이 물들어 어두워진 마음을 성령님의 불로 밝혀 주시고, 성령의 역사로 새롭게 하여 주옵소서. 진리를 따라 갈 바를 알지 못하고, 행할 바를 행하지 못하는 어리석은 우리를 불쌍히 여겨주옵소서.
사랑하며, 위로하며, 베풀며, 관용하게 하시고, 마음을 열고, 손을 펴고, 올바른 길을 걸어가게 하여 주옵소서. 또한 불편한 사람과의 관계도 그들이 찾아오기를 기다리지 말고, 먼저 찾아가서 그들과 화해하며 사랑을 실천하는 믿음을 주옵소서.
오늘도 우리의 영혼과 몸을 새롭게 하셔서 주님의 뜻에 알맞은 도구로 다시 빚어주옵소서. 새로워진 심령으로 가족과 이웃을 뜨겁게 사랑하며, 믿음의 길을 가게 하여 주옵소서. 가는 길을 축복하여 주시어 형통케 하시고, 그리스도 예수의 향기를 들어내게 하여 주옵소서. 오늘 하루도 믿음으로 승리하게 하옵소서.
거룩하신 예수님의 이름으로 기도합니다. 아멘.

> 하나님은 한 번도 나를 실망시키지 않으셨다. 이 40년간 사역의 역사가 주님의 신실하심을 보여주는 산 증거이다. _죠지 뮬러

11월 30일 하나님의 뜻을 알게 하옵소서

내가 확신하노니 사망이나 생명이나 천사들이나 권세자들이나 현재 일이나 장래 일이나 능력이나 높음이나 깊음이나 다른 아무 피조물이라도 우리를 우리 주 그리스도 예수 안에 있는 하나님의 사랑에서 끊을 수 없으리라 (로마서 8:38-39)

만유를 다스리시는 하나님,
오늘 하루의 삶이 하나님의 뜻 안에서 자유와 평강 가운데 살게 하시니 감사를 드립니다. 저희가 주님의 뜻을 따라 자녀답게 사는 지혜와, 주님을 의지하는 마음으로 충만하게 하여 주옵소서.
저희들이 사람과 물질이 주지 못하는 평안과 위로가 주님께 있음을 알게 하시어서 주님께서 베푸시는 은혜로 참된 평안을 누리게 하여 주옵소서. 풍랑 속에서도 그물을 베게삼아 주무시던 주님처럼 세상풍파를 초월하게 하여 주시고, 투쟁적인 사람들 틈에서 온유하고 겸손하셔서 항상 마음의 안식을 누리셨던 주님처럼 저희들의 마음이 주안에서 쉬게 하여 주옵소서.
침 뱉고, 채찍으로 때리고, 못 박고, 옷마저 제비 뽑는 사람들을 용서하신 주님처럼 저희들도 모든 사람들을 용서하며, 구원의 감격을 누리게 하여 주옵소서. 저희들을 언제나 영적 세계로 이끌어 주시어서 성령 충만하게 하시고, 맡은 일에 귀하게 쓰임 받는 가정이 되게 하여 주옵소서. 건강의 연약함으로 어려움 속에 있는 자녀들이 있습니다. 자녀들에게 몸을 회복시켜 주시어서 몸과 마음이 건강하게 하여 주옵소서. 자녀들에게 복을 내려 주옵소서.
사랑이 많으신 예수님의 이름으로 감사하며 기도합니다. 아멘.

기도에 대한 날마다 배우기를 원하는 사람은 기도의 사람이 될 가능성이 가장 크다. _죠지 뮬러

12월

내 마음에 감사가 일어나게 하옵소서
나의 삶 동안에 (용혜원)

나의 삶의 시작과 끝을 주께서 인도하소서

오직 주님을 소망하며 임재하심을 갈망하며
주님의 임재하심에 감격하며
의미 있게, 거룩하게, 뜻 깊게
주님 안에서 살게 하소서

주님을 신뢰하므로 주님의 깊은 마음을 알아
나의 삶 동안에 준비의 섭리를 맛보게 하소서
예수만으로 기뻐하며 예수만으로 만족하며
예수만으로 축복 받으며
성령의 인도하심 따라 살게 하소서

12월 1일 — 내 영혼을 건져 주옵소서

내가 여호와의 이름으로 기도하기를 여호와여 주께 구하오니 내 영혼을 건지소서 하였도다 (시편 116:4)

은혜로우신 하나님 아버지
12월을 하나님의 은혜로 시작하게 하시니 감사합니다.
저희들, 매일 새 아침에 결심하고, 주님 앞에 드린 기도가 한낮이 되면 벌써 타성화 되고 있음을 고백합니다. 이런 저희들을 불쌍히 여기시고, 주님 앞에 부끄럼 없이 살 수 있도록 세워 주옵소서. 저희들이 거짓이 없는 마음과, 깨끗한 말과, 행동으로 살기를 원합니다. 이제는 나쁜 습관을 되풀이하면서 살지 않게 하시고, 온전히 주님을 바라보기 원합니다.
이 시간 저희들에게, 큰 믿음을 주시어서 믿음으로 말하고, 믿음으로 행동하게 하여 주옵소서. 특별히 주님의 은혜를 사모하는 아내(남편)에게 복을 주시고, 주위의 환경과 상황으로부터 눈을 돌려, 모든 것을 다스리시는 주님의 능력을 바라볼 수 있게 하여 주옵소서.
오늘도 내 안에 계시는 성령 하나님이 일하고 계심을 알게 하여 주옵소서. 이 시간 자녀들에게도 복을 주시어서 형통하게 하시고 기도하는 것 마다 이루어지게 하여 주옵소서. 어떤 일을 만나도 낙심하지 않고 용기를 얻어서 승리하게 하여 주옵소서.
예수님의 이름으로 기도드립니다. 아멘.

기도의 응답은 기도를 하는 사람들의 것이다. _죠지 뮬러

12월 2일 — 위로의 은혜를 주옵소서

이에 그의 모든 형제와 자매와 및 전에 알던 자들이 다 와서 그 집에서 그와 함께 식물을 먹고 여호와께서 그에게 내리신 모든 재앙에 대하여 그를 위하여 슬퍼하며 위로하고 각각 금 한 조각과 금고리 하나씩 주었더라 (욥기 42:11)

모든 일을 시작하시고, 주관하시는 하나님,
우리를 선한 길로 인도하여 주심을 감사드립니다.
주님은 저희들의 모든 것을 아시고, 모든 것을 꿰뚫어 보시는 주님의 능력을 의지하오니 성령의 능력을 주시어서 범사가 형통하게 하여 주옵소서.
사랑의 주님, 오늘 하루도 주님의 깊은 뜻 안에서 열매를 거두며 사는 하루가 되게 하시고 풍성한 삶으로 축복하여 주옵소서. 우리 모두가 성령으로 하나되며, 하나님의 부르심에 합당한 열매를 맺는 가족이 되게하여 주옵소서.
이 시간 기도하는 저희들에게 풍성한 은혜와 사랑을 더하여 주시고 지혜를 주옵소서. 하늘의 복을 주어서 풍성하게 하여 주옵소서.
오늘도 성실하게 살기로 다짐하는 자녀들에게 성령 충만함을 주옵소서. 그리하여 주님의 은혜로 풍성한 삶을 살게 하여 주옵소서.
사랑이 많으신 예수님의 이름으로 기도합니다. 아멘.

묵상은 기도의 최고의 출발이고, 기도는 묵상의 최상의 결론이다. _조지 스윈돌

12월 3일 믿음의 대장부가 되게 하옵소서

너는 힘써 대장부가 되고 (열왕기상 2:2)

인생의 도움이신 하나님,

지금까지 저희들 쉬실 틈도 없어 온 힘을 다해 일하게 하시니 감사를 드립니다. 또한 하나님께서 천지만물을 6일 동안 창조하시고, 하루를 안식하시며, 저희들에게 쉼을 주시니 감사합니다.

주님께서 천지를 창조하시고, 땅을 정복하라. 충만하라. 땅을 다스리라 라고 말씀하셨사오니, 우리가 하나님의 뜻을 이루며 살게 하시고, 힘을 다하여 주님을 섬기는 종이 되게 하여 주옵소서. 바라기는 저희 가정이 지혜로운 가정이 되게 하시고 게으름이 들어오지 못하도록 지켜 주옵소서.

이 시간 간구하기는 질병으로 인하여 고생하는 사람들을 치유하게 하여 주옵소서. 기적의 능력과 회복의 은혜를 주옵소서. 나사렛 예수의 이름으로 깨끗하게 하여 주옵소서.

바라기는, 부모님을 축복하여 주시어서 몸과 마음이 강건하게 하여 주옵소서. 하나님의 은혜로 평안하게 하여 주옵소서.

사랑이 많으신 예수님의 이름으로 감사하며 기도합니다. 아멘.

축복을 누릴 수 있도록 기도하라. _론 새니

12월 4일 — 복이 넘치게 하옵소서

그리스도의 고난이 우리에게 넘친 것같이 우리의 위로도 그리스도로 말미암아 넘치는도다 (고린도후서 1:5)

영광을 받으시기에 합당하신 하나님,
부족한 저희들을 사랑하시어서 주님의 말씀을 배우며 닮게 하여 주시니 감사를 드립니다.
사랑의 주님, 불순종의 대명사처럼 취급 받는 사울이었지만, 그가 영광스런 왕의 자리에 오르기까지만 해도 사람 됨됨이가 보기 드문 사람이었음을 봅니다. 효성과, 자상함과, 너그러운 아량과, 겸손함이 부럽기까지 합니다. 잃은 나귀 한 마리를 찾기 위해 최선을 다함으로서 주님께 지극한 효성을 다하는 사람이 되기를 원합니다. 우리 자신을 깊이 성찰하게 합니다. 유혹받기 쉬운 나약한 마음을 성령으로 충만하게 하여 주시어서 주님에게 쓰임 받는 종이 되도록 붙들어 주옵소서.
이 시간 간구하기는, 저희들이 하나님 마음에 합한 사람이 되게 하시고, 인정받는 일군으로 사용하여 주옵소서. 오늘도 저희 가정과 자녀들에게 복을 주옵소서.
또한 일가와 친척들에게도 복을 주시어서 하나님을 온전히 경외하는 가정으로 축복하여 주옵소서.
사랑이 많으신 예수님의 이름으로 감사하며 기도합니다. 아멘.

하나님의 영광을 위하여 큰일을 도모하라. _윌리엄 케리

12월 5일 주님의 소망으로 살게 하옵소서

내가 너희를 향하여 하는 말이 담대한 것도 많고 너희를 위하여 자랑하는 것도 많으니 내가 우리의 모든 환난 가운데서도 위로가 가득하고 기쁨이 넘치는도다 (고린도후서 7:4)

생명을 주시고 사랑하시는 하나님,
오늘 하루도, 주님을 바라보며 살게 하여 주시니 감사를 드립니다. 저희들이 주님의 인도하심을 따라 주의 백성으로 살기를 소원합니다.
이 시간 저희들의 연약한 마음에 주님의 능력을 베풀어 주시어서 맡겨진 사명을 잘 감당하게 하여 주옵소서. 사랑의 주님, 하나님의 크신 사랑을 보고 믿으며, 그 사랑에 감격하면서 주님의 놀라운 은혜를 누리며 살게 하여 주옵소서.
이 시간 저희들에게 베푸시는 하나님의 사랑을 알게 하시고, 주님이 주시는 말씀을 확신하며 살게 하여 주시기 원합니다.
오늘도 저희들의 생활이 지혜로운 생활이 되게 하시고, 범사가 잘되게 하여 주옵소서. 간구하기는 저희 가정에 성령이 임하셔서 우리 가정이 행복하게 하여 주옵소서.
거룩하신 예수님의 이름으로 감사하며 기도합니다. 아멘.

기도한 후에 응답을 기대한다는 것은 곧 그의 믿음이 살아 있다는 표현이며 증거이다. _죠지 뮬러

12월 6일 상한 심령을 치유하여 주옵소서

하나님의 구하시는 제사는 상한 심령이라 하나님이여 상하고 통회하는 마음을 주께서 멸시치 아니하시리이다 (시편 51:17)

사랑과 공의의 하나님,
저희들이 주님께 영광과 찬송을 돌립니다.
특별히 중세시대의 그릇된 사람들에 의해 저질러진 죄악 때문에 묻혀있던 복음의 보화를 종교 개혁가들의 헌신으로 다시 일으켜 세워주신 것처럼 이 시간 저희들에도 임하셔서 어두움을 물리치고 진리로 세상을 개혁하는 은혜를 허락하시어서 다시 일어나서 복음을 전하는 믿음의 사람이 되게 하여 주옵소서. 저희들이 먼저 변화되게 하시고, 또한 저희 가정이 변화되게 하시고, 저희가 새로워지게 하여 주옵소서.
이 시간 저희들이 하나님의 뜻대로 살아서 열매를 맺게 하여 주옵소서. 사랑의 주님, 저희들이 하나님의 분부대로 살도록 도와주옵소서. 특별히 연한 순 같은 우리 자녀들에게 솔로몬같이 명철을 주시어서 악한 유혹을 이기며 살게 하여 주옵소서. 시냇가에 심은 나무처럼, 시절을 따라서 열매를 맺게 하시고, 복 잇는 사람이 되게 하여 주옵소서. 그리하여 유혹을 따라가지 않고 말씀으로 세상을 이기는 믿음을 주옵소서.
사랑의 주님, 저희 가정을 축복하여 주시어서 자녀들이 오직 여호와만 의지하면서 살게 하여 주옵소서.
살아계신 예수님의 이름으로 감사하며 기도합니다. 아멘.

> 안락한 삶을 위해 기도하지 말고 강한 자가 되기를 기도하라. 당신의 능력에 맞는 일들을 구하지 말고 당신의 일들에 맞는 능력을 구하라. _필립 부룩스

12월 7일 낙심치 말고 기도하게 하옵소서

너희가 피곤하여 낙심치 않기 위하여 죄인들의 이같이 자기에게 거역한 일을 참으신 자를 생각하라 (히브리서 12:3)

우리의 인도자 되시는 하나님,
오늘 하루도 예배하는 마음으로 하루를 시작하게 하시니 감사합니다. 어제나, 오늘이나, 영원토록 한결같으신 사랑으로 저희들에게 놀라우신 은혜를 베풀어 주심을 감사합니다. 오늘도 성경을 대할 때마다, 그 말씀이 은혜의 약속임을 믿습니다.
오늘도 주님의 자녀들이 의사이신 주님을 바라보게 하여 주옵소서. 나아만 장군의 문둥병을 고치시고, 바디메오의 눈을 뜨게 하시고, 중풍 병 환자를 치유하신 주님을 보게 해 주옵소서. 어려움 속에서도 욥과, 다니엘을 생각하신 것처럼, 이삭에게 복을 주셔서, 하나님의 주권을 보게 하여 주옵소서. 풍랑을 잔잔하게 하시고, 물 위를 걸으시며, 만나를 내리시고, 기적의 포도주를 주시는 주님의 놀라우신 일을 보며, 이것을 믿어 오늘의 문제를 해결 받게 하여 주옵소서.
주님의 말씀에 순종하며, 소망 가운데 사는 하루가 되게 하여 주옵소서. 또한 어떤 일을 만나든지 낙심하지 않고 힘을 얻어서 자신을 믿음으로 잘 지키게 하여 주옵소서. 무릇 지킬 만한 것보다 네 마음을 지키라고 하였사오니 마음을 잘 지켜서 흔들리지 않게 하시고, 든든히 서서 주님의 거룩하신 뜻을 이루게 하여 주옵소서.
사랑이 많으신 예수님의 이름으로 감사하며 기도합니다. 아멘.

아버지와 같이 있기를 바라는 것 이외의 것을 바라지 않는 것이 기도의 가장 기본적인 의식이다. _랙스데일

12월 8일

상처를 치유하는 은사를 주옵소서

상심한 자를 고치시며 저희 상처를 싸매시는도다 (시편 147:3)

온 우주에 주인이신 하나님,
깊으신 주님의 사랑과 측량할 수 없는 은혜를 베풀어 주심을 감사드립니다. 오늘도, 저희들이 주님의 경륜 속에서, 살도록 지혜와 믿음을 허락하여 주옵소서.
저희들이 받은 복 때문에 오히려 교만하거나 게으름에 빠지지도 않게 하시고, 반대로 원활하지 못한 형편 때문에 절망하지도 말게 하여 주옵소서. 사랑의 주님, 저희들은 세상에 살면서 염려와 걱정이 많습니다. 걱정과 염려를 물리쳐 주시고, 어두움이 변하여 빛이 되게 하여 주옵소서. 사랑의 주님, 우리를 성숙하게 하시며, 주님의 은혜를 받기에 넉넉한 그릇이 되게 하셔서, 하나님의 오묘하신 은혜를 입게 하여 주시기를 원합니다. 그래서 오늘도 주님을 배반하지 않게 하시고, 온 가족이 한 지붕 아래서 서로 사랑하게 하여 주옵소서. 또한 하나님이 사랑으로 이끌어 주시어서 언제나 바르게 생각하고, 언제나 성령의 위로를 받아 누리게 하여 주옵소서. 이 시간 저희들이 그 능력을 의지하고 있으니, 저희들의 모든 것을 다스려주시고, 저희들의 염려와 걱정, 소원과 무거운 짐, 장래의 모든 것들을 해결하여 주옵소서. 좋은 것으로 만족하게 하여 주시어서 늘 감사하면서 살게 하여 주옵소서.
사랑이 많으신 예수님의 이름으로 감사하며 기도합니다. 아멘.

기도의 실패자는 생활의 실패자이다. _이 엠 바운즈

12월 9일 — 예수님을 온전히 의지하고 살게 하옵소서

> 내 심령이 그것을 기억하고 낙심이 되오나 중심에 회상한즉 오히려 소망이 있사옴은 여호와의 자비와 긍휼이 무궁하시므로 우리가 진멸되지 아니함이니이다 (예레미야 애가 3:20-22)

온 땅에 충만하신 하나님,
우리와 함께 하시고, 모든 일을 사랑으로 인도해 주심을 감사드립니다. 오늘 하루도, 저희들의 문이 되시고, 선한 목자가 되셔서 풍성한 꼴을 먹이시며, 우리 주 예수님의 은혜의 생수를 마시며, 성령님의 바람으로 숨 쉬게 하심을 감사합니다. 이 험한 세상에서 저희들의 문이 되시는 주님을 바라봅니다. 보기에 좋고, 먹음직스럽기도 한 세상의 것들을 볼 때, 유혹받지 않게 하여 주옵소서. 때로는 앞서 가시고, 때로는 옆에 가시며, 때로는 저를 안고 가시는 주님을 따라, 한 걸음 한걸음, 믿음으로 살게 하여 주옵소서.
사랑하는 자녀들이 집을 나오고 들어갈 때나, 직장이나 사업장을 들어가고 나올 때마다 복을 주옵소서. 무엇을 하거나, 어디를 가거나, 주님께서 불과 구름 기둥으로 인도하여 주심으로, 하루의 일과를 마치고 가족들이 모여서 대화를 할 때에 괴로움을 날려 보내고, 서로의 사랑을 회복하게 하여 주옵소서.
사랑의 하나님, 이 시간 간구하기는 자녀들이 언제나 하나님의 지혜를 가지고 말씀대로 살게 하시고, 지혜로운 사람이 되어서 관용하는 사람이 되게 하여 주옵소서. 소유를 좇다가 화목을 쫓아내며, 육체의 욕망을 얻기 위해 진실을 버리는 어리석은 사람이 되지 않게 하여 주옵소서.
사랑이 많으신 예수님의 이름으로 감사하며 기도합니다. 아멘.

성자를 만들어 내는 것은 기도의 힘이다. _이 엠 바운즈

12월 10일 어려움에서 승리하게 하옵소서

하나님도 표적들과 기사들과 여러 가지 능력과 및 자기 뜻을 따라 성령의 나눠주신 것으로써 저희와 함께 증거하셨느니라 (히브리서 2:4)

인생을 주관하시는 하나님,
저희들을 진리 가운데로 인도하시고, 약속하신 은혜를 누릴 기회를 주시며, 하나님의 사랑과 은혜 안에 살게 하심을 감사합니다. 이 시간에도 새 힘을 주시어서 하나님의 백성으로서 살아가기에 손색이 없도록 도와주옵소서.
오늘도 우리의 마음이 뜨거워지게 하시고, 성령의 다스림을 받아서 우리 안에 있는 더러운 죄악이 씻어지고, 마음의 상처가 치유 받게 하여 주옵소서. 사랑의 주님, 저희들의 영혼을 깨끗하게 하여 주시어서, 주님의 음성에 귀를 기울이게 하시고, 주님과 동행하는 사람이 되게 하여 주옵소서.
또한 일터와 직장에도 복을 더하여 주옵소서. 직장에서 일 할 때에 피곤하지 않게 하시며, 동료들과 화합하며 좋은 관계 속에서 원하는 목표를 이루게 하여 주옵소서.
이제까지 성령님의 인도와 보호하심으로 견고하게 하신 것처럼 이후에 더욱 견고하게 하여 주옵소서. 특별히 저희 가정을 이끌어 가시는 부모님을 기억하게 하시고, 부모님에게 신령한 복을 주시어서 하나님의 사랑을 더욱 흠모하게 하여 주옵소서.
거룩하신 예수님의 이름으로 감사하며 기도합니다. 아멘.

아버지와 같이 있기를 바라는 것 이외의 것을 바라지 않는 것이 기도의 가장 기본적인 의식이다. _랙스데일

12월 11일

새 희망을 주옵소서

그리하면 네 빛이 아침같이 비췰 것이며 네 치료가 급속할 것이며 네 의가 네 앞에 행하고 여호와의 영광이 네 뒤에 호위하리니 (이사야 58:8)

사랑과 자비의 하나님,
저희들에게 일할 수 있는 건강과 가정을 주심을 감사합니다. 하나님께서 일하시는 것처럼 저희도 일하는 것이 주신 복인 줄 믿습니다. 저희들이 일할 뿐 아니라, 열심히 일한 결과를 함께 나누고, 일의 소중함과 이웃의 수고 또한 깨닫게 하여 주옵소서. 일의 소중함을 생활로 알게 하시어서 노동을 통하여 복을 받게 하여 주옵소서. 오늘도 말씀을 읽고 묵상합니다. 말씀 속에서 힘을 얻게 하시고, 말씀을 따라서 살아가게 하여 주옵소서. 이 나라 이 민족, 이 백성을 긍휼히 여겨 주시어서 이 땅에 참혹한 전쟁이 다시는 일어나지 않게 하시며, 북한 핵 문제가 평화적으로 해결되어 남북통일의 길로 속히 나아갈 수 있게 하여 주옵소서. 1,000만 이산가족의 한을 풀어주시고 굶주리고 핍박받는 북한의 형제자매들을 구원하여 주시옵소서.

이 시간 주님의 이름으로 간구하오니 사랑하는 형제자매들 가운데 영육 간에 병든 자, 낙심한 자, 주의 능력으로 치유 받게 하여 주시고, 세상에 찌들어서 억압을 받으며 자유함을 잃은 우리에게도 평안의 복으로 축복하여 주옵소서. 또한 사랑하는 교회 목사님을 위하여 기도합니다. 저희 교회 목사님에게도 신원을 축복하시어 영과 육이 강건하게 하시고 목회 사역 위에 주님의 축복이 임하게 하여 주옵소서. 또한 저희 가정에도 복을 주시어서 영적인 복을 받게 하여 주옵소서.

거룩하신 예수님의 이름으로 기도드립니다. 아멘.

> 기도는 끊임없이 쏟아져 나오는 끊임없는 사랑의 응답이며, 모든 영혼을 인도하시는 하나님과 사귀는 길이다. _스티어

12월 12일 — 하나님을 온전히 의지하게 하옵소서

우리가 아직 죄인 되었을 때에 그리스도께서 우리를 위하여 죽으심으로 하나님께서 우리에게 대한 자기의 사랑을 확증하셨느니라 (로마서 5:8)

우리의 소망이 되시는 하나님,
오늘도 저희들에게 생명을 주심으로서 복된 하루를 살게 하시니 감사합니다. 저희들, 죄와 허물로 인하여 이미 죽은 존재가 되었지만, 하나님의 은혜로 건강을 회복시켜 주시고, 저희들의 몸과 마음을 치유하여 주시니 감사합니다. 아담이 지은 죄로 본다면 영원히 멸망 받아 마땅했으나, 둘째 아담이신 예수님께서 육체를 입고 오셔서 친히 생명의 길이 되어주시고, 저희들을 택하신 자녀로 부르셔서 구원을 베풀어 주시니 감사합니다.
이 시간 저희들과 함께 하셔서, 저희들을 통하여, 구원의 역사를 이루실 때, 저희들에게 능력을 더하여 주시어서 성령 충만케 하여 주옵소서.
이 시간 저희들의 눈을 열어 주시어서 믿음이 더욱 더 성숙하게 하여 주옵소서. 이 시간 사랑하는 부모님을 위하여 기도합니다. 저희 부모님의 삶을 축복하여 주시어서 하나님을 더욱 사랑하게 하시고, 자녀들이 부모님과 함께 신앙 생활 할 때 그 신앙을 본받게 하여 주옵소서. 그리하여 저희들도 부모님의 신앙을 본받아서 믿음의 자손이 되게 하여 주옵소서.
사랑이 많으신 예수님의 이름으로 감사하며 기도드립니다. 아멘.

> 이 세상의 운명은 우리들의 기도에 따라서 작정될 것이다. _라우박흐

주여, 저희들의 죄를 용서 하옵소서

12월 13일

비판하지 말라 그리하면 너희가 비판을 받지 않을 것이요, 정죄하지 말라 그리하면 너희가 정죄를 받지 않을 것이요, 서하라 그리하면 너희가 용서를 받을 것이요 (누가복음 6:37)

알파와 오메가 되시는 하나님,

오늘 하루도 새롭게 시작하게 하시니 감사합니다. 오늘도 직장에 출근하오니 복에 복을 내려 주옵소서. 반복되는 업무 속에서 짜증 내지 않게 하시고 매일 새로운 일을 하는 마음으로 맡겨진 업무를 잘 감당하게 하여 주옵소서. 저희들, 하나님의 뜻대로 산다고 하였지만 많이 빗나갔음을 고백합니다. 이 시간 저희를 용서하여 주옵소서. 십자가의 보혈로 정결하게 하여 주시고 저희의 삶을 지켜 주옵소서. 하루하루 말씀과 성령으로 거듭나고 깨끗해져서 하나님의 사람으로서 살게 하여 주옵소서. 우리의 반석이시며 피할 바위이시며 피난처이신 주님, 오늘 하루도 저희와 함께 하여 주시어서 그리스도 예수의 사람으로서 성령이 충만하게 하여 주옵소서. 열매 맺는 생활이 되게 하시어서 만나는 사람들에게 친절을 베풀며, 관용하며, 이해하고, 존중하는 성품을 가지고 살게 하여 주옵소서. 지금 이 순간 상처받아 아파하는 사람들을 위로하여 주옵소서. 사랑의 많으신 예수님의 이름으로 기도 합니다. 아멘.

사람들이 아무도 보지 않게 드리는 은밀한 기도는 다른 어떠한 형태의 기도보다 훨씬 더 능력 있고 더 효과적이다. _죠지 뮬러

12월 14일
우리의 문제를 해결하여 주옵소서

예수께서 들으시고 놀랍게 여겨 따르는 자들에게 이르시되 내가 진실로 너희에게 이르노니 이스라엘 중 아무에게서도 이만한 믿음을 보지 못하였노라 (마태복음 8:10)

생명의 근원이 되시는 하나님,
이 시간 출근하여 머리를 숙이고 기도합니다. 오늘 하루도 주님께서 함께 하지 아니하시면 저희는 아무 것도 할 수 없음을 고백합니다. 저희를 긍휼히 여겨 주옵소서. 저희는 연약합니다. 그러나 주님께서 우리에게 비전을 주였사오니, 내일을 향해 나아가는 사람이 되게 하여 주옵소서. 골리앗을 물리친 다윗에게 능력을 주신 것처럼 부족한 종에게도 골리앗 같은 문제를 믿음으로 극복하게 하시고 주님의 영광을 드러내게 하여 주옵소서. 더욱이 이 어려운 시기를 잘 알아갈 수 있도록 지혜를 주시고, 마음의 평안을 주옵소서. 오라 우리가 여호와께로 돌아가자 여호와께서 우리를 찢으셨으나 도로 낫게 하실 것이요 우리를 치셨으나 싸매어주실 것임이라 여호와께서 이틀 후에 우리를 살리시며 셋째 날에 우리를 일으키시리니 우리가 그 앞에서 살리라고 말씀하였사오니, 이 말씀처럼 저희의 연약함을 회복하여 주옵소서. 저희에게 많은 어려움이 있지만 회복시켜 주실 줄 믿습니다. 용기를 주옵소서. 희망을 주옵소서. 사랑의 주님, 저희들의 믿음이 비록 겨자씨만큼 적으나, 변질되지 않는 순수한 믿음을 가지게 하여 주옵소서. 오늘도 주님을 배반하지 않고 믿음으로 승리하게 하여 주옵소서. 사랑이 많으신 예수님의 이름으로 기도합니다. 아멘.

하나님께서 우리에게 말씀하실 것은 우리가 하나님께 말씀드려야 할 것보다 더욱 중요한 것이다. _마클라 쉴란

12월 15일
장성한 분량으로 성장하게 하옵소서

영접하는 자 곧 그 이름을 믿는 자들에게는 하나님의 자녀가 되는 권세를 주셨으니 (요한복음 1:12)

인자와 성실이 풍성하신 하나님,
오늘도 좋은 하루를 시작하게 하시니 감사를 드립니다. 걱정과 근심과 두려움이 겹겹이 쌓인 이 세상에서 우리가 기쁘고 즐겁게 살 수 있는 길을 열어 주시니 감사합니다. 이제까지 세상에 깊이 젖어 있을 때, 주님의 능력으로 다시 일어나게 하시니 감사를 드립니다.
세상을 바라보는 저희들의 눈에 믿음의 시력을 밝게 하시어서 주님께서 주시는 형통함과 평강을 주시옵소서.
사랑의 주님, 하나님의 창조와 섭리의 능력이 저희 자녀들과 가정에 임하시어 가정의 복으로 다가오게 하여 주옵소서. 때로는 저희들, 어려운 일들을 스스로 해결하려다가 기진맥진한 나머지, 쉽게 포기하고 끝내려던 어리석은 시도를 반복하지 않도록 지혜를 주옵소서.
오늘도 주님 안에서 살아 갈 때, 주님을 영화롭게 하는 삶을 살게 하여 주옵소서.
이 시간 저희들, 직장생활과 가정생활, 자녀들이 범사에 형통하게 하여 주옵소서. 기도한 것 마다 생활 현장에서 응답 받게 하여 주옵소서.
예수님의 이름으로 감사하며 기도드립니다. 아멘.

성령은 방법을 통해 흘러나오지 않고 사람을 통해 역사한다. _이 엠 바운즈

12월 16일

주여, 진리의 길로 인도하여 주옵소서

내가 진실로 진실로 너희에게 이르노니 나의 보낸 자를 영접하는 자는 나를 영접하는 것이요 나를 영접하는 자는 나를 보내신 이를 영접하는 것이니라 (요한복음 13:20)

복의 근원이 되시는 하나님,
온 우주를 다스리시며, 저희 가정을 보살펴 주심을 감사합니다. 아울러 저희들을 사랑하시고, 가장 선하고 온전한 길로 인도하여 주심을 감사합니다. 저희들, 약한 믿음으로 기도하지 못할 때, 성령님의 감화하심으로 기도하게 하심을 감사합니다. 저희들이 날마다 담대하게 기도하며, 무슨 일을 만나든지 믿음으로 승리하게 하여 주옵소서. 저희들은 부족하여 말에나, 행동에 실수가 많습니다. 저희의 허물을 용서하시고 날마다 새 힘을 주시어서 어떤 환경에도 낙심하지 않고 믿음으로 승리하게 하여 주옵소서.
오늘도 우리의 생활을 주님께 맡깁니다. 미련한 저희들을 불쌍히 여기시고 저희들에게 복을 내려주옵소서. 영혼이 잘되고 범사가 잘되며 자녀들이 주안에서 성장하게 하시고, 직장에서 일할 때도 새 힘을 주시어 인정받는 일군으로 사용하여 주셔서 목표를 이룰 수 있는 능력도 주옵소서. 아울러 우리 가정에도 복을 내려 주옵소서. 자녀들이 주안에서 잘되게 하시고, 시냇가에 심은 나무처럼 때를 따라서 열매를 맺게 하여 주옵소서. "사랑하는 자여 네 영혼이 잘 됨 같이 네가 범사에 잘 되고 강건하기를 내가 간구하노라" 하신 말씀처럼 영적으로 육적으로, 강건하게 하여 주옵소서.
사랑이 많으신 예수님의 이름으로 감사하며 기도드립니다. 아멘.

기도는 성공적인 삶을 위한 수단이 아니라 삶의 본질이다.

12월 17일   주여, 나에게 능력을 주옵소서

> 그런즉 내가 하나님의 단에 나아가 나의 극락의 하나님께 이르리이다 하나님이여 나의 하나님이여 내가 수금으로 주를 찬양하리이다 (시편 43:4)

사랑과 은혜가 풍성하신 하나님,
오늘도 새로운 날을 맞이하여 한 주간을 시작하게 하시니 감사합니다. 이 땅에 예수님께서 오셔서 저희들을 주님 안에서 풍성한 은혜의 꼴을 먹게 하시니 감사합니다. 이 시간 우리의 눈을 열어주셔서 생명의 꼴로 만족하게 하시어서, 풍성한 삶을 살도록 축복하여 주옵소서.
주님께서 저희에게 선한 목자가 되셔서 우리가 이 세상에서 위험한 길에 빠지지 않도록 인도하여 주옵소서. 저희는 목자의 음성을 듣고 따르는 양이오니 주님의 말씀 잘 듣고 그 말씀대로 살게 하여 주옵소서. 저희들이 오늘도 말씀을 의지하여 살아갈 때 우리의 생활이 복되게 하시고, 형통하게 인도하여 주옵소서. 또한 저희 가정에 복을 내려주시어서, 자녀들과 부모님에게도 건강을 주시고, 온 가족이 영과 육이 형통하게 하여 주옵소서.
간구하기는 직장 생활하는 저희들을 붙들어 주시어서 일 할 때 피곤하지 않게 하시며, 지혜 있게 하시어서 슬기로운 사람이 되게 하여 주옵소서. 한해가 저물어 갑니다. 가정과 일터에 복을 주옵소서. 얼마 남지 않은 올 한해도 유종의 미를 거두게 하시고 못 다한 일들을 잘 마감 할 수 있도록 도와주옵소서.
사랑이 많으신 예수님의 이름으로 감사기도 드립니다. 아멘.

기도를 통해서 하나님이 일을 하시고 기도하는 자는 하나님의 일을 한다.

12월 18일 내 속에 정한 마음을 주옵소서

내 길을 굳이 정하사 주의 율례를 지키게 하소서 (시편 119:5)
사람이 만일 온 천하를 얻고도 제 목숨을 잃으면 무엇이 유익하리요 사람이 무엇을 주고 제 목숨을 바꾸겠느냐 (마태복음 16:26)

사랑과 은혜가 풍성하신 하나님,
오늘의 영혼을 붙드시고, 육체를 강건하게 하시며, 모든 일에 복을 주셔서, 형통하게 하여 주시니 감사합니다. 저희들이 어리석은 생각과, 누추한 말과 게으른 행동을 반복하고 있음을 고백합니다. 그럼에도 불구하고 하나님께서는 책망하지 아니하시고, 새롭게 하셔서 자녀의 본분을 잃지 않게 하심을 감사합니다.
저희들이 합리주의에 빠져서, 반복되는 죄를 당연시 하거나, 여러 구실로 정당성을 찾지 않게 하시고, 죄를 미워하며, 뼈아픈 참된 회개를 할 수 있도록 도와주옵소서. 저희들이 날마다 성장하여 그리스도의 장성한 모습에 가까이 자랄 수 있게 하여 주시어서 주님의 뜻을 이루는 믿음의 사람이 되게 하여 주옵소서.
이 시간 간구하기는, 저희에게 질병이 있사오니, 예수님의 이름으로 치유하여 주옵소서. 저희들의 모든 질병을 고쳐 주옵소서. 주님께서 가난한 자를 찾으시고, 소경을 보게 하시며, 앉은뱅이를 걷게 하시고 나병환자를 깨끗하게 하시며, 귀머거리를 고치신 것처럼 저희들의 연약한 육체를 고쳐주시어서 강건하게 하시고 주님의 일에 힘쓰게 하여 주옵소서. 저희 직장에 육체의 질병으로 고통당하는 형제와 자매들이 있습니다. 이 시간 예수님의 이름으로 치유 받게 하여 주옵소서.
능력이 많으신 예수님의 이름으로 기도드립니다. 아멘.

기도는 언뜻 보면 좁은 길처럼 보이나 자세히 보면 넓은 길이다.

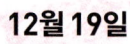

12월 19일
주여, 끝까지 십자가를 붙들게 하옵소서

여호와는 은혜로우시며 의로우시며 우리 하나님은 자비하시도다. 여호와께서는 어리석은 자를 보존하시나니 내가 낮게 될 때에 나를 구원하셨도다. 내 영혼아 네 평안함에 돌아갈지어다. 여호와께서 너를 후대하심이로다. 주께서 내 영혼을 사망에서, 내 눈을 눈물에서, 내 발을 넘어짐에서 건지셨나이다 (시편 116:5-8)

우리에게 참 소망과 기쁨을 주시는 하나님,
거친 세상에서 저희들에게 큰 믿음 주심을 감사드립니다. 이 시간 저희들에게 힘을 주시고, 감당할 수 있는 믿음을 주옵소서.
공부하다 지친 자녀들의 마음을 열어 주시어서, 마음이 평온케하시고, 기쁨을 주시어서 하는 일마다 주님의 능력으로 승리하게 하여 주옵소서.
특별히 저희 자녀들을 기억하여 주시고 오늘도 학교에서, 직장에서 일할 때에 지혜와 총명을 주시어서 머리가 될지언정 꼬리가 되지 않도록 축복하여 주옵소서.
오늘도, 저희 가정이 범사가 잘 되게 하시고, 만나는 사람들에게 덕을 끼치며 하시며, 선한 열매를 맺는 생활이 되게 하여 주옵소서.
이 시간 간구하기는 사랑하는 부모님에게 은혜를 더하여 주시어서 하나님의 사랑으로 복되게 살아오셨음을 믿습니다. 이제 하나님의 은혜가 날로 더하게 하여 주시어서 시간이 지날수록 쇠약해져 가는 부모님께서 육체는 연약해져 가지만 속사람은 날로 강건해지게 하여 주옵소서.
거룩하신 예수님의 이름으로 감사 기도드립니다. 아멘.

가치 있는 기도란 바로 현재 자신의 심중에 있는 모든 것을 조금도 숨김없이 낱낱이 하나님께 쏟아 놓는 기도이다. _죠지 뮬러

12월 20일

과거가 변하여 찬송이 되게 하옵소서

주께서 나의 슬픔을 변하여 춤이 되게 하시며 나의 베옷을 벗기고 기쁨으로 띠 띠우셨나이다. (시편 30:11)

사랑이 많으신 하나님,
저희들을 주님의 자녀로 삼아주시고, 신령한 복을 허락하여 주심을 감사합니다. 오늘도 말씀을 통해 주님의 음성을 듣고 복된 길을 가도록 인도하여 주옵소서. 마음을 정하고, 행동을 보여야 하는 삶 속에서 하나님의 분부대로 살도록 도와주옵소서.
특별히 연한 순 같은 우리 자녀들이 지혜를 주시어서 선과 악을 구분하게 하시고, 진리의 말씀대로 살게 하여 주옵소서. 저희들이 믿음의 자녀로 살기를 원합니다. 이해의 마지막 한 달을 보내며, 주님 앞에서 자신을 돌아봅니다. 우리에게 일 년의 시간과 기회를 주신 주님 앞에 조용히 무릎을 꿇습니다. 이 한 해도 임마누엘로 시작하게 하시고, 에벤에셀의 은총으로 여기까지 인도하였습니다. 그러나 저희들 송구스럽고, 부끄러운 마음을 숨김없이 보여드릴 수밖에 없습니다.
헌신보다 인간의 계략으로 살았으며, 주님을 의지하기보다, 내 계획대로 살았습니다. 또한 이전 일과 옛적 일을 기억하지 말고, 내 주장대로 살았습니다. 이런 우리에게 다시 한 번 용기를 주시고 미래에 대한 소망을 품고 살게 하여 주옵소서. 저희들에게 산 소망을 주시어서 너희 속에 시작하신 이가 그리스도의 예수의 날까지 이루어 주신다고 하였사오니 이 한에 세운 계획들을 모두 이루어 드릴 수 있도록 축복하여 주옵소서.
예수님의 이름으로 감사하며 기도드립니다. 아멘.

> 기도가 없을 때에 마음은 세상 것으로 무거워지고 기도가 있을 때 마음은 성령과 하늘의 것으로 충만하다.

12월 21일 하나님만 바라보게 하옵소서

여호와께 구속된 자들이 돌아와서 노래하며 시온으로 들어와서 그 머리 위에 영영한 기쁨을 쓰고 즐거움과 기쁨을 얻으리니 슬픔과 탄식이 달아나리이다 (이사야 51:11)

인생을 다스리고 주관하시는 하나님,
오늘도 하나님의 은혜로 살게 하시니 감사합니다. 오늘도 주님의 말씀으로 살아 갈 때, 마음이 어둡거나, 시험 당하는 일이 없도록 도와주시고, 마음과 생각을 지켜 주옵소서.
지난주일, 하나님께서 저희에 주신 말씀을 받고, 직장에서 힘을 얻고 일하게 하시니 감사합니다. 이 시간 저희들이 직장에서 일 할 때에 성령의 충만함을 더해 주셔서, 말씀대로 살기 원합니다. 악인처럼 살지 않고, 진리를 거스르지 않으며, 바른 길을 가게하여 주옵소서. 저희들이 서로의 갈등으로 물고 뜯으며 악인처럼 살지 않게 하시고 악인과, 어울려서 다른 사람을 넘어드리는 사람이 되지 않도록 지켜 주옵소서.
오늘도 믿음으로 살아 갈 때 영육 간에 형통하게 하여서 열매를 맺게 하시고, 범사가 잘 되게 하여 주옵소서. 사랑의 주님, 저희들에게 복을 주시어서, 사람을 대 할 때에, 주님을 대하듯이 사랑으로 업무를 잘 처리 할 수 있게 하여 주옵소서.
간구하기는 저희 가정을 기억하여 주시고 복 있는 가정에 되게 하여 주옵소서.
사랑이 많으신 예수님의 이름으로 감사 기도드립니다. 아멘.

기도는 하나님의 나라의 집을 짓는 벽돌이다.

12월 22일 내 마음을 치유하여 주옵소서

주께서 나의 슬픔을 변하여 춤이 되게 하시며 나의 베옷을 벗기고 기쁨으로 띠 띠우셨나이다 (시편 30:11)

인자와 성실이 풍성하신 하나님,
오늘도 주님의 은혜와 사랑으로 함께하여 주신 것을 감사합니다. 저희들이 추구하는 모든 일들이 주님 앞에 부끄럽게 되지 않기를 원합니다. 저희들의 육체가 좋아하는 것만을 찾지 않게 하여 주옵소서. 육체의 소욕들이 마치 열심히 살며 힘쓰고 애쓰는 것인 냥 착각하지 않게 하여 주옵소서.
저희들이 일하는 이유와 목적을 바로 알고, 하나님의 뜻을 따르는 일을 소홀히 하지 않게 하여 주옵소서. 그리하여 열심을 가지고 값진 열매를 맺어서 풍성한 삶을 살게 하여 주옵소서.
이 시간 저희들에게 영적 지혜와 총명을 주셔서 하나님의 뜻을 알게 하시고, 모든 일에 짜증내고 원망하고 불평하는 대신 감사하며 살게 하여 주옵소서. 주위에 있는 사람들을 미워하고 원망하는 대신, 오히려 감사하며 살게 하여 주옵소서. 주님의 사람으로서 하나님의 뜻을 깨닫고, 마음 깊은 곳으로부터 감사하게 하여 주옵소서.
오늘도 주님께서, 저희들을 복된 길로 인도하시고, 열매를 맺는 삶을 살게 하여 주시어서 감사와 기쁨의 삶을 살도록 인도하여 주옵소서.
사랑이 많으신 예수님의 이름으로 감사 기도드립니다. 아멘.

> 골방이란 꼭 자기 집의 조용한 방으로만 제한시킬 필요는 없다. 단지 하나님 앞에서 기도할 때 방해를 거의 받지 않는 장소, 가장 정직하고 정성스럽게 심령을 바쳐 대화할 수 있는 조용한 장소를 말한다. _죠지 뮬러

12월 23일

여호와의 영광이 임하게 하옵소서

그리하면 네 빛이 아침같이 비췰 것이며 네 치료가 급속할 것이며 네 의가 네 앞에 행하고 여호와의 영광이 네 뒤에 호위하리니 (이사야 58:8)

사랑의 하나님,

저희들의 견고한 요새가 되시어서 저희들을 은혜로 인도하여 주심을 감사합니다. 쉴 새 없이 쌓아온 저희들의 바벨탑을 허물어 주옵소서. 지금까지 저희들은 재물로, 명예로, 권세로, 젊음으로, 힘으로 망대를 삼았습니다. 이 시간 부끄러운 저희들을 불쌍히 여기시고, 헛된 가치를 버리도록 도와주옵소서. 이 시간 산업에 복을 주시고, 주님과 동행하는 생활이 되게 하여 주옵소서.

저희들은 연약하여서 구원의 소중함을 소홀히 하여 엄청난 은혜를 깨닫지 못하고, 하나님께서 기대하시는 수준의 삶을 살지 못하고 있습니다. 그렇지만 미약한 저희들을 잊지 않으시고 복을 주시어서 복을 누리고 있습니다. 혹시라도 저희들이 입술에 통제력을 잃어서 받은 복을 놓치지 않게 하시고, 받은 복을 누리며 감사하면서 살게 하여 주옵소서.

야고보 사도는 너희가 듣기는 속히 하되, 말하기는 더디 하라고 하였사오니, 온유한 언어생활로 사랑과 평화를 누리게 하여 주옵소서. 오늘도 주님을 배반하지 않게 하시고, 용서받은 기쁨으로, 온 가족이 한 지붕 아래서 서로 사랑하며 살게 하여 주옵소서.

예수님의 이름으로 감사하며 기도드립니다. 아멘.

> 기도는 자기의 욕심이 아니라 나를 향한 하나님의 주권적인 뜻과 인생 청사진을 이루어 가는 것이다.

12월 24일 회복하는 능력을 주옵소서

무리를 둘러보시고 그 사람에게 이르시되 네 손을 내밀라 하시니 저가 그리하매 그 손이 회복된지라 (누가복음 6:10)

소망으로 인도하시는 하나님,
점점 어두워져는 세상에 말씀의 빛을 비추어 주시니 감사합니다.
주님께서 영육 간에 우리의 구원의 능력이 되셔서, 기도하면서 살게 하시니 감사합니다. 주님께서 우리를 소망 가운데 전도자로 살게 하시니 감사합니다. 이 시간 간구하기는, 질병으로 인하여 고생하는 부모님을 기억하여 주시어서 연약한 몸이 강건하게 하시고, 더러운 질병을 이기게 하여 주옵소서. 그리하여 우리 가정이 한 자리에 모여서 찬송하게 하시고, 기뻐하면서 주님의 성탄을 맞이하게 하여 주옵소서. 성탄에 저희들의 삶이 하나님께 영광이 되고, 기쁨이 되게 하여 주옵소서.
내일은 성탄절입니다. 아기 예수님이 이 땅에 강림하셔서 인류의 죄를 십자가로 보속하기 위해 가장 낮고 누추한 곳으로 오셨사오니 예수님을 온전히 영접하고 주님을 찬양하게 하여 주옵소서. 오늘도 저희 가정이 나눔과 겸손으로 아기 예수님을 전하게 하여 주옵소서.
사랑이 많으신 예수님의 이름으로 감사하며 기도합니다. 아멘.

기도자는 바른 기도를 통하여 자기중심에서 벗어나 점점 더 하나님 중심의 사람으로 바뀐다.

12월 25일 예수님을 찬양하게 하옵소서

가로되 찬송하리로다 주의 이름으로 오시는 왕이여 하늘에는 평화요 가장 높은 곳에는 영광이로다 (누가복음 19:38)

온 세상을 창조하신 하나님,
오늘 성탄을 맞이하게 하시니 감사를 드립니다. 2000년 전, 주님은 이 땅에 사랑으로 오셔서, 우리를 구원하여 주시니 감사를 드립니다. 이 시간 저희들이 겸허한 마음으로 자신의 삶을 돌아보며 회개하는 시간을 갖기를 원합니다. 그동안 받은 복을 받았지만 감사를 잃어버린 채 불평하며 살아왔음을 고백합니다.
주님께서 세상의 빛으로, 생명으로 오셨으나 아직도 이 땅에는 흑암에 빠져 방황하는 저희들입니다. 저희들이 믿음의 본분을 다하지 못한 것을 용서하여 주옵소서. 성탄의 아침, 기쁜 소식이 온 세상에 널리 퍼지게 하시고 온 백성이 한 마음으로 주님을 찬송하게 하여 주옵소서. 이 시간 저희들에게 임하시어 주님을 마음에 모시고 살게 하여 주옵소서. 저희 가정이 예수 그리스도만을 의지하는 가족이 되게 하여 주옵소서. 아직도 주님을 알지 못하여 죄 가운데서 고통 받는 우리 민족, 동포들에게 이 기쁜 소식을 전하는 저희 가정이 되게 하여 주옵소서.
지극히 높은 곳에서는 하나님께 영광이요 땅에서는 하나님이 기뻐하신 사람들 중에 평화로다 라는 말씀처럼 우리 가정에 성탄의 축복을 누릴 수 있도록 은혜를 내려 주옵소서.
사랑이 많으신 예수님의 이름으로 감사하며 기도드립니다. 아멘.

기도는 하나님 앞에서 가장 낮은 자세로 엎드리는 영적인 낮은 포복이다.

12월 26일 임마누엘의 복을 주옵소서

그러므로 주께서 친히 징조를 너희에게 주실 것이라 보라 처녀가 잉태하여 아들을 낳을 것이요 그의 이름을 임마누엘이라 하리라 (이사야 7:14)

사랑의 하나님,
이번 한 주간도 저희들의 생명을 주관하시고, 복된 길로 인도하여 주시니 감사합니다. 오늘도 성령의 은사를 충만히 내리시고, 저희들의 영안을 활짝 열어 주시어서 깨끗하고, 밝은 심령으로 주의 일에 힘쓰는 하루가 되게 하여 주옵소서. 저희들의 마음과 인격이 주님을 사랑하기를 원합니다. 저희들의 영혼과 육체가 하나님을 찬양하는 하루가 되게 하여 주옵소서.
이 시간 연약해진 저희들을 불쌍히 여기시고, 신령한 은혜로 채워주셔서 부르신 뜻에 합당한 열매를 맺게 하여 주옵소서. 저희들은 날마다 주님을 위하여 산다고 하지만, 내 생각대로 살았음을 고백합니다. 이런 어리석은 생활을 용서하시고 새 은혜를 부어 주시어서 하나님의 뜻을 이루는 생활이 되게 하여 주옵소서.
저희들, 년 초에 가졌던 각오가 무너졌지만 다시 한 번 새로운 날을 주시어서 남은 시간들을 보람있게 살게 하여 주옵소서. 그리하여 저희들이 삶이 하나님의 사랑과 은혜를 온 세상에 선포하는 삶이 되게 하여 주옵소서. 이 시간 주님과 동행하는 은혜를 주시어서, 열매 맺는 가정이 되게 하여 주옵소서.
사랑이 많으신 예수님의 이름으로 감사하며 기도드립니다, 아멘.

교만 중에 가장 무서운 교만은 기도하지 않는 교만이다.

12월 27일 말씀을 공급하는 힘을 주옵소서

만일 누가 말하려면 하나님의 말씀을 하는 것같이 하고 누가 봉사하려면 하나님의 공급하시는 힘으로 하는 것같이 하라 이는 범사에 예수 그리스도로 말미암아 하나님이 영광을 받으시게 하려 함이니 그에게 영광과 권능이 세세 무궁토록 있느니라 아멘 (베드로전서 4:11)

사랑의 하나님,
저희들의 견고한 요새가 되셔서 사탄의 사악한 세력으로부터 보호하시고 형통하게 인도해 주심을 감사합니다. 일 년 동안 쉴 새 없이 살아온 시간들을 지켜주시고, 부지런히 노력하여서 열매 맺게 하시니 감사합니다. 지금까지 저희들이 쌓아온 바벨탑을 허물고, 하나님의 제단으로 달려가기 원합니다. 그리하여 날마다 우리의 생활이 하나님의 위대하심을 드러내는 생활이 되게 하여 주옵소서. 이 시간 간구하기는 병든 자들의 손을 붙잡으셔서, 일으켜 세워주시고, 실패와 절망으로 쓰러진 사람의 손을 잡고 세우며, 상처 난 이웃들을 주님의 품으로 인도하게 하여 주옵소서.
오늘 하루도 저희들 모두가 진실하게 살아서 주님의 영광이 드러나는 도구로 사용하여 주옵소서. 자라온 시간동안 자녀들의 상한 마음들을 치료하여 주시고, 밖에서 입은 상처가 가정으로 이어지지 않게 하여 주옵소서. 그리하여 오염된 마음을 정화시켜 주셔서 성령님께서 거하시는 전으로서 살게 하여 주옵소서. 또한 지나온 한해를 되돌아보면 주님께서는 우리의 필요보다 더 크신 은혜를 부어주셨습니다. 우리가 받은 은혜, 그 은혜를 나만의 선물로만 포장하지 않게 하시고, 가난하고 소외된 사람들에게도 나누게 하여 주옵소서.
우리를 구원하신 예수님의 이름으로 감사하며 기도드립니다. 아멘.

기도 없는 경건은 양의 옷을 입은 이리와 같다.

12월 28일 하나님의 통로가 되게 하옵소서

여호와와 그 능력을 구할지어다 그 얼굴을 항상 구할지어다 (역대상 16:11)

사랑의 하나님, 은혜를 감사합니다.
하루의 일을 시작하게 하시고, 우리와 동행하여 주시니 감사합니다. 저희들, 삶의 전부가 주님께서 역사하여 주시어서 하루하루의 생활이 주님의 뜻을 이루는 생활이 되게 하여 주옵소서. 이 시간 저희들의 생활을 주님께 맡깁니다. 계획하고 나가는 것들이 이루어져서 열매를 거둘 때에 마치 내 자신이 하고 있는 것처럼 착각하지 않게 도와주옵소서. 우리 자신의 힘으로 하지 않게 하시고, 모든 것이 주님의 은혜로 되는 것임을 알게하여 주옵소서. 오늘도 우리의 생활이 주님께서 예정하신 계획대로 이루어짐을 믿습니다. 그러나 저희들이 세상을 사랑하여 하나님의 뜻대로 살지 못하고, 주님의 영광을 드러내지 못했습니다.
이 시간 저희들에게 성령을 부어주시어서 초대교회 성도들처럼 믿음의 삶을 살도록 은혜 베풀어 주옵소서. 또한 저희들에게 말씀의 능력을 주시어서 하나님의 마음에 합한 사람으로 살게 하여 주옵소서. 저희들의 입술이 주님의 입이 되어서 주님의 성품을 드러내는 생활이 되게 하여 주옵소서. 그리하여 저희들이 무엇을 하던지 하나님의 영광을 드러내게 하여 주옵소서. 오늘도 이 땅에 주님을 모르고 살고 있는 많은 영혼들을 주님께 인도할 수 있기를 원합니다. 또한 저희 가정이 열매 맺는 가정이 되게 하여 주옵소서.
우리를 구원하신 예수님의 이름으로 기도 드립니다. 아멘.

나는 기도의 필요성을 여러 번 절실히 느꼈다. 왜냐하면 나 자신의 지혜 또는 내 주위에서 얻을 수 있는 지혜로는 불충분하기 때문이다. _에이브러험 링컨

12월 29일 — 임마누엘의 복을 주옵소서

사무엘이 돌을 취하여 미스바와 센 사이에 세워 이르되 여호와께서 여기까지 우리를 도우셨다 하고 그 이름을 에벤에셀이라 하니라 (사무엘상 7:12)

진리와 능력으로 역사하시는 하나님,
지나온 시간을 생각 할 때 감사드립니다. 오늘 하루도 저희들을 사랑하며, 이웃과 더불어 화목한 하루를 살게 하여 주시니 감사합니다.
사랑의 주님, 원수를 사랑하고, 원수를 위해 기도하는 것이 참으로 어려운 일이지만, 기도하게 하시고 그 말씀대로 살 수 있도록 도와주심을 감사드립니다. 올 한해도 이 해가 다지나가고 있습니다. 못 다한 것들을 이루어 주시고, 못 이룬 것들은 이룰 수 있도록 인도하여 주옵소서. 남은 시간에도, 자신을 살피고 다짐하며, 계획한 것들을 자신의 힘이 아닌, 주님의 도우심으로 이루어 가게 하여 주옵소서. 다가오는 새해에는 복을 주시고, 더 노력하여서 복을 받는 생활이 되게 하여 주옵소서.
이 시간 재물과 명예욕으로 가득한 저희들의 마음을 하나님의 온전하신 의로 채워주옵소서. 그리하여 이웃과 자신에게 완악한 마음을 버리고, 진실한 그리스도 예수의 사람이 되게 하여 주옵소서. 그리하여 주님의 소중한 도구가 되어서 자녀들이 하나님의 축복을 받게 하여 주옵소서. 특별히 이 나라에 복 주시고 모든 경영을 하나님께서 주관하여 주셔서 이 나라가 평안함을 누릴 수 있도록 인도하여 주옵소서.
사랑이 많으신 예수님의 이름으로 감사하며 기도드립니다. 아멘.

> 기도는 시내 관광 여행을 위한 산뜻한 세단이 아니다. 기도는 창고로 직행하여 집으로 돌아오는 화물차다. _존 R. 라이스

12월 30일 — 선한 일을 이루어 주옵소서

너희 안에서 착한 일을 시작하신 이가 그리스도 예수의 날 까지 이루실 줄을 우리는 확신 하노라 (빌립보서 1:6)

진리와 사랑으로 인도하시는 하나님,
지난 한주간도 임마누엘의 은혜를 주시고, 항상 에벤에셀로 여기까지 인도하여 주시니 감사합니다. 저희들 한 해를 살면서 때로는 낙심하고, 지치고, 피곤하여 넘어졌지만 아주 넘어지지 않도록 붙들어 주시니 감사합니다. 오늘도 지난 시간들을 되돌아 볼 때, 낙심하거나, 절망하지 않게 하여 주시니 감사합니다. 이해의 마지막 한 달을 보내면서 주님 앞에 조용히 무릎을 꿇습니다. 이 한해도 임마누엘로 시작하게 하시고 지금까지 에벤에셀의 은총으로 여기까지 인도하였사오니 여호와이레의 사랑과 은혜로 우리의 삶을 주장하여 주옵소서. 지나온 1년 동안 하나님 앞에 진실하지 못하고, 성실하지 못했음을 고백합니다. 송구스럽고, 부끄러운 마음을 보여드릴 수밖에 없습니다. 그러나 이전 일과 옛적 일을 기억하지 말고, 주님께서 이루실 새 역사를 보라고 말씀하였사오니 다가오는 새해에는 말씀대로 살아 갈수 있는 굳건한 믿음을 주시어서 열매를 맺게 하여 주옵소서. 모든 것이 합력하여 선한 열매를 맺도록 사랑하여 주옵소서. 새해에도 주님의 임제 속에서 하늘의 복을 받으며, 산 소망을 가지고 전진하게 하여 주옵소서. 새해에 세운 계획을 헛되게 보내지 않게 하시고 우리 모두에게 다시 일어설 수 있는 힘을 주옵소서. 새해에는 우리 모두가 원하는 복을 자녀들에게 가득 차게 하시고, 빛나는 눈으로 밝은 세상으로 걸어가게 하여 주옵소서.
사랑이 많으신 예수님의 이름으로 감사하며 기도합니다. 아멘.

> 죄인 한 영혼을 사랑할 줄 모르는 사람은 아직도 그리스도를 사랑하는 사람이 아니며 하나님의 사랑을 체험하지 못한 사람과 동일하다. _조지 뮬러

12월 31일

하나님의 뜻이 이루어지게 하옵소서

아무 것도 염려하지 말고 다만 모든 일에 기도와 간구로 너희 구할 것을 감사함으로 하나님께 아뢰라 그리하면 모든 지각에 뛰어난 하나님의 평강이 그리스도 예수 안에서 너희 마음과 생각을 지키시리라 (빌립보서 4:6-7)

알파와 오메가 되시는 하나님,
올 한해도 주님의 은혜로 살게 하시니 감사합니다.
우리에게 계획은 있으나, 그것을 시행하시고 걸음을 인도하시 분은 하나님 이시오니 우리의 발걸음을 여기까지 인도하심을 감사드립니다. 지금까지 저희들을 호위하심으로서 때를 따라 도우시며, 이루시고 거두게 하시는 하나님의 능력 안에서 이 한해를 믿음으로 마무리하게 하시니 더욱 감사를 드립니다. 새해에는 더욱더 가족들이 화목하고 사랑하게 하여 주옵소서. 직장에서나, 교회에서 친구를 위해서 목숨이라도 내어줄 수 있는 사랑이 있게 하여 주옵소서.
우리가 살아가는 이 사회, 정치, 경제, 사회, 문화, 모든 분야에 평화와 번영이 있게 하여 주옵소서. 교회들이 크게 성장하고, 세계 선교를 통해 선지자적, 제사장적 사명을 잘 감당하게 하여 주옵소서. 우리 민족에게 복 주옵소서. 특별히 북한의 지하교회에서 기도하는 상한 갈대들, 꺼져가는 심지 같은 자녀들을 기억하시고, 축복하시고 끝까지 믿음을 지켜서 승리하게 하여 주옵소서. 새해에는 저희 가정에 큰 은혜를 주시어서 성읍에서도 복을 받고, 들에서도 복을 받고 자녀들이 복을 받아서 들어와도 복을 받고 나가도 복을 받아서 하나님께서 주시는 은혜를 누리게하여 주옵소서.
사랑이 많으신 예수님의 이름으로 감사기도 드립니다. 아멘.

기도하기 시작할 때, 기도를 가장 효과적으로 배울 수 있는 기회가 주어진다. _죠지 뮬러